Christian Jaeger

AF287616

IFRS-Controlling von Wohnungsunternehmen
Ein Beitrag zum wertorientierten Bestandsmanagement
in der Wohnungswirtschaft

**Karlsruher Schriften zur
Bau-, Wohnungs- und Immobilienwirtschaft**

Band 3

Herausgeber

Karlsruher Institut für Technologie

Lehrstuhl Ökonomie und Ökologie des Wohnungsbaus

Prof. Dr.-Ing. habil. Thomas Lützkendorf

IFRS-Controlling von Wohnungsunternehmen

Ein Beitrag zum wertorientierten
Bestandsmanagement in der Wohnungswirtschaft

von
Christian Jaeger

Dissertation, genehmigt von der Fakultät für Wirtschaftswissenschaften der Universität Fridericiana zu Karlsruhe, 2009
Referent: Prof. Dr. Thomas Lützkendorf

Impressum

Karlsruher Institut für Technologie (KIT)
KIT Scientific Publishing
Straße am Forum 2
D-76131 Karlsruhe
www.uvka.de

KIT – Universität des Landes Baden-Württemberg und nationales
Forschungszentrum in der Helmholtz-Gemeinschaft

KIT Scientific Publishing 2010
Print on Demand

ISSN 1863-8694
ISBN 978-3-86644-443-0

IFRS-Controlling von Wohnungsunternehmen

Ein Beitrag zum wertorientierten Bestandsmanagement
in der Wohnungswirtschaft

Zur Erlangung des akademischen Grades eines
Doktors der Wirtschaftswissenschaften

(Dr. rer. pol.)

von der Fakultät für
Wirtschaftswissenschaften
der Universität Karlsruhe (TH)

genehmigte

DISSERTATION

von

Dipl.-Kfm. Christian Jaeger

Tag der mündlichen Prüfung: 15.12.2009
Referent: Herr Prof. Dr.-Ing. habil. Thomas Lützkendorf
Korreferent: Herr Prof. Dr. rer. pol. habil. Frank Schultmann
2009 Karlsruhe

Geleitwort

Die Reihe von Karlsruher Schriften zur Bau-, Wohnungs- und Immobilienwirtschaft wird vom Stiftungslehrstuhl Ökonomie und Ökologie des Wohnungsbaus an der wirtschaftswissenschaftlichen Fakultät des Karlsruhe Institute of Technology (KIT) herausgegeben. Einrichtung, Aufbau und Betrieb des Lehrstuhls werden seit dem Jahr 2000 in großzügiger Weise durch die Schwäbisch Hall-Stiftung „bauen-wohnen-leben" unterstützt. Die Schriftenreihe versteht sich als Medium zur Vorstellung von Ergebnissen der wissenschaftlichen Auseinandersetzung u.a. mit Fragen der Planung, Errichtung und Bewirtschaftung von Gebäuden, der Bewertung, Finanzierung und Versicherung von Immobilien, der dynamischen Entwicklung von Gebäudebeständen und der Themen und Trends im Bedürfnisfeld Bauen und Wohnen. Durch die Beiträge soll die Weiterentwicklung von Grundlagen und Ansätzen u.a. der integralen Planung, der Lebenszyklusanalyse, der Investitions- und Wirtschaftlichkeitsrechnung sowie insbesondere der Umsetzung von Prinzipien einer nachhaltigen Entwicklung im Immobilienbereich unterstützt und befördert werden.

Mit dem Band 3 wird die Dissertationsschrift von Herrn Christian Jaeger vorgestellt. Sie widmet sich der Thematik eines sich an den Grundsätzen der International Financial Reporting Standards (IFRS) orientierenden Controlling von Wohnungsunternehmen. Die Arbeit ist damit insbesondere für jene Unternehmen von aktueller Bedeutung, die bereits eine Umstellung ihrer Rechnungslegung auf die internationalen Standards vollzogen haben bzw. dies für die nähere Zukunft planen. Der Übergang von einer HGB-Rechnungslegung zu einer IFRS-Rechnungslegung führt zu einer Sicht- und Vorgehensweise, die Prinzipien einer Orientierung an Anlegerinteressen sowie einer Zukunfts- und Wertorientierung aufgreift und umsetzt. Ziel und Inhalt der Arbeit ist die Entwicklung, Operationalisierung und Erprobung eines wertfokussierten Controllingansatzes für bestandshaltende Wohnungsunternehmen. Vorgestellt wird ein Wertermittlungsmodell für Wohnimmobilienportfolios, das die Bilanzierung stichtagsbezogener Marktwerte unterstützt sowie zu transparenten und testierfähigen Ergebnissen führt. Die Arbeit leistet einen Beitrag zur Professionalisierung von Planungs- und Steuerungsinstrumenten, die in Unternehmen der Wohnungswirtschaft eingesetzt werden. Durch die Vorstellung von Ansätzen und Hilfsmitteln zur Aufnahme von Gebäuden (Begehungsbogen) und durch die Veröffentlichung der in einem Unternehmen empirisch gewonnenen Daten zu Kostenkennwerten für Instandsetzungsmaßnahmen gewinnt die Arbeit über ihre wissenschaftliche Bedeutung hinaus eine praktische Bedeutung.

Karlsruhe, im Dezember 2009

Prof. Dr.-Ing. habil. Thomas Lützkendorf
Leiter des Lehrstuhls für Ökonomie und
Ökologie des Wohnungsbaus

Vorwort

„Irrtum verlässt uns nie, doch ziehet ein höher Bedürfnis immer den strebenden Geist leise zur Wahrheit hinan." (Goethe, J. W. v., 1827)

Bereits mehrfach als Irrtum erwiesen hat sich die Vorstellung, die Zukunft lasse sich in Mittelfristplanungen fassen und Immobilienwerte ließen sich präzise ermitteln. Die Akteure der Immobilienwirtschaft sind jedoch verpflichtet, dieses im Streben nach Transparenz immer wieder zu versuchen. Die nachstehende Dissertation ist deshalb durch eine Anforderung aus der immobilienwirtschaftlichen Praxis entstanden. Ziel war es dabei, einen an der externen Rechnungslegung nach IFRS ausgerichteten, wertfokussierten Controllingansatz zur Steuerung von Wohnimmobilienportfolios zu entwickeln. Die entwickelten Methoden und Ansätze konnten dabei nicht nur in wissenschaftlicher Umgebung, sondern auch mit Praktikern der Wohnungswirtschaft diskutiert werden, was eine vergleichsweise unproblematische Umsetzung in die Praxis erlaubte.

Zum Gelingen dieser Arbeit haben einige Personen beigetragen, für deren Unterstützung ich mich an dieser Stelle herzlich bedanke. Besonders gilt dies für Herrn Prof. Dr.-Ing. Thomas Lützkendorf, meinen Doktorvater, der mir die wissenschaftliche Freiheit und die intensive Reflexionsmöglichkeit geboten hat, die zur Vollendung der Arbeit erforderlich waren. Herrn Prof. Dr. rer. pol. Frank Schultmann danke ich für die Übernahme des Korreferats und die kooperative Begleitung des Promotionsvorhabens. Für die Bereitschaft zur Diskussion der bilanzrechtlichen Aspekte danke ich Herrn Gregor Enzenhofer, Partner der Ernst & Young AG. Für seine Hartnäckigkeit im Ringen um testierfähige Wertermittlungsmodelle danke ich Herrn Dirk Hennig, Partner der PriceWaterhouse-Coopers AG. Aus meinem unmittelbaren Arbeitsumfeld danke ich herzlich Frau Senta Lederer, den Herren Tom Hempel, Andreas Pielok und Jürgen Schmidt dafür, dass aus guten Modellen praktische Arbeitsmittel entstanden sind. Herrn Hans Strudel danke ich für die Ermutigung zur Durchführung des Promotionsvorhabens. Nicht zuletzt danke ich meiner großen Familie für ihre vielfältige Unterstützung.

Vaihingen a. d. Enz, im Dezember 2009   *Christian Jaeger*

Inhaltsverzeichnis

Abbildungsverzeichnis

Tabellenverzeichnis

Gleichungsverzeichnis

Abkürzungsverzeichnis

a. A.	anderer Ansicht
Abb.	Abbildung(en)
Abs.	Absatz
ABl.	Amtsblatt
BAnz	Bundesanzeiger
BauGB	Baugesetzbuch
BB	Betriebs-Berater (Zeitschrift)
BBR	Bundesamt für Bauwesen und Raumordnung
Bd.	Band
BelWertV	Beleihungswertverordnung
BetrKV	Betriebskostenverordnung
BFuP	Betriebswirtschaftliche Forschung und Praxis (Zeitschrift)
BGB	Bürgerliches Gesetzbuch
BGF	Brutto-Grundfläche
BIIS	Bundesverband der Immobilien-Investment-Sachverständigen e. V.
BMF	Bundesministerium der Finanzen
BMVBS	Bundesministerium für Verkehr, Bau und Stadtentwicklung
BREEAM	BRE Environmental Assessment Method
BStBl	Bundessteuerblatt
BW	Betrieb und Wirtschaft (Zeitschrift)
bzw.	beziehungsweise
CAPM	Capital Asset Pricing Model
CCRS	Center for Corporate Responsibility and Sustainability at the University of Zurich
DB	Der Betrieb (Zeitschrift)
DCF	Discounted Cash Flow
d. h.	das heißt
DID	Deutsche Immobiliendatenbank
DStR	Deutsches Steuerrecht (Zeitschrift)
DW	Die Wohnungswirtschaft (Zeitschrift)
EG	Europäische Gemeinschaft
ENEV	Energieeinsparverordnung
ErbbauRG	Erbbaurechtsgesetz

EStG	Einkommensteuergesetz
EU	Europäische Union
EuGH	Europäischer Gerichtshof
e. V.	eingetragener Verein
f.	folgende
ff.	fortfolgende
F	Framework des IASB
GdW	Gesamtverband der Wohnungswirtschaft in Deutschland
GEFMA	German Facility Management Association
ggf.	gegebenenfalls
Gl.	Gleichung
GmbH	Gesellschaft mit beschränkter Haftung
GoB	Grundsätze ordnungsgemäßer Buchführung
GuG	Grundstücksmarkt und Grundstückswert (Zeitschrift)
HGB	Handelsgesetzbuch
hrsg.	herausgegeben
Hrsg.	Herausgeber
IAS	International Accounting Standard(s)
IASB	International Accounting Standards Board
i. d. F.	in der Fassung
i. d. R.	in der Regel
IFRS	International Financial Reporting Standard(s)
IFRIC	Interpretationen des International Financial Reporting Interpretations Committee
i. H. v.	in Höhe von
II. BV	Zweite Berechnungsverordnung
InvG	Investmentgesetz
IT	Informationstechnologie
i. V. m.	in Verbindung mit
IVS	International Valuation Standards
IVSC	International Valuation Standards Committee
i. W.	im Wesentlichen
Kap.	Kapitel
KapAEG	Kapitalaufnahmeerleichterungsgesetz
KoR	Kapitalmarktorientierte Rechnungslegung (Zeitschrift)

lit.	Litera, Buchstabe
m	Meter
Mio.	Millionen
m. w. N.	mit weiteren Nachweisen
Nr.	Nummer
PiR	Praxis des internationalen Rechnungswesens (Zeitschrift)
RICS	Royal Institution of Chartered Surveyors
Rn.	Randnummer(n)
Rz.	Randziffer(n)
S.	Seite(n), auch: Satz, Sätze
SGE	Strategische Geschäftseinheit
SIC	Standards Interpretation Committee
sog.	so genannte(r)
Sp.	Spalte
StuB	Steuer und Betrieb (Zeitschrift)
TEGoVA	The European Group of Valuers Associations
URL	Universal Mobile Telecommunications System
USt	Umsatzsteuer
vgl.	vergleiche
vglw.	vergleichsweise
WACC	Weighted Average Costs of Capital
WertR	Richtlinien für die Ermittlung der Verkehrswerte von Grundstücken
WertV	Wertermittlungsverordnung
WPg	Die Wirtschaftsprüfung (Zeitschrift)
WU	Wohnungsunternehmen
z. B.	zum Beispiel
zfbf	Zeitschrift für betriebswirtschaftliche Forschung

Symbolverzeichnis

A_t	Auszahlungen in der Periode t
β	Betafaktor
BW	Bodenwert
C_0	Kapitalwert
C_{01}	ermittelter 1. Kapitalwert
C_{02}	ermittelter 2. Kapitalwert
E_t	Einzahlungen in der Periode t
EW	Ertragswert
I	Investitionsauszahlung
i_B	Basiszinssatz
i_D	Diskontierungszinssatz
i_K	Kapitalisierungszinssatz
i_L	Liegenschaftszinssatz
i_1	1. Kalkulationszinssatz
i_2	2. Kalkulationszinssatz
r	Näherungswert des internen Zinsfußes
r_M	Rendite des Marktportfolios
RE	Reinertrag des bebauten Grundstücks
RE_t	Reinertrag des bebauten Grundstücks in der Periode t
RND	Restnutzungsdauer
R_u	unsystematisches Risiko
RW	Restwert
RZ_{BO}	Risikozu-/-abschläge für spezifische Risiken des Bewertungsobjekts
$RZ_{r,s}$	Risikozuschlag für regionale und sektorale Risiken
V	Vervielfältiger
$V_{i,n}$	Vervielfältiger auf der Basis des Zinssatzes i und des Zeitraums n

1 Einleitung

1.1 Ausgangslage und Problemstellung

Die Globalisierung der Waren- und Kapitalmärkte innerhalb der Europäischen Union stellte die beteiligten Volkswirtschaften unter anderem vor die Herausforderung, ein gemeinsames Bilanzverständnis zu schaffen und anzuwenden. Zur Erreichung von Transparenz und internationaler Vergleichbarkeit für alle Partner am neu gewachsenen europäischen Kapitalmarkt reagierte die Europäische Kommission im Jahr 2001, indem sie allen an europäischen Kapitalmärkten gelisteten Unternehmen die Anwendung der International Financial Reporting Standards (IFRS) vorgeschrieben hat.[1] Als Zeitpunkt zur nationalen Umsetzung hatte die Europäische Kommission den 1.1.2005 festgesetzt.[2] Die Umstellung der Rechnungslegung auf IFRS findet zunehmend auch in Unternehmen statt, die nicht aufgrund der Börsenzulassungsregeln dazu verpflichtet sind. Nach einer Erhebung von Deloitte & Touche liegen die Motive für die Anwendung der IFRS bei diesen Unternehmen überwiegend in der Aussicht auf einen verbesserten Zugang zum Kapitalmarkt und in der besseren Verknüpfung interner und externer Steuerungskennzahlen begründet.[3]

Das wesentliche Merkmal der IFRS-Rechnungslegung und gleichzeitig einer der wesentlichen Unterschiede zur HGB-Rechnungslegung ist die Bilanzierung von Marktwerten.[4] Diese erfolgt vor allem zu dem Zweck, den interessierten Investoren entscheidungsnützliche Informationen zur Fundierung ihrer Kauf- oder Verkaufentscheidungen zu vermitteln.[5] Entscheidungsnützlich sind Informationen, die unternehmensintern in Zeitreihen und unternehmensextern vergleichbar sind.[6] Die Vergleichbarkeit zwischen HGB-Abschlüssen und IFRS-Abschlüssen ist grundsätzlich nicht gegeben, da deren Bilanzrechtskonzeptionen unterschiedlich sind und zu divergierenden Bilanzierungsgrundsätzen führen.[7] Aber auch zwischen den IFRS-Abschlüssen verschiedener Unternehmen besteht wegen der Möglichkeit unterschiedlicher Wahlrechtsausübung lediglich eine eingeschränkte Vergleichbarkeit.[8] Die Beurteilung der Unternehmensleistung ist daher problematisch, was zu einer

---

[1] Die Umsetzung erfolgte durch die Verordnung (EG) 1606/2002 der Europäischen Kommission und des europäischen Rates im Jahr 2002.
[2] Vgl. Frieß, R./Kormaier, B. (2004), S. 2024.
[3] Vgl. Deloitte & Touche (2004), S. 7.
[4] Vgl. Baetge, J. et al. (2002a), S. 365.
[5] Vgl. Buchholz, R. (2005), S. 215; Zülch, H. (2003), S. 1 ff.
[6] Vgl. Werner, T. et al. (2005), S. 5.
[7] Vgl. Schierenbeck, (2005), S. 331 ff.; Klinger, F./Müller, M. (2004), S. 16 f.
[8] Vgl. Ranker, D. (2006), S. 398.

Verschlechterung des Kapitalmarktzugangs und zu schlechteren Ergebnissen in Kreditverhandlungen führen kann.[9]

Die Kernaussage der IFRS, die Bilanzierung von Marktwerten, bedeutet für die Immobilienwirtschaft und hier insbesondere für den Teilmarkt Wohnungswirtschaft einen Paradigmenwechsel von besonderer wirtschaftlicher Tragweite, da für diesen Wirtschaftszweig die Bildung „stiller Reserven" bisher bilanzrechtlich toleriert wurde.[10] Bestandshaltende Immobilienunternehmen sind hiervon wegen ihres hohen Fremdkapitalvolumens überdurchschnittlich betroffen.[11] Sie sind daher gezwungen, zur Verbesserung ihres Kapitalmarktzugangs entscheidungsnützliche Informationen über eine möglichst transparente und vergleichbare Rechnungslegung bereitzustellen.[12]

Durch die Bilanzierung stichtagsbezogener Marktwerte und den Eingang der Wertveränderungen ins Periodenergebnis als einer dessen wesentlicher Bestandteile[13] müssen diese Unternehmen die Marktwerte ihrer Immobilien über eine belastbare Methodik und objektivierbare Eingangsdaten ermitteln.[14] Jedoch gestaltet sich die Ermittlung von Marktwerten für Wohnimmobilien deutlich aufwendiger als die im Bilanzierungssystem des deutschen Handelsrechts übliche Bilanzierung der fortgeführten Anschaffungs- und Herstellungskosten. Die Wertermittlung muss einerseits relevante, entscheidungsnützliche Informationen vermitteln,[15] andererseits muss sie hinreichend zuverlässig und damit für den Abschlussprüfer testierfähig sein.[16] Jedoch geben die IFRS bislang lediglich einzelne Grundsätze und Prinzipien vor, die bei der Wertermittlung Beachtung finden müssen. Detaillierte Vorschriften zu den zu verwendenden Wertermittlungsverfahren sowie zu den zu nutzenden Eingangsdaten existieren bislang nicht.[17] Hierunter leidet die Vergleichbarkeit, da den bilanzierenden Unternehmen weite Gestaltungsspielräume bei der Verfahrenswahl, der Verfahrensausgestaltung und der Auswahl und Quantifizierung der Eingangsdaten zur Verfügung stehen.

Die Umstellung der Rechnungslegung auf IFRS birgt nicht nur die Perspektive auf einen verbesserten Zugang zu den Märkten für Eigen- und Fremdkapital, sondern eröffnet den Wohnungsunternehmen gleichzeitig die Chance zur Professionalisierung der internen Planungs- und Steuerungsin-

---

[9]   Vgl. Baukmann, D./Mandler, U. (1998), S. 9 f.
[10]   Vgl. Baetge, J./Zülch, H. (2001), S. 543 f.
[11]   Vgl. GdW (2007), S. 131.
[12]   Vgl. Esser, I./ Gebhardt, C. (2008), S. 263.
[13]   Vgl. die Ausführungen unter Pkt. 3.5.
[14]   Vgl. Klinger, F. et al. (2008), Fair Value-quo vadis?, in: Immobilien & Finanzierung 2008, S. 644-645.
[15]   Vgl. Knepel, H. (2008), S. 651.
[16]   Vgl. Lüdenbach, N./Hoffmann, W.-D. (2003b), S. 1038 f.
[17]   Vgl. Huschke, C. (2007), S. 267.

strumente,[18] auch zur Befriedigung der Informationsbedürfnisse der investierenden Eigenkapitalgeber.[19] Die bisher angewendeten, überwiegend statisch ausgerichteten Bewertungsmethoden und Investitionsrechnungen müssen nun ergänzt werden um Methoden zur Ermittlung der Erfolgsgrößen der externen Rechnungslegung nach IFRS. Ergebnis- und Wertanteile einzelner Objekte sowie deren Veränderungen im Zeitablauf müssen planbar gemacht werden, um Volatilitäten der Periodenergebnisse zu vermeiden.[20] Hierdurch erweitern sich die Anforderungen im Controlling bestandshaltender Wohnungsunternehmen.

1.2 Zielsetzung und Lösungsweg

Die aufgezeigte Problemstellung lässt einen Mangel an notwendigen Konkretisierungen zur IFRS-konformen Wertermittlung und damit zum wertfokussierten Controlling von Wohnimmobilienportfolios erkennen. Ziel dieser Arbeit ist die Entwicklung eines wertfokussierten Controllingansatzes für bestandshaltende Wohnungsunternehmen.

Dazu gehört im Kern die Entwicklung eines IFRS-konformen Wertermittlungsmodells für die Wohnimmobilien des Anlagevermögens. Als Nebenbedingung ist dabei die zumeist hohe Anzahl von Bewertungsobjekten zu beachten, die mitunter auch räumlich stark diversifiziert sind. Weiterhin ist als Nebenbedingung zu berücksichtigen, dass die Bewertung zeitlich analog zu den Bilanzstichtagen durchgeführt werden muss; mithin kann eine jährliche, halbjährliche oder auch quartalsbezogene Bewertung erforderlich werden. Damit muss das zu entwickelnde Wertermittlungsmodell nicht nur die Anforderungen der Entscheidungsnützlichkeit und Objektivierbarkeit erfüllen, sondern überdies auch zügig und wirtschaftlich einsetzbar sein.

Auf die Umstellung des externen Berichtswesens nach IFRS folgt zwangsläufig die Umstellung der Kurz- und Mittelfristplanung.[21] Anders als in der HGB-Rechnungslegung sind Wertentwicklungen im Anlagevermögen und damit auch der Ausweis der Wertveränderungen in der Gewinn- und Verlustrechnung nicht mehr linear von den fortgeführten Anschaffungs- und Herstellungskosten abhängig, sondern können in Abhängigkeit von der Entwicklung des einzelnen Bewertungsobjekts durchaus differenziert verlaufen. Die investiven Maßnahmen des Wohnungsunternehmens müssen in der IFRS-Rechnungslegung deshalb auf einer Wertplanung basieren. Damit ergibt sich als weiteres Ziel

---

[18]   Vgl. Dressel, K./ Meister, D. (2008), S. 646; Schierenbeck, H./Lister, M. (2002), S. 221.
[19]   Vgl. Klinger, F./Müller, M. (2004), S. 15.
[20]   Die Wertplanung und -steuerung dient darüber hinaus den Informationsbedürfnissen der Fremdkapitalgeber, die die Beleihungswerte einem kontinuierlichen Monitoring unterziehen. Vgl. Klein, A. (2008), S. 866.
[21]   Vgl. Heintges, S. (2003), S. 623.

der Arbeit, eine Verbindung der Wertermittlung mit den operativen Steuerungsinstrumenten des Investitionscontrollings herzustellen. Zur Erreichung dieser Zielsetzung wird der nachfolgend beschriebene Lösungsweg eingeschlagen.

Die Entwicklung eines wertfokussierten Controllingansatzes für Wohnungsunternehmen erfordert zunächst die Befassung mit dem Ausgangspunkt. Dazu wird in **Kapitel 2** der aktuelle Entwicklungsstand des Controllings in nach Handelsrecht bilanzierenden, bestandshaltenden Wohnungsunternehmen untersucht. Zum Verständnis desselben ist es zunächst erforderlich, die controllingrelevanten Spezifika des Wohnimmobilienmarkts aufzuzeigen. Dazu sind sowohl Merkmale des Produkts als auch solche der Anbietergruppen zu betrachten. Zur Strukturierung der Darstellung werden die für bestandshaltende Wohnungsunternehmen typischen Betrachtungsebenen des Controllings und deren Controllinginstrumente herausgearbeitet. Auf der Betrachtungsebene des Gesamtunternehmens erfolgt eine Untersuchung der auf das handelsrechtliche Periodenergebnis wirkenden Bilanzierungsvorschriften für wohnungswirtschaftliches Immobilienvermögen. Dazu soll nach einer Analyse der Adressaten und dem Zweck des HGB-Abschlusses die Entstehung stiller Reserven im Immobilienvermögen und deren Wirkung auf die ergebnis- und buchwertbasierten Unternehmenskennzahlen untersucht werden. Sodann werden die risikoorientierten Controllinginstrumente auf der zweiten Betrachtungsebene, der Portfolioebene, dargestellt. Hierzu werden die bestehenden Ansätze zum Portfoliomanagement analysiert und auf ihre Eignung zum Immobiliencontrolling hin untersucht. Die dritte Betrachtungsebene fokussiert das einzelne Objekt, welches lebenszyklusorientiert betrachtet wird. Für bestandshaltende Wohnungsunternehmen einschlägige Lebenszyklusphasen sind die Nutzungs- und die Modernisierungsphase. Für erstgenannte werden die bestehenden Ansätze zum laufenden Immobiliencontrolling aufgezeigt, für letztgenannte Phase werden die heute angewendeten Investitionsrechnungsverfahren dargestellt. Damit ist der Entwicklungsstand des auf diese Weise eingegrenzten Controllings bestandshaltender Wohnungsunternehmen dargestellt. Die Untersuchung des aktuellen Entwicklungsstands des Controllings in nach Handelsrecht bilanzierenden, bestandshaltenden Wohnungsunternehmen endet mit einem Zwischenergebnis.

Im Kontrast dazu werden in **Kapitel 3** die durch die IFRS-Rechnungslegung erweiterten Anforderungen an das Controlling bestandshaltender Wohnungsunternehmen untersucht. Zunächst sind dazu die grundsätzlichen Auswirkungen der durch IFRS geforderten Harmonisierung des internen und externen Rechnungswesens zu beleuchten. Sodann werden die konkreten Auswirkungen auf die Bilanzierung und das Controlling von Immobilien untersucht. Dabei sind unter den immobilienrelevanten Kernaspekten der IFRS-Rechnungslegung die auf die Immobilienbilanzierung wirkenden Bilanzierungsgrundsätze der IFRS sowie deren Begründung durch den Zweck des IFRS-Abschlusses zu untersuchen. Darauf aufbauend wird die bilanzielle Klassifizierung der Immobilien nach IFRS aufgezeigt und anschließend ein Überblick über die immobilienspezifischen Bewertungsmaßstäbe der IFRS gegeben. Im Anschluss wird die Wirkung der Bewertungsvorschriften und –wahlrechte auf das Periodenergebnis der IFRS-Rechnungslegung untersucht. Die Anforderungen an das Controlling nach IFRS bilanzierender Wohnungsunternehmen werden abschließend in einem weiteren Zwischenergebnis zusammenfasst.

Auf dieser Basis erfolgt die Entwicklung eines wertfokussierten IFRS-Controllingansatzes. Den Kern bildet dabei die Entwicklung eines Wertermittlungsmodells, das unter Wahrung einer gebotenen Verfahrensökonomie bilanzierungsfähige Werte erzeugt, die gleichzeitig der internen Steuerung dienen können. Vor der Entwicklung des eigenen Ansatzes wird in **Kapitel 4** zunächst der zur Verfügung stehende Lösungsraum dargestellt. Dazu werden zunächst die grundsätzlich denkbaren Wertermittlungskonzepte und –verfahren vorgestellt und auf ihre Eignung zur Erzeugung bilanzierungsfähiger Werte geprüft. Nach kurzer Darstellung der die Wertermittlung beeinflussenden Konkretisierungen der IFRS-Bilanzierungsgrundsätze ist dabei zunächst ein Lösungsansatz zum Umgang mit dem Mengenproblem bei Wohnimmobilienportfolios zu finden. Dazu werden pauschalierte und strukturierte Wertermittlungskonzepte auf ihre Eignung und Zulässigkeit überprüft. Im Anschluss werden die nach IFRS zulässigen Verfahren zur Ermittlung des beizulegenden Zeitwerts als Bilanzansatz dargestellt und bewertet.

Nach diesen Vorprüfungen folgt in **Kapitel 5** die Entwicklung des Wertermittlungsmodells. Hierzu werden zunächst aus den untersuchten Wertermittlungskonzepten und –verfahren diejenigen ausgewählt, die sowohl bilanzierungsfähige Werte erzeugen als auch die internen Planungen und Erwartungen des Unternehmens bestmöglich integrieren. Nach der Festlegung und Strukturierung des Rechenmodells werden die Eingangsdaten bestimmt. Dazu werden zunächst Ansätze zur Planung der zukünftigen Erlös- und Kostenpositionen entwickelt. Die Ausgangsdaten hierzu wurden in Zusammenarbeit mit einem Referenzunternehmen auf der Basis von mehrperiodischen IST-Daten erhoben. Zur Abschätzung eines möglichen Instandhaltungsrückstands wird ein Erhebungs- und Bewertungsverfahren entwickelt, das zwischenzeitlich in einem Referenzunternehmen auf seine Praxistauglichkeit überprüft wurde. Aus diesen Elementen können die zukünftig erwarteten Reinerträge ermittelt und ein Gesamtbarwert für die Bewirtschaftungsphase berechnet werden. Zur Bestimmung des Restwerts nach Ablauf der Bewirtschaftungsplanung wird ein Verfahren entwickelt, dass den Kapitalisierungszinssatz unter Berücksichtigung von Nachhaltigkeitsaspekten aus dem Diskontierungszinssatz ableitet. Zur abschließenden Bestimmung des beizulegenden Zeitwerts sind die Ergebnisse des Rechenmodells zu prüfen. Dazu werden Plausibilisierungsansätze über externe und interne Vergleiche entwickelt. Der beabsichtigte Controllingansatz macht darüber hinaus eine Wertplanung erforderlich. Dazu müssen die Wertwirkungen von Instandhaltungs- und Modernisierungsinvestitionen bereits im Stadium der Investitionsplanung bestimmt werden können. Zu diesem Zweck wird in **Kapitel 6** ein zum Wertermittlungsmodell konsistentes Investitionsrechnungsverfahren entwickelt.

Nach der Entwicklung des wertfokussierten Controllingansatzes folgt in **Kapitel 7** eine knappe Darstellung der Erfolgsfaktoren des Implementierungsprojekts sowie der ersten Anwendungserfahrungen. Dabei wird u. a. dargestellt, wie eine organisatorische Verstetigung der Controllingaktivitäten erreicht werden kann. Überdies wird dargestellt, inwieweit die Wertveränderungen im investiven Anlagevermögen in Planung und Berichtswesen integriert werden können. Schließlich folgt eine Darstellung der Maßnahmen zur Herstellung externer Akzeptanz für das Wertermittlungsverfahren. Die Arbeit schließt **in Kapitel 8** mit einer Zusammenfassung und Würdigung der wesentlichen Erkenntnisse sowie einem Ausblick auf verbleibende Forschungsfelder. Das nachstehende Schema gibt die Struktur der Arbeit wieder.

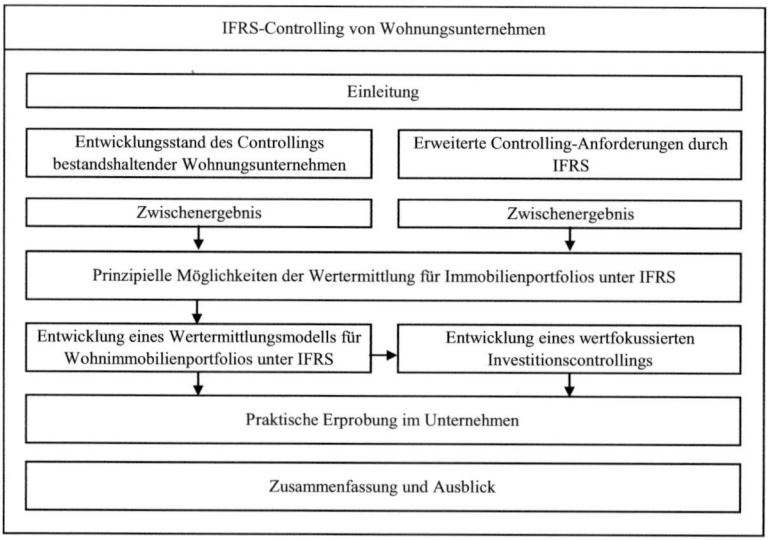

1.3 Einordnung der Arbeit in den Forschungsstand

Weitgehend erforscht sind Fragen zum bilanztheoretischen Umgang mit den Rechnungslegungs-normen der IFRS in Immobilienunternehmen. Hier ist insbesondere auf die jüngeren Arbeiten von Ranker und Zülch zu verweisen, deren Beiträge überwiegend Fragestellungen des bilanziellen Um-gangs mit den die Immobilienbilanzierung und -bewertung betreffenden Normen der IFRS behan-deln.[22] Ein Beitrag zum Umgang mit den gegenläufigen Anforderungen der Relevanz und Zuverläs-sigkeit von Rechnungslegungsinformationen im Hinblick auf die Immobilienbilanzierung findet sich bei Kraus.[23] Die konkrete Ausgestaltung der Wertermittlungsmodelle zur Ermittlung des beizu-legenden Zeitwerts hat bisher wenig Raum in der wissenschaftlichen Diskussion gefunden. Auch die Arbeit von Huschke ist mit einer empirischen Untersuchung des Präferenzverhaltens der Sach-verständigen zur Anwendung und Ausgestaltung von Wertermittlungsverfahren anders ausgerich-tet.[24] Vielfach muss deswegen zur Klärung grundsätzlicher Fragestellungen der Wertermittlung auf die Publikationen der Sachverständigenorganisationen zurückgegriffen werden.[25] Anhaltspunkte für die Wertermittlung in Deutschland geben die Kommentierungen zur WertV.[26] Allerdings zeichnen diese fast ausschließlich idealtypische Bewertungssituationen nach, ohne auf das angesprochene Mengenproblem bei Wohnimmobilienportfolios einzugehen. Hierzu bestehen zwar Beiträge in den Fachzeitschriften zur Wertermittlung; diese behandeln jedoch nicht den Wertermittlungszweck der Bilanzierung, sondern stattdessen die Portfoliobewertung zur Kaufpreisfindung.[27]

Wissenschaftliche Lösungsansätze zur Anpassung des Controllings bestandshaltender Wohnungs-unternehmen an die Anforderungen der IFRS-Bilanzierung sind bisher nicht auszumachen.[28] Insbe-sondere die Möglichkeiten zur Komplexitätsreduktion bei der IFRS-Bewertung von Wohnimmobi-lienportfolios dürfen als weitestgehend unerforscht betrachtet werden.

---

[22] Vgl. Ranker, D. (2006); Zülch, H. (2003).
[23] Vgl. Kraus, C. (2008).
[24] Vgl. Huschke, C. (2007).
[25] Vgl. Royal Institution of Chartered Surveyors (2003); The European Group of Valuers Associations (2003); Inter-national Valuation Standards Committee (2003).
[26] Vgl. Kleiber, W./Simon, J. (2007).
[27] Vgl. Trappmann, H./Ranker, D. (2008); Münchehofe, M./Springer, U. (2006); Eube, S./Pörschke, A. (2005); Katte, H. et al. (2001); Leopoldsberger, G. (1996).
[28] Die Literatur wurde bis einschließlich Juni 2009 ausgewertet.

2 Entwicklungsstand des Controllings bestandshaltender Wohnungsunternehmen

2.1 Controllingrelevante Spezifika des Wohnimmobilienmarkts

2.1.1 Produktbedingte Spezifika

Zur Entwicklung und Bewertung von Controllingansätzen für Wohnungsunternehmen ist es zunächst erforderlich, die controllingrelevanten und wertprägenden Merkmale des Produkts Wohnung zu beschreiben. Dieses zeichnet sich gegenüber anderen Wirtschaftgütern durch eine Vielzahl von Faktoren aus, von denen die als wesentlich erachteten Faktoren im Folgenden kurz erläutert werden.

Hohe Heterogenität

Wohnimmobilien sind heterogene Güter, die aber in gewissem Umfang substituierbar sind.[29] Der Nutzen einer Wohnung hängt von subjektiven und objektiven Faktoren ab, die Merkmale wie Ausstattung, Umfeld, Lage, Preis etc. umfassen.[30] Wegen der Vielgestaltigkeit des Gutes sind objektübergreifende Vergleiche schwierig und kaum zu objektivieren.[31]

Standortgebundenheit

Immobilien sind im Wortsinn unbeweglich, was zur Folge hat, dass das Gut Wohnung nur dort konsumiert werden kann, wo es errichtet wurde.[32] Daraus ergibt sich auch das komplementäre Verhältnis zum Gut Boden und ebenso die Abhängigkeit von der Ausschreibung von geeignetem Bauland.[33] Letztere führt dazu, dass ein Marktgleichgewicht immer nur auf räumlichen Teilmärkten erreicht werden kann. Somit ist die Wertigkeit des Immobilien- und Grundstückswerts immer auch von der Nachbarbebauung und den infrastrukturellen Einrichtungen abhängig.[34] Daraus ergibt sich das Erfordernis einer sorgfältigen Markt- und Standortanalyse vor der Standortwahl. Bei bestehenden Immobilien können die Standortfaktoren entscheidend für die Vermietbarkeit, die erzielbare Miethöhe

---

[29] Vgl. Spars, G. (2003), S. 52.
[30] Vgl. Pfnür, A. (2000), S. 572.
[31] Vgl. Eekhoff, J. (1987), S. 3.
[32] Vgl. Heuer, J./Nordalm, V. (2001), S. 24.
[33] Vgl. Kühne-Büning, L. (1994), S. 8 f.
[34] Vgl. Pfnür, A. (2000), S. 572.

und auch für den im Verkaufsfall wahrscheinlichsten Preis sein.[35] Über die Standortfaktoren können bereits heute die aktuelle Marktattraktivität sowie das künftige Marktpotenzial bewertet werden.[36]

Weniger empirisch fundiert sind bisher Standortfaktoren, die den Bedrohungsgrad durch die sich abzeichnenden klimatischen Veränderungen angeben. Diese sind gleichwohl für eine der Langfristigkeit der Immobilieninvestition Rechnung tragende Nachhaltigkeitsbetrachtung erforderlich.[37] Gleiches gilt für die Abschätzung der zukünftigen Wohnungsnachfrage in qualitativer Hinsicht, um das Wohnungsangebot flexibel nutzbar zu gestalten.

Lange Produktions- und Amortisationsdauer

Der Herstellungsprozess einer Wohnung ist als langwierig zu charakterisieren. Zwischen Investitionsentscheidung und Fertigstellung des Objekts vergehen in der Regel, bedingt durch die lange Planungs-, Genehmigungs- und Bauphase, bis zu zwei Jahre.[38] Überschreitungen sind nicht selten. Die regelmäßig hohen Investitionen erfordern einen langen Amortisationszeitraum. Das Investitionsrisiko ist also höher als bei anderen Gütern.[39] Die lange Produktionsdauer führt zu langen Reaktionszeiten sowohl bei Nachfrage- als auch bei Angebotsüberhängen.

Langlebigkeit des Gebäudes

Die Wohnung ist das langlebigste aller lebensnotwendigen Konsumgüter und wird zumeist von mehreren Haushalten nacheinander genutzt. In Abhängigkeit von der Betrachtungsweise lassen sich die technische und die ökonomische Nutzungsdauer unterscheiden, wobei in Wissenschaft und Praxis in der Regel die ökonomische Nutzungsdauer von Bedeutung ist. Diese umfasst den Zeitraum von der Fertigstellung der Immobilie bis hin zu dem Zeitpunkt, an dem die Kosten der Nutzung, im Wesentlichen die Instandhaltungskosten, durch die Mieteinnahmen nicht mehr nachhaltig gedeckt werden.[40] In Abhängigkeit von der technischen Qualität des erstellten Baukörpers kann eine bis zu

---

[35]   Vgl. Heuer, J./Nordalm, V. (2001), S. 24 f.
[36]   Vgl. zur Konkretisierung der Begriffe Marktattraktivität und Marktpotenzial das in Anhang 2 dargestellte Indikatorentableau für eine Standortanalyse.
[37]   Zur Ermittlung nachhaltiger Immobilienwerte sind diese Betrachtungen zwingend erforderlich. Vgl. Meins, E./ Burkhard, P. (2009), S. 23.
[38]   Vgl. Spars, G. (2003), S. 52; Tacke-Unterberg, H. (2002), S. 531.
[39]   Vgl. Falk, B. (2004), S. 852-854.
[40]   Vgl. Schulte, K.-W. (2000), S. 20 f.

hundertjährige Lebensdauer unterstellt werden,[41] die oft noch überschritten wird, andererseits aber oft deshalb nicht zu erreichen ist, weil sich für das Nutzungsangebot keine Nachfrage mehr findet. Die Langlebigkeit impliziert, dass eine Wohnung lange marktwirksam bleibt. Hieraus folgen langsame Marktanpassungsreaktionen, da Wohnungen mehrmals im Zeitablauf am Wohnungsmarkt angeboten werden. Dabei können Produktanpassungen wie Renovierungen und Modernisierungen notwendig werden, die für den Investor eine weitere zu kalkulierende finanzielle Belastung bedeuten. Überdies sind steigende Anforderungen der Mieter an komfortfördernde und energetisch sinnvolle Modernisierungen bereits heute erkennbar.

Bedingte Teilbarkeit des Wohnungskonsums

Die nur bedingte Teilbarkeit des Konsums der Wohnung führt dazu, dass bei Preisänderungen und damit verbundener Überschreitung der individuell festgesetzten Preisobergrenze die Wohnung durch den Mieter gewechselt wird.[42] Das bedeutet, dass die Konzepte der Preis- und Einkommenselastizität der Nachfrageseite nur in sehr geringem Maße anwendbar sind. Hieraus können selbst in Zeiten der Wohnungsknappheit Leerstände resultieren.[43]

Teilmarktsituation

Aus den besonderen Qualitäten des Gutes resultieren Besonderheiten des Marktprozesses, die als Teilmarktprobleme bezeichnet werden können. Zum einen entstehen räumliche Teilmärkte aus der Immobilität der Gebäude. So kann Wohnraum in ländlichen Gebieten im Überfluss vorhanden und gleichzeitig in Städten knapp sein. Zum anderen gibt es eine Vielzahl von sachlichen Teilmärkten, wie die Mieter- und Eigentümermärkte. Des Weiteren entstehen aus der Vielzahl von Wohnformen jeweils eigene Teilmärkte für kleine und große, neue und alte, zentral gelegene Wohnungen und solche in der Peripherie, um nur wenige Beispiele zu nennen. Diese Aufsplitterung führt zu einer Reihe von Folgeproblemen. Zunächst einmal fehlt Transparenz auf den Märkten, was die Unsicherheit für Nachfrager und Anbieter erhöht. Hinzu kommen die bereits erwähnten Probleme bei Nachfrageüberhang, wobei die lange Produktionsdauer selbst bei starken Preissteigerungen einen raschen Marktausgleich verhindert oder auch bei Angebotsüberhang, wobei die Langlebigkeit des Produktes

---

[41]   Vgl. Kleiber, W./Simon, J. (2007), S. 1511.
[42]   Vgl. Georgi, A. (2002), S. 22.
[43]   Vgl. Kühne-Büning, L. (1994), S. 10.

dazu führt, dass es weiterhin am Markt angeboten wird.[44] Das Wohnungsangebot oszilliert so im Zeitablauf um die Entwicklung der Wohnungsnachfrage. Dabei können einige Teilmärkte ein Gleichgewicht aufweisen, während andere ein starkes Ungleichgewicht zeigen.

2.1.2   Anbieterbedingte Spezifika

Anbieterstruktur im deutschen Wohnimmobilienmarkt

Die Zahl der im deutschen Bundesgebiet vorhandenen Wohnungen beläuft sich nach den Auswertungen der wohnungswirtschaftlichen Statistik des Gesamtverbands der deutschen Wohnungswirtschaft im Jahr 2006 auf ca. 39,6 Mio.[45] Davon werden ca. 15,9 Mio. durch den Eigentümer selbst genutzt, was einer Selbstnutzerquote von 40,1 % entspricht.[46] Die übrigen 23,7 Mio. Wohnungen sind vermietet. Die Anbieterstruktur auf dem Mietwohnungsmarkt lässt sich dabei in zwei große Gruppen klassifizieren, die der privaten Vermieter und jene der institutionellen, professionell-gewerblichen Vermieter. Die privaten Vermieter bilden hierbei mit ca. 14,5 Mio. Mietwohnungen die größere Gruppe; von diesen Mietwohnungen sind mit ca. 5,4 Mio. ca. ein Drittel in Ein- und Zweifamilienhäusern. Die übrigen ca. 9,1 Mio. Wohnungen der privaten Vermieter befinden sich in Mehrfamilienhäusern. Die Gruppe der institutionellen, professionell-gewerblichen Wohnungsanbieter bewirtschaftet ca. 9,2 Mio. Mietwohnungen und damit ca. 39 % des gesamten bundesdeutschen Mietwohnungsbestands. Sie ist hinsichtlich der Geschäftsmodelle und Gesellschafterkreise deutlich heterogener als die Gruppe der privaten Vermieter. Eine Untergruppe bilden die privatwirtschaftlichen professionell-gewerblichen Wohnungsunternehmen, die mit ca. 4,1 Mio. Mietwohnungen einen fast doppelt so großen Mietwohnungsbestand wie die Untergruppe der kommunalen Wohnungsunternehmen mit ca. 2,4 Mio. Mietwohnungen bewirtschaften. Zur ersten zählen Anbieter wie Banken, Fonds, Versicherungsunternehmen, sonstige Unternehmen sowie Organisationen ohne Erwerbszweck wie Stiftungen.[47] Die Untergruppe der öffentlichen Wohnungsunternehmen des Bundes, der Länder und der Institutionen des Bundes vertritt ein Angebot von ca. 0,2 Mio. Mietwoh-

---

[44]   Aktive Verringerungen des Wohnungsangebots erfolgen in der Regel erst durch staatliche Eingriffe. Beispiele hierfür sind das Förderprogramm „Stadtumbau Ost" oder auch „Stadtumbau West", die den Abriss von Wohnungen in Leerstandsgebieten finanziell abfedern.

[45]   Vgl. hierzu und im Folgenden GdW (2007), S. 96-97.

[46]   Die hier errechnete Selbstnutzerquote ist nicht zu verwechseln mit der sog. Eigentumsquote. Diese wird durch das Statistische Bundesamt auf der Basis einer Zusatzerhebung zum Mikrozensus berechnet als Quotient der im Eigentum lebenden Haushalte und der Gesamtzahl der Haushalte. Vgl. für eine Darstellung der unterschiedlichen Berechnungsmodi und Datengrundlagen Voigtländer, M. (2006), S. 4.

[47]   Ein Beispiel bietet die Margarethe Krupp - Stiftung für Wohnungsfürsorge, die die Gartenstadt Margarethenhöhe besitzt und bewirtschaftet.

nungen. Diese Untergruppe hatte seit 1997 bereits ca. 0,23 Mio. Mietwohnungen an privatwirtschaftliche Wohnungsunternehmen veräußert. Den ersten Fall bildete hierzu im Jahr 1997 der Verkauf der Deutschbau an die damalige Viterra.[48] In den Folgejahren verkaufte das Land Rheinland-Pfalz seine Heimstätte an die Deutsche Bank, das Land Berlin seine GEHAG an die RSE AG und im Jahr 2001 das Bundeseisenbahnvermögen die Eisenbahnersiedlungsgesellschaften an die Nomura-Bank, heute repräsentiert durch die Deutsche Annington Immobilien GmbH. Eine weitere große Anbietergruppe sind die Wohnungsgenossenschaften mit ca. 2,2 Mio. Mietwohnungen. Sie waren als Selbsthilfeorganisationen der Mieter gegründet worden und sind qua Satzung dem Wohl ihrer Mitglieder verpflichtet.[49] Die Wohnungsunternehmen mit kirchlichem Gesellschafterhintergrund verfügen über ca. 0,3 Mio. Mietwohnungen. Sie sind konfessionsgetrennt und neben der Mietwohnungsverwaltung auch im Wohnbauträgerbereich aktiv.[50] Die skizzierte Anbieterstruktur auf dem deutschen Wohnimmobilienmarkts wird durch Abb. 2.1 illustriert.

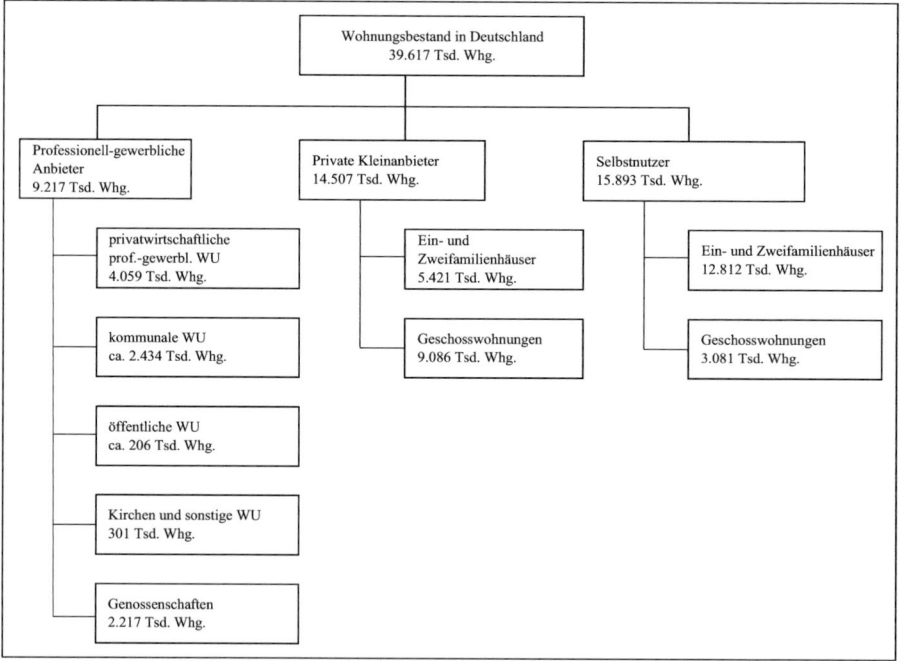

Abb. 2.1: Anbieterstruktur im deutschen Wohnimmobilienmarkt, Stand 2007[51]

---

[48]   Vgl. hierzu und im Folgenden Hain, M. (2008), S. 74; Kofner, S. (2008b), S. 68.
[49]   Vgl. zu Geschichte und Aufgaben der Wohnungsgenossenschaften Sailer, E./Bach, H. (2006), S. 27.
[50]   Zu Zielen und Strukturen der kirchlichen Wohnungsunternehmen vgl. Sailer, E./Bach. H. (2006), S. 80.
[51]   Vgl. GdW (2007), S. 96.

Im Zeitraum von 2002 bis 2007 fanden durch Verkäufe weitere Umverteilungen zwischen den Untergruppen der Anbietergruppe der professionell-gewerblichen Anbieter statt.[52] Dazu zählt der Verkauf der GSW[53] durch das Land Berlin an den Finanzinvestor Cerberus im Jahr 2004. Im selben Jahr verkaufte die Bundesversicherungsanstalt für Angestellte ihr Wohnungsunternehmen GAGFAH[54] an den Finanzinvestor Fortress. Außerdem erwarb Fortress in den beiden Folgejahren die NILEG[55] von der Norddeutschen Landesbank sowie die Woba Dresden von der Stadt Dresden. Die letzte Akquisition des Finanzinvestors Fortress war das kommunale Wohnungsunternehmen in Heidenheim, so dass Fortress im Frühjahr 2008 ca. 169.000 Mietwohnungen im Angebot hält und damit einer der zwei größten Wohnungsanbieter in Deutschland ist. Der andere ist die Deutsche Annington Immobilien GmbH, die die Portfolios der Eisenbahnersiedlungsgesellschaften sowie seit Mai 2005 jene der Viterra besitzt und damit einen Mietwohnungsbestand con ca. 220.000 Wohnungen bewirtschaftet. Beide unterscheiden sich noch durch die Rechtsform: Während die GAGFAH das größte Wohnungsunternehmen in der Rechtsform einer börsennotierten Aktiengesellschaft in Deutschland ist, firmiert die Deutsche Annington Immobilien als GmbH. Beiden gemeinsam ist die Dominanz der Eigenkapitalbeteiligungsgesellschaften, die wie andere institutio-nelle Investoren eine professionelle Kapitalmarktkommunikation fordern. Dazu gehört zum einen die Bilanzierung nach den Rechnungslegungsvorschriften der IFRS, zum anderen wesentlichen Punkt aber die Herstellung von Transparenz über die Immobilienwerte und deren Entwicklung. Bezieht man die weiteren Immobilienaktiengesellschaften mit ein, darf vorsichtig geschätzt ein Anteil von derzeit 7 % der Mietwohnungen in Deutschland als kapitalmarktgesteuert angesehen werden.[56] Das später zu entwickelnde Wertsteuerungsmodell ist insbesondere für diese Unternehmen relevant, zunehmend jedoch auch für die übrigen Wohnungsunternehmen, da sich durch Ratinganforderungen und die sich abzeichnenden Veränderungen im deutschen Handelsrecht[57] auch hier die Ermittlung und Steuerung von Immobilienwerten über die interne Steuerung hinaus zu einer wichtigen Komponente der externen Unternehmensinformationen wird.

---

[52] Vgl. hierzu und im Folgenden Kofner, S. (2008b), S. 68 ff.
[53] Die GSW Gemeinnützige Siedlungs- und Wohnungsbaugesellschaft Berlin mbH wurde am 2. April 1924 als städtische "Wohnungsfürsorgegesellschaft Berlin mbH" durch die Stadt Berlin und den preußischen Staat gegründet.
[54] Die Gemeinnützige Aktiengesellschaft für Angestellten-Heimstätten (GAGFAH) hat vor dem Erwerb durch Fortress bundesweit einen Mietwohnungsbestand von ca. 82.000 Einheiten bewirtschaftet.
[55] Die Niedersächsische Landesentwicklungsgesellschaft (NILEG) hat in Niedersachsen und angrenzenden Regionen ca. 30.000 Mietwohnungen bewirtschaftet.
[56] Vgl. Kofner, S. (2008b), S. 71.
[57] Vgl. Bilanzrechtsmodernisierungsgesetz i. d. F. vom 26.03.2009.

Geschäftsfelder von Wohnungsunternehmen

Traditionell besteht eine Hauptleistung der Wohnungsunternehmen in der Errichtung oder dem Erwerb und der anschließenden Bewirtschaftung von Mietwohnungen. Dazu gehört das wohnungswirtschaftliche Asset Management, d. h. die wertorientierte Planung und Steuerung des Wohnungsportfolios, das Property Management als Verwaltungsleistung und die wohnungsnahen Dienstleistungen wie z. B. Kabelfernsehen, Einkaufsvorteile für die Mieter und Betreuungskonzepte. Wohnungsunternehmen mit diesem Fokus können als Bestandshalter charakterisiert werden. Auch Bestandshalter kaufen und verkaufen Wohnungen zum Zwecke der Portfoliooptimierung. Geht die Verkaufstätigkeit hierüber hinaus und versuchen die Wohnungsunternehmen, Verkäufe gezielt zur Verbesserung des Periodenergebnisses einzusetzen, kann diese Gruppe abgeleitet von der Art ihrer Bestandsstrategie „Wertoptimierer" genannt werden. Davon zu unterscheiden sind die im Immobilienhandel tätigen Unternehmen. Diese zeichnen sich durch besonders kurze Haltedauern der erworbenen Handelsimmobilien aus. Ziel dieses Geschäftsmodells ist es, möglichst kurze Kapitalbindungsfristen zu erreichen, innerhalb derer die erworbenen Portfolios in verschiedenen Vertriebswegen weiter veräußert werden.[58] Mischformen zwischen Bestandshaltern und Immobilienhändlern sind denkbar. In diesen Fällen wird der gute Kapitalmarktzugang des Bestandshalters zur verbesserten Finanzierung des Immobilienhandels genutzt. Bestandshalter und Wertoptimierer werden mitunter „Farmer" genannt, Immobilienhändler statt dessen „hunter".[59]

Darüber hinaus sind einige Wohnungsunternehmen, insbesondere die Heimstätten aber auch zunehmend kommunale Wohnungsunternehmen, im Bereich der Errichtung und Veräußerung von Wohneigentum tätig. Häufig übernehmen sie im Anschluss die Verwaltung der veräußerten Wohnungen nach dem Gesetz über das Wohnungseigentum und das Dauerwohnrecht (WEG). Ohne Kapitaleinsatz als reiner Dienstleister betreiben Wohnungsunternehmen bisweilen die Wohnungsverwaltung für Dritte als Mietwohnungsverwaltung oder Wohnungseigentumsverwaltung. Außerdem bieten sie in seltenen Fällen Baubetreuungsleistungen an.[60] Nach einer Phase des verstärkten Auftretens von Immobilienhändlern am deutschen Wohnungsmarkt, die auf die Ergebniswirkungen eines starken Leverage-Effekts[61] in Zeiten niedriger Hypothekenzinsen zurückzuführen ist, domi-

---

[58] Eine Unterart der Immobilienhandelsunternehmen sind die sog. Aufteiler, die die erworbenen Wohnungsbestände, oftmals lediglich einzelne Mehrfamilienhäuser, ausschließlich im Wege der Einzelprivatisierung auf Wohnungsebene weiter veräußern.
[59] Vgl. Kofner, S. (2008b), S. 68.
[60] Vgl. Sailer, E./Bach, H. (2006), S. 18 f.
[61] Der Leverage-Effekt bezeichnet eine Finanzierungskonstellation, bei der die Gesamtkapitalrendite des Portfolios den Fremdkapitalzinssatz übersteigt und damit die Eigenkapitalrendite über die Gesamtkapitalrendite hebt. Vgl. Schneider, D. (1992), S. 546 ff.

nieren nunmehr die Bestandshalter und Wertoptimierer.[62] Nachstehende Abb. 2.2 gibt einen Überblick über die Geschäftsfelder der Wohnungsunternehmen.

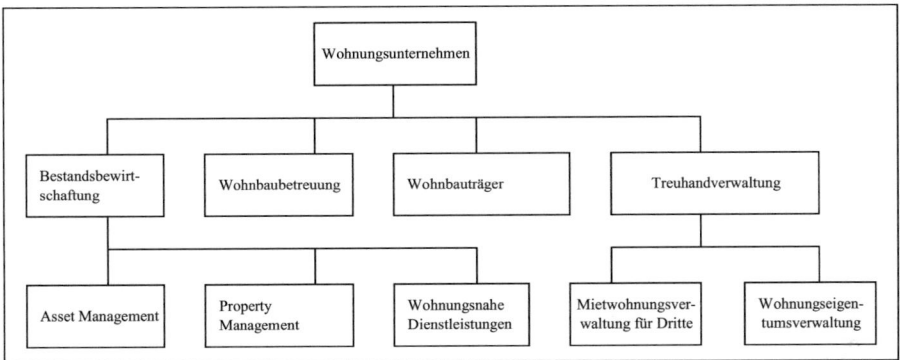

Abb. 2.2: Geschäftsfelder von Wohnungsunternehmen[63]

2.2   Betrachtungsebenen im Controlling bestandshaltender Wohnungsunternehmen

Die Controllingbedarfe und -instrumente in bestandshaltenden Wohnungsunternehmen sind einerseits produktseitig determiniert, andererseits auch durch das anbietende Unternehmen und dessen Bilanzierungs- und Berichtspflichten. Deswegen wurden oben zunächst die controllingrelevanten Spezifika des Produkts „Wohnung" herausgearbeitet und die Anbieterstruktur im deutschen Wohnimmobilienmarkt analysiert. Auf die grundlegende Darstellung der Begrifflichkeiten und Funktionen im Controlling wird im Folgenden bewusst verzichtet. Hierzu kann auf die einschlägigen Standardwerke verwiesen werden.[64] Dabei darf nicht übersehen werden, dass der Begriff des Controllings durchaus klärungsbedürftig ist. Hierzu sind für unterschiedlichste Branchen und Unternehmensformen bereits Definitionen entwickelt worden.[65] Für die Immobilienwirtschaft stellen Bach/Sailer fest, dass die Wohnungsunternehmen zur Steuerung der betrieblichen Leistungsprozesse bereits verschiedene Elemente des Controllings einsetzen, ohne diese jedoch in einen methodischen Gesamtkontext eingebettet zu haben.[66] Damit sehen sie das Controlling in der Immobilienwirtschaft als eher

---

[62]   Vgl. Kofner (2008), S. 71.
[63]   Erweitert aus Sailer, E./Bach, H. (2006), S. 19.
[64]   Vgl. zu den Grundlagen des Controllings in Immobilienunternehmen Homann, K. (1998), S. 16-31. Zur grundlegenden Einführung in das Fachgebiet des Controllings vgl. Horváth, P. (2007); Piontek, J. (2005); Peemöller, V. (2005); Schierenbeck, H./Lister, M. (2002).
[65]   Vgl. nur Weber, J. (2004), Kap. 1.
[66]   Vgl. hierzu und im Folgenden Bach, H./Sailer, E. (2007), S. 261.

unterentwickelt an und wollen erste Ansätze bisher lediglich bei den größeren Unternehmen erkennen. Im Rahmen dieser Arbeit sollen jedoch in Übereinstimmung mit Horváth[67] keine zusätzlichen Systematisierungsversuche der Controllinginhalte vorgenommen werden. Vielmehr sollen die von den unter IFRS erweiterten Rechnungslegungspflichten betroffenen Controllingbereiche aufgezeigt und dargestellt werden, anstatt die in Wohnungsunternehmen bestehenden Steuerungsinformationen zusammenzutragen und zu einem Controlling-Konzept zu verdichten.

Zu diesem Zweck sollen drei für bestandshaltende Wohnungsunternehmen typische Betrachtungsebenen des Controllings unterschieden werden. Auf der Betrachtungsebene des Gesamtunternehmens darf die Planung, Steuerung und Feststellung des Jahresergebnisses als übergeordnetes Unternehmensziel und damit gleichzeitig als wesentliches Betrachtungsobjekt des Controllings angesehen werden. Dazu werden die gläubigerschutzorientierten Wesensmerkmale der handelsrechtlichen Rechnungslegung und deren Wirkung auf das Periodenergebnis dargestellt. Orientiert am Objekt der Wertschöpfung kann auf der Betrachtungsebene des Immobilienportfolios ein risikoorientierter Controllingansatz Anwendung finden. Dieser kann durch eine quantitative oder auch qualitative Portfoliobetrachtung erfolgen. Auch Mischformen sind dabei denkbar. Die entsprechenden Ansätze werden kurz dargestellt. Auf der Betrachtungsebene des Einzelobjekts letztlich steht ein lebenszyklusorientierter Controllingansatz im Vordergrund. Dabei sind aus Sicht des Bestandshalters insbesondere die ergebnisrelevanten kaufmännischen Aspekte der Nutzung und anschließenden Modernisierung von Immobilien relevant. Deswegen werden einerseits die heute gebräuchlichen Verfahren der Investitionsrechnung und andererseits auch die in der Nutzungsphase verwendeten Controllingmethoden dargestellt. Die Betrachtungsebenen des Controllings sind in Abb. 2.3 dargestellt.

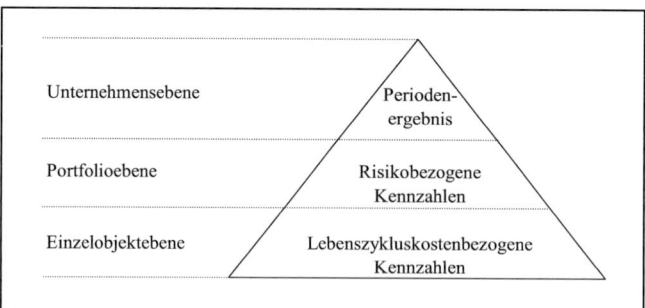

Abb. 2.3: Betrachtungsebenen im Controlling bestandshaltender Wohnungsunternehmen

---

[67] Vgl. Horváth, P. (2007), S. 49.

2.3   Dominanz des handelsrechtlichen Jahresergebnisses auf Unternehmensebene

2.3.1   Zweck und Aufgaben des Jahresabschlusses nach HGB

Zum Verständnis der über die Rechnungslegung nach HGB vermittelten Informationen über den Unternehmenserfolg ist es unerlässlich, die mit der handelsrechtlichen Rechnungslegung verbundenen Ziele zu kennen. Diese wirken über die hierauf basierenden Bilanzierungsgrundsätze sowohl auf Ausweis und Ermittlung des Periodenergebnisses als auch auf die Bilanzansätze der Vermögenspositionen und Schulden. Mit Blick auf die Adressaten des handelsrechtlichen Jahresabschlusses lassen sich konkrete Aufgaben desselben ableiten, die durchaus im Zielkonflikt zueinander stehen können. Die Kenntnis dieser Aufgaben wird im weiteren Gang der Untersuchung helfen, die Normen zu interpretieren und Unterschiede zur Rechnungslegung nach IFRS zu analysieren.

Die zentrale Zielsetzung des Jahresabschlusses nach HGB ist für Kapitalgesellschaften in § 264 Abs. 2 HGB kodifiziert. Danach hat „der Jahresabschluss [...] ein den tatsächlichen Verhältnissen entsprechendes Bild der Vermögens-, Finanz- und Ertragslage der Kapitalgesellschaft zu vermitteln".[68] Diese Zielsetzung wird als Informationsfunktion des Jahresabschlusses bezeichnet.[69] Entsprechend sind die inhaltlichen Anforderungen an den Jahresabschluss nach HGB normativ formuliert. So muss nach § 242 Abs. 3 HGB die Vermögenslage über die Bilanz, die Finanz- und Ertragslage über die Gewinn- und Verlustrechnung dokumentiert werden. Kapitalgesellschaften sind nach § 289 HGB überdies verpflichtet, zur Befriedigung der weitergehenden Informationsbedürfnisse der Eigenkapitalgeber zusätzlich einen Lagebericht aufzustellen. Darin sind insbesondere Annahmen über die zukünftige Entwicklung des Unternehmens zu treffen und zu dokumentieren.

Zu den Adressaten des Jahresabschlusses zählen neben den Eigenkapitalgebern auch die Fremdkapitalgeber, die Finanzverwaltung und weitere an der Entwicklung des bilanzierenden Unternehmens interessierte Personenkreise. Bei Kapitalgesellschaften kommen die investiven Eigenkapitalgeber hinzu.[70] Die skizzierten Adressatengruppen verfolgen im Hinblick auf das auszuweisende Periodenergebnis teilweise divergierende Ziele. So sind die investiven Eigenkapitalgeber, wie z. B. Aktionäre und Beteiligungsgesellschaften einerseits an einem angemessenen Periodenergebnis, andererseits aber auch an Informationen über die zukünftige Entwicklung des Unternehmens interessiert. Sie werden zur Ertragsabschöpfung und Werterhaltung ihrer Anteile einen eher höheren Gewinnausweis

---

[68]   § 264 Abs. 2 HGB.
[69]   Vgl. nur Baetge, J. et al. (2007), S. 85.
[70]   Zu den Adressaten des handelsrechtlichen Jahresabschlusses vgl. die Darstellung von Coenenberg. Coenenberg, A. G. (2005), S. 9 f.

präferieren. Neben der Informationsfunktion ist eine weitere Aufgabe des handelsrechtlichen Jahresabschlusses deshalb die Ausschüttungsbemessung.

Ebenfalls an einem eher höheren Gewinnausweis ist grundsätzlich die Finanzverwaltung interessiert, da ein höherer Gewinnausweis dort unmittelbar zu einem höheren periodischen Ertragsteueraufkommen führt. Insofern hat der handelsrechtliche Jahresabschluss auch eine Steuerbemessungsfunktion.[71] Dem gegenüber steht das Interesse der Gruppe der Fremdkapitalgeber. Diese sind überwiegend daran interessiert, das Haftungskapital im Unternehmen zu erhalten, um die Besicherung ihrer Kreditengagements nicht durch Ausschüttung von Unternehmenssubstanz zu gefährden. Diesem Interesse der Gläubiger kommt im HGB eine besondere Bedeutung zu. Die Kapitalerhaltung im Gläubigerinteresse ist vordringliches Ziel des Jahresabschlusses nach HGB[72] und wird durch entsprechende Bilanzierungsgrundsätze fundiert.[73]

2.3.2   Entstehung stiller Reserven bei der Immobilienbilanzierung nach HGB

Wie oben entwickelt dominiert der Gläubigerschutzgedanke den HGB-Abschluss. Diese Dominanz schlägt sich auch in verschiedenen Regelungen zum Ansatz und zur Bewertung von Immobilien nieder. Die Kenntnis dieser Grundsätze ermöglicht es, in Auslegungsfragen zu Ansatz und Bewertung von Immobilien die im handelsrechtlichen Sinne richtige Wahl zu treffen. Deswegen soll im Folgenden ein Überblick über die für die Immobilienbilanzierung einschlägigen Bilanzierungsgrundsätze des HGB einerseits und andererseits über die für Immobilienvermögen relevanten Bewertungsmaßstäbe des HGB gegeben werden.

Auswirkungen des Vorsichtsprinzips auf die Immobilienbilanzierung

Das Handelsrecht verfügt mit den Grundsätzen ordnungsgemäßer Buchführung (GoB) über einen Kodex zur Auslegung der Ansatz- und Bewertungsvorschriften.[74] Die Einhaltung der GoB ist für alle Unternehmen verpflichtend.[75] Die Normierung der GoB findet sich in General- und Einzelnor-

---

[71]   Zur Steuerbemessung wird die Steuerbilanz aus dem handelsrechtlichen Jahresabschluss abgeleitet. Vgl. Raupach, A. (1994), S. 101 f.
[72]   Diese findet ihren Niederschlag im Prinzip der nominellen Kapitalerhaltung. Vgl. Wöhe, G. (1997), S. 353-354.
[73]   Vgl. die Darstellung zu den handelsrechtlichen Bilanzierungsgrundsätzen unter Pkt. 2.3.2.
[74]   Vgl. grundlegend zu den Grundsätzen ordnungsgemäßer Buchführung und Bilanzierung die ausführliche Darstellung bei Leffson, U. (1987), S.11 ff.
[75]   Vgl. § 243 Abs. 1 HGB.

men des HGB sowie überdies in einigen de lege ferenda entwickelten Prinzipien, den sog. Handels-
bräuchen. Zu den für die Immobilienbilanzierung bedeutsamen Bilanzierungsgrundsätzen des HGB
zählen angelehnt an die Enumeration des § 252 Abs. 1 HGB:[76]

- Grundsatz der Bilanzidentität (§ 252 Abs. 1 Nr. 1 HGB),
- Grundsatz der Unternehmensfortführung (§ 252 Abs. 1 Nr. 2 HGB),
- Grundsatz der Einzelbewertung (§ 252 Abs. 1 Nr. 3 HGB),
- Grundsatz der Stichtagsbezogenheit (§ 252 Abs. 1 Nr. 3 HGB),
- Grundsatz der Vorsicht (§ 252 Abs. 1 Nr. 4 HGB),
  - Anschaffungswertprinzip (§ 253 Abs. 1 HGB),
  - Niederstwertprinzip (§ 253 Abs. 2 und 3 HGB),
  - Höchstwertprinzip für Schulden (§ 253 Abs. 1 Satz 2 HGB),
- Grundsatz der Stetigkeit der Bewertungsmethoden (§ 252 Abs. 1 Nr. 6 HGB).

Prägendes Prinzip der GoB ist das Vorsichtsprinzip.[77] Hierin spiegelt sich das Primat der Erhaltung
des Haftungskapitals im Sinne der Gläubiger der bilanzierenden Unternehmung wider. Das Vorsichtsprinzip wird in § 252 Abs. 1 Nr. 4 HGB konkretisiert durch zwei zentrale Vorschriften der
deutschen Rechnungslegung. Die erste zentrale Vorschrift, das Realisationsprinzip, regelt den Zeitpunkt des Gewinnausweises und schreibt dem Bilanzierenden vor, Gewinne erst dann auszuweisen,
„wenn sie am Abschlussstichtag realisiert sind".[78] Die Gewinnrealisierung muss dabei nach der
Rechtsprechung des Bundesfinanzhofs „so gut wie sicher"[79] sein, also im Regelfall über einen Umsatzakt am Absatzmarkt erfolgen.[80] Übertragen auf die Bewertung von Immobilien bedeutet dies,
dass ggf. über den handelsrechtlichen Buchwert hinausgehende Marktpreise erst bei Gewinnrealisierung, mithin im Zeitpunkt des Verkaufs der Immobilie als Verkaufserlöse in den Jahresabschluss
eingehen. Ohne der später folgenden Darstellung zu den Bilanzierungsgrundsätzen der IFRS vorweg
zu greifen, sei an dieser Stelle bereits bemerkt, dass hierin der wesentliche Unterschied zwischen der
Immobilienbilanzierung nach HGB und IFRS liegen kann.[81] Unrealisierte Gewinne und Werterhö-
hungen von Immobilien finden damit im HGB-Abschluss keine Berücksichtigung.

---

[76] Vgl. zu den Bilanzierungsgrundsätzen des HGB die Darstellung bei Birkner, M./Bornemann, L.-D. (2006), S. 215.
[77] Vgl. Schierenbeck, H. (2005), S. 333.
[78] § 252 Abs. 1 Nr. 4 HGB, 2. Halbs.
[79] BFH-Urteil vom 11.12.1985, I B 49/85, S. 595.
[80] Vgl. Moxter, A. (1999), S. 48.
[81] Dieser Unterschied wird erheblich, wenn das Wohnungsunternehmen sich für die Bilanzierung der beizulegenden
Zeitwerte entscheidet. Vgl. zu den Bilanzierungsgrundsätzen der IFRS die Ausführungen unter Pkt. 3.2.3.

Anderes gilt jedoch für unrealisierte Verluste, die nach der zweiten zentralen Vorschrift des Vorsichtsprinzips, dem Imparitätsprinzip, behandelt werden. Danach sollen die bis zum Tag der Aufstellung des Jahresabschlusses vorhersehbaren Risiken und Verluste möglichst vollständig ausgewiesen werden, auch wenn deren Realisierung noch nicht eingetreten und lediglich wahrscheinlich ist.[82] Abb. 2.4 gibt einen Überblick über die zentralen Vorschriften des Vorsichtsprinzips.

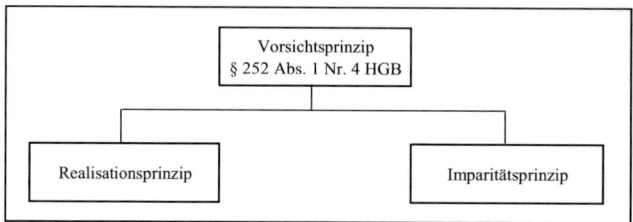

Abb. 2.4: Zentrale Vorschriften des Vorsichtsprinzips

Bei Kapitalgesellschaften wird der Adressatenkreis der Gläubiger auf diese Weise davor geschützt, das aufgrund unrealisierter Gewinne höhere Ausschüttungen – im Extremfall aus der Substanz des Unternehmens – an die Anteilseigner erfolgen und so das Haftungskapital gefährdet wird. Im System der handelsrechtlichen GoB wird somit der Gläubigerschutz deutlich vor den Anlegerschutz gestellt. Übertragen auf Ansatz und Bewertung von Immobilien wird damit die Schuldendeckungs- und Kapitaldienstfähigkeit einer bilanzierten Immobilie mittelbar zum Bewertungsmaßstab.[83] Für die spätere Entwicklung eines Wertermittlungsmodells ist der Grundsatz der Einzelbewertung von Bedeutung. Gemäß § 252 Abs. 1 Nr. 3 HGB sind Vermögensgegenstände einzeln zu bewerten. Abgesehen von zulässigen Massenbewertungsverfahren im Bereich des Vorratsvermögens[84] ist damit der Wert eines Vermögensgegenstands grundsätzlich unabhängig von wertprägenden Einflüssen anderer Vermögensgegenstände zu ermitteln. Risikoausgleich ist nicht vorgesehen; dies wird letztlich vor allem durch die Wirkungsweise von Realisations- und Imparitätsprinzip unterstrichen.

Überblick über die immobilienrelevanten Bewertungsmaßstäbe des HGB

Die handelsrechtlich anzuwendenden Bewertungsmaßstäbe für Immobilien unterscheiden sich bei deren Erstbewertung nicht durch die Zuordnung der Immobilie zum Anlage- oder Umlaufvermö-

---

[82] Vgl. § 252 Abs. 1 Nr. 4 HGB, erster Halbs. und weiterführend dazu Baetge, J. et al. (2007), S. 123 ff.
[83] Vgl. Klinger, F./Müller, M. (2004), S. 9.
[84] Hier sind die Verbrauchsfolgeverfahren des § 256 S. 1 HGB zu nennen.

gen.[85] In beiden Fällen bilden die Anschaffungs- oder Herstellungskosten die Bewertungsobergrenze. Unterschiede bestehen jedoch nach der Art des Zugangs. Wird die Immobilie erworben, bildet der Kaufpreis zuzüglich etwaiger Anschaffungsnebenkosten die Bewertungsobergrenze. Nach § 255 Abs. 1 HGB gehören zu den Anschaffungsnebenkosten sowohl diejenigen Aufwendungen, die geleistet werden, um den Vermögensgegenstand „in einen betriebsbereiten Zustand zu versetzen", als auch Nebenkosten wie z. B. Maklergebühren, Grunderwerbsteuer und Notarkosten.[86]

Auch unmittelbar nach der Anschaffung anfallende Aufwendungen für Sanierungs- oder Modernisierungsmaßnahmen sind als nachträgliche Anschaffungskosten in den Immobilienwert aufzunehmen.[87] Gleiches gilt für gewährte Rabatte, Boni oder Skonti, die als Anschaffungspreis-minderungen abzusetzen sind.[88] Die Vorschrift des § 255 Abs. 1 HGB lässt dem Bilanzierenden im Wortlaut keine Ansatz- oder Bewertungswahlrechte. Die Anschaffungskosten einer Immobilie können im HGB-Abschluss daher als hinreichend objektiviert angesehen werden. Abb. 2.5 zeigt die Struktur der Anschaffungskosten auf.

Anschaffungskosten § 255 Abs. 1 HGB	
	Anschaffungspreis
+	Anschaffungsnebenkosten
	- Maklercourtage
	- Grunderwerbsteuer
	- Notarkosten
	- etc.
+	nachträgliche Anschaffungskosten
	- Sanierungsaufwendungen
	- Modernisierungsaufwendungen
	- etc.
-	Anschaffungspreisminderungen
=	Anschaffungskosten

Abb. 2.5: Struktur der Anschaffungskosten einer Immobilie nach § 255 Abs. 1 HGB

Wird stattdessen eine selbst erstellte Immobilie bilanziert, so gelten als Bewertungsmaßstab nach § 255 Abs. 2 HGB die Herstellungskosten. Dies sind „die Aufwendungen, die durch den Verbrauch von Gütern und die Inanspruchnahme von Diensten für die Herstellung eines Vermögensgegens-

---

[85] Vgl. § 255 HGB.
[86] Vgl. zur Ermittlung der Anschaffungskosten von Immobilien Brauer, K.-U. (1999), S. 248.
[87] Vgl. § 255 Abs. 1 S. 2 HGB.
[88] Vgl. § 255 Abs. 1 S. 3 HGB.

tands, seine Erweiterung oder [...] Verbesserung entstehen."[89] Der Bilanzierende hat Gestaltungs-spielräume in der Bewertung. So bilden nach § 255 Abs. 2 S. 2 HGB die Material- und Fertigungs-kosten sowie die Sonderkosten der Fertigung die Wertuntergrenze.[90]

Wahlweise dürfen zusätzlich Material- und Fertigungsgemeinkosten sowie der Werteverzehr im Anlagevermögen der Produktionslagen eingerechnet werden, jedoch lediglich insoweit diese ange-messen sind und in den Zeitraum der Herstellung fallen.[91] Darüber hinaus dürfen die auf diesen Zeit-raum entfallenden Kosten der allgemeinen Verwaltung, Aufwendungen für soziale Einrichtungen des Betriebs, für freiwillige soziale Leistungen und für betriebliche Altersvorsorge in die Herstel-lungskosten eingerechnet werden.[92] Auch für die zur Herstellung der Immobilie aufgewendeten Fremdkapitalkosten, die sog. Bauzeitzinsen, besteht insoweit ein Wahlrecht zur Einrechnung in die Herstellungskosten, wie sie in den Zeitraum der Herstellung fallen.[93] Abb. 2.6 zeigt die typische Struktur der Herstellungskosten einer Immobilie, die sich an der Kostengruppen-Gliederung der DIN 276 orientiert.[94]

	Herstellungskosten § 255 Abs. 2 HGB	inhaltlich ähnliche Kostengr. der DIN 276
	Kosten des Baugrundstücks	100
+	Kosten der Erschließung	200
+	Kosten des Bauwerks	300
+	Kosten des Geräts	400
+	Kosten der Außenanlagen	500
+	Kosten der zusätzlichen Maßnahmen	600
+	Baunebenkosten	
	ansatzpflichtig	700*
	nicht ansatzpflichtig	700*
=	Herstellungskosten	

*Die in Kostengruppe 760 genannten Fremdkapitalzinsen sind lediglich mit dem auf den Zeitraum der Herstellung entfallenden Teil ansetzbar.

Abb. 2.6: Struktur der Herstellungskosten einer Immobilie nach § 255 Abs. 2 HGB[95]

---

[89]   § 255 Abs. 2 S. 1 HGB.
[90]   Vgl. Coenenberg, A. G. (2005), S. 94 ff.
[91]   Vgl. § 255 Abs. 2 S. 3, 5 HGB.
[92]   Vgl. § 255 Abs. 2 S. 4, 5 HGB.
[93]   Vgl. § 255 Abs. 3 HGB.
[94]   Vgl. DIN (2008).
[95]   Modifiziert entnommen bei Birkner, M./Bornemann, L.-D. (2006), S. 142.

Zu unterscheiden sind die Baunebenkosten zum einen in die ansatzpflichtigen, d. h. dem Bewertungsobjekt direkt zurechenbaren Baunebenkosten wie z. B. Grundsteuer, Erbbau- und Fremdkapitalzinsen während der Bauzeit. Keine Ansatzpflicht besteht hingegen für die dem Bewertungsobjekt nicht direkt zuordenbaren Kosten mit Gemeinkostencharakter wie z. B. die Kosten für Baustellenbewachung, Werbung, Grundsteinlegung und Richtfest.

Das Handelsrecht lässt dem Bilanzierenden somit lediglich die Möglichkeit offen, die Herstellungskosten einer Immobilie in den beschriebenen Grenzen zu gestalten, wohingegen Ansatz und Erstbewertung für nicht selbst erstellte, angekaufte Immobilien explizit und ohne Wahlrechte geregelt ist.

Wenngleich die Bewertungsmaßstäbe für die Erstbewertung für Immobilien des Anlage- und Umlaufvermögens noch gleich lauten, sieht das Handelsrecht für Zwecke der Folgebewertung eine differenzierte Behandlung vor. Für die Immobilien des Anlagevermögens schreibt § 253 Abs. 2 HGB vor, die in der Erstbilanzierung ausgewiesenen Anschaffungs- oder Herstellungskosten um planmäßige Abschreibungen zu vermindern. Hierzu ist durch den Bilanzierenden grundsätzlich die Nutzungsdauer der Immobilie zu schätzen,[96] die den Zeitraum angibt, innerhalb dessen sich die Immobilie vollständig entwertet.[97] Faktisch wird der Bilanzierende in vielen Fällen von dieser Ermessensausübung entlastet, da an dieser Stelle insbesondere für geförderte Wohnimmobilien zur Erzielung gewünschter wohnungspolitischer Effekte durch den Verordnungsgeber pauschalierte, zumeist höhere Abschreibungssätze vorgegeben wurden.[98] Beispielhaft seien die Regelungen des § 7 Abs. 4 und 5 EStG genannt, die für Immobilien Nutzungsdauern von 25 bis 50 Jahren vorsehen. Reale Nutzungsdauern werden für Wohnimmobilien fast immer wesentlich länger geschätzt.[99] Da Grundstücke keiner Abnutzung unterliegen, gehört zur Abschreibungsbasis lediglich der auf den Gebäudewert entfallende Teil der Anschaffungs- oder Herstellungskosten. Die regelmäßige Wertminderung über planmäßige Abschreibungen führt zu einem stetig sinkenden Buchwert im HGB-Abschluss. Lediglich im Wege der Durchführung wertverbessernder, aktivierungsfähiger Modernisierungs- und Erweiterungsmaßnahmen kann sich der Buchwert durch Nachaktivierungen erhöhen.

---

[96] Vgl. § 253 Abs. 2 S. 2 HGB.
[97] Wesentliches Ziel der planmäßigen Abschreibung ist die Aufwandsperiodisierung, mithin die Verteilung der Anschaffungs- oder Herstellungskosten auf die Perioden der Nutzung. Vgl. hierzu detaillierend Leffson, U. (1987), S. 310.
[98] Vgl. zu den steuerlich determinierten Abschreibungssätzen für Wohnimmobilien Birkner, M./Bornemann, L.-D. (2006), S. 222.
[99] Vgl. Kleiber, W./Simon, J. (2007), S. 1423.

Anderes gilt jedoch bei außerplanmäßigen negativen Wertveränderungen aufgrund technischer oder wirtschaftlicher Faktoren. Beispiele für erstere sind z. B. Schäden durch Naturkatastrophen, für letztere insbesondere Veränderungen auf den Absatzmärkten der Immobilien. Die Immobilien sind in dieser Situation nach dem sog. gemilderten Niederstwertprinzip zu behandeln, wonach im Falle einer lediglich vorübergehenden Wertminderung[100] ein Wahlrecht zur Abwertung besteht, im Falle der dauerhaften Wertminderung jedoch zwangsläufig außerplanmäßig auf den beizulegenden Wert abgeschrieben werden muss.[101]

Der beizulegende Wert ist ein im Vergleich zu den fortgeführten Anschaffungs- oder Herstellungskosten niedrigerer Wert, welcher der Immobilie am Abschlussstichtag beizulegen ist.[102] Somit etabliert die Vorschrift des § 253 Abs. 2 S. 3 HGB einen jährlich durchzuführenden Werthaltigkeitstest.[103] Bei Indikationen für einen außerplanmäßigen Wertberichtigungsbedarf erfolgt in der Bilanzierungspraxis ein Vergleich der fortgeführten Anschaffungs- oder Herstellungskosten mit dem beizulegenden Wert. Letzterer wird beschrieben als ein „objektivierter, die betriebsindividuellen Nutzungsmöglichkeiten reflektierender Stichtagsverwendungswert, der unter der Ägide des Going-Concern-Grundsatzes steht."[104] Operationalisiert wird der beizulegende Wert für die Zwecke der handelsrechtlichen Rechnungslegung mit dem Ertragswert oder - sofern dieser ermittelt werden kann - einem Einzelveräußerungswert.[105]

Entfällt der Grund für die außerplanmäßige Abschreibung, müssen Kapitalgesellschaften nach   § 280 Abs. 1 HGB eine Zuschreibung im Umfang der Wertaufholung vornehmen,[106] allerdings begrenzt durch die planmäßig fortgeführten Anschaffungs- oder Herstellungskosten.[107] Dies ist für die vorliegende Untersuchung insofern interessant und bleibt festzuhalten, als hier implizit den Interessen der Anteilseigner von Kapitalgesellschaften Rechnung getragen wird, indem der ausschüttungsfähige Gewinn erhöht wird. Dies steht jedoch noch im Einklang mit dem Gläubiger-schutzprinzip, da die Ausschüttung nicht zum Substanzverzehr führt, weil die Wertaufholung den Marktwert der Immobilie entweder real abbildet oder infolge der Begrenzung auf die fortgeführten Anschaffungs- oder Herstellungskosten zumindest nicht übersteigt und so das Haftungskapital nicht gefährdet ist.

---

[100]   In Abgrenzung zur vorübergehenden Wertminderung liegt eine dauerhafte Wertminderung vor, wenn der vom Absatzmarkt entnommene Wert der Immobilie den bis zum Erreichen der Hälfte der Restnutzungsdauer weiter abgeschriebenen Buchwert unterschreitet. Vgl. BMF (2000), Rz. 3 f.
[101]   Vgl. § 253 Abs. 2 S. 3 HGB.
[102]   Vgl. § 253 Abs. 2, 3 HGB.
[103]   Zur Durchführung der Werthaltigkeitsprüfung vgl. Ranker, D. (2006), S. 197 ff. m. w. N.
[104]   Vgl. ebenda, S. 211 m. w. N.
[105]   Vgl. ADS (1995), § 253 HGB, Rn. 460, 464 ff. Zur Ermittlung des Ertragswerts vgl. die Darstellung unter Pkt. 4.4.3.
[106]   Für Personengesellschaften und sonstige Kaufleute besteht nach dieser Vorschrift ein Wahlrecht.
[107]   Vgl. § 253 Abs. 2 S. 2 HGB.

Anderes gilt für die aufgrund ihrer Eigenschaft als nicht dauerhaft dem Unternehmen dienend klassifizierten, dem Umlaufvermögen zuzuordnenden Immobilien. Hier greifen die Regeln der verlustfreien Vorratsbewertung.[108] Das bedeutet, dass einerseits zwar keine planmäßigen Abschreibungen vorgenommen werden, andererseits aber zum Bilanzstichtag die Werthaltigkeit der in der Erstbewertung ermittelten Anschaffungs- oder Herstellungskosten überprüft wird. Auch hier werden Wertveränderungen imparitätisch behandelt, denn außerordentliche Wertzuwächse werden mangels Realisierung durch einen Umsatzakt nicht bilanziert, außerordentliche Wertminderungen hingegen auf der Basis des gemäß § 253 Abs. 3 HGB hier zu beachtenden sog. strengen Niederstwertprinzips zwangsweise bilanziert.[109] Wie bei den Immobilien des Anlagevermögens gilt auch für jene des Umlaufvermögens das Wertaufholungsgebot für Kapitalgesellschaften.[110]

Festzuhalten bleibt an dieser Stelle, dass die handelsrechtliche Immobilienbilanzierung die Immobilien des Anlage- und Umlaufvermögens in vielen Fällen unterhalb ihrer Marktwerte ausweist. Da der handelsrechtliche Buchwert sich in Abhängigkeit der planmäßigen Abschreibungen nach unten entwickelt, sind die Differenzen zwischen Buchwert und Verkehrswert bei älteren Immobilien am höchsten. Auch zwischenzeitlich durchgeführte Modernisierungsmaßnahmen mit handelsrechtlicher Aktivierungsfolge ändern daran lediglich in geringem Umfang etwas. Die Informationsfunktion des HGB-Abschlusses ist damit zumindest im Hinblick auf die dort bilanzierten Immobilienwerte deutlich eingeschränkt und damit für Entscheidungen der Eigenkapitalgeber nicht nützlich.

2.3.3 Beeinflussung von Unternehmenskennzahlen durch stille Reserven

Durch Kennzahlenbildung können betriebswirtschaftliche Sachverhalte in Wohnungsunternehmen messbar und sowohl zeitlich als auch unternehmensübergreifend vergleichbar gemacht werden. Sie werden damit dem internen Steuerungsbedarf und auch der externen Informationspflicht gegenüber Kapitalgebern, Aufsichtsgremien und Gesellschaftern in weiten Teilen gerecht.[111] Die Unternehmenskennzahlen sollen Informationen über die Vermögens- und Kapitalstruktur des Wohnungsunternehmens, seine Liquiditätslage und Rentabilität vermitteln. Inwieweit diese Kennzahlen auf die durch die fortgeführten Anschaffungs- und Herstellungskosten und die stillen Reserven repräsentier-

---

[108] Vgl. § 253 Abs. 3 S. 1 HGB.
[109] Vgl. Baetge, J. et al. (2007), S. 220.
[110] Vgl. § 280 Abs. 1 HGB.
[111] Vgl. Birkner, M./Bornemann, L.-D. (2006), S. 275.

ten Immobilienwerte rekurrieren und in welchem Umfang sie hierdurch in ihrer internationalen Vergleichbarkeit eingeschränkt sind, soll im Folgenden untersucht werden. Dabei wurde die Definition der Kennzahlen aus dem Benchmarkingbericht des GdW entnommen.[112] Problematisch können diese Kennzahlenvergleiche aus Investorensicht dann werden, wenn aus HGB-Abschlüssen abgeleitete Kennzahlen mit solchen aus IFRS-Abschlüssen abgeleiteten verglichen werden, z. B. bei Ankaufentscheidungen oder im laufenden Beteiligungscontrolling. Die mangelnde Vergleichbarkeit kann den Kapitalmarktzugang erschweren und dadurch die Finanzierungssituation eines Wohnungsunternehmens verschlechtern.

Kennzahlen zur Vermögensstruktur

Zur Kapitalstruktur berichten die Wohnungsunternehmen die Kennzahlen Anlagenintensität und Umlaufintensität.[113] Die Anlagenintensität misst das Verhältnis zwischen Anlagevermögen und Gesamtvermögen. Dabei wird angenommen, dass eine hohe Anlagenintensität die Fähigkeit des Wohnungsunternehmens, sich an Marktveränderungen anzupassen, verringert.[114] Wie in den Ausführungen zu den Besonderheiten des Wohnimmobilienmarkts aufgezeigt, ist dies eine den Immobilien immanente Eigenschaft.[115]

$$Anlagen-Intensität = \frac{Anlagevermögen \cdot 100}{Gesamtvermögen}$$

Gl. 2.1: Anlagenintensität

Die Bildung stiller Reserven führt dazu, dass ein im Vergleich zum Verkehrswert der Immobilien niedrigeres Anlagevermögen auf ein deswegen auch niedrigeres Gesamtvermögen bezogen wird. Damit einher geht ein niedrigerer Eigenkapitalausweis. Die Bewertung zu Verkehrswerten würde am relativen Wert der Kennzahl nichts ändern, da sich durch die Höherbewertung das Eigenkapital im gleichen Umfang wie das Anlagevermögen erhöhen würde. Anderes ergibt sich in der Betrachtung der Umlaufintensität. Da diese das Umlaufvermögen ins Verhältnis zum Gesamtvermögen setzt, würde sich bei einer Höherbewertung des Anlagevermögens der Nenner erhöhen, der Zähler aber gleich bleiben – die Kennzahl würde sinken.

---

[112]   Vgl. GdW (2007).
[113]   Vgl. zu weiteren Kennzahlen der Vermögensstruktur Pulletz, W. (2006), S. 182.
[114]   Vgl. Birkner, M./Bornemann, L.-D. (2006), S. 276.
[115]   Vgl. die Ausführungen unter Pkt. 2.1.1.

$$Umlauf - Intensität = \frac{Umlaufvermögen \cdot 100}{Gesamtvermögen}$$

Gl. 2.2: Umlaufintensität

Die Umlaufintensität ist jedoch nicht immer bedeutsam für bestandshaltende Wohnungsunternehmen, da sie im Regelfall lediglich den Anteil der kurzfristigen Forderungen am Gesamtvermögen angibt. Die Existenz stiller Reserven ist insofern unproblematisch.

Kennzahlen zur Kapitalstruktur

Zur Kapitalstruktur berichten die Wohnungsunternehmen die Eigenkapital- und Fremdkapitalquoten sowie den langfristigen Verschuldungsgrad.[116] Die Eigenkapitalquote bezieht das bilanzielle Eigenkapital auf das Gesamtkapital.

$$Eigenkapitalquote = \frac{Eigenkapital \cdot 100}{Gesamtkapital}$$

Gl. 2.3: Eigenkapitalquote

Bei einer Verkehrswertbetrachtung steigt nun infolge der Höherbewertung des Anlagevermögens das Eigenkapital, und da das Umlaufvermögen von der Höherbewertung nicht betroffen ist steigt die Eigenkapitalquote mit. Hierin liegt ein wesentlicher Nachteil der Kennzahlenbildung unter Verwendung des HGB-Abschlusses, denn die internationale Vergleichbarkeit und damit ein erweiterter Kapitalmarktzugang werden erschwert. Das Gleiche gilt für die Fremdkapitalquote, die infolge der gleichen Wirkungsweise mit der Höherbewertung sinkt.

$$Fremdkapitalquote = \frac{Fremdkapital \cdot 100}{Gesamtkapital}$$

Gl. 2.4: Fremdkapitalquote

Mit steigendem Eigenkapital und konstantem nominalen Fremdkapital sinkt auch der langfristige Verschuldungsgrad, der sich als Quotient aus langfristigem Fremdkapital und Eigenkapital ergibt.

---

[116] Vgl. zu weiteren Kennzahlen der Kapitalstruktur Pulletz, W. (2006), S. 182-183.

$$Langfristiger \ \ Verschuldungsgrad = \frac{langfristiges \ \ Fremdkapital \cdot 100}{Eigenkapital}$$

Gl. 2.5: Langfristiger Verschuldungsgrad

Kennzahlen zur Liquidität

Die Liquiditätskennzahlen geben die Fähigkeit eines Unternehmens an, seine Zahlungsverpflichtungen zu erfüllen. Zu ihnen sind die Liquiditätsgrade zu zählen, die stichtagsbezogen die Zahlungsmittel auf die kurzfristigen Verbindlichkeiten beziehen. Sie sind jedoch für die Wohnungswirtschaft eher unbedeutend, da die Mieterlöse zumeist die kurzfristigen Verbindlichkeiten bei weitem überkompensieren und werden deshalb hier nicht weiter behandelt.[117] Entscheidungsnützlich sind hingegen die Deckungsgrade zur Kapitalverwendung und hier insbesondere der Anlagendeckungsgrad II. Dieser setzt das Eigenkapital zuzüglich des langfristigen Fremdkapitals in Beziehung zum Anlagevermögen und dient vorwiegend den Kreditgebern zur Einschätzung der langfristigen finanziellen Stabilität nach dem Prinzip der Fristenkongruenz.[118]

$$Anlagendeckungsgrad \ \ II = \frac{(Eigenkapital + langfristiges \ \ Fremdkapital) \cdot 100}{Anlagevermögen}$$

Gl. 2.6: Anlagendeckungsgrad II

Mit der Höherbewertung des Anlagevermögens und des Eigenkapitals würde sich bei Konstanz des nominalen Fremdkapitals ein sinkender Wert ergeben.

Kennzahlen zur Rendite

Die Rentabilität eines Wohnungsunternehmens misst dessen Ertragsfähigkeit. Sie errechnet sich durch die Division einer Ertragsgröße durch den Kapitaleinsatz. Dabei werden die Eigenkapital- und die Gesamtkapitalrendite unterschieden. Zur Bestimmung der Eigenkapitalrendite wird der Jahresüberschuss des Wohnungsunternehmens auf das Eigenkapital bezogen.[119]

---

[117]   Vgl. hierzu und im Folgenden Birkner, M./Bornemann, L.-D. (2006), S. 279.
[118]   Vgl. zum Prinzip der Fristenkongruenz Busse von Colbe, W./Coenenberg, A. G. (1992), S. 261.
[119]   Vgl. GdW (2007), S. 126.

$$Eigenkapitalrendite = \frac{Jahres\ddot{u}berschuss \cdot 100}{Eigenkapital}$$

Gl. 2.7: Eigenkapitalrendite

Zur Berechnung der Gesamtkapitalrendite werden die langfristigen Fremdkapitalzinsen zum Jahresüberschuss hinzugerechnet und der so entstehende Wert auf das Gesamtkapital bezogen.[120]

$$Gesamtkapitalrendite = \frac{(Jahres\ddot{u}berschuss + Fremdkapitalzinsen) \cdot 100}{Gesamtkapital}$$

Gl. 2.8: Gesamtkapitalrendite

Beide Kennzahlen sind, sofern Sie auf HGB-Abschlüssen beruhen, für den internationalen Kapitalmarkt nicht vergleichbar. Werden diese Kennzahlen nämlich aus einem IFRS-Abschluss abgeleitet, ergeben sich zwei wesentliche Änderungen. Zum einen steigen mit der Höherbewertung des Anlagevermögens wie aufgezeigt sowohl das Eigen- als auch das Gesamtkapital. Zum anderen erweitern sich die Ergebniskomponenten des handelsrechtlichen Jahresüberschusses bei Ausübung der Bilanzierungswahlrechte des IAS 40 zugunsten der Bilanzierung beizulegender Zeitwerte um die Komponente der Wertveränderungen, planmäßige Abschreibungen fallen hingegen weg, wie auch die Aktivierungseffekte bei Modernisierungsmaßnahmen.[121]

Im Rückblick auf die Wirkungen der Verkehrswertbetrachtung auf die untersuchten Kennzahlen ist somit zu konstatieren, dass die Aussage HGB-orientierter Kennzahlen lediglich für Bilanzadressaten aus dem HGB-Umfeld verständlich und vergleichbar ist. Selbst die deutschen Kreditinstitute werden in vielen Fällen bei Kreditverhandlungen verkehrswertbezogene Kennzahlen ermitteln wollen und sind dazu auf hinreichend zuverlässige Verkehrswertermittlungen angewiesen. Möchte das bilanzierende Wohnungsunternehmen zudem von der Öffnung der internationalen Kapitalmärkte profitieren, ist die Angabe von Verkehrswerten unerlässlich. Überdies kann die betriebliche Steuerung durch buchwertbasierte Kennzahlen verfälscht werden. Auch hier sind verkehrswertbasierte Kennzahlen zur Abbildung der Vermögens- und Ertragslage besser geeignet.

---

[120]   Vgl. Pulletz, W. (2006), S. 180.
[121]   Vgl. zu den Bilanzierungswahlrechten für das investive Anlagevermögen die Ausführungen unter Pkt. 3.4.4.

2.4 Risikoorientiertes Controlling auf Portfolioebene

2.4.1 Risikoorientiertes Controlling über Portfoliomanagementansätze

Grundvoraussetzung für ein aussagekräftiges Risikocontrolling ist die größtmögliche Transparenz über den Immobilienbestand. Hierdurch sollen unüberlegte intuitive Entscheidungen vermieden und strukturierte Entscheidungen ermöglicht werden. Dabei ist es Aufgabe des Controllers, über Portfoliomanagementansätze eine Komplexitätsreduktion herbeizuführen, bei der der Immobilienbestand in möglichst homogene Einzelsegmente differenziert wird.[122]

Unter einem Portfolio versteht man zunächst allgemein die Gesamtheit aller Produkte und Dienstleistungen einer Unternehmung, bzw. alle Objekte betrieblicher Betätigung.[123] Ein einheitliches Verständnis des Begriffes „Portfoliomanagement" existiert jedoch nicht. Variantenreiche Formulierungen wie „Portfolio-Methode", „Portfolio-Technik", „Portfolio-Modell" und „Portfolioanalyse" werden in der Literatur oftmals synonym verwendet oder jeweils singulär mit wechselnden Inhalten belegt.[124] Ursprünglich geht der Begriff des „Portfolios" zurück auf Markowitz, der 1952 einen mathematisch-statistischen Ansatz zur Bestimmung der Zusammensetzung optimal verzinster „Portefeuilles" veröffentlichte.[125] Im Zentrum stand dabei die Idee, einzelne Anlageoptionen nicht isoliert zu betrachten, sondern derartig miteinander zu kombinieren, dass das Gesamtrisiko eines Wertpapierdepots für eine bestimmte Rendite möglichst gering ausfällt. Dieser Ansatz der „Portfolio Selection Theory"[126] wurde durch Markowitz weiterentwickelt zu einem konkreten Modell effizienter Portfoliobildung.[127] Die Überlegung, durch Anlagestreuung einen Risikoausgleich zu gestalten, wurde Anfang der 1970er Jahre auch auf die Unternehmensplanung übertragen. Dabei sollte für diversifizierende Unternehmen ein Ansatz zur Entwicklung einer unter Risiko- und Renditeaspekten ausgewogenen Struktur der Geschäftsbereiche gefunden werden. Zur Anwendung des Portfolioansatzes wurde dazu unterstellt, dass jeder Geschäftsbereich eigene Chancen und Risiken beinhaltet und dass die Geschäftsbereiche zwar eigener strategischer Führung bedürfen, aber als Teil der Unternehmung auch in ihren Wechselwirkungen untereinander betrachtet werden müssen.[128]

---

[122] Vgl. Maier, K. M. (2007), S. 211.
[123] Vgl. Hinterhuber, H. (2004), S. 148.
[124] Vgl. zu Inhalt und Herkunft des Begriffs „Portfoliomanagement" Müller-Stewens, G. (1995), S. 2042; Antoni, M./Riekhof, H.-C. (1994), S. 110; Gälweiler, A. (1990), S. 76 ff.; Kreilkamp, E. (1987), S. 46; Dunst, K.-H. (1983), S. 51.
[125] Vgl. Markowitz, H. (1952), S. 77-91.
[126] Markowitz, H. (1959), S. 3 f.
[127] Vgl. Markowitz, H. (1959); Hielscher, U. (1999).
[128] Vgl. Müller-Stewens, G. (1995), S. 2042; Antoni, M./Riekhof, H.-C. (1994), S. 110; Gälweiler, A. (1990), S. 76 ff.; Dunst, K.-H. (1983), S. 51.

Der Begriff „Portfoliomanagement" subsumiert wie aufgezeigt sowohl den finanzwirtschaftlich orientierten Ansatz als auch den Ansatz der strategischen Unternehmensplanung. Beide Konzepte gehen von einer ganzheitlichen Betrachtung des Systems aus und berücksichtigen Interdependenzeffekte einzelner Teilsysteme. Der Portfoliomanagementansatz der strategischen Unternehmensplanung kann jedoch als umfassender und differenzierter angesehen werden, weil er in der Lage ist, neben quantitativen auch qualitative Einflussfaktoren zu berücksichtigen.[129] Nach diesem Verständnis kann Portfoliomanagement definiert werden als „Denkhaltung, die von einer konzeptionellen Gesamtsicht des Unternehmens ausgeht und auf dem Gedanken beruht, dass ein Unternehmen dann langfristig existenzfähig sein wird, wenn sein Portfolio von Geschäften sowohl in finanz- als auch in erfolgswirtschaftlicher Sicht ausgeglichen ist".[130] Dieser Ausgleich erfordert eine Balance zwischen einerseits risikoreichen Geschäften mit hohem zukünftigen Ertragspotenzial und andererseits weniger riskanten Geschäften mit geringerem Ertragspotenzial unter Beachtung der finanziellen Restriktionen der Gesamtunternehmung.[131]

2.4.2   Portfoliomanagementansätze für Immobilienportfolios

Überträgt man nun diesen umfassenden Ansatz auf Immobilien als Investitionsobjekte, so lässt sich Immobilienportfoliomanagement als „systematische Planung, Steuerung und Kontrolle eines Bestandes von Grundstücken und Gebäuden mit dem Ziel, Erfolgspotenziale aufzubauen"[132] definieren. Werden einzelne Objekte innerhalb des Portfolios so miteinander kombiniert, dass der Wert des Portfolios langfristig gesichert ist und gleichzeitig eine möglichst hohe Rendite erreicht wird, so dient dies gleichzeitig dem Aufbaue und der Realisierung von Erfolgspotenzialen. Ziel des Portfoliomanagements ist es, eine optimale Strukturierung des Bestandes anzustreben, so dass bei gleichem Ertrag das Risiko minimiert oder bei gegebenem Risiko der Ertrag optimiert wird.[133] Dieses Ziel wird durch zwei Annäherungsansätze zu erreichen versucht, zum einen durch die quantitative Portfoliomanagement-Methodik auf der Basis der dargestellten Überlegungen von Markowitz und

---

[129]   Vgl. Vollmer, T. (1983), S. 34; Dunst, K.-H. (1983), S. 52.
[130]   Kreilkamp, E. (1987), S. 315 ff.
[131]   Vgl. Kreilkamp, E. (1987), S. 316; Szyperski, N./Winand, U. (1978), S. 123.
[132]   Bone-Winkel, S. (2000), S. 766.
[133]   Vgl. zur Anwendbarkeit der quantitativen Portfolioanalyse bei Wohnimmobilien Jandura, I./Rehkugler, H. (2001), S. 130.

zum anderen durch die Einbeziehung qualitativer Merkmale der Immobilien, ähnlich wie in der vorstehend skizzierten strategischen Unternehmensplanung.[134]

In Analogie zum Wertpapiermarkt hat es sich auch auf dem Immobilienmarkt als notwendig erwiesen, angemessene Zielkriterien und daraus abgeleitete Handlungsoptionen festzulegen. Diese Zielkriterien bilden die Entscheidungsgrundlage zu einer optimalen Vermögenssteuerung. Möglichkeiten und Wege zur laufenden Bewertung und Lenkung des Immobilienbestands zu finden und anzuwenden ist Aufgabe des Immobilienportfoliomanagements. Dies kann durch angemessene Aufteilung bzw. Streuung der Immobilien in bestimmte Kategorien, wie z. B. Standort, Nutzungsart oder Objektalter erreicht werden. In diesem Zusammenhang werden auch die Entwicklungen der einzelnen Standorte der Immobilien analysiert und deren Vorteile durch eine angemessene Investitionssteuerung genutzt. Dabei stehen wie bei den Wertpapieren die Objekteigenschaften Risiko und Rendite im Vordergrund.[135] Das Portfoliomanagement kann als Managementprozess in einzelne Phasen gegliedert werden, die im Folgenden dargestellt werden.[136]

2.4.3   Phasen des Immobilienportfoliomanagements

In der ersten Phase wird mit der Konkretisierung des durch das Portfoliomanagement zu erreichenden Zieles begonnen, um den Rahmen der für die Portfolioanalyse relevanten Informationen einzugrenzen. Zu diesem Zeitpunkt ist insbesondere die Risikostrategie des Investors ausschlaggebend für die Handlungsoptionen des Portfoliomanagements. Die Erfassung des relevanten Datenmaterials, dessen Auswertung und Abbildung in einer Portfoliomatrix erfolgt in einer zweiten Phase. In der dritten Phase des Portfoliomanagements wird ein Handlungskonzept entwickelt, welches konkrete Maßnahmen wie bspw. Modernisierung, Instandsetzung oder Verkauf festlegt. Diese Maßnahmen dienen zur Erreichung des unter Risiko-Rendite-Gesichtspunkten optimalen Zielportfolios. In der vierten Phase werden die Umsetzung des Konzeptes und die begleitende Kontrolle geplant und ausgeführt, um die Zielerreichung zu gewährleisten. Während dieser Phase ist das laufende Umsetzungscontrolling ein wichtiger Erfolgsfaktor. Ein aktives Immobilienportfoliomanagement soll es den Verantwortlichen ermöglichen, den von ihnen betreuten Immobilienbestand einer laufenden Chance-Risiko-Bewertung und einer daraus abgeleiteten strategischen sowie operativen Steuerung

---

[134]   Vgl. Thomas, M./Wellner, K. (2007a), S. 83 f.; Wellner, K. (2003), S. 27 f.
[135]   Vgl. Garz, H. et al. (1997), S. 19.
[136]   Vgl. dazu und im Folgenden Thomas, M./Holzmann, C. (2006), S. 259; Bone-Winkel, S. (2000), S. 778 f.

zu unterwerfen. Abb. 2.7 gibt einen Überblick über die Phasen des Portfoliomanagements, die nachfolgend erläutert werden.

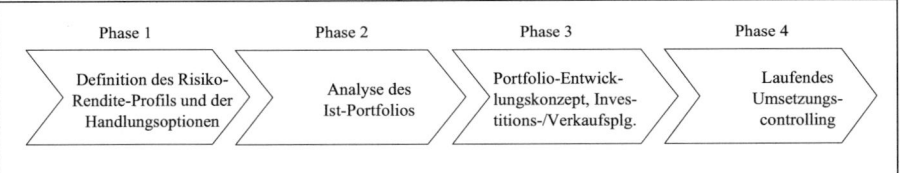

Abb. 2.7: Phasen des Portfoliomanagements

Definition des Risiko-Rendite-Profils

In der ersten Phase des Portfoliomanagements wird gemeinsam mit dem Investor oder Eigentümer das seinerseits gewünschte Risiko-Rendite-Profil des Wohnimmobilienportfolios abgestimmt.[137] Nicht immer befindet sich ein Wohnimmobilienportfolio langfristig in einer Hand. Die opportunistisch orientierten Eigenkapitalbeteiligungsfonds haben in den Jahren 2004 bis 2006 versucht, durch kurzfristige Weiterveräußerung von Teilen der erworbenen Wohnimmobilienportfolios zur Erfüllung der Gewinnerwartungen ihrer institutionellen und vermögenden Anleger Renditen nach Inflation und Steuern von 10 % bis 15 % zu erwirtschaften.[138] Jedoch kann auch der Eigentümer eines langfristig bestehenden Wohnimmobilienportfolios in Abhängigkeit von seiner Risikopräferenz und seinen Refinanzierungsmöglichkeiten durchaus im Zeitablauf wechselnde Risiko-Rendite-Profile präferieren. Die aktive Veränderung der Risiko-Rendite-Profile von Bestandsportfolios setzt die Definition entsprechender Handlungsoptionen für die Asset- und Portfoliomanager voraus. Hierzu zählen Ankaufs- und Verkaufsoptionen sowie die wertoptimierende Instandsetzung und Modernisierung des Wohnimmobilienportfolios. Auf der Basis der Eigenkapitalverzinsungsansprüche des Investors[139] lassen sich später in Phase 3 des Portfoliomanagements Mindestrenditen für Ankäufe, Verkäufe und Bestandsinvestitionen festlegen.

Portfolioanalyse

Die Portfolioanalyse ist ein Bestandteil des strategischen Managements und zählt zu den etablierten Analyse- und Planungsinstrumenten. Sie soll die Abwägung von Chancen und Risiken für die Ent-

---

[137]   Vgl. Thomas, M./Holzmann, C. (2006), S. 261.
[138]   Vgl. Kofner, S. (2006), S. 134.
[139]   Die Eigenkapitalverzinsung ergibt sich aus dem Quotienten eines Ergebnisses nach Finanzierung und dem eingesetzten Eigenkapital. Vgl. Cremers, H. (1999), S. 117 sowie die Ausführungen unter Pkt. 2.3.3.

scheidungsebene einer Unternehmung transparent machen und somit die wirtschaftliche Gestaltung und Entwicklung des Immobilienportfolios unterstützen.[140] Die Aufgabe einer Immobilien-Portfolioanalyse ist deshalb die Bestimmung von Strukturmerkmalen eines Immobilienbestandes mit Hilfe eines ökonomischen Modells.

Ein geeignetes Hilfsmittel zur graphischen Darstellung von Geschäftseinheiten ist die Portfoliomatrix. Darin werden die Bewertungsobjekte abgebildet. Ein Bewertungsobjekt bildet die kleinstmögliche strategische Geschäftseinheit (SGE) ab, die selbständig und losgelöst von übrigen Bewertungsobjekten mit einer Strategie belegt werden kann und auch selbständig bewertet und verkauft werden kann. Im Wohnimmobilienportfolio bietet sich als SGE das Gebäude an, wobei hierunter ein zusammenhängendes Gebäude, auch mit mehreren Hauseingängen, jedoch mit nur einer zusammenhängenden Bedachung verstanden werden soll. Anhand der nach den Zieleigenschaften bestimmten Positionen der einzelnen SGE auf den Achsen der Matrix kann die aktuelle Chance-/Risikoposition des Bewertungsobjektes visualisiert werden,[141] um daraus erste operative Entwicklungsansätze ableiten zu können. Etablierte Portfoliomatrizen sind die Marktwachstum-Marktanteil-Matrix der Unternehmensberatung Boston Consulting Group und die Marktattraktivität-Wettbewerbsvorteil-Matrix der Unternehmensberatung McKinsey. Daneben besteht der weitgehend qualitativ-operative Ansatz von Kook/Sydow, deren Portfoliomatrizen lediglich der Operationalisierung der Standard-Portfoliomatrizen für Immobilien dienen,[142] so dass im Folgenden ausschließlich die beiden genannten Standard-Portfoliomatrizen vorgestellt werden. Zur Identifikation von Potenzialobjekten für eine Investitionsplanung wird später unter Pkt. 6.1.1 aus diesen Standard-Portfoliomatrizen eine eigene wohnungswirtschaftliche Operationalisierung entwickelt.

Die Marktwachstum-Marktanteil-Portfoliomatrix der Boston Consulting Group hat ihren Ursprung außerhalb der Immobilienwirtschaft. In der durch die Boston Consulting Group erarbeiteten 4-Felder-Matrix werden bei der Positionierung der SGE die Zieleigenschaften Marktwachstum und relativer Marktanteil einer SGE berücksichtigt. Das Koordinatensystem wird in 4 Segmente unterteilt, die in Abb. 2.8 illustriert werden.

---

[140] Vgl. Thomas, M./Holzmann, C. (2006), S. 259.

[141] Die Bewertung der SGE erfolgt dabei zur Komplexitätsreduktion über Scoringmodelle. Vgl. dazu Dobberstein, M. (2000), S. 9 f.; Oppitz, V. (2000), S. 82 f.

[142] Vgl. Kook, H./Sydow, M. (2003), S. 17 f.

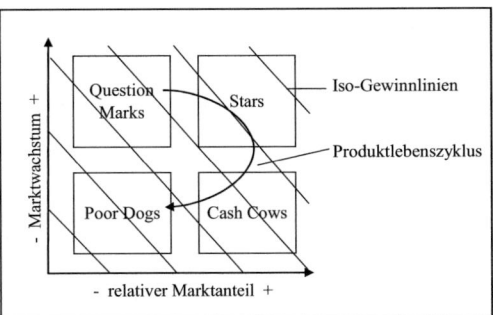

Abb. 2.8: Marktwachstum-Marktanteil-Portfoliomatrix[143]

Die Positionierung einer SGE in einem dieser Segmente lässt die Ableitung einer ersten Normstrategie zu.[144] Als Question-Marks werden die Nachwuchsprodukte in dynamischen Märkten bezeichnet. Hier sind häufig neue Geschäftsfelder eingeordnet, wenn sich die SGE in Wachstumsmärkten etablieren will, in denen bereits ein Marktführer besteht. Langfristig müssen große Barmittel in die Question-Marks fließen, um eine angestrebte Marktführerschaft zu erreichen. Das Unternehmen muss prüfen, ob diese dauerhafte Investition lohnenswert ist oder ob ein Rückzug aus den neuen Geschäftsfeldern erfolgen sollte.

Die Stars hingegen haben ein hohes durchschnittliches Marktwachstum und bereits heute einen hohen relativen Marktanteil. Aus den erfolgreichen Question-Marks werden Stars, wenn neben dem Marktwachstum auch der relative Marktanteil steigt. Er beschreibt die Marktführerschaft in einem Wachstumsmarkt. Auch Stars benötigen ggf. Investitionsmaßnahmen, um ihre Position zu halten. Hierzu müssen im Regelfall weiteres Wachstum gefördert und Konkurrenten auf Abstand gehalten werden. Diese SGE erwirtschaften bereits Renditen. Hat ein Unternehmen keine oder wenige Question Marks in seinem Portfolio, dann ist die Chance gering, zukünftig Wachstumsmärkte zu besetzen.

Cash Cows sind SGE, die sich durch niedriges bis mittleres Marktwachstum und hohen relativen Marktanteil kennzeichnen. Eine SGE, die nur noch ein geringes Marktwachstum bei einer Marktführerschaft hat, wird als Cash Cow bezeichnet. Das Marktwachstum hat sich verlangsamt und das Investitionsvolumen zur Ausweitung von Kapazitäten ist verhältnismäßig gering, während hier sichere Renditen erwirtschaftet werden. Cash Cows beschaffen die liquiden Mittel zur Stützung der Ge-

---

143 Vgl. hierzu und im Folgenden Falk, B. (2004), S. 619.
144 Vgl. hierzu und im Folgenden Thomas, M./Holzmann, C. (2006), S. 274 f.

schäftstätigkeiten der Stars und Question Marks. Ein Unternehmen sollte möglichst ein ausreichendes Portfolio an Cash Cows haben, damit sich die Position der Cash Cows nicht durch die übermäßige Unterstützung der Stars und der Question Marks verschlechtert und diese selbst in Liquiditätsprobleme gerät.[145]

Die Poor Dogs schließlich weisen ein niedriges durchschnittliches Marktwachstum und einen niedrigen relativen Marktanteil auf. Sie bezeichnen Geschäftsfelder, die sich in langsam wachsenden oder stagnierenden Märkten befinden und einen geringen relativen Marktanteil besitzen. Eine von ihnen erwirtschaftete Rendite ist vergleichsweise gering oder es ist keine Rendite mehr erzielbar. Die strategische Führung muss in diesem Fall entscheiden, ob eine Weiterführung dieser Geschäftsfelder ökonomisch vertretbar oder ob eine Aufgabe der Geschäftsfelder sinnvoller ist.

Die Marktwachstum-Marktanteil-Portfoliomatrix unterstellt einen Produktlebenszyklus ausgehend vom Segment der Question Marks für die Einführungsphase über das Segment der Stars in der Wachstumsphase und der Cash Cows in der Reifephase bis hin zu den Poor Dogs in der Stagnations- und Verfallphase am Ende des Zyklus.[146] Die Rendite steigt nicht linear mit dem relativen Marktanteil, da zur Erreichung desselben Investitionen erforderlich sind, die den Gewinn mittelfristig belasten. Stattdessen unterstellt die Marktwachstums-Marktanteils-Portfoliomatrix eine Gewinnentwicklung in Iso-Gewinnlinien.[147] Im Hinblick auf die Verwendungsmöglichkeiten zur Analyse von Immobilienportfolios ist festzustellen, dass die theoretischen Grundlagen des Modells im immobilienwirtschaftlichen Einsatz an ihre Grenzen stoßen. Insbesondere der aufgezeigte Produktlebenszyklus unterstellt homogene Güter, die im Wohnimmobiliemarkt nicht erkennbar sind.[148] Außerdem ist die positive Korrelation zwischen Gewinn und relativem Marktanteil dort nicht nachzuweisen.[149] Die Marktwachstum-Marktanteil-Portfoliomatrix empfiehlt sich somit für die Analyse von Wohnimmobilienportfolios nicht unmittelbar.

In abgewandelter Form präsentiert sich die strategische Portfoliomatrix der Unternehmensberatung McKinsey. Diese sieht, wie in Abb. 2.9 gezeigt, als Zieleigenschaften zum einen die Marktattraktivität und zum anderen den relativen Wettbewerbsvorteil der SGE vor. Die zu Grunde liegenden Faktoren sind multifaktoriell und bestehen aus einem Mix aus quantitativen und qualitativen Merkma-

---

[145]   Vgl. Falk, B. (2004), S. 618.
[146]   Vgl. Meffert, H. (2007), S. 339 ff.; Preißner, A. (1999), S. 99.
[147]   Vgl. Riebel, V. (1997), S. 24; Westrup, L. (1997), S. 38.
[148]   Vgl. zu den heterogenen Teilmärkten für Wohnimmobilien die Darstellung unter Pkt. 2.1.
[149]   Vgl. Lüdecke, H. (2002), S. 22.

len.[150] Dabei bezieht sich die Marktattraktivität auf durch das Unternehmen unbeeinflussbare Umwelteigenschaften des relevanten Marktes, der relative Wettbewerbsvorteil hingegen auf die direkt beeinflussbaren Produkteigenschaften, übertragen auf die Wohnimmobilie z. B. auf die Wohnungsausstattung und den Erhaltungszustand.[151]

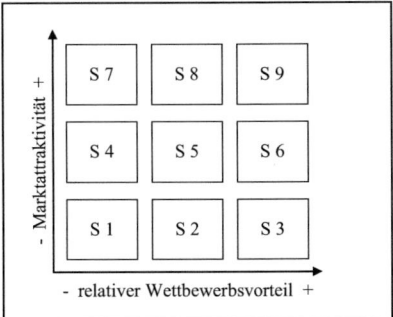

Abb. 2.9: Marktattraktivität-Wettbewerbsvorteil-Portfoliomatrix[152]

Die Zuordnung einer SGE zu einem der Strategiesegmente führt jeweils zu ersten Normstrategien, die nachfolgend kurz erläutert werden sollen.[153] SGE, die den Segmenten S 6, S 8 und S 9 zugeordnet sind, zeichnen sich durch durchschnittliche bis überdurchschnittliche Marktattraktivität und einen durchschnittlichen bis überdurchschnittlichen relativen Wettbewerbsvorteil aus. Sie erfordern im Rahmen von Investitions- und Wachstumsstrategien teilweise Investitionen zur Erhaltung oder Herstellung der erwarteten Rendite, die sich aber in der Regel innerhalb weniger Jahre amortisieren. Besonderes Augenmerk ist dabei auf die Potenzialobjekte im Segment S 8 zu legen, da hier die Markt- und Standortpotenziale über eine Verbesserung der Produkteigenschaften genutzt werden können. Übertragen auf Wohnimmobilien finden sich in diesem Segment in der Regel Objekte mit überdurchschnittlicher Standortprognose aber heute schwacher Objektqualität.[154]

Zur Übertragung der Standard-Portfoliomatrix auf Wohnimmobilienportfolios substituiert die Objektqualität gemeinsam mit dem wirtschaftlichen Erfolg eines Objekts den relativen Marktanteil.[155] Durch gezielte Aufwertung des Objektes können sich hier die Potenziale eines überdurchschnittli-

[150] Vgl. Kutz, O. (2000), S. 57.
[151] Ein Beispiel für das Indikatorentableau einer Objektportfolioanalyse ist in Anhang 4 abgebildet.
[152] Modifiziert entnommen bei Preißner, A. (1999), S. 118.
[153] Vgl. Maier, K. M. (2007), S. 209.
[154] Objektqualität soll im Folgenden verstanden werden als Summe der Eigenschaften einer Wohnimmobilie, die sich auf die Objektausstattung und den Objektzustand beziehen. Vgl. Anhang 4.
[155] Vgl. hierzu das Indikatorentableau zur Portfolioanalyse des Referenzunternehmens in Anhang 4.

chen Immobilienstandorts, der hierbei für Marktwachstum steht, heben lassen. Befinden sich viele Objekte in diesem Segment, muss das Wohnungsunternehmen über eine Investitionsrechnung eine Reihenfolge der bei definiertem jährlichem Instandhaltungsbudget möglichen Investitionen festlegen. Im weiteren Verlauf der Untersuchung wird ein Ansatz zum Investitionscontrolling entwickelt, der diese Grundüberlegungen vertieft.[156]

Die in den Segmenten S 7, S 5 und S 3 gelegenen SGE lassen sich nicht pauschal mit Normstrategien versehen. In diesen Segmenten finden sich sowohl SGE mit Offensiv- als auch mit Defensiv- und Übergangsstrategien.[157] Befinden sich die SGE in einem Zustand überdurchschnittlich attraktiver Märkte und unterdurchschnittlicher Produktqualität, sind Offensivstrategien mit investiven Elementen zu wählen. Übertragen auf Wohnimmobilienportfolios können hier Modernisierungsszenarien zielführend sein.[158] SGE mit durchschnittlichen Eigenschaften sowohl hinsichtlich der Marktattraktivität als auch hinsichtlich ihrer relativen Wettbewerbsvorteile sind derzeit unproblematisch. Sie befinden sich in einer Phase des Übergangs, in der das operative Hauptziel in einer Maximierung der Cash Flows besteht.[159]

Für SGE mit durchschnittlicher bis unterdurchschnittlicher Marktattraktivität und ebensolchen relativen Wettbewerbsvorteilen, gelegen in den Segmenten S 1, S 2 und S 4, sind betriebswirtschaftliche Einzelfallprüfungen zur Fundierung von Abschöpfungs- und Desinvestitionsstrategien notwendig. Hier können durchaus SGE mit überdurchschnittlicher Eigenkapitalrendite gelegen sein, in die infolge ungünstiger Marktprognose nicht mehr investiert wird.[160] In diesen Fällen ist es Aufgabe des Portfoliomanagements, den richtigen Verkaufszeitpunkt zu finden, bevor notwendige Ersatzinvestitionen einen möglichen Verkauf verhindern. Das freigesetzte Eigenkapital kann dann besser verzinsten Anlageoptionen zugeführt werden.[161] Nach erfolgter Segmentierung des Wohnimmobilienportfolios steht eine Unterteilung in 9 Risikosegmente auf der Basis quantitativ-qualitativer Analysen zur Verfügung. Den identifizierten Risikosegmenten können die jeweiligen segmentspezifischen Eigenkapitalrenditen zugeordnet werden, um zu einer Risiko-Rendite-Betrachtung zu gelangen.[162]

---

[156]   Vgl. die Ausführungen zum Investitionscontrolling unter Pkt. 6.1.1.
[157]   Vgl. Hinterhuber, H. (2004), S. 169 ff.
[158]   Die Validierung der Normstrategien auf Gebäudeebene ist Aufgabe der Investitionsrechnung. Vgl. hierzu den unter Pkt. 6.1 entwickelten Ansatz zum Investitionscontrolling.
[159]   Vgl. Hinterhuber; H. (2004), S. 169.
[160]   Zu beachten ist aus immobilienwirtschaftlicher Sicht dabei, dass durch eine geringere Ersatzinvestitionsquote der Instandhaltungsrückstand im Gebäude steigt. Vgl. zur Erhebung des Instandhaltungsrückstands die Ausführungen unter Pkt. 5.5.
[161]   Vgl. Kutz, O. (2000), S. 60.
[162]   Vgl. Kook, H./Sydow, M. (2003a), S. 62.

Portfolio-Entwicklungskonzept

Basierend auf der Risiko-Rendite-Analyse des Ist-Portfolios werden anhand des investorenseitig gewünschten Risiko-Rendite-Profils Entwicklungsszenarien auf Objektebene herausgearbeitet. Dazu gehört die Identifikation von Investitionsobjekten, die Planung entsprechender technischer Maßnahmen und deren Wirkung auf die Mieterlöse sowie die Planung der nach Durchführung der Maßnahme weiterhin erforderlichen laufenden Instandhaltung. Außerdem sind die zur Desinvestition vorgesehenen Objekte zu bepreisen und im Rahmen einer Verkaufsstrategie Käufergruppen und daraus abgeleitet geeignete Vertriebswege zu finden.

Laufendes Umsetzungscontrolling

Die im Portfolio-Entwicklungskonzept formulierten Objektplanungen sind hinsichtlich ihres zeitlichen und wertmäßigen Eintritts einem ständigen Umsetzungscontrolling zu unterziehen. Praktisch bedeutet dies einen zumindest quartalsweise vorzunehmenden Abgleich der Soll-Verkaufszahlen mit den Ist-Verkaufszahlen und -preisen, der geplanten mit der eingetretenen Mietentwicklung sowie die Kosteneinhaltung bei technischen Maßnahmen. Einige dieser hier nur knapp skizzierten Aspekte sind bereits Elemente des Immobiliencontrollings in der Nutzungsphase und werden unter Pkt. 2.5.1 näher ausgeführt. Allerdings besteht eine Wechselwirkung insoweit, als aus dem Portfoliomanagement heraus operative Zielvorgaben für die Organisationseinheiten der Wohnungsbewirtschaftung erfolgen. In diesem Fall erfolgt ein Teil des Umsetzungscontrollings zwangsläufig über das Controlling in der Nutzungsphase der Immobilien.

2.5   Lebenszykluskostenorientiertes Controlling auf Objektebene

Die Controllinginhalte auf Ebene des Einzelobjekts sind in den einzelnen Lebenszyklusphasen[163] der Immobilie unterschiedlich fokussiert. Im Rahmen dieser Untersuchung sollen die Controllingaspekte der für Bestandshalter relevanten Lebenszyklusphasen der Immobilie behandelt werden. Zum einen ist die Nutzungsphase Gegenstand von Controlling-Aktivitäten der bestandshaltenden Wohnungsun-

---

[163]   Der Immobilien-Lebenszyklus soll im Rahmen dieser Untersuchung nicht weiter erläutert werden. Zur Vertiefung sei die Arbeit von Homann empfohlen, die ein lebenszyklusorientiertes Konzept des Immobiliencontrolling vorstellt. Vgl. Homann, K. (1998), S. 33.

ternehmen, denn ihr Periodenergebnis besteht wie gezeigt überwiegend aus den Mieterträgen der Immobilien des Anlagevermögens. In der Nutzungsphase stehen folglich die Überwachung der Mieterlöse und der korrespondierenden Kostenpositionen im Vordergrund. Die dazu bestehenden Ansätze werden im Folgenden kurz dargestellt.

Zum anderen sind die Entscheidungsrechnungen zur Nachinvestition in Bestandsimmobilien Gegenstand von Controlling-Ansätzen. Hierzu bestehen unterschiedliche Verfahrensansätze, die später kurz erläutert werden. Die Neubautätigkeit der bestandshaltenden Wohnungsunternehmen ist nach Einstellung der breiten Wohnbauförderung stark zurückgegangen.[164] Controllingaspekte der Projektentwicklung und des Projektmanagements sind daher fast ausschließlich in Bauträgerunternehmen relevant. Sie sollen daher hier nicht weiter behandelt werden. Zur Detaillierung sei deshalb auf die Behandlung dieser Themen in der Literatur verwiesen.[165] Im Folgenden stehen die bestehenden Investitionsrechnungsverfahren zur Beurteilung der Vorteilhaftigkeit von Bestandsinvestitionen im Fokus der Betrachtung. Abb. 2.10 zeigt die typischen Lebenszyklusphasen, wobei die für bestandshaltende Wohnungsunternehmen relevante Betriebsphase und die Umnutzungsphase den Kern der Betrachtung bilden.

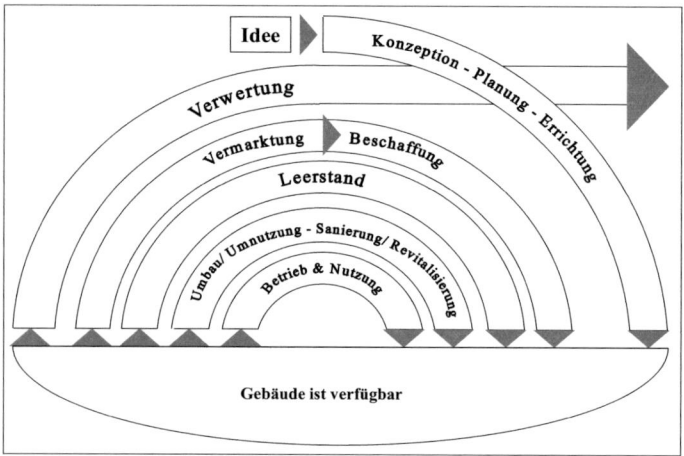

Abb. 2.10: Immobilien-Lebenszyklus[166]

---

[164] Vgl. GdW (2007), S. 104.
[165] Vgl. Diederichs, C. (2006); Homann, K. (2006), S. 114 ff.; Sommer, H. R. (1998), S. 6; Rösel, W. (1994), S. 40.
[166] Vgl. GEFMA, Richtlinie 220.

2.5.1   Controlling in der Nutzungsphase

Das Controlling in der Nutzungsphase untersucht den periodischen Erfolg der einzelnen Immobilie. Indikatoren hierfür sind zum einen die Deckungsbeitragsrechnung als Ergebnisgröße; zum anderen treten im Kennzahlencontrolling die den Deckungsbeitrag beeinflussenden Kosten- und Erlöskomponenten in den Fokus.

Deckungsbeitragsrechnung

Die Deckungsbeitragsrechnung ist eine Erscheinungsform der Teilkostenrechnung.[167] Dabei werden den Kostenträger-Erlösen im Unterschied zur Vollkostenrechnung lediglich die variablen Kostenbestandteile zugerechnet, nicht aber die fixen Kostenbestandteile. In Wohnungsunternehmen können als Kostenträger die einzelnen Immobilien, Gruppen von Immobilien und auch die hier nicht betrachteten Bauträgerprojekte und Dienstleistungsbereiche definiert werden.

Der Deckungsbeitrag bemisst den Erfolgsbeitrag des einzelnen Kostenträgers, der zur Deckung der fixen Kosten verwendet werden kann. In Wohnungsunternehmen kann dies am Beispiel der umlagefähigen Betriebskosten aufgezeigt werden.[168]

Bei Vollvermietung werden die umlagefähigen Betriebskosten durch die Umlagenerlöse ausgeglichen. Im Fall von Leerstand hingegen belasten diese den Kostenträger, da selbst die leerstehende Wohnung Betriebskosten verursacht. Zwar kann deren variabler Teil, wie z. B. Heizkosten und Leerwohnungsstrom, reduziert, aber nicht ganz zurückgeführt werden, um Schimmelbildung zu vermeiden. Die fixen Betriebkosten wie Grundsteuer, Hausversicherung, Reinigungsleistungen etc. fallen auch für die Leerwohnung in gleicher Höhe wie für die vermietete Wohnung an. Die dem Kostenträger belasteten fixen Kosten sind somit vom Auslastungsgrad, also dem Vermietungsstand der Immobilie abhängig.

Die Deckungsbeitragsrechnung ist damit ebenfalls dazu geeignet, den zur Fixkostendeckung erforderlichen Mindest-Vermietungsstand der Immobilie als Gewinnschwelle zu ermitteln. Dazu werden die Bruttomieterlöse[169] errechnet, die zur Deckung der fixen und variablen Kosten erforderlich sind. Abb. 2.11 verdeutlicht diesen Zusammenhang.

---

[167]   Vgl. grundlegend Kilger, W. et al. (2007), S. 35 f.
[168]   Vgl. Birkner, M./Bornemann, L.-D. (2006), S. 271.
[169]   Unter Bruttomieterlösen sollen im Folgenden die Sollmieten zzgl. der Betriebskostenumlagen verstanden werden.

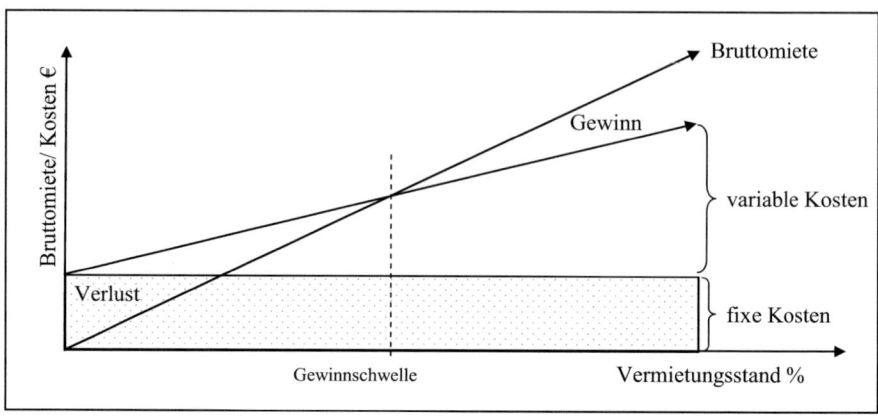

Abb. 2.11: Gewinnschwelle bei vermieteten Immobilien[170]

Die fixen Kosten wurden zunächst zur Vereinfachung als Block angenommen. Zur weiteren Differenzierung der Controllinginformation können diese weiter aufgeteilt werden. So ist es beim objektbezogenen Berichtswesen üblich, die Leistungssphäre von der Finanzierungssphäre zu trennen. Dabei werden auf Ebene der Einzelobjekte nach den Bruttomieten zunächst die Kosten der Leistungssphäre, mithin die abrechenbaren und die nicht abrechenbaren Betriebskosten[171] sowie die Instandhaltungs- und Vermietungskosten abgezogen, um zu einem ersten Deckungsbeitrag zu gelangen.[172] Von diesem werden dann als Aufwendungen der Finanzierungssphäre die Abschreibungen, Zinsen und Tilgungszahlungen abgezogen. Im Ergebnis steht der zweite Deckungsbeitrag als ein auf Einzelobjektebene herunter gebrochenes betriebliches Ergebnis.[173]

Weitere Differenzierungsmöglichkeiten bestehen hinsichtlich der Verwaltungskosten, die unter den nicht abrechenbaren Betriebkosten erfasst werden. In dezentral organisierten Wohnungsunternehmen kann der Fixkostenblock der Verwaltungskosten nach Bereichs-, Unternehmens- oder auch Konzernfixkosten differenziert werden, die den variablen Verwaltungskosten in Form von Gemeinkostenumlagen zugerechnet werden.[174] Die Struktur der immobilienspezifischen Deckungsbeitragsrechnung wird durch Abb. 2.12 wiedergegeben.

---

[170] Modifiziert entnommen bei Pulletz, W. (2006), S. 203.
[171] Die operativen Verwaltungskosten sind bei dieser Darstellung in den nicht abrechenbaren Betriebskosten enthalten.
[172] Vgl. hierzu und im Folgenden Pulletz, W. (2006), S. 204.
[173] Die Betrachtung der Finanzierungssphäre kann Aufschluss darüber geben, inwieweit eine Immobilie ihren Kapitaldienst erwirtschaftete. Die Abschreibung kann dabei die Rückführung des Kapitals simulieren.
[174] Vgl. Bach, H./Sailer, E. (2006), S. 277.

```
┌─────────────────────────────────────────────────────────┐
│        Objekt 4711,  Deckungsbeitragsrechnung            │
│                                                          │
│  Bruttomieterlöse                                        │
│  -   abrechenbare Betriebskosten                         │
│  -   nicht abrechenbare Betriebskosten                   │
│  -   Instandhaltungskosten                               │
│  -   Vermietungskosten                                   │
│  ───────────────────────────────────                     │
│  =   Deckungsbeitrag I                                   │
│  ·····································                     │
│  -   Abschreibungen                                      │
│  -   Zinsen                                              │
│  -   Geldbeschaffungskosten                              │
│  ───────────────────────────────────                     │
│  =   Deckungsbeitrag II                                  │
│  ═══════════════════════════════════                     │
└─────────────────────────────────────────────────────────┘
```

Abb. 2.12: Immobilienspezifische Deckungsbeitragsrechnung[175]

Leistungskennzahlen

Zur operativen Steuerung werden Leistungskennzahlen auf Einzelobjektebene ermittelt, die auf Erlös- und Kostenpositionen, Prozesskennzahlen oder Ergebnisgrößen beruhen. Die wichtigste und in vielen Fällen auch einzige Erlösquelle bestandshaltender Wohnungsunternehmen sind die monatlichen Mieterlöse. Dabei spielen wie oben in den Ausführungen zur Deckungsbeitragsrechnung dargestellt die Betriebskostenvorauszahlungen lediglich eine untergeordnete Rolle, da diesen in annähernd gleichen Umfang Betriebskostenauszahlungen gegenüberstehen. Die wesentlichen Kennzahlen des Mietencontrollings sind deshalb die durchschnittliche Soll- und Istmiete sowie der Mietenmultiplikator.

Die durchschnittliche Sollmiete errechnet sich durch Division der monatlichen Nettosollmieten durch die Gesamtwohnfläche und gibt damit den Entwicklungsstand der Vertragsmiete an.[176] Die durchschnittliche Sollmiete sollte im Wege der Mieterhöhung ständig weiter entwickelt werden, damit sich bei Inflation keine Verschlechterung der Ergebnissituation einstellt. Die Berechnung der durchschnittlichen Sollmiete ist in der folgenden Gleichung 2.6 dargestellt.

---

[175] Modifiziert entnommen bei Pulletz, W. (2006), S. 204.
[176] Der Begriff Nettosollmiete umfasst im Rahmen dieser Arbeit die monatlich durch den Mieter geschuldete Kaltmiete. Für Leerwohnungen wird dabei die letzte bei Neuvermietung erzielte Miete angesetzt. Zur Differenzierung der Mietbegriffe vgl. Abb. 5.4.

$$Durchschnittliche\ \ Sollmiete = \frac{Nettosollmiete\ \ pro\ \ Monat}{Gesamtwohnfläche}$$

Gl. 2.9: Durchschnittliche Sollmiete[177]

Ausgehend von der durchschnittlichen Sollmiete sollte weiterhin beobachtet werden, ob die weiter-entwickelten Sollmieten am Markt durchsetzbar sind. Dazu werden die durchschnittlichen Istmieten erhoben. Sie repräsentieren die um die Erlösschmälerungen aus Leerstand, Mietminderung und Mietrückständen korrigierten Sollmieten. Divergieren die durchschnittlichen Soll- und Istmieten erkennbar, kann dies ein Indiz für eine Überforderung des Markts sein.[178]

$$Durchschnittliche\ \ Istmiete = \frac{Nettoistmiete\ \ pro\ \ Monat}{Gesamtwohnfläche}$$

Gl. 2.10: Durchschnittliche Istmiete

Zur Einschätzung des Zusammenhangs von Miethöhe und Buchwert des Anlagevermögens kann die Kennzahl „Mietenmultiplikator" gebildet werden. Dabei wird der bilanzielle Buchwert des Objekts durch dessen Nettosollmieten dividiert.

$$Mietenmultiplikator = \frac{Anlagevermögen}{Nettosollmieten}$$

Gl. 2.11: Mietenmultiplikator

Bei Verwendung der HGB-Buchwerte deutet ein hoher Mietenmultiplikator auf einen im Verhältnis zu den Nettosollmieten eher hohen Buchwert hin, ein niedriger Wert lässt hingegen stille Reserven vermuten. Kritisch sei angemerkt, dass die Höhe der Buchwerte durch die Restabschreibungsdauer und durch aktivierte Modernisierungsaufwendungen verzerrt sein kann. Aufschlussreich sind die Mietenmultiplikatoren hingegen bei Verwendung von Verkehrswerten.[179] Diese werden durch die Wohnungsunternehmen jedoch heute in den meisten Fällen nicht bilanzstichtagsweise ermittelt.

Die Auslastung der Vermietungsfläche ist ein weiterer wichtiger Leistungsindikator, da im Fall der Nichtauslastung nicht nur die Nettosollmieten der leerstehenden Wohnungen fehlen, sondern über-

---

[177] Die folgenden Kennzahlen zum Mieten- und Auslastungscontrolling wurden modifiziert entnommen bei Birkner, M./Bornemann, L.-D. (2006), S. 281-282.

[178] Typische Werte für Erlösschmälerungen aus Leerstand liegen in den alten Bundesländern bei etwa 3,2 %, jene aus Mietrückständen bei 2,8 %. Vgl. GdW (2007), S. 182-183.

[179] In diesen Fällen ist die Aussagekraft ähnlich der des Vervielfältigers im sog. vereinfachten Ertragswertverfahren. Vgl. dazu die Ausführungen unter Pkt. 4.4.3 und bei Kleiber, W./Simon, J. (2007), S. 1446.

dies, wie oben in der Darstellung zur Deckungsbeitragsrechnung ausgeführt, Teile der auf die Leer-wohnungen entfallenden Betriebskosten zusätzlich kostenwirksam werden. Die wichtigste Kennzahl ist deshalb die Leerstandsquote. Sie bezieht die Anzahl leerstehender Wohnungen auf die Gesamt-wohnungsanzahl des Objekts oder des Portfolios.

$$Leerst.quote = \frac{Anzahl \quad leerstehender \quad Wohnungen \cdot 100}{Gesamtwohnungsanzahl}$$

Gl. 2.12: Leerstandsquote

Abwandlungen mit monetären Größen sind möglich. So ist die Kennzahl ebenfalls als ökonomisch gewichteter Leerstand auswertbar. Dabei wird die entgangene Miete auf die gesamte Nettosollmiete des Objekts bzw. des Portfolios bezogen.

Eine weitere wichtige Auslastungskennzahl ist die Fluktuationsquote. Sie gibt den Mieterwechsel-grad im Objekt an und errechnet sich als Anzahl der Kündigungen pro Jahr bezogen auf die Gesamt-anzahl der Wohnungen im Objekt. Ein hoher Wert kann darauf hindeuten, dass die Sollmiete im Objekt über die Marktmiete hinaus entwickelt wurde oder aber dass sich im Objekt oder dessen Um-feld negative Aspekte ergeben haben, die die Mieter zum Wohnungswechsel veranlassen.

$$Fluktuationsquote = \frac{(Anzahl \quad der \quad Kündigungen / Jahr) \cdot 100}{Gesamtwohnungsanzahl}$$

Gl. 2.13: Fluktuationsquote

Eine hohe Fluktuationsquote kann einen durch Mieterwechsel bedingten erhöhten Instandhaltungs-aufwand erklären oder auch einen höheren ökonomischen Leerstand, wenn nicht sofortige An-schlussvermietung gelingt und die Wohnung fluktuationsbedingt länger leersteht.

Ein weiterer wichtiger Controllinggegenstand ist das Kapitaldienstcontrolling, da die Zinsaufwen-dungen in bestandshaltenden Wohnungsunternehmen ein prägendes Element der Gewinn- und Ver-lustrechnung darstellen. Der Anteil der Zinsaufwendungen an den Sollmieten liegt bei den im GdW zusammengeschlossenen Wohnungsunternehmen bei 25,7 %.[180] Diese Quote wird als Zinsdeckung definiert und ist der Höhe nach unter anderem auf den vglw. hohen Tilgungsstand der Objekte aus der Wiederaufbauphase zurückzuführen. Bei den unter Pkt. 2.1.2 dargestellten neuen Anbieterkrei-

---

[180]   Davon entfallen auf die Wohnungsunternehmen in den alten Bundesländern 22,1 % und auf jene in den neuen Bun-desländern 32,3 %.Vgl. GdW (2007), S. 203.

sen, die ganze Wohnungsunternehmen mit hohen Fremdfinanzierungsanteilen erworben haben, kann die Zinsdeckung deutlich höher sein.[181] Auch bei Wohnungsunternehmen in den neuen Bundesländern können nach der teilweise intensiven Modernisierungsphase der Nachwendezeit höhere Quoten auftreten. In diesen Fällen kann die Fähigkeit des Unternehmens, die Zinsen planmäßig erwirtschaften zu können, zum wesentlichen Erfolgsindikator des Wohnungsunternehmens werden.

$$Zinsdeckung = \frac{Zinsen\ \ f\ddot{u}r\ \ langfr.\ \ Fremdkapital \cdot 100}{Nettosollmieten}$$

Gl. 2.14: Zinsdeckung[182]

Wird die Erfolgsbetrachtung unter Zahlungsabfluss-Gesichtspunkten vorgenommen, sind die vereinbarten Tilgungsleistungen einzubeziehen. Diese werden zwar in der handelsrechtlichen Gewinn- und Verlustrechnung nicht sichtbar, wohl aber bei der Analyse der Zahlungsströme.[183] Deswegen ist eine weitergehende Kennzahl zur Beschreibung der Kapitaldienstfähigkeit einer Immobilie oder eines Wohnungsunternehmens die Kapitaldienstdeckung.

$$Kapitaldienstdeckung = \frac{(Zinsen + Tilgung\ \ f\ddot{u}r\ \ langfr.\ \ Fremdkapital) \cdot 100}{Nettosollmieten}$$

Gl. 2.15: Kapitaldienstdeckung

Die Analyse der Zahlungsströme führt zu einer Betrachtung des Bargeldflusses, definiert als „Cash Flow".[184] Dazu werden nach der „Praktikermethode"[185] aus dem Deckungsbeitrag II heraus die zahlungsunwirksamen Abschreibungen hinzugerechnet. Der sich so ergebende Cash Flow vor Tilgung gibt den in der Berichtsperiode erwirtschafteten Zahlungsmittelüberschuss an. Abb. 2.13 zeigt schematisch die Berechnung des Cash Flows vor Tilgung.

---

[181]   Teilweise sind diese Wohnungsunternehmen mit Fremdkapitalanteilen von bis zu 95 % erworben worden. Vgl. Kofner, S. (2006), S. 133 f.

[182]   Die Zinsdeckung und die folgenden Kennzahlen zum Kapitaldienstcontrolling wurden modifiziert entnommen bei Birkner, M./Bornemann, L.-D. (2006), S. 283-284.

[183]   Vgl. dazu die folgenden Ausführungen zum Cash Flow.

[184]   Vgl. Pulletz, W. (2006), S. 204

[185]   Birkner, M./Bornemann, L.-D. (2006), S. 283.

Objekt 4711, Cash-Flow-Rechnung
Bruttomieterlöse
- abrechenbare Betriebskosten
- nicht abrechenbare Betriebskosten
- Instandhaltungskosten
- Vernmietungskosten
= Deckungsbeitrag I
- Abschreibungen
- Zinsen
- Geldbeschaffungskosten
= Deckungsbeitrag II
+ Abschreibungen
= Cash-Flow

Abb. 2.13: Cash Flow-Rechnung auf Objektebene[186]

Der periodenweise erwirtschaftete Cash Flow vor Tilgung muss ausreichen, um die planmäßigen Tilgungszahlungen zu leisten. Einen Maßstab für die Tilgungsfähigkeit vermittelt die Kennzahl Tilgungskraft. Sie errechnet sich durch Division des Cash Flows einer Periode durch die in den Perioden geleisteten Tilgungszahlungen.[187] Dabei indizieren Werte unter 100% eine Krisensituation; Werte zwischen 100% und 150% können zu einer Entwicklungsbeeinträchtigung führen. Die Berechnung der Kennzahl wird durch nachstehende Gleichung 2.16 beschrieben.

$$Tilgungskraft = \frac{Cash\ Flow\ vor\ Tilgung}{Tilgung}$$

Gl. 2.16: Tilgungskraft

2.5.2 Controlling in der Modernisierungsphase

Investitionen haben für Wohnungsunternehmen eine existentielle Bedeutung, da sie deren Erfolgspotenziale und Kostenstrukturen über relativ lange Zeiträume determinieren.[188] Immobilien sind

---

[186] Weiterentwickelt aus Pulletz, W. (2006), S. 204.
[187] Vgl. Birkner, M./Bornemann, L.-D. (2006), S. 284.
[188] Vgl. Kofner, S. (2008a), S. 17; Götze, U./Bloech, J. (2004), S. 1.

langlebige Wirtschaftsgüter, in die über den Immobilienlebenszyklus verteilt teilweise erhebliches Kapital zur Werterhaltung oder Wertsteigerung investiert wird.

Entscheidungsprobleme der Investitionsrechnung

Durch die langen Zeiträume ist eine Investitionsentscheidung stets eine Entscheidung unter Ungewissheit.[189] Zukünftige Marktchancen eines Bestandsobjektes und die ökonomischen Entwicklungstendenzen des Makrostandortes gehören zu den wichtigsten Entscheidungskriterien der Investitionsrechnung.[190] Die Vielfalt von Zukunftsannahmen auf dem Immobilienmarkt und in der übrigen Wirtschaft erschweren langfristige Prognosen zusätzlich. Grundlegend für die Prognose der Zukunft sind objektive Daten aus vergangenheitsbezogenen Marktentwicklungen und aus Erfahrungswerten,[191] sowie Informationen zur betrachteten Immobilie. Dennoch sind Prognosen auf Zeiträume von mehr als 5 Jahren als unsicher einzustufen. Somit finden subjektive Elemente Eingang in die Rechnungsgrößen.[192] Es besteht jedoch die Möglichkeit, Unsicherheiten bei den Investitionsrechnungsverfahren durch den Einsatz von Instrumenten der Risikoanalyse, beispielsweise durch Sensitivitätsanalysen, dem Korrekturverfahren oder der Szenarioanalyse einzugrenzen.[193]

Investitionsrechnungen sollen Entscheidungshilfen zu der Frage geben, inwieweit eine Investition immobilienwirtschaftlich lohnend ist. Dazu bedarf es einer Aussage zur absoluten Vorteilhaftigkeit einer Immobilieninvestition, um eine Entscheidung zwischen Investition und Unterlassung zu treffen. Des Weiteren muss zur Beurteilung der relativen Vorteilhaftigkeit ein Vergleich mit alternativen Investitionen ermöglicht werden.[194] Aus der Standortgebundenheit und den baulichen Unterschieden der Immobilien resultiert wie gezeigt eine Heterogenität des Wirtschaftsgutes Immobilie und erschwert damit die Beurteilung dieser relativen Vorteilhaftigkeit. Schwierigkeiten bereitet darüber hinaus die Bestimmung des wirtschaftlich sinnvollen Investitionszeitpunktes. Der Portfoliomanager muss hinterfragen, wie lange laufende Mieterträge aus der Bestandsimmobilie zu generieren sind und ab welchem Zeitpunkt sich durch Investitionen in Form von Instandhaltungen oder Modernisierungsmaßnahmen nachhaltig ein höherer Ertrag erzielen lässt.

---

[189] Vgl. Grob, H.-L. (2006), S. 7.
[190] Vgl. Pfnür, A./Armonat, S. (2001), S. 46.
[191] Vgl. Götze, U./Bloech, J. (2004), S. 12.
[192] Vgl. Brand, E. (2000), S. 213.
[193] Vgl. Friedrichs, J.-C. (2001), S. 141 f.
[194] Vgl. Dietrich, A. (2000), S. 43.

Eine Diskrepanz zwischen der Investitionsentscheidung und dem Ergebnis einer Investitionsrechnung ist jedoch immer dann möglich, wenn Investitionsentscheidungen auf Kriterien fußen, die eine nicht quantifizierbare Investitionswirkung haben, oder das Ziel der Investition kein monetäres ist.[195] Nicht-monetäre Investitionsziele können z. B. Prestige, Macht oder Streben nach Unabhängigkeit sein. Monetäre, aber mangels Nachweisbarkeit nicht quantifizierbare Investitionswirkungen sind z. B. Effekte aus Fortbildungsmaßnahmen für die Mitarbeiter im Servicebereich.

Phasenschema des Investitionsprozesses

Der zeitliche Ablauf der Investitionstätigkeit kann in einem Phasenschema abgebildet werden.[196] Als Hauptphasen des Investitionsprozesses können Planungs-, Realisations- sowie Kontrollphase unterschieden werden.[197] Die Planungsphase umfasst hierbei alle Vorgänge, die der Investitionsentscheidung zeitlich vorgelagert sind.[198] Bei genauerer Analyse des Investitionsentscheidungsprozesses, kann dieser in entwicklungslogische Phasen eingeteilt werden. In der Potenzialprüfungsphase wird das Vorhandensein einer gewinnträchtigen Investitionsmöglichkeit durch Identifizierung von Potenzialobjekten geprüft. In der Entscheidungsvorbereitungsphase werden die vorstehend aufgezeigten Entscheidungsprobleme aufgegriffen, mit Hilfe der zur Verfügung stehenden Daten Investitionsrechnungen durchgeführt und anhand der Auswahlkriterien mit den gesetzten Zielen verglichen. In der Investitionsentscheidungsphase erfolgt eine ständige Einengung der Entscheidungsmöglichkeiten. Durch fortgesetztes Eingrenzen wird die Entscheidung getroffen und in der Investitionsdurchführungsphase umgesetzt. Um Rückschlüsse aus der Investitionsmaßnahme zu ziehen, erfolgt im letzten Schritt die Investitionskontrolle. Zum einen erfolgt in dieser Phase eine laufende Überwachung der Investitionsdurchführung, zum anderen wird die Vorteilhaftigkeit der Investition am Ende der Laufzeit nachträglich überprüft.[199] Abb. 2.14 fasst das Phasenschema des Investitionsprozesses überblickartig zusammen.

---

[195] Vgl. hierzu und im Folgenden Schierenbeck, H. (2003), S. 333.
[196] Vgl. Götze, U./Bloech, J. (2004), S.14.
[197] Vgl. Spielberger, M. (1983), S. 16.
[198] Vgl. Götze, U./Bloech, J. (2004), S.14.
[199] Vgl. Seicht, G. (2001), S. 20.

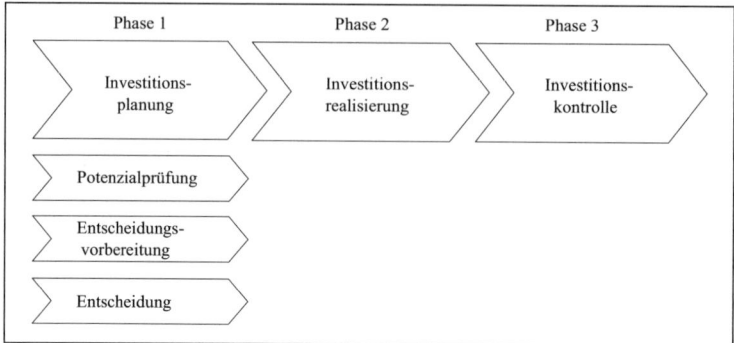

Abb. 2.14: Phasenschema des Investitionsprozesses

Investitionsrechnungsmethoden

In der Investitionstheorie sind verschiedene Verfahren zur Durchführung von Investitionsrechnungen entwickelt worden. Die im Rahmen dieser Arbeit vorgenommene Untersuchung unterschiedlicher Investitionsrechnungsverfahren erfolgt in Anlehnung an die Typologisierung nach Schulte/Ropeter.[200] Aus den Besonderheiten des Wirtschaftsguts Immobilie resultieren spezielle Anforderungen an die Investitionsrechnung. Es bestehen Unterschiede zwischen immobilienwirtschaftlichen und produktionswirtschaftlichen Investitionen, die wie unter Pkt. 2.1.1 aufgezeigt aus der Langlebigkeit der Immobilie, der daraus resultierenden Kapitalbindungsdauer und der hohen absoluten Kapitalbindung hervorgehen. Eine Investition wird neben Risikoerwägungen durch Zahlungen, Zahlungszeitpunkte und Zinsen bestimmt.[201] Die Unterschiede in den Zahlungen liegen hauptsächlich in ihrer Höhe. Die lange Kapitalbindungsdauer macht es erforderlich, die mit der Investition verbundenen Zahlungen besonders sorgfältig zu differenzieren und zu prognostizieren. Die Rentabilität einer Immobilieninvestition errechnet sich nicht allein aus den Einnahmen des Objektes, sondern gleichermaßen aus der Wertsteigerung von Grundstück und Gebäude. Die unter diesen Voraussetzungen relevanten Investitionsrechnungsverfahren lassen sich unterteilen in statische, dynamische sowie die endwertorientierten sog. modernen Methoden.[202]

Statische Methoden sind dadurch gekennzeichnet, dass sie auf Kosten-, Gewinn- oder Rentabilitätsvergleichen basieren. Die Wertgrößen werden für ein Jahr geschätzt und dieser konstante Wert als

---

[200]   Vgl. Schulte, K.-W./Ropeter, S.-E. (1996), S. 179.
[201]   Vgl. Groß, A./Florentz, X. (1992), S.51.
[202]   Vgl. Renner, M. (2007), S. 11 ff.

maßgebend für die gesamte Investition betrachtet. Mehrperiodische Betrachtungen werden lediglich durch die statische Amortisationsrechnung angedeutet. Die Zeitpunkte der Zahlungsströme und somit wesentliche Entwicklungstendenzen sowie Zinseffekte bleiben dabei unberücksichtigt.[203] Die statischen Methoden werden in der immobilienwirtschaftlichen Praxis wegen ihrer vergleichsweise einfachen Handhabung vielfach angewendet.[204] Ihre Schwachstellen sind bei nochmaliger Betrachtung der Anforderungen an eine Immobilieninvestitionsrechnung schnell erkannt. Die Investitionsrechnung soll dazu dienen, Investitionsvorhaben zu vergleichen, die sich nicht nur in der absoluten Höhe der Zahlungen unterscheiden, sondern auch im zeitlichen Anfall der Ein- und Auszahlungen.[205] Bei den statischen Verfahren findet keine zeitliche Gewichtung in Form der Diskontierung statt; Schwankungen der Zahlungen und die tatsächliche Nutzungsdauer bleiben unberücksichtigt. Demzufolge sind statische Methoden für Immobilieninvestitionsrechnungen weniger geeignet. Sie können lediglich als erster überschlägiger Prüfungsschritt für eine Instandsetzungs- oder Modernisierungsinvestition dienen.[206]

Mangels Berücksichtigung der zeitlichen Differenzierung bei den statischen Methoden wurden dynamische Methoden entwickelt, die eine exaktere Abbildung der Sachverhalte unter Berücksichtigung der zeitlichen Komponente ermöglichen.[207] Die dynamischen Investitionsrechnungen erfassen die zeitliche Struktur der Ein- und Auszahlungen dadurch, dass sie die im Planungshorizont anfallenden Zahlungen mit Hilfe der Zinseszinsrechnung auf einen einheitlichen Bezugszeitpunkt diskontieren.[208] Im Zusammenhang mit dynamischen Methoden wird häufig auch von barwertorientierten Methoden gesprochen.[209] Als Ausgangspunkt dient die Überlegung, dass jetzige Einzahlungen einen höheren Nutzen haben als zukünftige Einzahlungen.[210] Diskontiert wird mit einem Diskontierungszinssatz, der eine bestimmte subjektive Mindestverzinsung widerspiegeln soll.[211] Durch ihn wird die Verzinsung einer Unterlassungsalternative oder der mindestens erwarteten Rendite des Investitionsobjekts repräsentiert. Hier scheint die Denkweise des Investors auf, der die Immobilieninvestition, gleichgültig ob Erst- oder Folgeinvestition im Rahmen von Instandsetzung oder Modernisierung, mit der Verzinsung einer Alternativanlage vergleicht. Auch Finanzierungsaspekte wie der Fremdkapitalanteil können durch den Diskontierungszinssatz, in Form der Berechnung eines Mischzinssatzes aus

---

[203] Vgl. Rautenberg, H.-G. (1993), S. 92.
[204] Vgl. Renner, M. (2007), S. 11; Pulletz, W. (2006), S. 212; Kruschwitz, L. (2003), S. 31.
[205] Vgl. Schulte, K.-W./Ropeter, S.-E. (1996), S. 200.
[206] Vgl. Renner, M. (2007), S. 13.
[207] Vgl. Franke, R./Weber, H. (1989), S. 5.
[208] Vgl. Kruschwitz, L. (2003), S. 45.
[209] Vgl. Schulte, K.-W. et al. (2005), S. 403.
[210] Vgl. Kruschwitz, L. (2003), S. 45.
[211] Vgl. Kern, W. (1976), S. 35.

Eigen- und Fremdkapitalanteil, abgebildet werden.[212] Bei den dynamischen Methoden wird die Wiederanlageprämisse unterstellt, die besagt, dass über den gesamten betrachteten Zeitraum die jährlichen Rückflüsse zu einem festen Kalkulationszinssatz wieder angelegt und zusätzliches Kapital zum selben Zinssatz wieder aufgenommen werden kann.[213]

Eine der dynamischen Methoden ist das Kapitalwertverfahren. Bei diesem Ansatz werden die in die Zukunft projizierten, vom Investitionsobjekt ausgehenden Zahlungsströme zu einem angemessenen Diskontierungszinssatz auf den Bewertungsstichtag diskontiert.[214] Der Kapitalwert entspricht somit der Summe aller auf einen Zeitpunkt diskontierten Ein- und Auszahlungen, die durch die Realisation eines Investitionsvorhabens verursacht werden.[215]

$$C_0 = -I + \sum_{t=1}^{n} (E_t - A_t) \cdot (1+i)^{-t}$$

mit C_0 = Kapitalwert

       I = Investitionsauszahlung

       E_t = Einzahlungen in der Periode t

       A_t = Auszahlungen in der Periode t

       i = Diskontierungszinssatz

Gl. 2.17: Kapitalwert der Investition[216]

Ein Investitionsvorhaben ist danach als vorteilhaft anzusehen, sobald sein Kapitalwert größer als Null ist.[217] Ist der Kapitalwert kleiner als Null, so erwirtschaftet die Investition die durch den Kalkulationszinsfuß ausgedrückte Mindestrendite nicht. Liegt der Kapitalwert genau bei Null, so liegt eine Entscheidungsindifferenz zwischen der Realisierung des Investitionsvorhabens und der Unterlassungsalternative vor.[218] Im Zuge der unter Pkt. 2.1.2 beschriebenen Wirkungen der zunehmenden Globalisierung auf die Wohnungsunternehmen nimmt die Bedeutung international vergleichbarer und praktizierter Investitionsrechnungen zu. In der internationalen Investitionsrechnungspraxis findet das angelsächsische Discounted Cash Flow-Verfahren[219] häufige Anwendung.[220] Dieses gleicht dem der Kapitalwertmethode. Im Rahmen dieser Arbeit wird unter Pkt. 6.2.1 eine auf dem Discounted Cash Flow-Verfahren basierende Investitionsrechnung entwickelt.

---

[212]   Vgl. Götze, U./Bloech, J. (2004), S. 67 f.
[213]   Vgl. Schütz, B. (1995), S. 183.
[214]   Vgl. Schulte, K.-W./Ropeter, S.-E. (1996), S. 184.
[215]   Vgl. Seicht, G. (2001), S. 81.
[216]   Vgl. Schulte, K.-W. (2000), S. 644.
[217]   Vgl. Pulletz, W. (2006), S. 215; Götze, U./Bloech, J. (2004), S. 71.
[218]   Vgl. Götze, U./Bloech, J. (2004), S. 74.
[219]   Im Folgenden wird Discounted Cash Flow durch DCF abgekürzt.
[220]   Vgl. Murfeld, E. (1997), S. 185.

Eine weitere Methode der dynamischen Methoden ist die des internen Zinssatzes. Diese Methode geht weitgehend von der Modellsituation aus, die bei der Kapitalwertmethode unterstellt wird. Bei dieser Methode wird jener Zinssatz ermittelt, der zu einem Kapitalwert führt, welcher genau Null ergibt.[221] Der interne Zinssatz stellt die Verzinsung des im betrachteten Investitionsobjekt zu den verschiedenen Zeitpunkten jeweils gebundenen Kapitals dar.[222] Nach dem Verfahren des internen Zinssatzes ist ein Investitionsvorhaben dann vorteilhaft, wenn der interne Zinssatz des Investitionsobjekts größer ist als der Kalkulationszinssatz. Rechnerisch wird der interne Zinssatz durch ein Annäherungsverfahren ermittelt, das beispielhaft in Gleichung 2.18 dargestellt ist.

$$r = i_1 - C_{01} \cdot \frac{i_2 - i_1}{C_{02} - C_{01}}$$

mit   r   = Näherungswert des internen Zinssatzes

      i_1 = 1. Kalkulationszinssatz

      C_{01} = ermittelter 1. Kapitalwert

      i_2 = 2. Kalkulationszinssatz

      C_{02} = ermittelter 2. Kapitalwert

Gl. 2.18: Ermittlung des internen Zinssatzes[223]

Ein wesentliches Problem der dynamischen Methoden ist die Wiederanlageprämisse. Die Annahme, dass jährliche Überschüsse zu denselben Konditionen angelegt werden können wie notwendiges Kapital bei Liquiditätsengpässen aufgenommen werden kann, trifft nur bei Existenz eines vollkommenen Kapitalmarktes zu, der real nicht existiert.[224] Bei der Methode des internen Zinssatzes wirkt sich die Wiederanlageprämisse verstärkt aus und kann zu einer Überschätzung der Vorteilhaftigkeit der Investitionsvorhaben führen. Real lassen sich Einnahmenüberschüsse am unvollkommenen Kapitalmarkt nicht immer zum errechneten internen Zinsfuß anlegen,[225] was die Methode des internen Zinssatzes gegenüber der Kapitalwertmethode noch ungeeigneter zur Beurteilung der Rentabilität von Immobilieninvestitionen macht. Darüber hinaus sind die Ergebnisse der Methode des internen Zinssatzes nur dann eindeutig, wenn die Struktur der zukünftigen Zahlungsströme lediglich einen einzigen Vorzeichenwechsel aufweist.[226]

---

[221]   Vgl. Renner, M. (2007), S. 43; Pulletz, W. (2006), S. 215; ter Horst, K. (2001), S. 70.

[222]   Vgl. Blohm, H./Lüder, K. (1995), S. 71.

[223]   Vgl. ter Horst, K. (2001), S. 87.

[224]   Vgl. Schütz, B. (1995), S. 85.

[225]   Vgl. Götze, U./Bloech, J. (2004), S. 101.

[226]   Vgl. Schulte, K.-W. (2000), S. 647.

Immobilien werden zumeist fremdfinanziert. Verschiedene Finanzierungsmodelle können durchaus zu unterschiedlichen Ergebnissen der Investitionsrechnung führen. Bei den dynamischen Methoden wird jedoch in dieser Hinsicht nicht differenziert.[227] Dynamische Methoden wie auch statische Methoden sind überdies der Kritik ausgesetzt, teilweise auf versteckten, pauschalen, nicht frei wählbaren und häufig unrealistischen Annahmen zu basieren.[228] Wegen ihrer restriktiven Prämissen sind die Ergebnisse der finanzmathematischen Verfahren der dynamischen Investitionsrechnungsmethoden kritisch zu würdigen. Die unter mathematischem Aufwand ermittelten Ergebnisse können Genauigkeit suggerieren und damit zu Fehleinschätzungen der Rentabilität führen. Dennoch werden in der Praxis häufig Verfahren der dynamischen Methode für die Immobilieninvestitionsrechnung gewählt.[229]

Unter den sog. modernen Methoden werden alle auf vollständigen Finanzplänen basierenden Methoden zusammengefasst.[230] Anders als bei den barwertorientierten Methoden werden dabei alle Zahlungen auf den Planungshorizont bezogen und sind somit endwertorientiert.[231] Sämtliche aus der Investitionsentscheidung resultierenden Ein- und Auszahlungen werden in tabellarischer Form erfasst und eignen sich damit für weitergehende finanzwirtschaftliche Analysen.[232] Explizit einbezogen werden Finanzierungskosten und Steuern.[233] Eventuell auftretende Zahlungsdifferenzen können frei und an den tatsächlichen Verhältnissen orientiert mit individuellen Zinssätzen versehen werden.[234] Der Endwert stellt als Ergebnis eine absolute Zahl dar und ist der Betrag, den der Investor entnehmen kann.[235] Der Endwert der Unterlassensalternative ist der sich zum gleichen Zeitpunkt ergebende Wert einer Alternativanlage. Das Investitionsobjekt ist dann vorteilhaft, wenn sein Endvermögen größer ist als der Endwert der Unterlassensalternative.[236] Um einen Vergleich der Investitionsvorhaben zu ermöglichen, muss zusätzlich zum Endvermögen der vorgesehenen Investition das Endvermögen der Unterlassungsalternative ermittelt werden.[237]

In der immobilienwirtschaftlichen Praxis werden Rentabilitätskennzahlen zur Beurteilung von Investitionsvorhaben benötigt. Das Ergebnis des vollständigen Finanzplanes bietet die Möglichkeit,

---

[227]   Vgl. Kruschwitz, L. (2003), S. 98.
[228]   Vgl. nur Schulte, K.-W. et al. (2005), S. 402 m. w. N.
[229]   Vgl. Renner, M. (2007), S. 34 f.
[230]   Im Folgenden wird Vollständiger Finanzplan durch VOFI abgekürzt.
[231]   Vgl. Schulte, K.-W. et al. (2005), S. 402.
[232]   Vgl. Ropeter-Ahlers, S./Vaaßen, N. (2004), S. 177.
[233]   Vgl. Schulte, K.-W./Ropeter, S.-E. (1998), S. 137.
[234]   Vgl. ebenda.
[235]   Vgl. Nitzsch, R. (1997), S. 8.
[236]   Vgl. Götze, U./Bloech, J. (2004), S. 120.
[237]   Vgl. Schulte, K.-W. et al. (2005), S. 403.

die sog. VOFI-Rentabilität zu berechnen, um so einen Vergleich der Investitionsalternativen zu ermöglichen.[238] Sie kann in Abhängigkeit der Bezugsgröße auf das Eigen- oder das Fremdkapital ermittelt werden. Die VOFI- Eigenkapitalrentabilität stellt jene Verzinsung des eingesetzten Eigenkapitals dar, bei der eine Indifferenz zwischen der Opportunität und dem betrachteten Investitionsvorhaben besteht.[239] Die modernen Methoden bieten im Wesentlichen ähnliche Erkenntnisse wie die barwertorientierten dynamischen Methoden. Die getroffenen Annahmen werden in gleicher Weise wie bei der Kapitalwertberechnung mit zunehmendem Planungshorizont immer unsicherer, wodurch die Aussagekraft der Ergebnisse grundsätzlich sinkt.

Ein Vorteil der modernen Methoden gegenüber den klassischen dynamischen Methoden besteht unter anderem darin, dass sich diese bezüglich der Wiederanlageprämisse an konkreten Erwartungen orientieren. Es muss demzufolge kein vollkommener Kapitalmarkt unterstellt werden.[240] Deswegen können in einem VOFI verschiedene Finanzierungsmodelle berücksichtigt werden, deren unterschiedliche Fremdkapitalbelastungen Einfluss auf das Ergebnis der Investitionsrechnung haben können.[241] Wegen der genaueren und transparenteren tabellarischen Erfassung der Kapitalkosten und der Verzinsung der Wiederanlagen bildet die Vermögensendwertmethode die Realität besser ab, als die Kapitalwertmethode und die Methode des Internen Zinssatzes.[242] Demzufolge können die modernen Methoden ein probates Mittel der Immobilieninvestitionsrechnung für die Neuerstellung von Immobilien darstellen.[243] Die Eignung zur Beurteilung von Bestandsinvestitionen ist hingegen wegen des Erfordernisses eines real nicht gegebenen Vermögensanfangs- und Vermögensendwerts eher bei der Kapitalwertmethode gegeben. Die aufgestellte Typologisierung der Investitionsrechnungsmethoden ist in nachfolgender Abb. 2.15 zusammengefasst.

---

[238] Vgl. Renner, M. (2007), S 43; Schulte, K.-W. et al. (2005), S. 541.
[239] Vgl. Grob, H.-L. (1989), S. 427.
[240] Vgl. Götze, U./Bloech, J. (2004), S. 129.
[241] Vgl. Grob, H.-L. (1989), S. 97.
[242] Vgl. Götze, U./Bloech, J. (2004), S. 129.
[243] Vgl. Renner, M. (2007) S. 38.

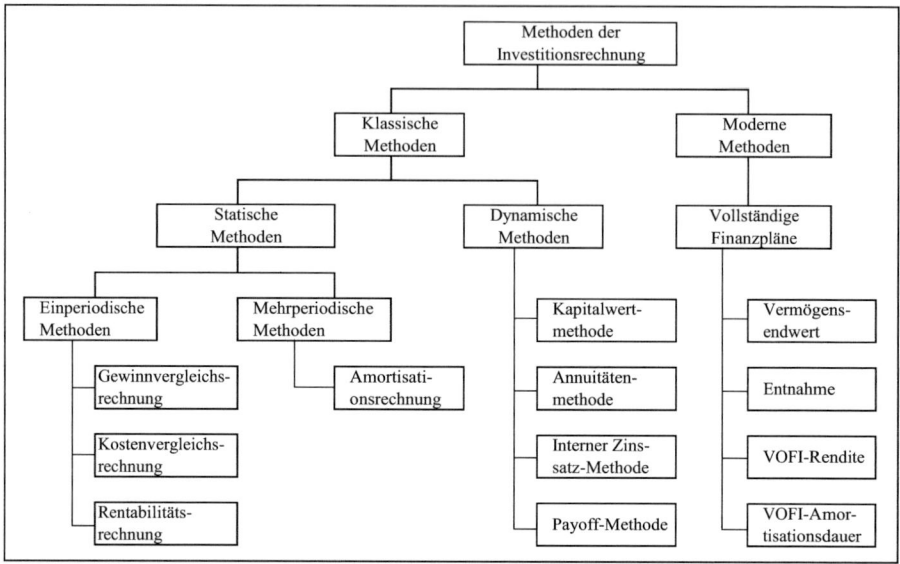

Abb. 2.15: Typologisierung der Investitionsrechnungsmethoden[244]

2.6   Zwischenergebnis

Unter dem Gesichtspunkt der handelsrechtlichen Ergebnissteuerung sind die aufgezeigten Möglich-keiten zur Gestaltung der Anschaffungs- oder Herstellungskosten als Abschreibungsbasis bedeut-sam, da der Ansatz bei Erstbewertung in der Zugangsperiode ergebniswirksam wird und in den Fol-geperioden über die anteiligen Abschreibungen ebenfalls aufwandsgenerierend wirkt. Die planmäßigen Abschreibungen simulieren jedoch einen Werteverzehr, der selten mit den Verhältnis-sen am Immobilienmarkt übereinstimmt.[245] Auf diese Weise entstehen stille Reserven. Zum Zwecke der Bilanzierung nach HGB kommen die Marktwerte nicht zum Ansatz; hier gelten als Wertober-grenze die fortgeführten Anschaffungs- oder Herstellungskosten. Für ausschließlich nach HGB bi-lanzierende Wohnungsunternehmen birgt die Orientierung an den niedrigen Werten und deren planmäßiger Entwicklung Gefahren. Die eigenkapitalorientierten Messgrößen des Kapitalmarkts greifen hier nicht oder können zu Fehlschlüssen führen, da das Eigenkapital in unzutreffender Höhe ausgewiesen wird. Mangels externer Berichtsverpflichtungen kann eine aktive Wertsteuerung nur

---

[244]   Modifiziert nach Schulte, K.-W./Ropeter, S.-E. (1996), S. 179.
[245]   A. A. ist Kammann, der die planmäßige Abschreibung als Wertermittlungsverfahren mit typisierendem Charakter deutet. Vgl. Kammann, E. (1988), S. 217.

langsam greifen. Für die Kapitalmarktöffentlichkeit fehlen wesentliche Informationen über die Wertentwicklung der getätigten Investition.

Die aufgezeigten Bilanzierungsgrundsätze und Wirkmechanismen haben durch vielfältige Kommentierungen und die Rechtsprechung im Handels- und Steuerrecht einerseits einen augenscheinlich hohen Objektivierungsgrad erreicht. Andererseits ermöglicht gerade diese Vielfalt bisweilen eine Deutung der Normen im fallweise opportunen Sinn. Somit besteht die reale Gefahr eines „opinion shopping"[246] zur Nutzung bilanzpolitischer Gestaltungsspielräume. Das Controlling der Wohnungsunternehmen wird hierdurch in zweierlei Hinsicht beeinflusst: Zum einen besteht die Gefahr eines durch Ausübung der aufgezeigten Bilanzierungswahlrechte beeinflussten Jahresergebnisses. Hierin ist zwar die pauschalierte Wertminderung über planmäßige Abschreibungen enthalten, nicht aber die durch wertfokussierte Immobilienbewirtschaftung entstehenden Wertzuwächse im Anlagevermögen, die aufgrund der fortgeführten Anschaffungs- oder Herstellungskosten als Wertobergrenze unberücksichtigt bleiben müssen. Wie aufgezeigt werden diese Wertzuwächse erst beim Verkauf der Immobilie ergebniswirksam. Zum anderen wird das Immobilienvermögen durch einen im Vergleich zu den am Absatzmarkt realisierbaren Verkaufspreisen niedrigeren Wertansatz in der Regel zu niedrig ausgewiesen. Die Differenz wird als stille Reserve im HGB-Abschluss bezeichnet.[247]

Wird dieser niedrigere Vermögensausweis als Basis für Renditekennzahlen genutzt, die typischerweise auf das gebundene Kapital oder das Eigenkapital berechnet werden,[248] nimmt sich der Bilanzierende die Möglichkeit eines externen Vergleichs, da sowohl Gesamtkapital als auch Eigenkapital abhängig sind von den Abschreibungs- und Tilgungsständen des Immobilienvermögens. Damit besteht die Gefahr, dass Renditekennzahlen auf das Eigenkapital wegen des niedrigen Nenners zu hoch ausfallen und über die tatsächliche Rendite des Immobilienvermögens hinwegtäuschen.

Ein anderes Bild hat sich bei der Betrachtung der risikoorientierten Controllingmethoden auf Portfolioebene ergeben. Es konnte aufgezeigt werden, dass die Indikatoren zur Portfolioanalyse in wesentlichen Merkmalen wie bspw. der Standortqualität stark auf zukünftige Entwicklungen eingehen. Das durch die Portfolioanalyse beschriebene Chance-/Risikopotenzial eines Immobilienportfolios antizipiert mithin ganz explizit die zukünftig erwarteten Entwicklungen der Immobilien. Gleiches konnte für die Investitionsrechnungsverfahren festgestellt werden. Wie gezeigt sind mittlerweile dynami-

---

[246]   Espahbodi, R. (1991), S. 3 f.

[247]   Im Falle ungünstiger Produkt-Standortkombinationen können auch stille Lasten entstehen, die aber im Wege des Werthaltigkeitstests festgestellt werden und, soweit sie dauerhaft sind, über außerplanmäßige Abschreibungen korrigiert werden müssen. Vgl. zum Begriff der stillen Reserven Leffson, U. (1987), S. 84-88.

[248]   Vgl. zu den Renditekennzahlen die Ausführungen unter Punkt 2.5.1.

sche Kapitalwertverfahren und vollständige Finanzpläne verbreitete Methoden der Investitionsrechnung für Immobilien. Beiden gemein ist die explizite Berücksichtigung der Zukunft durch Beplanung zukünftiger Cash Flows.

Es ist also eine Divergenz zwischen der externen Rechnungslegung nach HGB und der Steuerungssicht des Immobiliencontrollings zu konstatieren. Wird der Erfolg des Managements eines Wohnungsunternehmens am Jahresergebnis nach HGB bemessen, kann diese Divergenz zu immobilienwirtschaftlich suboptimalen Entscheidungen führen. Erst wenn werterhöhende Maßnahmen im Immobilienvermögen in die Erfolgsbemessung eingehen, wird die immobilienwirtschaftliche Betrachtungsweise in die externe Rechnungslegung integriert werden können.

3   Erweiterte Controlling-Anforderungen durch IFRS

Die Rechnungslegung nach IFRS verändert die Anforderungen im Controlling der Wohnungsunternehmen durch eine Homogenisierung der externen und internen Rechnungslegung. Die betriebswirtschaftliche Steuerungssicht mit Wertfokussierung und Segmentberichterstattung wird zum Pflichtbestandteil des Jahresabschlusses. Sie soll zu Beginn kurz dargestellt werden. Danach folgt eine Übersicht über die immobilienrelevanten Bilanzierungsgrundsätze sowie Ansatz- und Bewertungsvorschriften der IFRS. Im Anschluss werden die Auswirkungen der Wertfokussierung auf den periodischen Ergebnisausweis aufgezeigt.

3.1   Homogenisierung des internen und externen Rechnungswesens

3.1.1   Betriebswirtschaftliche Perspektive

Ein wesentliches Ziel der IFRS-Rechnungslegung als investorenorientierter Bilanzierungsstandard ist es, den Anlegern Informationen zur Fundierung ihrer Anlageentscheidungen zu vermitteln.[249] Diese Informationen können teilweise aus Einschätzungen des Managements bestehen, die nicht immer zuverlässig, wohl aber für die Anlageentscheidung von erheblicher Relevanz sein können. Steht den Anlegern lediglich ein HGB-Abschluss zur Verfügung, so kann durch das Unternehmen ein darüber hinausgehendes Kapitalmarktberichtswesen erstellt werden, das auf Informationen des internen Rechnungswesens zurückgreift. Die IFRS-Rechnungslegung externalisiert wesentliche interne Informationen im Jahresabschluss und integriert somit die betriebswirtschaftliche Perspektive in den Jahresabschluss. Auf die gläubigerschutzorientierte Darstellungsweise des HGB wird zugunsten einer chance-/risikoorientierten Präsentation der Vermögens-, Finanz- und Ertragslage verzichtet. Damit kommt die IFRS-Rechnungslegung der internen Rechnungslegung hinsichtlich ihrer Grundausrichtung und Aussagekraft sehr nahe.

Die wichtigsten Zusatzinformationen der betriebswirtschaftlichen Perspektive der IFRS-Rechnungslegung liegen demnach in der Wertfokussierung und in der Externalisierung interner Informationen. Die wesentlichen konzeptionellen Unterschiede der Rechnungslegungssysteme verdeutlicht nachstehende Abb. 3.1. Daraus ergeben sich zusätzliche Controlling-Anforderungen, die im Folgenden kurz dargestellt werden sollen.

---

[249]   Vgl. hierzu und im Folgenden Weißenberger, B. (2007), S. 55.

Wesentliche konzeptionelle Unterschiede der Rechnungslegungssysteme			
Rechnungs-legungsart	HGB-Rechnungslegung	Interne Rechnungslegung	IFRS-Rechnungslegung
Orientierung	Gäubigerschutz-orientiert	Steuerungs-orientiert	Anlegerorientiert
Datenbasis	Vergangenheits-orientiert	Zukunftsorientiert	Zukunftsorientiert
Grundprinzip	Vorsichtsprinzip	Wertorientierung	Wertorientierung
Verbindlichkeit	Nationales Recht	Individuell gestaltbar	Supranationales/nationales Recht

Abb. 3.1: Wesentliche konzeptionelle Unterschiede der Rechnungslegungssysteme[250]

3.1.2   Bilanzierung der beizulegenden Zeitwerte

Die Abbildung möglichst realer, nicht durch schematische Abwertungsprozesse verzerrter Immobilienwerte erfordert die Bilanzierung von beizulegenden Zeitwerten.[251] Die Entstehung stiller Reserven ist damit bilanzierungssystematisch nicht mehr vorgesehen.[252] Die Ermittlung dieser Werte stellt das Controlling vor die Herausforderung, die einzelnen Bewertungsobjekte derart zu analysieren, dass ein Marktwert zeitnah ermittelt werden kann, in den das Wissen und die Erwartungen aller Marktteilnehmer eingehen. Praktisch bedeutet dies die Herstellung von Datentransparenz auf der Ebene des einzelnen Bewertungsobjekts und darauf aufbauend die Planung der wertprägenden Elemente.[253] Zu diesem Zweck wird unter Pkt. 5 und 6 ein wertfokussierter Controllingansatz entwickelt.

3.1.3   Segmentberichterstattung

Die durch IAS 14 geforderte Segmentberichterstattung sieht vor, dass die internen Berichtsstrukturen auch im externen Jahresabschluss beibehalten werden. Damit wird die Einteilung des Wohnungsun-

---

[250]   Modifiziert entnommen bei Weißenberger, B. (2007), S. 58.
[251]   Im englischen Originaltext werden diese als „Fair Values" bezeichnet. Vgl. IAS 40.5.
[252]   Vgl. detaillierend zur Bilanzierung beizulegender Zeitwerte in der Rechnungslegungskonzeption der IFRS Baetge, J./Zülch, H. (2001), S. 543 f.
[253]   Vgl. zu den Anforderungen an eine IFRS-konforme Unternehmensplanung Heintges, S. (2003), S. 623.

ternehmens in Geschäftssegmente notwendig, die sich an den zuvor dargestellten Geschäftsfeldern orientieren können.[254] Das Controlling ist hierbei gefordert, die Geschäftstätigkeit des Wohnungsunternehmens in verschiedene Bereiche der Leistungsentstehung zu trennen, die sachlogisch und führungstechnisch abgrenzbar sind. Denkbar ist dabei die Unterscheidung in ein Segment, das die der Vermögenssphäre, also dem Immobilienbestand zurechenbaren Ergebnisse erläutert und ein oder mehrere Segmente, die die Leistungssphäre wie z. B. die Ergebnisse aus Dienstleistungen ausweist. Betreibt das Wohnungsunternehmen zusätzlich eigenwirtschaftliche Projektentwicklungen, so kann das Bauträgergeschäft ein eigenes Segment bilden. Die Anforderungen an die Segmentbildung und die geforderten Berichtsinhalte sind nicht Gegenstand der weiteren Betrachtung. Sie werden in IAS 14 expliziert und sind hinreichend kommentiert.[255]

3.2 Immobilienrelevante Kernaspekte der IFRS-Rechnungslegung

Zur korrekten Anwendung und Auslegung der Wertermittlungsvorschriften im Einklang mit dem Sinn und Zweck der IFRS-Rechnungslegung und der Rechtsprechung des EuGH ist es essentiell, die das Normensystem der IFRS bestimmenden Kernaspekte zu kennen und im Auslegungsfall sicher anwenden zu können. Daher folgt nun eine Darstellung der Jahresabschlusszwecke und Bilanzierungsgrundsätze der IFRS. Auf dieser Basis werden später die Wertermittlungsvorschriften untersucht. Außerdem dient dieses Verständnis bei der Entwicklung des Wertermittlungsmodells als Entscheidungshilfe in Zweifelsfällen.

Im Unterschied zum HGB, welches vorwiegend Generalnormen vorgibt, die auf eine Vielzahl von Sachverhalten angewendet werden sollen,[256] regeln die IAS/IFRS die aus Sicht der Standardsetter wesentlichen Sachverhalte durch einzelne, teilweise sehr detaillierte Normen. Dies führt dazu, dass die eher prinzipienorientierten Rechnungslegungsvorschriften des HGB weniger Veränderungsbedarf aufweisen als die IAS/IFRS, die bei wirtschaftlichen und technischen Neuerungen jeweils umgestaltet oder ergänzt werden müssen. Dies erklärt die Vielzahl der Standards in den IAS/IFRS sowie die teilweise sehr konkrete Fassung der einzelnen Standards.

Die innerhalb der Untersuchung betrachteten Standards der IFRS sind in der folgenden, durch Abb. 3.2 strukturierten Gesamtübersicht über die IAS/IFRS im englischen Originaltext hervorgehoben.

---

[254] Vgl. die Ausführungen zu den Geschäftsfeldern der Wohnungsunternehmen unter Pkt. 2.1.2.
[255] Vgl. hierzu nur die umfassende Darstellung von Beine und Nardmann. Beine, F./Nardmann, H. (2006), S. 861 f.
[256] Vgl. z. B. die bereits dargestellten §§ 253, 255 HGB.

Standard		Bezeichnung im englischen Originaltext
IAS	1	Presentation of financial Statements
IAS	**2**	**Inventories**
IAS	7	Cash Flow Statements
IAS	8	Accounting Policies, Changes in Accounting Estimates and Errors
IAS	10	Events after the Balance Sheet Date
IAS	**11**	**Construction Contracts**
IAS	12	Income Taxes
IAS	14	Segment Reporting
IAS	**16**	**Property, Plant and Equipment**
IAS	17	Leases
IAS	18	Revenue
IAS	19	Employee Benefits
IAS	**20**	**Accounting for Government Grants and Disclosure of Government Assistance**
IAS	21	The Effects of Changes in Foreign Exchange Rates
IAS	**23**	**Borrowing Costs**
IAS	24	Related Party Disclosures
IAS	26	Accounting and Reporting by Retirement Benefit Plans
IAS	27	Consolidated and Separate Financial Statements
IAS	28	Investments in Associates
IAS	29	Financial Reporting in Hyperinflationary Economies
IAS	30	Statements of Banks and Similar Financial Institutions
IAS	31	Interests in Joint Ventures
IAS	32	Financial Instruments: Disclosure and Presentation
IAS	33	Earnings per Share
IAS	34	Interim Financial Reporting
IAS	**36**	**Impairment of Assets**
IAS	37	Provisions, Contingent Liabilities and Contingent Assets
IAS	38	Intangible Assets
IAS	39	Financial Instruments: Recognition and Measurement
IAS	**40**	**Investment Properties**
IAS	41	Agriculture
IFRS	1	First-Time Adoption of IFRS
IFRS	2	Share based Payment
IFRS	3	Business Combinations
IFRS	4	Insurance Contracts
IFRS	**5**	**Non-current Assets held for Sale and discontinued Operations**

Abb. 3.2: Überblick über die IAS/IFRS und die behandelten Standards [257]

3.2.1   Bindungswirkung der IFRS für die Rechnungslegung in Deutschland

Die Regelungen der IFRS besaßen bis zum 1.1.2005 lediglich den Rechtscharakter von Verlautbarungen eines privaten Standardsetters.[258] Motiviert durch die Notwendigkeit eines verbesserten Zugangs zu den Kapitalmärkten und der damit postulierten Erleichterung der Kapitalaufnahme wurde durch das KapAEG der § 292a HGB 2004 eingeführt. Diese Regelung wurde dazu genutzt, einen

---

[257]   Die im Gang der Untersuchung behandelten IAS/IFRS sind hervorgehoben.
[258]   Vgl. hierzu Ranker, D. (2006), S. 36.

befreienden Konzernabschluss nach internationalen Rechnungslegungsnormen aufzustellen. Insbesondere die im Wettbewerb um investives Kapital stehenden international ausgerichteten Konzernunternehmen machten zum Zweck der Vergleichbarkeit mit anderen international tätigen Konkurrenzunternehmen hiervon Gebrauch.[259]

Für Wohnungsunternehmen bot sich hiermit die Gelegenheit, in Abkehr von den historischen Wertmaßstäben des HGB den beizulegenden Zeitwert der Immobilien in der Bilanz auszuweisen und damit dem Anleger und den institutionellen Investoren ein den tatsächlichen Verhältnissen entsprechendes Bild der Vermögens-, Finanz- und Ertragslage zu vermitteln. Auf diese Weise ist es für die Adressaten des IFRS Abschlusses möglich, mit dem ausgewiesenen Eigenkapital einen Näherungswert für den Shareholder Value zu bestimmen.[260]

Mit der Verordnung (EG) 1606/2002 wurden die IAS/IFRS zu sekundärem Gemeinschaftsrecht mit unmittelbarer nationaler Geltung in den Mitgliedsstaaten.[261] In der Folge müssen börsennotierte Kapitalgesellschaften ihre konsolidierten Jahresabschlüsse seit dem 1.1.2005 in Anwendung der übernommenen (endorsed) IAS/IFRS erstellen. Aus der Freiwilligkeit des befreienden Konzernabschlusses nach § 292a HGB 2004 ist seitdem eine Zwangsläufigkeit geworden. Für die kapitalmarktorientierten Wohnungsunternehmen bedeutet dies zum einen die Bestätigung einer als sachdienlich erkannten Bilanzierungsweise, zum anderen aber auch den Verzicht auf die durch imparitätische Bilanzierung im HGB-Abschluss entstandenen stillen Reserven.[262]

Zu beachten bleibt, dass die IFRS lediglich im Umfang des übernommenen Textes zu sekundärem Gemeinschaftsrecht geworden sind; Änderungen und Ergänzungen von Standards oder neue Standards bedürfen der eigenständigen Übernahme im Endorsement-Prozess der EU-Kommission.[263] Somit bleibt die weitere Entwicklung der IFRS nur zum Teil dem IASB überlassen, welches die ständige inhaltliche Entwicklung des Regelsystems betreibt. Letztlich ist es die EU-Kommission, die entscheidet, ob eine Norm des IASB und seiner Organe im Einklang mit den Zielen der EU und der Rechtsprechung des EuGH steht und damit in sekundäres Gemeinschaftsrecht übernommen werden kann. Im gegenteiligen Fall entfalten die nicht übernommenen Verlautbarungen des IASB keinerlei

---

[259]   Vgl. zu den bilanzpolitischen Erwägungen Sieben, G. (1998), S. 30.
[260]   Vgl. Baetge, J./Zülch, H. (2001), S. 560.
[261]   Die Übernahme erfolgte durch die Verordnung (EG) 1606/2002, die in Art. 4 regelt, dass Gesellschaften, die dem Recht eines Mitgliedsstaats unterliegen, ihre konsolidierten Abschlüsse nach IFRS aufstellen müssen, wenn „ am jeweiligen Bilanzstichtag ihre Wertpapiere in einem beliebigen Mitgliedsstaat zum Handel in einem geregelten Markt im Sinne des Artikels 1 Absatz 13 der Richtlinie 93/22/EWG des Rates vom 10. Mai 1993 über Wertpapierdienstleistungen" zugelassen sind.
[262]   Vgl. hierzu die Darstellung unter Pkt. 2.3.2.
[263]   Vgl. hierzu und im Folgenden Ranker, D. (2006), S. 60 f.

Rechtswirkung für die betroffenen Gesellschaften. Sie verbleiben außerhalb der Ebene des kodifizierten Europarechts.[264] Das schließt jedoch nicht aus, dass diese Verlautbarungen bei international tätigen Gesellschaften nicht Beachtung und Umsetzung finden, sei es durch einen zusätzlichen, entsprechend modifizierten Abschluss oder aber durch entsprechende ergänzende Angaben.

Das beschriebene Kräfteverhältnis erlangt besondere Bedeutung im Umgang mit spezifischen Fragestellungen in der praktischen Anwendung und Auslegung der Standards und Interpretationen der IFRS. Im Normensystem der IFRS bilden die Rechtsprechung des EuGH sowie ergänzend die materiellen Anforderungen des Art. 3 Abs. 2 der Verordnung (EG) 1606/2002 die erste Hierarchieebene. Für die weiteren Hierarchieebenen gibt IAS 8 praktische Hinweise zur Verfahrensweise in Auslegungssituationen. Danach sind zuerst in einer zweiten Hierarchieebene „die Anforderungen und Anwendungsleitlinien in Standards und Interpretationen, die ähnliche und verwandte Fragen behandeln"[265] zu konsultieren. Kann die Auslegungsfrage hierdurch nicht hinreichend beantwortet werden dürfen danach in der dritten Hierarchieebene „die im Rahmenkonzept enthaltenen Definitionen, Erfassungskriterien und Bewertungskonzepte für Vermögenswerte, Schulden, Erträge und Aufwendungen"[266] herangezogen werden. Erst wenn alle drei vorgenannten Auslegungshilfen zu keinem Ergebnis führen, dürfen im Wege der parallelen Auslegung weitere, nicht übernommene Quellen berücksichtigt werden.[267] Dazu sind in der vierten Hierarchieebene die

- „jüngsten Verlautbarungen anderer Standardsetter, die ein ähnliches konzeptionelles Rahmenkonzept zur Entwicklung von Bilanzierungs- und Bewertungsmethoden einsetzen,
- sowie sonstige Rechnungslegungs-Verlautbarungen und
- anerkannte Branchenpraktiken

zu berücksichtigen."[268]

Als praktische Hilfe für die späteren Überlegungen zur Anwendung der Wertermittlungsvorschriften soll deshalb die in Abb. 3.3 zusammengefasste Auslegungshierachie festgehalten werden.

---

[264] Vgl. hierzu Ranker, D. (2006), S. 68.
[265] IAS 8.11. lit. a.
[266] IAS 8.11. lit. b.
[267] Vgl. Zülch, H. (2005), S. 4.
[268] IAS 8.12.

1. Hierarchieebene	Rechtsprechung des EuGH	Art. 3 Abs. 2 der Verordnung (EG) 1606/2002 "True and fair view"	
2. Hierarchieebene*	Endorsed Standards (IAS/IFRS) IAS 8.11. lit. a	Endorsed Interpretationen (SIC/IFRIC) IAS 8.11.lit. a	
3. Hierarchieebene	Im Framework enthaltene Definitionen, Erfassungskriterien und Bewertungskonzepte IAS 8.11.lit. b		
4. Hierarchieebene	Verlautbarungen anderer Standardsetter mit ähnlichem Rahmenkonzept	Literatur zur Rechnungslegung	Anerkannte Bilanzierungsübung

* IFRS in der Definition des IAS 1.11.

Abb. 3.3: Auslegungshierarchie im Normensystem der IFRS [269]

3.2.2   Zweck und Aufgabe des Jahresabschlusses nach IFRS

Während die handelsrechtlichen Rechnungslegungsvorschriften wie nachgewiesen im Schwerpunkt auf die Interessen der Gläubiger ausgerichtet sind und damit zu einem imparitätischen Ausweis von Vermögen und Schulden führen,[270] stellen die IFRS auf die Informationsbedürfnisse des Kapitalmarktes, mithin der Investoren ab.[271]

Die Standardsetter der IFRS gehen davon aus, dass die für Investoren interessanten und nützlichen Informationen auch für Arbeitnehmer, Gläubiger und Lieferanten von Belang sind, die auf der Basis dieser Informationen wirtschaftliche Entscheidungen fundieren wollen. Außerdem soll der IFRS-Abschluss nach den Vorstellungen des IAS 1.7 die Güte der Managementleistungen über die Wertsteigerung des anvertrauten Vermögens anzeigen.[272] Über diesen zunächst noch globalen Steuerungsansatz ist bereits eine Annäherung der externen und internen Rechnungslegungszwecke er-

---

[269]   Modifiziert entnommen bei Ranker, D. (2006), S. 77.
[270]   Zu den Bilanzierungsgrundsätzen des HGB vgl. die Erläuterungen unter Punkt 2.3.1.
[271]   Vgl. Herzberg, A. (2007), S. 42; Zülch, H./Lienau, A. (2006), S. 698; Baukmann, D./Mandler, U. (1998), S. 10.
[272]   Auch Wertveränderungen am ruhenden Vermögen werden nach angelsächsischem Verständnis als besondere Managementleistungen bewertet. Aus Investorensicht besteht hierin eine Kernkompetenz. Vgl. Fourie, D./Velthuysen, O. (2001), S. 649.

kennbar.[273] Insofern erweitert sich der Adressatenkreis neben Gläubigern und Aktionären um weitere Stakeholder der Unternehmung. Die Investoren sind an einer risikoadäquaten Verzinsung ihres investierten Eigenkapitals interessiert. Zur Einschätzung der Risikoadäquanz bietet sich einerseits der Jahresabschluss für Rückschau und Dokumentation an. Andererseits ist der Investor auf eine zutreffende Einschätzung der zukünftigen wirtschaftlichen Lage angewiesen. Hierzu soll der Jahresabschluss nach IFRS weitergehende Informationen bereitstellen.

Grundsätzlich sind damit zwei Hauptzwecke des Jahresabschlusses nach IFRS festzuhalten, der Informationszweck und der Dokumentationszweck.[274] Der Dokumentationszweck beinhaltet die lückenlose Aufzeichnung aller Geschäftsvorfälle der Abrechnungsperiode durch doppelte Buchhaltung und Verdichtung derselben zum Jahresabschluss. Hierin besteht kein Unterschied zum Jahresabschluss nach HGB. Der Informationszweck ist hingegen in der IFRS-Rechnungslegung weiter gefasst. Hierin zeigt sich die Orientierung des IFRS-Abschlusses an den Informationsbedürfnissen des Kapitalmarkts. Die Investoren machen ihre Dispositionen über das Kaufen, Halten und Verkaufen von Wohnungsunternehmensanteilen von ihrer Einschätzung der zukünftigen Entwicklung des Wohnungsunternehmens – oder, vereinzelt betrachtet, der einzelnen Immobilie – abhängig. Entsprechend ist im Framework des IASB[275] die Anforderung formuliert, entscheidungsnützliche Informationen an externe Adressaten zu vermitteln. Hierzu dient eine den tatsächlichen Verhältnissen am Bilanzstichtag entsprechende Darstellung der Vermögens-, Finanz- und Ertragslage.[276] Der Jahresabschluss nach IFRS hat keine Ausschüttungsbemessungsfunktion und deshalb richtet sich die Ausschüttung an die Aktionäre weiterhin nach dem Jahresabschluss nach HGB. Der ausgewiesene Erfolg und das ausgewiesene Vermögen haben damit lediglich Informations- und Dokumentationsfunktion.

Für Zwecke der Steuerbemessung ist der Jahresabschluss nach IFRS ebenfalls ohne Bedeutung. Hier gilt weiterhin das Prinzip der Maßgeblichkeit der Handelsbilanz für die daraus zu entwickelnde Steuerbilanz. Auf diese Weise halten steuerrechtliche Prinzipien Einzug auch in die handelsrechtliche Bilanzierung und Bewertung.[277] Die Knüpfung der Steuerbemessung an den Jahresabschluss

---

[273] Zum Beitrag der IFRS-Rechnungslegung hinsichtlich der Homogenisierung der internen und externen Rechnungslegung vgl. die Ausführungen unter Pkt. 3.1.

[274] Vgl. Baukmann, D./Mandler, U. (1998), S. 9.

[275] Vgl. Framework (2003) F.12-14.

[276] Der Grundsatz des True-and-Fair-View als „overriding principle" der IFRS-Vorschriften ist kodifiziert in Art. 3 Abs. 2 der Verordnung (EG) 1606/2002, wonach sich die Übernahme von Standards in europäisches Recht nach deren Entsprechung mit dem True-and-Fair-View-Grundsatz richtet. Materiell geregelt ist der Grundsatz in IAS 1.13.

[277] Faktisch bestehen Rückwirkungen der Steuerbilanz auf die Handelsbilanz durch die Knüpfung bestimmter steuerrechtlicher Ansatzwahlrechte an die Ausübung in der Handelsbilanz. Vgl. Raupach, A. (1994) S.101-124.

nach IFRS könnte im Hinblick auf eine möglicherweise dadurch ausgelöste Versteuerung unrealisierter Gewinne steuersystematisch nicht wünschenswert sein.[278]

Festgehalten werden darf somit, dass der Jahresabschluss nach IFRS keine über die Funktionen des handelsrechtlichen Jahresabschlusses hinausgehenden formellen Funktionen hat, zumal die Aktionäre sich hinsichtlich der Ausschüttungsbemessung weiterhin am handelsrechtlichen Jahresabschluss orientieren müssen. Als wesentliche Verbesserung gegenüber dem handelsrechtlichen Jahresabschluss verbleibt jedoch für Kleinanleger und institutionelle Anleger der Informationszweck des Jahresabschluss nach IFRS nach dem Grundsatz der Transparenz.[279] Hierdurch sollen insbesondere die zukünftigen Cash Flows, sowie deren Eintrittszeitpunkt und Eintrittswahrscheinlichkeit für Investoren einschätzbar werden.[280] Die Gefahr der Fehlallokation investiven Kapitals kann damit reduziert werden. Insbesondere für Wohnungsunternehmen folgen hieraus zwangsläufig im Verhältnis zum HGB-Abschluss zahlreiche Unterschiede bei den Rechnungslegungsprinzipien und der Bewertung, die im weiteren Verlauf untersucht werden.

3.2.3 Überblick über die immobilienrelevanten Bilanzierungsgrundsätze der IFRS

Die grundsätzlichen Prinzipien und Leitlinien der IFRS-Rechnungslegung sind im Rahmenkonzept (Framework) der IFRS enthalten. Nach der oben dargestellten Auslegungshierarchie sind jedoch die Regelungen in den Standards und deren Konkretisierung in den Interpretationen prioritär.[281] Daher beginnt die Darstellung der Bilanzierungsgrundsätze mit einer Analyse der dort geregelten Sachverhalte.

Grundlegende Prinzipien des IAS 1

Im Standard IAS 1 werden allgemeine Regeln zur Darstellung des IFRS-Abschlusses aufgestellt. Hierin werden Inhalte, Struktur und Darstellungsfragen des IFRS behandelt und unter den „Grundle-

---

[278] A. A. ist Buchholz, der eine Orientierung der Steuerbilanz am IFRS-Abschluss wegen der Gemeinsamkeit der Periodenabgrenzung nicht ausschließt und überdies eine Belastung der Unternehmen durch die Kosten der mehrfachen Rechnungslegung sieht. Vgl. Buchholz, R. (2005), S. 216.

[279] Vgl. Zülch, H. (2003), S. 228.

[280] Vgl. IAS 1.7. Zur Voraussage der zukünftigen Entwicklung dienen neben den Informationen im Anhang die Informationen über Vermögenswerte, Schulden, Eigenkapital, Erträge und Aufwendungen, einschließlich Gewinnen und Verlusten, Eigenkapitalveränderungen und Cash Flow-Betrachtungen.

[281] Zur Hierarchie der Rechnungslegungsnormen des IASB vgl. umfassend Zülch, H., (2005), S.2 ff.

genden Überlegungen"[282] Bilanzierungsprinzipien aufgestellt. Die Gliederung der Prinzipien beginnt mit dem in IAS 1.13 kodifizierten True-and-Fair-View-Anspruch. Hiernach sollen die IFRS-Abschlüsse die Vermögens-, Finanz- und Ertragslage sowie die Cash Flows eines Wohnungsunternehmens den tatsächlichen Verhältnissen entsprechend darstellen. Weitere materielle Regelungen fehlen an dieser Stelle. Jedoch verweist IAS 1.13 zu den qualitativen Anforderungen auf die im Rahmenkonzept enthaltenen Definitionen und Erfassungskriterien für Vermögenswerte, Schulden, Erträge und Aufwendungen.[283] IAS 8.10 hält Auslegungshilfen bei „Fehlen eines Standards oder einer Interpretation, der/die ausdrücklich auf einen Geschäftsvorfall oder sonstige Ereignisse oder Bedingungen zutrifft"[284] bereit. Dort werden die im Rahmenkonzept erwähnten qualitativen Anforderungen nochmals aufgeführt.

In IAS 1.23-28 explizit benannt werden nachstehende drei Prinzipien für Jahresabschluss und Bilanzierung:[285]

· Grundsatz der Unternehmensfortführung,

· Konzept der Periodenabgrenzung,

· Grundsatz der Darstellungsstetigkeit.

Sie sind auch für die Immobilienbewertung relevant und werden deshalb im Folgenden kurz erläutert.

Der Grundsatz der Unternehmensfortführung (going concern) postuliert wie im Handelsrecht[286] die Bilanzierung und Bewertung unter der Annahme einer Fortführung des wirtschaftlichen Betriebs der Unternehmung.[287] Dies gilt nach IAS 1.23 S. 2 so lange, „bis das Management entweder beabsichtigt, das Unternehmen aufzulösen, das Geschäft einzustellen oder keine realistische Alternative mehr hat, als so zu handeln."[288] Erst wenn das Management erhebliche Zweifel an der Fortführungsfähigkeit des Unternehmens hat, besteht nach IAS 1.23 S. 3 die Pflicht zur Angabe der diese erheblichen Zweifel begründenden Unsicherheiten. Ist die Fortführungsprämisse angesichts der erheblichen Zweifel nicht aufrechtzuerhalten, muss das Management diese Tatsache begründen und die daraus resultierenden abweichenden Grundlagen des Jahresabschlusses angeben.[289]

---

[282]   IAS 1.13-41.
[283]   Vgl. IAS 1.13.
[284]   IAS 8.10
[285]   Vgl. Baetge, J. et al. (2007), S. 134.
[286]   Vgl. Krawitz, N. (2002), Sp. 1007. Zu den handelsrechtlichen Bilanzierungsgrundsätzen vgl. die Erläuterungen oben unter Punkt 2.3.1.
[287]   Vgl. IAS 1.23.
[288]   IAS 1.23 S. 2.
[289]   Vgl. IAS 1.23 S. 3.

Solange danach die Fortführung des bilanzierenden Wohnungsunternehmens unterstellt werden muss, sind im IFRS-Abschluss Fortführungswerte zu bilanzieren.[290] Der Ansatz von Zerschlagungs- oder Liquidationswerten kommt damit nicht in Frage. Vielmehr ist von der Fortführung der wirtschaftlichen Nutzung der Vermögensgegenstände im Unternehmen auszugehen.

Das Konzept der Periodenabgrenzung (accrual basis) bindet das bilanzierende Wohnungsunternehmen an eine periodengerechte Erfolgsermittlung und trägt damit der Informationsfunktion des IFRS-Abschlusses Rechnung.[291] Materiell sind die Regelungen des IAS 1.25-26 eher dürftig, so dass IAS 1.26 zur Auslegung auf das Rahmenkonzept verweist, wonach „Vermögenswerte, Schulden, Eigenkapital, Erträge und Aufwendungen (die Bestandteile des Abschlusses) dann erfasst [werden], wenn sie die im Rahmenkonzept für die betreffenden Elemente enthaltenen Definitionen und Erfassungskriterien erfüllen.“[292] Das Prinzip der Periodenabgrenzung verlangt die erfolgswirksame Berücksichtigung von Aufwendungen und Erträgen in der Periode ihrer Verursachung, unabhängig vom Zeitpunkt der Zahlung.[293] Dazu dient das Realisationsprinzip (realisation principle), das Erträge bereits dann erfolgswirksam berücksichtigt, wenn sie realisierbar und nicht – wie im Handelsrecht – bereits realisiert sind.[294] Aufwendungen sind analog ihrer Behandlung im Handelsrecht nach dem Grundsatz der periodengerechten Aufwandszuordnung (matching principle) durch das sog. Finalprinzip zu berücksichtigen.[295]

Hierin liegt der wesentliche Unterschied zu den Bilanzierungsgrundsätzen des HGB, die unter den Kapitalerhaltungsgrundsätzen das Vorsichts- und das Imparitätsprinzip beinhalten. Danach sind zum Zweck der Kapitalerhaltung zukünftige negative Erfolgsbeiträge zu antizipieren, zukünftige positive Erfolgsbeiträge hingegen nicht.[296] Der IFRS-Abschluss kennt keine Kapitalerhaltungsgrundsätze, sondern soll vielmehr entscheidungsnützliche Informationen an externe Adressaten vermitteln.[297] Für externe Adressaten ist die zukünftige wirtschaftliche Entwicklung des bilanzierenden Wohnungsunternehmens von entscheidender Bedeutung für die Disposition ihres investiven Kapitals. Insofern erfüllt der gleichgerichtete Umgang mit zukünftigen negativen wie positiven Erfolgsbeiträgen sowohl den True-and-Fair-View-Anspruch als auch den Grundsatz der Unternehmensfortfüh-

---

[290]   Vgl. Ranker, D. (2006), S. 129; Zülch, H. (2003), S. 247 f.
[291]   Vgl. IAS 1.25.
[292]   IAS 1.26.
[293]   Vgl. Baetge, J./Zülch, H. (2001), S. 551.
[294]   Für weitergehende Fragen zum Realisationsprinzip der IFRS vgl. Wüstemann, J./Kierzek, S. (2005), S. 427-434.
[295]   Vgl. Ranker, D. (2006), S. 131.
[296]   Zu den handelsrechtlichen Bilanzierungsgrundsätzen vgl. die Erläuterungen oben unter Punkt 2.3.1.
[297]   Vgl. Baetge, J./Zülch, H. (2001), S. 551.

rung (going concern). Für Wohnungsunternehmen ist dies ein entscheidender Entwicklungsschritt, denn - wie später zu untersuchen sein wird - ist der Bilanzansatz und die Bewertung des Sachanlagevermögens in hohem Maße von den zukünftig erwarteten Erfolgsbeiträgen der einzelnen Anlagegüter geprägt. Die Entstehung stiller Reserven zum Zwecke des Gläubigerschutzes und der Kapitalerhaltung ist im IFRS-Abschluss systematisch nicht mehr vorgesehen.[298] Die IFRS enthalten zwar auch ein Vorsichtsprinzip (prudence) als eine die Basisvorschrift des Periodisierungsprinzips ergänzende Vorschrift, legen dieses aber anders aus als im Handelsrecht: Lediglich bei unsicheren Erwartungen gilt das Vorsichtsprinzip als Schätzregel.[299] Die Berücksichtigung zukünftiger positiver Erfolgsbeiträge wird hierdurch nicht eingeschränkt oder überlagert. Das Vorsichtsprinzip darf im IFRS-Abschluss explizit nicht die Bildung stiller Reserven begünstigen.[300] Stille Reserven können jedoch entstehen, wenn das Wohnungsunternehmen sich für die Bilanzierung fortgeführter Anschaffungs- oder Herstellungskosten entscheidet.[301] Jedoch sind diese im Anhang durch die Angabe der beizulegenden Zeitwerte transparent zu machen.

Der Grundsatz der Stetigkeit (consistency) schließlich verlangt vom Bilanzierenden die kontinuierliche Anwendung einmal gewählter Bilanzierungs- und Bewertungsmethoden. Konkret wird vorgeschrieben, dass „die Darstellung und der Ausweis von Posten im Abschluss […] von einer Periode zur nächsten beizubehalten"[302] sind. Ausnahmen gelten lediglich dann, wenn durch veränderte Bilanzierungs- und Bewertungsmethoden dem True-and-Fair-View-Anspruch besser entsprochen werden kann, etwa bei wesentlichen Änderungen in der Geschäftstätigkeit des Wohnungsunternehmens.[303] Im Fall einer Änderung der Bilanzierungs- und Bewertungsmethoden ist zwingend IAS 8 zu berücksichtigen. Für den Fall, dass eine Änderung aufgrund eines neuen Standards durchzuführen ist, unterstellt IAS 1.27 lit. b die Entsprechung desselben mit den Definitionen und Kriterien des IAS 8. Der Stetigkeitsgrundsatz entspricht damit seinem handelsrechtlichen Pendant.[304] Die Bedeutung dieses scheinbar selbstverständlichen Grundsatzes ist im IFRS-Abschluss wegen der bestehenden Ansatz- und Bewertungswahlrechte hoch, denn der Kapitalmarkt analysiert die IFRS-Abschlüsse in Zeitreihen und ist auf die Vergleichbarkeit in zeitlicher Hinsicht angewiesen. Insbesondere bei Änderungen von Bewertungsmethoden für Immobilienvermögen können jedoch erhebliche Verzerrungen auftreten, die dann über eine professionelle Kapitalmarktkommunikation erläutert werden müs-

---

[298] Zur Entstehung stiller Reserven im nach Handelsrecht bilanzierten Immobilienvermögen vgl. die Erläuterungen oben unter Punkt 2.3.2.
[299] Vgl. IAS 8.10. lit. b (iv).
[300] Vgl. Hayn, S./Waldersee, G. (2000), S. 46.
[301] Vgl. die Ausführungen zur Folgebewertung des investiven Anlagevermögens unter Pkt. 3.4.4.
[302] IAS 1.27.
[303] Vgl. IAS 1.27 lit. a.
[304] Zu den handelsrechtlichen Bilanzierungsgrundsätzen vgl. die Erläuterungen oben unter Punkt 2.3.1.

sen.[305] Die Immobilien sind auch im System der IFRS einzeln zu bewerten.[306] Dies ergibt sich aus den Regelungen des IAS 40, die besagen, dass als „Finanzinvestition gehaltene Immobilien [...] mit ihren Anschaffungs- oder Herstellungskosten zu bewerten sind."[307] Die handelsrechtlich geforderte Unterteilung der Immobilien in Grundstücke und Gebäude ist unzulässig, da zur Immobilie alle Vermögensgegenstände zählen, die zur „Erzielung von Mieteinnahmen und/oder zum Zwecke der Wertsteigerung gehalten werden".[308]

Qualitative Anforderungen

Die qualitativen Anforderungen an IFRS-Abschlüsse sind grundsätzlich im Framework F.24-42 geregelt. Sie sind damit zwar für die Rechnungslegung nicht unmittelbar verbindlich, haben aber Eingang in verschiedene Standards gefunden.[309] Nach der Auslegungshierarchie im Normensystem der IFRS[310] gehen die Standards in ihrer Bindungswirkung dem Framework vor. Insofern ist es sachgerecht, die qualitativen Anforderungen aus den für alle im IFRS-Abschluss enthaltenen Informationen geltenden Auslegungsgrundsätzen des IAS 8.10 zu entnehmen. Hiernach sind Bilanzierungs- und Bewertungsmethoden zu verwenden, die zu Informationen führen, welche nachfolgende drei Anforderungen der Relevanz (relevance), der Zuverlässigkeit (reliability) und der Vergleichbarkeit (comparability) erfüllen.[311] Sie sind dem in Abb. 3.4 folgenden Überblick zu entnehmen.

Qualitative Anforderungen an Jahresabschlüsse nach IAS 8.10 und F. 24-42	
IAS 8.10 lit. a	Relevanz (relevance)
IAS 8.10 lit. b	Zuverlässigkeit (Reliability)
IAS 8.10 lit. c	Vergleichbarkeit (Comparability)

Abb. 3.4: Qualitative Anforderungen an Jahresabschlüsse nach IAS/IFRS

---

[305]   Ein Beispiel zur Kapitalmarktinformation über Änderungen der Bewertungsmethoden für Immobilienvermögen vom Anschaffungskostenmodell zum Modell des beizulegenden Zeitwerts findet sich im Geschäftsbericht 2006 der Deutsche Wohnen AG. Vgl. Deutsche Wohnen (2007), S. 48.
[306]   Zum handelsrechtlichen Grundsatz der Einzelbewertung vgl. die Darstellung unter Pkt. 2.3.1.
[307]   IAS 40.20.
[308]   IAS 40.5.
[309]   Vgl. IAS 8.10 und 8.13, IAS 10, IAS 16.15 ff. und 16.29 ff.
[310]   Vgl. zur Auslegungshierarchie der IFRS Abb. 3.3.
[311]   Vgl. IAS 8.10.

Nach der in IAS 8.10 lit. a definierten Anforderung der Relevanz sind Informationen wünschenswert, die für die Bedürfnisse der wirtschaftlichen Entscheidungsfindung der Adressaten von Bedeutung sind. Bei der Beurteilung der Bedeutung kann auf die Entscheidungsnützlichkeit der Information aus der Sicht des externen Investors abgestellt werden. Ein Bilanzposten ist relevant, wenn er Einfluss auf die Entscheidung des Investors hat.[312] Dies kann nach seiner Art als wesentliches Element des Geschäftsbetriebs des bilanzierenden Wohnungsunternehmens oder auch nach seiner betragsmäßigen Wesentlichkeit heraus beurteilt werden.[313]

Die Anforderung der Zuverlässigkeit der Information gliedert sich in IAS 8.10 lit. b weiter auf. Danach sind solche Informationen nach IAS 8.10 lit. b (i) als zuverlässig anzusehen, die die Vermögens-, Finanz- und Ertragslage sowie die Cash Flows des Wohnungsunternehmens den tatsächlichen Verhältnissen entsprechend darstellen.[314] Außerdem müssen sie nach IAS 8.10 lit. b (ii) den wirtschaftlichen Gehalt von Geschäftsvorfällen und sonstigen Ereignissen und Bedingungen widerspiegeln und nicht nur deren rechtliche Form. Gleichzeitig müssen sie nach IAS 8.10 lit. b (iii) neutral sein, das heißt frei von verzerrenden Einflüssen. Damit einher geht nach IAS 8.10 lit. b (iv) die Anforderung, bei Schätzungen vorsichtig vorzugehen. Schließlich ist nach IAS 8.10 lit. b (v) ein weiteres qualitatives Merkmal, dass der auf den entscheidungsnützlichen Informationen beruhende Jahresabschluss in allen wesentlichen Gesichtspunkten vollständig ist. Die qualitativen Einzelanforderungen aus der Anforderung der Zuverlässigkeit sind in der folgenden Abb. 3.5 zusammengefasst.

Anforderung der Zuverlässigkeit (Reliability) nach IAS 8.10 lit. b	
IAS 8.10 lit. b (i)	Glaubwürdige Darstellung (fair presentation)
IAS 8.10 lit. b (ii)	Wirtschaftliche Betrachtungsweise (substance over form)
IAS 8.10 lit. b (iii)	Willkürfreie Informationsvermittlung (neutrality)
IAS 8.10 lit. b (iv)	Vorsichtige Schätzung bei Unsicherheiten (prudence)
IAS 8.10 lit. b (v)	Vollständigkeit des Ausweises (completeness)

Abb. 3.5: Elemente der Anforderung der Zuverlässigkeit

---

[312] Vgl. Buchholz, R. (2005), S. 218.
[313] Vgl. ebenda.
[314] Vgl. zur kritischen Würdigung der Anforderung an die „Fair Presentation" Kley, Karl-Ludwig (2001), S. 2260.

Die Anforderung der Vergleichbarkeit trägt dem Jahresabschlusszweck Rechnung, den Investoren die Analyse der Entwicklung des Vermögens und des Unternehmenserfolgs zu ermöglichen.[315] Sie analysieren ihre Beteiligung üblicherweise in Zeitreihen, um Entwicklungen zu erkennen und aus den vergangenheitsbezogenen Werten auf die zukünftige Entwicklung des Unternehmens zu schließen. Ein Wechsel der Bewertungsmethoden würde indessen die Vergleichbarkeit der auf einander folgenden Jahres- oder Quartalsabschlüsse stark einschränken und zusätzlich flankierende Informationen und Vergleichsrechnungen erfordern. Deshalb steht die Anforderung der Vergleichbarkeit in unmittelbarem Zusammenhang mit dem Grundsatz der Darstellungsstetigkeit.[316] Für Wohnungsunternehmen können sich durch den Wechsel der Bilanzierungs- und Bewertungsmethoden signifikante Änderungen des Vermögensausweises und des Periodenerfolgs ergeben, da die Wertveränderungen unmittelbaren Eingang nicht nur in die Bilanz, sondern auch in die Gewinn- und Verlustrechnung finden.[317]

Die qualitativen Anforderungen sind in nicht immer separat prüfbar. Außerdem bestehen Wechselwirkungen zwischen dem Merkmal der vorsichtigen Schätzung und dem Merkmal der Willkürfreiheit.[318] Es scheint daher sachgerecht, die genannten qualitativen Anforderungen zu den Merkmalen der Vorsicht, der Objektivierung und dem verantwortungsvollen Schätzermessen zu verdichten, die sich ihrerseits untereinander bedingen.[319] Vorsichtige Schätzung im Sinne der IFRS bedeutet, „dass ein gewisses Maß an Sorgfalt bei der Ermessensausübung [...] einbezogen wird, so dass Vermögenswerte und Erträge nicht zu hoch und Schulden oder Aufwendungen nicht zu niedrig angesetzt werden."[320] Das Merkmal der Willkürfreiheit verbietet es allerdings, stille Reserven zu legen.[321] Im IFRS-Abschluss hat damit das aus dem Handelsrecht bekannte Vorsichtsprinzip wie bereits erwähnt ein anderes Gewicht. Die gewünschte Wiedergabe der tatsächlichen Verhältnisse im Sinne eines True-and-Fair-View lässt keine imparitätische Behandlung unrealisierter Verluste und Gewinne zu. Der Grundsatz der Zuverlässigkeit schließlich verpflichtet den Bilanzierenden zur Objektivierung von Schätzannahmen über zukünftig erwartete positive oder negative Erfolgsbeiträge.

---

[315]   Vgl. Buchholz, R. (2005), S. 219.
[316]   Vgl. Zülch, H. (2003), S. 235.
[317]   Zu den Wirkungen der Wertveränderungen auf den IFRS-Abschluss vgl. die Erläuterungen unter Punkt 3.5.
[318]   Vgl. Buchholz, R. (2005), S. 218.
[319]   Vgl. hierzu detaillierend Ranker, D. (2006), S. 130.
[320]   Framework (2003) F.37.
[321]   Vgl. Baukmann, D./Mandler, U. (1998), S. 13.

In der Immobilienbewertung kommt deshalb der Ableitung von Werten und Annahmen vom Absatzmarkt der Immobilien eine besondere Bedeutung zur Objektivierung zu.[322] Die dem IFRS-Abschluss zu Grunde zu legenden Bilanzierungsgrundsätze und qualitativen Merkmale zielen jedoch wie dargestellt auch darauf ab, dem Investor ein hohes Maß an Transparenz über die aktuellen Vermögensverhältnisse und die erwartbare zukünftige Entwicklung des Unternehmens zu vermitteln. Insofern besteht ein Dilemma. Das Bestreben um weitestgehende Objektivierung der Bewertungsinformationen kann dazu führen, dass die Entscheidungsnützlichkeit und damit die Relevanz der Information beeinträchtigt wird, da möglicherweise bessere, aber subjektive Einschätzungen außer Acht gelassen werden müssen. Im Verlauf der Untersuchung werden Lösungsansätze aufgezeigt, dieses Dilemma aufzulösen. Für Ansatz und Bewertung von Immobilien werden die erläuterten Anforderungen in einzelnen spezifischen Normen der IFRS konkretisiert, die die Rahmenbedingungen der Wertermittlung bilden und im Folgenden dargestellt werden.

3.3   Klassifizierung des bilanziellen Immobilienvermögens nach IFRS

Die immobilienspezifischen Ansatz- und Bewertungsvorschriften der IFRS differenzieren die Bilanzierungsobjekte zunächst nach der Dauerhaftigkeit ihrer Zweckbindung im Wohnungsunternehmen in kurz- und langfristiges Vermögen und anschließend nach der Nutzungsart der Immobilie. Deshalb werden im Folgenden zunächst die nach den IFRS dem kurzfristigen Vermögen zugeordneten Immobilien vorgestellt und später jene, die dem langfristigen Vermögen zuzuordnen sind.

3.3.1   Kurzfristiges Vermögen

Handelsimmobilien

Ist die Immobilie dazu bestimmt, im gewöhnlichen Geschäftsverkehr des Wohnungsunternehmens weiterveräußert zu werden, wird sie im System der IFRS dem kurzfristigen Vermögensbereich zugeordnet. Dies ist in Immobilienhandelsunternehmen regelmäßig der Fall, da Wohnungsbestände erworben werden und nach Kategorisierung durch die Portfolioanalyse in Halte- und Verkaufsbestände unterschieden werden.[323] Ansatz und Bewertung richten sich dann bei Verkaufsbeständen grundsätzlich nach den für das Vorratsvermögen gültigen Grundsätzen. Die Bilanzierung und Be-

---

[322]   Vgl. IAS 40.45.
[323]   Vgl zur Methodik der Portfolioanalyse die Ausführungen unter Pkt. 2.4.2.

wertung der zum Zwecke der Weiterveräußerung gehaltenen Immobilien des kurzfristigen Vermögens, der „Inventories", [324] richtet sich in der Folge nach IAS 2.

Projektentwicklungen

Befindet sich die Immobilie in der Phase der Erstellung für einen dritten Erwerber, werden Ansatz und Bewertung durch IAS 11 geregelt. Voraussetzung hierzu ist allerdings, dass ein Vertrag über die Erstellung des Gebäudes nach kundenspezifischen Merkmalen besteht, der über mindestens eine Berichtsperiode hinausgeht.[325] Wird die Immobilie hingegen zur unternehmenseigenen Nutzung erstellt, ist sie dem langfristigen Vermögensbereich zuzuordnen. Dabei richten sich Ansatz und Bilanzierung nach IAS 16.[326]

3.3.2 Langfristiges Vermögen

Selbst genutzte Immobilien

Dem langfristigen Vermögensbereich zuzuordnen sind Immobilien, die dazu bestimmt sind, dauerhaft dem Unternehmenszweck zu dienen und nicht, wie die Handelsimmobilien des kurzfristigen Vermögensbereichs, zum Zwecke der Weiterveräußerung gehalten werden. Die Fruchtziehung aus diesen Immobilien kann zum einen darin bestehen, betriebliche Prozesse zu ermöglichen. Hierunter fallen beispielsweise Lager- und Produktionshallen sowie Verwaltungsgebäude. Ansatz und Bewertung dieser selbst genutzten Immobilien sind in IAS 16 geregelt.

Investives Immobilienvermögen

Weiterhin können Immobilien zum Zweck der Erzielung von Mieteinnahmen und Wertsteigerungen dauerhaft im Wohnungsunternehmen gehalten werden. Im Unterschied zum selbst genutzten Anlagevermögen, das die Erfüllung des Unternehmenszwecks durch seine die betrieblichen Kernprozesse

---

[324] IAS 2 in der englischen Originalfassung.
[325] Vgl. Beck, M. (2005a), S. 143 f.
[326] Vgl. IAS 16.

unterstützende Funktion ermöglicht,[327] trägt das nicht selbst genutzte, investive Anlagevermögen den Zweck in sich, Mieteinnahmen und Wertsteigerungen zu erzielen. Für bestandshaltende Wohnungsunternehmen, deren Unternehmenszweck in eben dieser Erzielung von Mieteinnahmen und Wertsteigerungen liegt, sind die Immobilien des investiven Anlagevermögens jedoch keineswegs selbst genutzt und damit nicht nach IAS 16 zu bewerten. Dies kann lediglich für die durch die Mitarbeiter des Unternehmens genutzten, im langfristigen Vermögen bilanzierten Verwaltungs- und Betriebsgebäude gelten. Ansatz und Bewertung dieser „investment properties"[328] des Bestandsportfolios sind in IAS 40 geregelt.

Im Fall gemischt genutzter Immobilien, die sowohl zur eigenen Nutzung als auch zur Erzielung von Mieteinnahmen und Wertsteigerungen gehalten werden, wie z. B. die Verwaltungsräume eines Wohnungsunternehmens innerhalb einer unternehmenseigenen Wohnanlage, kann keine eindeutige Zuordnung der gesamten Immobilie vorgenommen werden.[329] In diesen Fällen sehen die IFRS den getrennten Ansatz der selbst genutzten und fremd genutzten Immobilienteile vor.[330] Allerdings setzt diese Vorgehensweise die selbstständige Veräußerbarkeit der Immobilienteile voraus. Sollte diese nicht gegeben sein, ist die Immobilie nur dann als investives Anlagegut zu betrachten, wenn die betriebliche Nutzung in der Betrachtung der gesamten Immobilie wie im Beispiel unwesentlich ist. Handelt es sich beim Bilanzierungsobjekt um eine Immobilie, deren Buchwert nicht durch die fortgesetzte Nutzung, sondern durch ein Veräußerungsgeschäft bestimmt ist, sind die Ansatz- und Bewertungsvorschriften des IFRS 5 einschlägig.

3.3.3 Entscheidungsbaum zur Klassifizierung

Die Klassifizierung der zu bilanzierenden Immobilien in unterschiedliche Typen und Anlageklassen weist wie gezeigt jeder Immobilienart einen Standard der IFRS zu, der Ansatz und Bewertung regelt. Die einzelnen Standards werden im Folgenden vorgestellt. Zuvor sind zur Erlangung eines Überblicks und zur Gewinnung eines Prüfschemas für die anzuwendenden Standards der IFRS die Prüfungshandlungen zur Klassifizierung von Immobilien im System der IFRS in der folgenden Abb. 3.6 in Form eines Entscheidungsbaums zusammengefasst.

---

[327] Dieses selbst genutzte Anlagevermögen muss sich nicht zwangsläufig im Besitz des Unternehmens befinden. Es besteht die Möglichkeit, die selbst genutzte Immobilie für Finanzierungszwecke an Dritte zu veräußern und zurück zu mieten. In diesem Fall richtet sich die Bilanzierung eines solchen Leasingverhältnisses nach IAS 17.
[328] IAS 40 in der englischen Originalfassung.
[329] Vgl. Klinger, F./Müller, M. (2004), S.49.
[330] IAS 40.10.

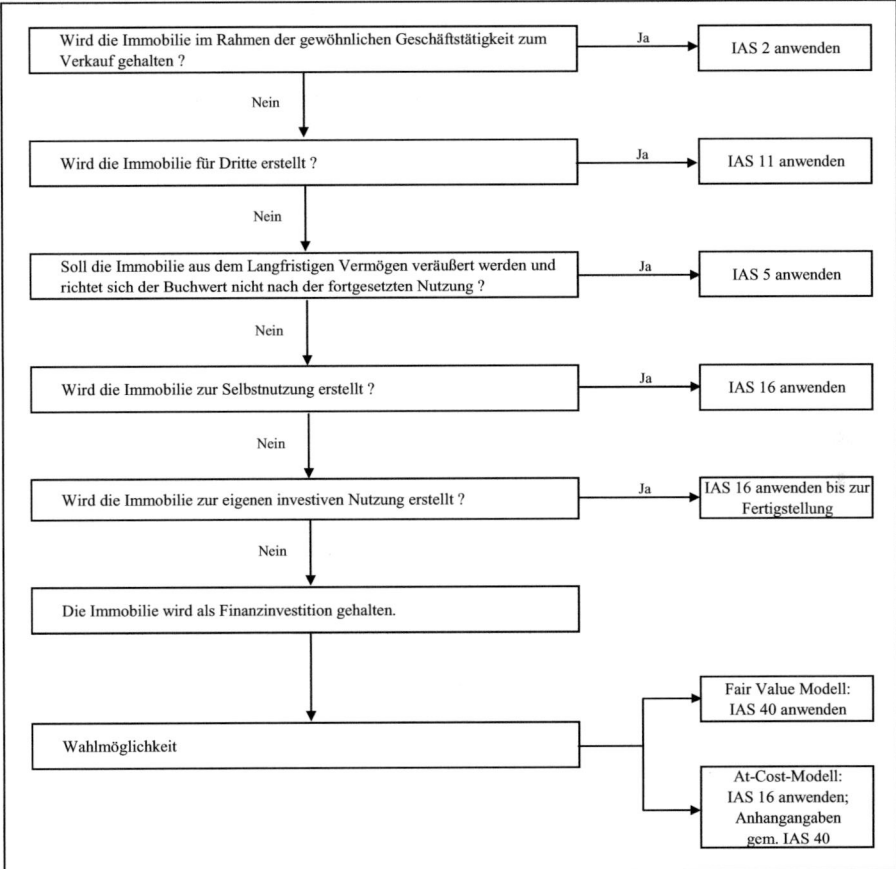

Abb. 3.6: Entscheidungsbaum zur Klassifizierung von Immobilien[331]

3.4   Überblick über die immobilienspezifischen Bewertungsmaßstäbe der IFRS

3.4.1   Handelsimmobilien

Erstbewertung

Wird eine Immobilie im Rahmen des gewöhnlichen Geschäftsverkehrs zum Zweck der Weiterveräußerung gehalten oder dafür hergestellt zählt sie nach IAS 2 zu den Vorräten.[332] Entsprechend sind

---

[331]   Weiterentwickelt aus IAS 40 i. d. F. vor dem 31.12.2004, Anhang A.

die Vorschriften des IAS 2 zur Vorratsbewertung einschlägig. Der Wertansatz im Zugangszeitpunkt entspricht den Anschaffungs- oder Herstellungskosten.[333] In der Geschäftspraxis des Immobilienhandels ist der Zugang einer Immobilie zum Zwecke der Weiterveräußerung durch Anschaffung der Regelfall, aber auch die Herstellung einer Handelsimmobilie ist grundsätzlich, wenngleich eher im Ausnahmefall, möglich. Deswegen soll im Folgenden zunächst der Bewertungsmaßstab der Anschaffungskosten, anschließend jener der Herstellungskosten vorgestellt werden. Eine Übersicht über die Bestandteile der Anschaffungskosten für Vorräte nach IAS 2.11 zeigt zunächst Abb. 3.7.

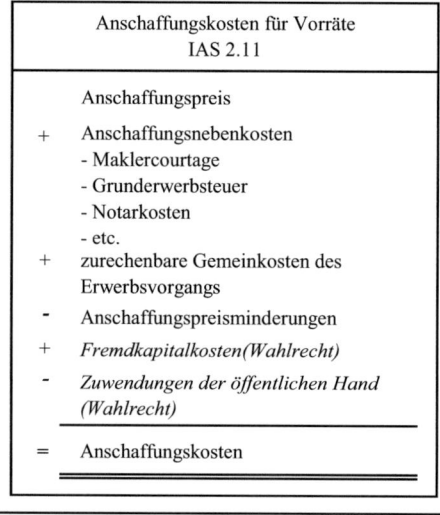

Abb. 3.7: Anschaffungskosten für Vorräte nach IAS 2.11

Wie im Handelsrecht[334] bestehen bei der Ermittlung der Anschaffungskosten nach IAS 2.11 Ansatzpflichten für den Anschaffungspreis und die Anschaffungsnebenkosten,[335] Anschaffungspreisminderungen sind abzuziehen. Besonderheiten bestehen hinsichtlich der Fremdkapitalkosten und Zuwendungen der öffentlichen Hand. Fremdkapitalkosten können aktiviert werden, wenn die Zahlung des Anschaffungspreises über die Zeit eines üblichen Zielkaufs hinaus gestundet wird und deswegen im Anschaffungspreis ein Zinsanteil unterstellt wird.[336] Andernfalls erfolgt eine aufwandswirksame Verbuchung in der Zugangsperiode. Zuwendungen der öffentlichen Hand sind zunächst in Zuschüs-

---

[332] Vgl. IAS 2.6.
[333] Vgl. IAS 2.10.
[334] Vgl. zu Begriff und Inhalt der Anschaffungskosten im Handelsrecht die Ausführungen unter Pkt. 2.3.2.
[335] Vgl. Heno, R. (2002), S. 126-127 und zu den Anschaffungskosten für Vorräte nach IAS 2 die Darstellung von Peemöller. Peemöller, V. (2006a), S. 203 f.
[336] Vgl. IAS 2.17. i. V. m. IAS 23.6.

se einerseits und Zuwendungen andererseits zu differenzieren: Öffentliche Zuschüsse dürfen nach IAS 20.7 erst dann abzugsweise angesetzt werden, wenn ihre Gewährung so gut wie sicher ist.[337] Für vermögensbezogene Zuwendungen der öffentlichen Hand, die zumeist als Investitionszuschüsse gewährt werden, besteht das Wahlrecht, diese entweder als Rechnungsabgrenzungsposten zu passivieren und proportional aufzulösen oder sie direkt von den Anschaffungskosten abzuziehen.[338]

Eine Übersicht über die Bestandteile der Herstellungskosten nach IAS 2.12 gibt Abb. 3.8.

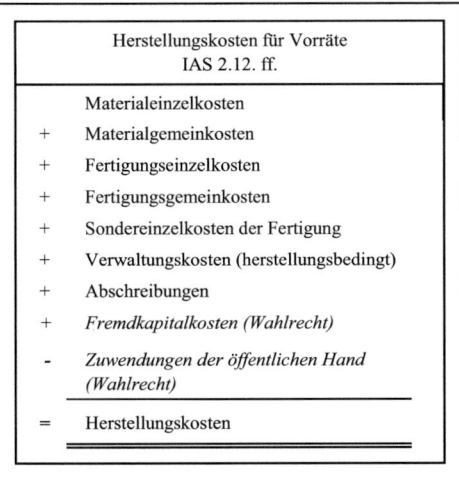

Abb. 3.8: Bestandteile der Herstellungskosten für Vorräte nach IAS 2.12

Die Herstellungskosten der im Vorratsvermögen erstellten Immobilien beinhalten nach IAS 2.12 alle der herzustellenden Immobilie direkt zurechenbaren Einzel- und Gemeinkosten. Im Unterschied zum Aktivierungswahlrecht im Handelsrecht[339] besteht nach IAS 2.12 auch für die herstellungsbedingt entstandenen fixen und variablen Gemeinkosten Aktivierungspflicht.[340] Wie für die Anschaffungskosten der Vorräte bestehen auch für deren etwaige Herstellungskosten die dort dargestellten Aktivierungs- und Passivierungswahlrechte für Zuwendungen der öffentlichen Hand. Die Herstellungskosten sind demnach in den IFRS weiter gefasst als im Handelsrecht.

---

[337] Vgl. IAS 20.7.
[338] Vgl. IAS 20.24.
[339] Vgl. zu Begriff und Inhalten der Herstellungskosten im Handelsrecht die Ausführungen unter Punkt 2.3.2.
[340] Vgl. Baetge, J. et al. (2007), S. 316.

Folgebewertung

Die Folgebewertung der als Vorräte zu qualifizierenden Immobilien erfolgt wie im Handelsrecht auch im System der IFRS zu den historischen Anschaffungs- oder Herstellungskosten.[341] Allerdings hat das bilanzierende Wohnungsunternehmen nach IAS 2.33 die Verpflichtung, an jedem Bilanzstichtag zu überprüfen, ob der Nettoveräußerungspreis der Handelsimmobilie unter die historischen Anschaffungs- oder Herstellungskosten gesunken ist.[342] Der Nettoveräußerungspreis ist der im gewöhnlichen Geschäftsverkehr ohne Verkaufsdruck erzielbare Preis der Immobilie abzüglich ggf. noch anfallender Herstellungskosten und Vertriebskosten.[343] Liegt dieser unterhalb der historischen Anschaffungs- oder Herstellungskosten, so ist auf diesen abzuwerten.[344] Dadurch wird eine verlustfreie Bewertung erreicht.[345] Die Abwertung wird als Einzelwertberichtigung in Form einer außerplanmäßigen Abschreibung erfasst.[346]

Da der Nettoveräußerungswert zu jedem Bilanzstichtag neu ermittelt werden muss, können die Gründe für eine vorgenommene Einzelwertberichtigung durch Änderung der wirtschaftlichen Verhältnisse und der Marktsituation auf dem Absatzmarkt für die zu bilanzierende Immobilie ganz oder teilweise wegfallen. In diesem Fall ist eine Wertaufholung dergestalt vorzunehmen, dass der Buchwert bis zur Höhe der vorgenommenen Einzelwertberichtigung erhöht wird, wobei als Wertobergrenze die historischen Anschaffungs- oder Herstellungskosten im Zugangszeitpunkt zu beachten sind.[347] Wohnungsunternehmen müssen somit zu jedem Bilanzstichtag für die unter den Vorräten zu bilanzierenden Handelsimmobilien am Absatzmarkt orientierte Marktpreise als voraussichtlich erzielbare Verkaufspreise ermitteln und mit den Buchwerten vergleichen.

Anhangangaben

Zur Vermittlung entscheidungsnützlicher Informationen an Investoren sind die bilanzierenden Wohnungsunternehmen verpflichtet, zur Verdeutlichung der Bilanzierung im Anhang zusätzlich anzugeben, welche Zuordnungsverfahren sowie Bilanzierungs- und Bewertungsmethoden für die Vor-

---

[341] Vgl. IAS 2.9.
[342] Vgl. zum Werthaltigkeitstest Coenenberg, A. G. (2005), S. 212.
[343] Vgl. IAS.2.6.
[344] Vgl. IAS 2.9.
[345] Vgl. IAS 2.28.
[346] Vgl. IAS 2.29. i. V. m. IAS 2.34.
[347] Vgl. IAS 2.34.

räte angewendet wurden.[348] Außerdem haben sie den Gesamtbuchwert der Vorräte und die Buchwerte in einer unternehmensspezifischen Untergliederung abzubilden.[349] Gesondert darzustellen sind die zum beizulegenden Zeitwert abzüglich Vertriebsaufwendungen angesetzten Vorräte sowie der Betrag der Vorräte, die als Aufwand in der Berichtsperiode erfasst worden sind.[350] Außerdem zu benennen ist der Betrag von Wertminderungen von Vorräten, die gemäß IAS 2.34 in der Berichtsperiode als Aufwand erfasst worden sind sowie der Betrag der vorgenommenen Wertaufholungen.[351] Besonders zu erläutern sind jene Umstände oder Ereignisse, die zu der Wertaufholung der Vorräte geführt haben und der Buchwert der Vorräte, die als Sicherheit für Verbindlichkeiten verpfändet sind.[352]

3.4.2   Projektentwicklungen

Unterhält das bilanzierende Wohnungsunternehmen wirtschaftliche Aktivitäten im Bauträger- oder Projektentwicklungsbereich richtet sich die Bilanzierung der aus diesen Fertigungsaufträgen erwachsenden Aufwendungen und Erträge nach IAS 11.[353] Darin sind Vorschriften zur periodengerechten Zurechnung der Aufwendungen und Erträge in der Herstellungsphase definiert. So sind z. B. Teilaktivierungen nach Baufortschritt vorzunehmen und drohende Verluste in Form von Drohverlustrückstellungen zu passivieren.[354]

Im Unterschied zum Handelsrecht ist nach IAS 11.22 eine Teilgewinnrealisierung nach Baufortschritt im Grundsatz zulässig.[355] Als Voraussetzung hierzu muss der Fertigstellungsgrad verlässlich ermittelbar sein, ebenso wie die Gesamtkosten und die korrespondierenden Erlöse; die Kriterien zur Beurteilung der Zulässigkeit von Teilgewinnrealisierungen nach Baufortschritt sind in Abhängigkeit vom Typ des Fertigungsauftrags unterschiedlich streng angelegt.[356]

---

[348]   Zur vertiefenden Darstellung der Anhangangaben in den IFRS vgl. Baetge, J. et al. (2007), S. 718 ff.
[349]   Vgl. IAS 2.36 lit. b.
[350]   Vgl. IAS 2.36 lit. b, c.
[351]   Vgl. IAS 2.36 lit. d, e, f.
[352]   Vgl. IAS 2.36 lit. g.
[353]   Vgl. IAS 11.4.
[354]   Vgl. IAS 11.4.
[355]   Vgl. zur Ertrags- und Gewinnrealisierung bei Fertigungsaufträgen Hayn, S., (2006), S. 257 f.
[356]   Vgl. IAS 11.22

Festpreisvertrag

Wurde der Fertigungsauftrag als Festpreisvertrag abgeschlossen, sind zur periodenweisen Teilgewinnrealisierung folgende Voraussetzungen zu erfüllen.[357]

- Kostentransparenz:
  Die Kosten sind eindeutig bestimmbar und verlässlich bewertbar.

- Gesicherte Verwertung:
  Der Zufluss des Kaufpreises ist hinreichend wahrscheinlich.

- Bautenstand:
  Der Fertigstellungsgrad und die noch anfallenden Kosten sind zuverlässig ermittelbar.

- Gesicherter Verkaufspreis:
  Die gesamten Auftragserlöse können zuverlässig bestimmt werden.

Zur Ermittlung des Fertigstellungsgrads können die bis zum Bilanzstichtag angefallenen Kosten zu den Gesamtkosten des Fertigungsauftrags in Beziehung gesetzt werden.[358] Alternativ kann der Fertigstellungsgrad auch über die Begutachtung der erbrachten Teilleistung oder - sofern zuvor definiert - nach Bauabschnitten festgestellt werden.[359]

Zu den Auftragserlösen zählen alle vertraglich vereinbarten Erlösbestandteile.[360] Der vereinbarte Basispreis bildet dabei die Ausgangsbasis. Sind zudem Mehr- oder Minderzahlungen aufgrund von Abweichungen von der ursprünglichen Baubeschreibung vereinbart, werden diese in die Auftragserlöse eingerechnet, da ihre Ertragswirkung hinreichend wahrscheinlich ist. Anderes kann gelten bei abweichenden Leistungen, die nicht ausdrücklich vereinbart wurden. Führen diese zu Mehr- oder Minderzahlungen und können diese zuverlässig ermittelt werden, so sind diese Erlösabweichungen bei den Auftragserlösen hinzuzurechnen oder abzusetzen. Ist eine Prämie, z. B. für vorzeitige Fertigstellung, vereinbart, so ist diese den Auftragserlösen hinzuzurechnen, sofern der Eintritt des die Prämie auslösenden Ereignisses wahrscheinlich ist. Gleiches gilt im umgekehrten Fall der Vertragsstrafen.[361]

Die Auftragskosten umfassen nach IAS 11.16 alle einem Fertigungsauftrag direkt und indirekt zurechenbaren Kosten sowie vertraglich vereinbarte, dem Auftraggeber aufzuerlegende sonstige Kos-

---

[357]   Vgl. IAS 11.23.
[358]   Vgl. IAS 11.30.
[359]   Vgl. IAS 11.30 f.
[360]   Vgl. hierzu und im Folgenden IAS 11.11.
[361]   Vgl. IAS 11.12.

ten.[362] Der Ansatz kalkulatorischer Kosten hingegen ist unzulässig. Bei der Kostenschätzung sind die erwarteten Preisveränderungen während der Herstellungsphase zu berücksichtigen. Nicht zum Ansatz kommen dürfen nach IAS 11.20 allgemeine Verwaltungskosten, Vertriebskosten, Forschungs- und Entwicklungskosten, soweit keine Kostenerstattung durch den Auftraggeber vereinbart wurde. Ebenso wenig angesetzt werden dürfen planmäßige Abschreibungen auf nicht für den Fertigungsauftrag eingesetzte Anlagen und Maschinen.[363]

Kostenzuschlagsvertrag

Wurde der Fertigungsauftrag nicht als Festpreisvertrag, sondern als Kostenzuschlagsvertrag abgeschlossen, sind zur periodenspezifischen Teilgewinnrealisierung lediglich die Voraussetzungen der Kostentransparenz und der gesicherten Verwertung zu erfüllen.[364] Das erscheint einleuchtend, da das Risiko einer Plankostenüberschreitung anders als beim Festpreisvertrag beim Erwerber liegt.

Lässt sich das erwartbare Ergebnis eines Fertigungsauftrags nicht nach den oben beschriebenen Regelungen hinreichend objektivieren, dürfen die Auftragserlöse lediglich in Höhe der angefallenen Kosten erfasst werden.[365] Führt die Ermittlung des erwartbaren Auftragsergebnisses zu einem Verlust, ist dieser hingegen sofort und in voller Höhe als Aufwand zu erfassen.[366] Hierin muss jedoch keine imparitätische Behandlung wie im Handelsrecht gesehen werden, da in diesem Fall der Verlust als sicher gelten kann und nicht nach dem Imparitätsprinzip möglichst frühzeitig und umfassend bilanziert werden muss.[367]

3.4.3   Selbst genutzte Immobilien

Erstbewertung

Durch das bilanzierende Wohnungsunternehmen selbst genutzte Immobilien wie z. B. Verwaltungsgebäude, Bauhof und Mieterservice-Büros werden entsprechend der aufgezeigten Klassifizierung der

---

[362]   Vgl. zu den direkten Kostenbestandteilen die Aufzählung in IAS 11.17, zu den indirekten Kostenbestandteilen und sonstigen Kosten die Aufzählung in IAS 11.18.
[363]   Vgl. IAS 11.20.
[364]   Vgl. IAS 11.24.
[365]   Vgl. IAS 11.22.
[366]   Vgl. IAS 11.36.
[367]   Vgl. zu den Elementen des handelsrechtlichen Vorsichtsprinzips die Ausführungen unter Pkt. 2.3.2.

Immobilien nach den Bewertungsmaßstäben des IAS 16 bewertet. Eine selbst genutzte Immobilie des langfristigen Vermögens wird bei Zugang ins Anlagevermögen mit ihren Anschaffungs- oder Herstellungskosten bewertet, wenn wahrscheinlich ist, dass dem Wohnungsunternehmen aus der Immobilie zukünftig ein wirtschaftlicher Nutzen zufließen wird und wenn die Anschaffungs- oder Herstellungskosten der Immobilie verlässlich ermittelt werden können.[368]

Die Anschaffungs- oder Herstellungskosten beinhalten neben dem Kaufpreis alle nicht erstattungsfähigen Verkehrssteuern einschließlich Grunderwerbsteuer, Anschaffungspreisminderungen wie Rabatte, Boni und Skonti sind abzuziehen.[369] Zusätzlich sind alle jene Kosten anzusetzen, die anfallen, um die Immobilie für den vorgesehenen Zweck betrieblich nutzbar zu machen, insoweit sie der erworbenen Immobilie direkt zurechenbar sind.[370] Neben Standortvorbereitungs- und Montagekosten ist dabei an Ausbau- und Modernisierungskosten zu denken. Ausdrücklich zulässig ist jedoch auch der Ansatz von Verwaltungs- und anderen allgemeinen Gemeinkosten, soweit sie der erworbenen Immobilie direkt zurechenbar sind.[371] Nicht zu den Anschaffungs- oder Herstellungskosten zählen hingegen z. B. die Kosten des Umzugs der Mitarbeiter in ein neues Verwaltungsgebäude.[372] Wird die selbst genutzte Immobilie durch das bilanzierende Wohnungsunternehmen selbst erstellt, gelten zunächst dieselben Grundsätze wie beim Erwerb. Da Wohnungsunternehmen ähnliche Vermögenswerte auch zum Zwecke der Weiterveräußerung herstellen, sind die Herstellungskosten der selbst genutzten Immobilie im Regelfall identisch mit den Herstellungskosten der zum Verkauf bestimmten Immobilien,[373] jedoch sind interne Gewinne aus diesen zu eliminieren.[374]

Die Aktivierungsfähigkeit von Fremdkapitalkosten im Rahmen der Herstellungskosten einer selbst genutzten Immobilie ist in IAS 23 geregelt. Auch im Anschaffungsfall können Zinsen unter den Voraussetzungen des IAS 23 Bestandteil der Anschaffungskosten werden,[375] denn die Anschaffungskosten entsprechen dem Gegenwert bei Barzahlung im Zugangszeitpunkt der Immobilie. Falls nun die Immobilie mit einem über die übliche Dauer hinausgehenden Zahlungsziel erworben wird, kann der Zinsanteil entweder als Aufwand der Zugangsperiode erfasst werden oder bei Vorliegen der Voraussetzungen des IAS 23 zur Immobilie hinzu aktiviert werden.[376] Sind mit Erwerb oder

---

[368]   Vgl. IAS 16.7. i. V. m. IAS 16.15.
[369]   Vgl. IAS 16.16 lit. a.
[370]   Vgl. IAS 16.16 lit. b.
[371]   Vgl. IAS 16.17.
[372]   Vgl. IAS 16.20 lit. c.
[373]   Vgl. IAS 2.
[374]   Vgl. IAS 16.22.
[375]   Vgl. zur Frage der Behandlung von Fremdkapitalzinsen die Ausführungen unter Pkt. 3.4.1.
[376]   Vgl. zum Verbot der erfolgsneutralen Behandlung von Zuwendungen der öffentlichen Hand die Darstellung von Schruff/Paarz. Schruff, L./Paarz, M. (2006), S. 1123.

Herstellung der selbst genutzten Immobilie Zuwendungen der öffentlichen Hand verbunden, können diese unter den Voraussetzungen des IAS 20 von den Anschaffungs- oder Herstellungskosten abgezogen werden.[377] Werden nach Inbetriebnahme Ersatzinvestitionen erforderlich oder werden die Nutzungsmöglichkeiten der selbstgenutzten Immobilie durch wertverbessernde Maßnahmen erhöht.[378] Die Bestandteile der Anschaffungskosten nach IAS 16 sind in der nachstehenden Abb. 3.9 zusammenfassend wiedergegeben.

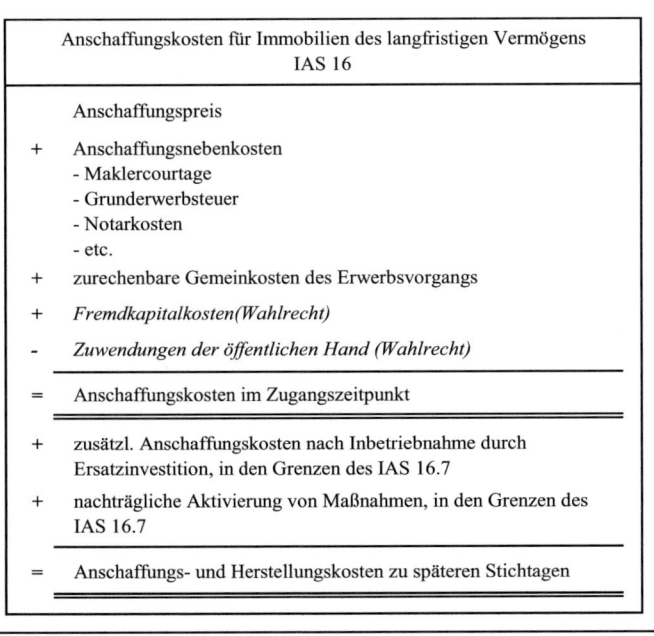

Abb. 3.9: Bestandteile der Anschaffungskosten nach IAS 16

Folgebewertung

In den Folgeperioden, d. h. in den Bilanzierungszeiträumen nach Zugang der selbst genutzten Immobilie oder nach erstmaliger Aufstellung des IFRS-Abschlusses, hat das bilanzierende Wohnungsunternehmen ein Wahlrecht zur Anwendung zweier unterschiedlicher Bewertungsverfahren, dem

---

[377]   Vgl. zu den Regelungen des IAS 20 die Ausführungen unter Pkt. 3.4.1.
[378]   Vgl. IAS 16.7.

Anschaffungskostenmodell einerseits und dem Neubewertungsmodell andererseits.[379] Dabei ist es verpflichtend, das gewählte Verfahren einheitlich auf alle selbst genutzten Immobilien des Sachanlagevermögens anzuwenden; objektweise unterschiedliche Bewertungsverfahren innerhalb einer Anlagenklasse sind unzulässig.[380]

Das Anschaffungskostenmodell sieht vor, die Anschaffungs- oder Herstellungskosten der Immobilie wie im Handelsrecht in den auf den Zugang folgenden Perioden periodenweise um planmäßige Abschreibungen zu vermindern.[381] Dabei schreibt IAS 16.43 vor, jeden Teil der Immobilie, der einen signifikanten Wertanteil repräsentiert, gesondert abzuschreiben. Danach muss die Immobilie in ihre Komponenten wie z. B. Grundstück, Gebäude, Heizung, Aufzug etc. aufgeteilt werden.[382] Für jede einzelne Komponente muss danach die Nutzungsdauer und auch die Abschreibungsmethode festgelegt werden; Komponenten mit identischer Nutzungsdauer und Abschreibungsmethode können für die Ermittlung des Abschreibungsaufwands zusammengefasst werden.[383]

Die Bemessung der planmäßigen Abschreibung ist in IAS 16.50 ff. geregelt.[384] Danach wird das Abschreibungsvolumen in der Weise ermittelt, dass die Anschaffungs- oder Herstellungskosten um den Restwert der zu bilanzierenden Immobilie vermindert werden. Gleichzeitig wird jedoch darauf hingewiesen, dass der Restwert „oft unbedeutend und daher für die Berechnung des Abschreibungsvolumens unwesentlich"[385] sei. Da Grundstücke bis auf Steinbrüche und Müllkippen nicht der Abnutzung unterliegen und diese deswegen zum Zweck der Abschreibungsbemessung zwangsläufig vom aufstehenden Gebäude zu trennen sind[386] wird sich als Restwert eines bebauten Grundstücks im Regelfall der Grundstückswert, vermindert um Rückbaukosten des aufstehenden Gebäudes ergeben.[387]

Zur Schätzung der Abschreibungsdauer und des Abschreibungssatzes ist das auf die beschriebene Weise ermittelte Abschreibungsvolumen der Immobilie planmäßig auf die Nutzungsdauer zu verteilen.[388] Dazu ist diejenige Abschreibungsmethode zu wählen, die den erwarteten Nutzungsverlauf

---

[379] Vgl. IAS 16.29.
[380] Vgl. ebenda.
[381] Vgl. IAS 16.30.
[382] Vgl. zur Kritik am Komponenten-Ansatz Ranker, D. (2006), S. 279; Beck, Martin (2005a), S. 174 ff.
[383] Vgl. IAS 16.45.
[384] Vgl. zur bilanziellen Behandlung von Abschreibungen nach IAS 16 Lüdenbach, N./Hoffmann, W.-D. (2003a), S. 148 ff.
[385] IAS 16.53.
[386] Vgl. IAS 16.58.
[387] Vgl. zu den Demontage- und Verwertungskosten von Gebäuden Schultmann, F. (1998), S. 78 f.
[388] Vgl. IAS 16.50.

bestmöglich abbildet.[389] Explizit vorgesehen sind lineare, degressive und leistungsabhängige Abschreibungsmodelle, die jedoch den Nutzungsverlauf systematisch abbilden müssen.[390] Die einmal gewählte Abschreibungsmethode ist in den Folgeperioden beizubehalten.[391] Trotz der grundsätzlichen Pflicht zur Festlegung auf einen planmäßigen Abschreibungsverlauf ist der Bilanzierende verpflichtet, neue Erkenntnisse im Hinblick auf seine Erwartungen zu Restwert, Nutzungsdauer oder Eignung der gewählten Abschreibungsmethode nach den Regelungen des IAS 8 zum Umgang mit Änderungen der Bilanzierungs- und Bewertungsmethoden in die Bilanzierung der Immobilie einfließen zu lassen.[392] Hierdurch können sich durchaus höhere oder niedrigere Buchwerte ergeben, die Anschaffungs- oder Herstellungskosten bleiben aber im Regelfall die Bewertungshöchstgrenze.[393]

Die IFRS verpflichten Wohnungsunternehmen für den langfristigen Vermögensbereich[394] zur Überprüfung der Werthaltigkeit der dort bilanzierten Immobilien, um sicherzustellen, dass die „Vermögenswerte nicht mit mehr als ihrem erzielbaren Betrag bewertet werden."[395] Ein solcher Fall kann eintreten, wenn der sich aus Abschreibungsvolumen und kumulierten Abschreibungen ergebende Buchwert einer Immobilie höher ist als ein zum Bilanzstichtag für diese Immobilie erzielbarer Betrag. In diesem Fall liegt für die bilanzierte Immobilie eine Wertminderung vor. Die Prüfung auf eine potenziell gegebene Wertminderung ist nicht verpflichtend für alle Immobilien des Sachanlagevermögens und nicht zu jedem Bilanzstichtag durchzuführen. Vielmehr ist der Werthaltigkeitstest erst dann vorzunehmen, wenn bestimmte Indikatoren auf die potenzielle Wertminderung einer Immobilie hinweisen.[396] Das bilanzierende Wohnungsunternehmen ist jedoch dazu verpflichtet, an jedem Bilanzstichtag zu prüfen, ob Indikatoren für eine Wertminderung einzelner Immobilien des Sachanlagevermögens vorliegen und muss im Positivfall den erzielbaren Betrag für die betroffenen Immobilien ermitteln.[397]

Indikatoren der Wertminderung können über externe oder interne Informationsquellen konkretisiert werden. Externe Informationen können z. B. über den Absatzmarkt der Immobilie gewonnen werden. Sinkt der Marktwert einer Immobilie, ist dies ein solcher Indikator und die Ermittlung des erzielbaren Betrags wird verpflichtend.[398] Gleiches gilt in weniger transparenten Märkten bei Verände-

---

[389] Vgl. IAS 16.60.
[390] Vgl. IAS 16.62.
[391] Vgl. IAS 16.61.
[392] Vgl. IAS 16.51.
[393] Vgl. Klinger, F./Müller, M. (2004), S. 61.
[394] Vgl. IAS 36.2.
[395] IAS 36.1. Vgl. zum Werthaltigkeitstest Peemöller, V. (2006b), S. 296 f.
[396] Vgl. IAS 36.8.
[397] Vgl. ebenda.
[398] Vgl. IAS 36.12 lit. a.

rungen anderer wertprägender Marktfaktoren wie Marktrenditen oder Marktzinssätzen.[399] Bei börsennotierten Immobilienaktiengesellschaften kann als Indikator für eine Wertminderung auch eine im Vergleich zum Buchwert des Reinvermögens geringere Marktkapitalisierung dienen.[400] Interne Informationen sind hingegen Hinweise aus der internen Rechnungslegung, die ungünstige Entwicklungen der Kosten- oder Erlössituation einer Immobilie anzeigen.[401] Überdies zählen zu den internen Informationen Kenntnisse über eine außergewöhnliche physische Abnutzung oder einen Schaden.[402] Für Immobilien können die Wertindikatoren somit in folgende interne und externe Informationsquellen kategorisiert werden:[403]

- Interne Informationsquellen:
  - Objektschäden
  - Leerstandsveränderungen, Veränderungen der Mieterstruktur
  - Veränderungen der Nutzbarkeit
  - Finanzplanabweichungen

- Externe Informationsquellen:
  - Preisverfall bei ähnlichen Immobilien
  - Veränderung bei öffentlichen Förderungen
  - Nachhaltige Mietrechtsänderungen
  - Wertbeeinflussende Veränderungen des Makro- oder Mikrostandorts.

Sind die Indikatoren für eine Wertminderung hinreichend konkretisiert, ist der für die potenziell im Wert zu mindernde Immobilie erzielbare Betrag am Bilanzstichtag zu ermitteln. Dieser ist nach der Legaldefinition des IAS 36.6 der „höhere der beiden Beträge aus beizulegendem Zeitwert abzüglich der Verkaufskosten und Nutzungswert."[404]

Der Begriff des beizulegenden Zeitwerts beschreibt einen zwischen sachverständigen, von einander unabhängigen vertragswilligen Dritten wahrscheinlich erzielbaren Verkaufspreis.[405] Damit ist der bestmöglich objektivierte beizulegende Zeitwert einer Immobilie der in einem Kaufvertrag zwischen

---

[399] Vgl. IAS 36.12 lit. c.
[400] Vgl. IAS 36.12 lit. d.
[401] Dazu zählen alle Fälle, in denen die Aufwendungen für die Anschaffung und etwaige nachträgliche Anschaffungskosten höher sind als ursprünglich geplant oder die realen Objektergebnisse hinter den geplanten Objektergebnissen deutlich zurückbleiben. Vgl. IAS 36.14.
[402] Vgl. IAS 36.12 lit. e.
[403] Vgl. Beck, Martin (2005a), S. 165.
[404] IAS 36.6.
[405] Vgl. IAS 36.6.

zwei unabhängigen Geschäftspartnern festgelegte Preis. [406] Dieser wird im Regelfall nicht vorliegen, da die Indikatoren der Wertminderung ja zumeist erst die Befassung mit der wirtschaftlichen Situation der Immobilie und der Prüfung einer Verkaufsnotwendigkeit auslösen. Deswegen gestattet es IAS 36.26, den beizulegenden Zeitwert als aktuellen Angebotspreis von einem aktiven Markt abzuleiten. Sollte dieser nicht ermittelbar sein, kann hilfsweise auch der Preis einer weiter zurückliegenden Transaktion verwendet werden, sofern nicht zwischenzeitlich eine signifikante Veränderung der Marktverhältnisse eingetreten ist. [407]

Die Anforderungen an einen aktiven Markt sind durch IAS 36.6 definiert. Danach handelt es sich um einen aktiven Markt, wenn nachstehende Merkmale kumulativ erfüllt werden:

- die auf dem Markt gehandelten Produkte sind homogen,
- es können jederzeit vertragswillige Käufer und Verkäufer gefunden werden,
- die Preise stehen der Öffentlichkeit zur Verfügung.

Aktive Märkte sind wie aufgezeigt für Immobilien nicht existent, da die Voraussetzung der Homogenität bei Immobilien, die sich selbst bei scheinbarer Gleichartigkeit wie bspw. im typisierten Wohnungsbau durch Lage- und Ausstattungskriterien unterscheiden, nicht gegeben ist. Hierzu darf auf die Ausführungen zu den Besonderheiten des Wohnimmobilienmarkts unter Pkt. 2.2 verwiesen werden. Auch Kleiber schätzt die Möglichkeiten eines unmittelbaren Preisvergleichs bei Immobilien deshalb schwierig ein und deklariert die Idee eines unmittelbaren Vergleichswertes als „idealtypische Wunschvorstellung". [408] Auch ist der Immobilienmarkt kein ähnlich dem Aktienmarkt organisierter Markt, in dem Anbieter und Nachfrager aufeinander treffen und die Preisentwicklung täglich öffentlich festgestellt wird.

Existiert weder ein bindender Vertrag noch ein aktiver Markt für das Bilanzierungsobjekt, so ist der beizulegende Zeitwert nach den Vorschriften des IAS 36.27 subsidiär auf der Grundlage der besten verfügbaren Informationen über Verkaufspreise ähnlicher Vermögenswerte innerhalb derselben Branche zu ermitteln. Hierbei ist auf die gewöhnlichen Verhältnisse am Absatzmarkt des Vermögenswertes abzustellen; Preisbeeinflussungen durch Zwangsverkäufe dürfen deswegen nicht berücksichtigt werden. [409]

---

[406]   Vgl. IAS 36.25.
[407]   Vgl. IAS 36.26.
[408]   Kleiber, W./Simon, J. (2007), S. 1139.
[409]   Vgl. IAS 36.27.

Die Verkaufskosten enthalten alle durch die Veräußerung entstehenden, der Immobilie direkt zurechenbaren Kosten wie Gerichts-, Anwalts- und Notarkosten, jedoch keine Finanzierungskosten, Ertragsteuern oder Gemeinkostenanteile für eigene Verwaltungsaufwendungen.[410]

Der Nutzungswert konkretisiert sich stattdessen in der Legaldefinition des IAS 36.6 als „Barwert der künftigen Cash Flows, der voraussichtlich aus einem Vermögenswert [...] abgeleitet werden kann."[411] Dabei ist auf die Fortsetzung der unternehmensspezifischen Nutzung und eine abschließende Veräußerung des Vermögensgegenstands abzustellen.[412] Der verwendete Diskontierungszinssatz muss angemessen sein.[413] Im weiteren Text des IAS 36 finden sich vergleichsweise detaillierte Hinweise zur Ermittlung des Nutzungswertes. Nach einer Darstellung der Grundlagen für die Schätzungen der künftigen Cash Flows in IAS 36.33 bis 38 sind in den Paragraphen 39 bis 54 konkrete Vorschriften zur Zusammensetzung der Schätzungen der zukünftigen Cash Flows enthalten.

Die Schätzung der zukünftigen Cash Flows ist durch das bilanzierende Wohnungsunternehmen auf der Grundlage vernünftiger und vertretbarer Annahmen zu treffen. Diese sollen sich an den bestmöglichen Annahmen des Managements zur wirtschaftlichen Entwicklung des Bewertungsobjekts für die Restnutzungsdauer orientieren. Dabei ist die Objektivierung über externe Informationen zu bevorzugen.[414] Zur Fundierung der Schätzungen ist auf die mittelfristige Finanzplanung des Wohnungsunternehmens abzustellen, die jedoch um geplante außergewöhnliche Ereignisse wie Modernisierungsmaßnahmen zu neutralisieren ist.[415] Nach Ablauf des Mittelfristzeitraums von fünf Jahren muss das Wohnungsunternehmen die künftige Entwicklung der Immobilie durch Fortschreibung der derart neutralisierten Mittelfristplanung mit Hilfe einer Wachstumsrate einschätzen, die sich an den wirtschaftlichen Verhältnissen am Absatzmarkt der Immobilie ausrichtet.[416] In regelmäßigen Abständen hat das Management die Angemessenheit der getroffenen Annahmen zu überprüfen. Dies geschieht durch einen Vergleich der geschätzten Cash Flows mit den tatsächlich eingetretenen Cash Flows.[417] Hierin darf ein durchaus pragmatischer Objektivierungsansatz gesehen werden, der es ermöglicht, die getroffenen Annahmen im Zeitablauf weiter zu verfeinern und zu fundieren.

---

410   Vgl. IAS 36.6 i. V. m. IAS 36.28.
411   IAS 36.6.
412   Vgl. IAS 36.31 lit. a.
413   Vgl. IAS 36.31 lit. b.
414   Vgl. IAS 36.33 lit. a.
415   Vgl. IAS 36.33 lit. b.
416   Vgl. IAS 36.33 lit. c.
417   Vgl. IAS 36.34.

Zu den Bestandteilen der zukünftigen Cash Flows zählen die bei fortgesetzter Nutzung entstehenden periodenspezifischen Mittelzu- und -abflüsse während der Planungsdauer sowie der Netto-Cash Flow, der durch den Abgang der Immobilie am Ende der Nutzungsdauer erwartet werden kann.[418] Bei der Schätzung der Mittelzu- und -abflüsse ist eine fortführungsstetige Betrachtung vorzunehmen, die die Immobilie in ihrem derzeitigen Zustand zu Grunde legt.[419] Durch Modernisierung bedingte höhere Aufwendungen dürfen hierzu genauso wenig berücksichtigt werden wie in der Folge hieraus erwartbare höhere Erträge.[420] Einflussgrößen aus der Finanzierung oder Besteuerung der Immobilie dürfen nicht in den periodenspezifisch geschätzten Cash Flow einbezogen werden.[421]

Zur Bestimmung des Netto-Cash Flows aus dem Abgang der Immobilie zum Ende des DCF-Planungszeitraums ist der Betrag anzusetzen, „den ein Unternehmen aus dem Verkauf des Vermögenswertes zwischen sachverständigen, vertragswilligen und voneinander unabhängigen Geschäftspartnern nach Abzug der geschätzten Veräußerungskosten erzielen könnte."[422] Insofern ist auch bei der Bestimmung des Nutzungswertes die Heranziehung eines Marktwertes unerlässlich, wenn auch extrapoliert auf das Ende des DCF-Planungszeitraums. Hierin drückt sich einmal mehr die den IFRS immanente Marktorientierung der Wertfindung aus. Die Marktorientierung der Immobilienbewertung schlägt sich ebenso auf die Auswahl der zu verwendenden Diskontierungszinssätze nieder. Nach IAS 36.55 muss der Diskontierungszinssatz die gegenwärtigen Marktbedingungen für den Zinssatz und die speziellen Risiken der Immobilie widerspiegeln; Steuern sind außer Acht zu lassen.[423] Der gewählte Diskontierungszinssatz muss eine Risikoadäquanz zu den Zahlungsströmen der zu bewertenden Immobilie aufweisen.[424] Werden die künftig erwartbaren Mittelzu- und -abflüsse in Fremdwährung erwartet, so sind die Wechselkursrisiken ebenfalls im Diskontierungszinssatz zu erfassen.[425]

Zur Ermittlung des objektgenauen Diskontierungszinssatzes ist zunächst der Basiszinssatz festzulegen als derjenige Zinssatz, der die speziellen Risiken des Bewertungsobjekts erfasst.[426] Dieser wird definiert als die von Investoren erwartete Rendite für eine der zu bewertenden Immobilie hinsicht-

---

[418]   Vgl. IAS 36.39.
[419]   Vgl. IAS 36.39 lit. a.
[420]   Vgl. IAS 36.44.
[421]   Vgl. IAS 36.50.
[422]   IAS 36.52.
[423]   Vgl. IAS 36.55.
[424]   Vgl. Hens, M. (1998), S. 63.
[425]   Vgl. IAS 36.54.
[426]   Die Ermittlung des risikolosen Basiszinssatzes drückt die laufzeitäquivalente Mindestrenditeforderung des Investors aus. Vgl. dazu umfassend und m. w. N. Lienau, A./Zülch, H. (2006), S. 324.

lich ihres Rendite-Risikoprofils vergleichbaren Finanzanlage.[427] Lässt sich ein solcher Zinssatz nicht ermitteln, können hilfsweise verwendet werden:[428]

- der durchschnittliche gewichtete Kapitalkostenzinssatz des Wohnungsunternehmens,[429]
- der Zinssatz für Neukredite des Wohnungsunternehmens,
- andere marktübliche Fremdkapitalzinssätze.

Der Basiszinssatz ist zu ergänzen um eine Risikoprämie. Dabei sind Zuschläge auf den Basiszinssatz vorzunehmen in dem Umfang, wie der Markt, hier repräsentiert durch die Fremdkapitalgeber, auf die speziellen Risiken der Immobilie reagieren würde.[430] Andererseits sind Zuschläge zu erfassen, um für die spezielle Immobilie irrelevante oder bereits in der Schätzung der Cash Flows enthaltene Risiken auszuschließen.[431] Bei der Berücksichtigung der speziellen Risiken ist die Doppelerfassung eines Risikoelements in den Cash Flow-Planungen einerseits und dem Diskontierungszinssatz andererseits nicht gestattet.[432] Die Finanzierungsstruktur der Immobilie darf sich nicht auf den Abzinsungszinssatz auswirken, da diese nicht im Zusammenhang mit den aus der Immobilie resultierenden Netto-Cash Flows steht.[433]

Liegt der erzielbare Betrag unterhalb des Buchwerts der Immobilie, so ist ein Wertminderungsaufwand zu erfassen.[434] Die Abschreibungsbasis muss ebenfalls entsprechend korrigiert werden.[435] In den Folgeperioden ist das bilanzierende Wohnungsunternehmen verpflichtet, zu jedem Bilanzstichtag die oben erläuterten internen und externen Wertindikatoren auf deren Veränderung hin zu prüfen, um im Positivfall eine potenzielle Veränderung des erzielbaren Betrags zu untersuchen. Sinkt der erzielbare Betrag, ist ein zusätzlicher Wertminderungsaufwand zu erfassen. Steigt er, so ist eine Wertaufholung bis zum Betrag der planmäßig fortgeführten Anschaffungs- oder Herstellungskosten vorzunehmen.[436] Abb. 3.10 gibt einen Überblick über die Ermittlung des erzielbaren Betrags zum Zweck der Werthaltigkeitsprüfung nach IAS 36.

---

[427]   Vgl. IAS 36.56.
[428]   Vgl. IAS 36. A17.
[429]   Diese sind z. B. nach dem Verfahren des Capital Asset Pricing Models ermittelbar. Vgl. zur Wirkungsweise desselben Schneider, D. (1992), S. 511.
[430]   Vgl. IAS 36. A18 lit. a.
[431]   Vgl. IAS 36. A18 lit. b.
[432]   Vgl. IAS 36.56 i. V. m. IAS 36 A15.
[433]   Vgl. IAS 36 A19.
[434]   Vgl. IAS 36.59. Zur Abbildung der Wertminderung in der Erfolgsrechnung vgl. die Ausführungen unter Pkt. 3.5.
[435]   Vgl. IAS 36.63.
[436]   Vgl. IAS 36.117.

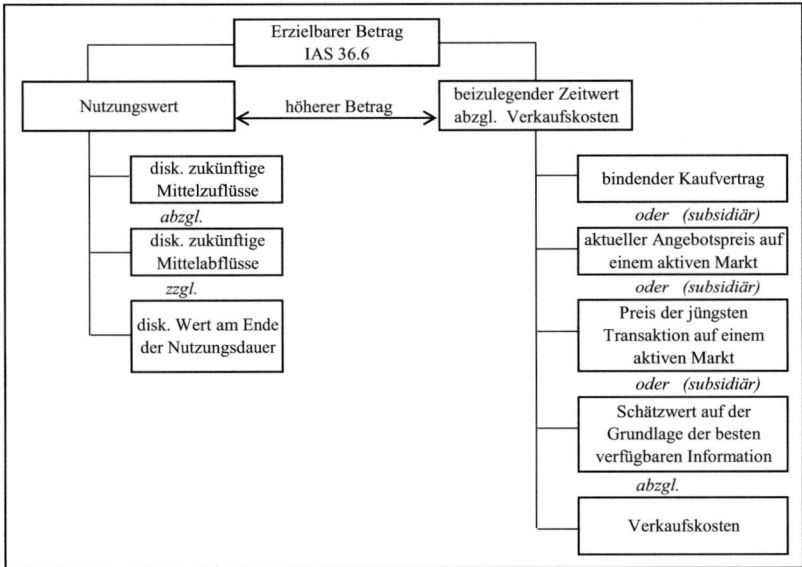

Abb. 3.10: Ermittlung des erzielbaren Betrags nach IAS 36

Die Darstellung der Folgebewertung einer selbst genutzten Immobilie nach dem Anschaffungskostenmodell hat gezeigt, dass auch bei der zunächst statisch erscheinenden Betrachtung der fortgeführten Anschaffungs- oder Herstellungskosten bei Vorliegen einschlägiger Indikatoren der Wertminderung mit dem beizulegenden Zeitwert ein Marktwert bestimmt werden muss, um die Werthaltigkeit einer Immobilie zu bestätigen. Insofern ist auch hier die Marktwertorientierung der IFRS als prägender Grundgedanke erkennbar. Die Bewertungsfolge eines niedrigeren erzielbaren Betrags ist zwangsläufig die unmittelbare Erfassung eines Wertminderungsaufwands; die handelsrechtlich vorgesehene Prüfung auf die Dauerhaftigkeit der Wertminderung entfällt jedoch.[437]

Die Verwendung des fortführungsstatischen Bewertungsansatzes nach dem Anschaffungskostenmodell ist nicht für alle Vermögenswerte des selbst genutzten Anlagevermögens geeignet. Für selbst genutzte Immobilien, deren beizulegender Wert verlässlich ermittelbar ist, kann stattdessen der Neubewertungsbetrag angesetzt werden.[438] Dieses Wahlrecht ist für gleichartige Vermögensgegenstände, die zu einer Gruppe von Sachanlagen gehören, einheitlich auszuüben;[439] selektive Neubewertungen sind damit nicht gestattet. Grundstücke und Gebäude sind in der Definition des IAS 16.37 lit. b als

---

[437]   Vgl. § 253 Abs. 2 S. 3 HGB.
[438]   Vgl. IAS 16.31 i. V. m. IAS 16.29.
[439]   Vgl. IAS 16.36.

eigenständige Gruppe von Sachanlagen explizit genannt, so dass eine weitergehende Differenzierung in verschiedene Immobilienkategorien nicht vorgesehen ist. Damit ist die Wahlrechtsausübung für alle selbstgenutzten Immobilien des langfristigen Vermögens bindend.

Entscheidet sich das Wohnungsunternehmen für die Anwendung des Neubewertungsmodells, erfolgt die Bilanzierung der selbst genutzten Immobilien mit dem beizulegenden Zeitwert, dem „Fair Value".[440] Zur Ermittlung des beizulegenden Zeitwerts für Gebäude sieht der Standard grundsätzlich die Ableitung der wertprägenden Faktoren vom Absatzmarkt der Immobilie vor, dabei wird jedoch die Durchführung der Bewertung über sachverständige Dritte als Regelfall unterstellt.[441] Werden keine unabhängigen Dritten zur Bewertung eingesetzt, ist hierüber im Anhang zu berichten.[442] Ist es nicht möglich, marktbasierte Nachweise für den beizulegenden Zeitwert zu erbringen, ist dieser nach der Vorschrift des IAS 16.33 mittels eines Ertragswertverfahrens oder aber mittels der abgeschriebenen Wiederbeschaffungskostenmethode zu schätzen.[443] Im Bereich der selbst genutzten Immobilien wird also unterstellt, dass der Marktwert über eine Periode hinaus statisch bleibt. Neubewertungen sind lediglich „in hinreichend regelmäßigen Abständen"[444] vorzunehmen, die jährliche Neubewertung ist somit nicht verpflichtend. Im Anschluss an die Neubewertung sind planmäßige und ggf. auch außerplanmäßige Abschreibungen abzusetzen. Entsprechend ist nach erfolgter nächster Neubewertung zu verfahren. Der Rhythmus der Neubewertung richtet sich nach der Maßgabe, dass „der Buchwert nicht wesentlich von dem abweicht, der unter Verwendung des beizulegenden Zeitwertes zum Bilanzstichtag ermittelt werden würde."[445] Für Immobilien des Sachanlagevermögens unterstellt IAS 16.34 also grundsätzlich geringere Volatilitäten in der Bewertung und fordert demgemäß eine Neubewertung lediglich alle drei oder fünf Jahre.[446]

Ist der Buchwert infolge der Neubewertung zu erhöhen, so ist dieser Wertveränderungsertrag erfolgsneutral in die Neubewertungsrücklage als Teil des Eigenkapitals einzustellen.[447] Erfolgswirksam erfasst wird ein Wertveränderungsertrag aus Neubewertung lediglich insoweit, wie dieser die auf eine außerplanmäßige Abschreibung derselben Immobilie folgende Wertaufholung betrifft. Sollte im umgekehrten Fall der Buchwert nach der Neubewertung zu verringern sein, ist der entstehende

---

[440]   IAS 40.5 in der englischen Originalfassung.
[441]   Vgl. IAS 16.32.
[442]   Vgl. IAS 16.77 lit. b.
[443]   Zum Ertragswertverfahren vgl. die Ausführungen unter Punkt 4.4.3. Das Verfahren der abgeschriebenen Wiederbeschaffungskosten wird in den IFRS nicht weiter konkretisiert. In der Auslegungshierarchie sind deshalb die sonstigen Verlautbarungen zu konsultieren. Hierunter fällt auch die WertV. Daher kann hier auf das Sachwertverfahren der §§ 21 ff. WertV zurückgegriffen werden.
[444]   IAS 16.31.
[445]   Vgl. IAS 16.31.
[446]   Vgl. IAS 16.34.
[447]   Vgl. hierzu und im Folgenden IAS 16.39.

Wertminderungsaufwand grundsätzlich erfolgswirksam in der Berichtsperiode zu erfassen, jedoch kann er in dem Umfang neutralisiert werden, in dem für dieselbe Immobilie eine Neubewertungsrücklage besteht.[448]

3.4.4 Investives Immobilienvermögen

Im Gegensatz zum selbst genutzten Anlagevermögen, das lediglich mittelbar dem Unternehmenszweck dient, bilanzieren bestandshaltende Wohnungsunternehmen unternehmenszweckkonform Immobilien zur Erzielung von Mieteinnahmen und Wertsteigerungen.[449] Ähnlich wie Finanzanlagen erzeugen diese als Finanzinvestition gehaltenen Immobilien ihre Cash Flows unabhängig voneinander und unabhängig von den übrigen Vermögenswerten des Wohnungsunternehmens. Darin liegt der wesentliche Unterschied zu den selbst genutzten Immobilien des Anlagevermögens. Dieses investive Immobilienvermögen wird im englischen Originaltext als „Investment Properties"[450] bezeichnet und ist hinsichtlich des bilanziellen Ausweises und der Bewertung nach IAS 40 zu behandeln.

Der Standard IAS 40.8 nennt Beispiele für als Finanzinvestition gehaltene Immobilien. Dazu gehören:

- langfristig zum Zweck der Wertsteigerung gehaltene Grundstücke (IAS 40.8. lit. a),
- Grundstücke mit gegenwärtig unbestimmter Nutzung (IAS 40.8 lit. b),
- vermietete Gebäude (IAS 40.8 lit. c),
- leer stehende, zur Vermietung bestimmte Gebäude (IAS 40.8 lit. d).

Für bestandshaltende Wohnungsunternehmen sind insbesondere die vermieteten Gebäude einschlägig, da diese im Regelfall über einen weitestgehend vermieteten Immobilienbestand verfügen und ihr Jahresergebnis sich durch die daraus erzielten Mieteinnahmen und Wertsteigerungen bestimmt. Dabei ist es nach IAS 40.8 lit. c unerheblich, ob das Wohnungsunternehmen seinerseits juristischer Eigentümer des Immobilienbestands ist oder diesen im Rahmen eines Finanzierungs-Leasingverhältnisses hält.[451] Abgrenzungsprobleme können sich jedoch bei gemischt genutzten Im-

---

[448] Vgl. IAS 16.40.
[449] Vgl. IAS 40.5 i. V. m. IAS 40.7.
[450] IAS 40.7 in englischer Originalfassung.
[451] Das Finanzierungs-Leasingverhältnis wird aus Sicht der IFRS als reine Finanzierungsvariante behandelt. Entsprechend erfolgt der Bilanzansatz der geleasten Immobilie grundsätzlich beim Leasingnehmer. Vgl. Helmschrott, H. (2001), S. 2458.

mobilien ergeben. Gemischt genutzt im Sinne des IAS 40 ist eine Immobilie, die sowohl selbst als auch fremd genutzt wird. Die Ermittlung des einschlägigen Bilanzierungswegs ist oben bei der Klassifizierung der Immobilien dargestellt worden, insofern kann an dieser Stelle darauf verwiesen werden.[452]

Anderes kann gelten, wenn das Wohnungsunternehmen den Mietern der von ihm gehaltenen Immobilien Nebenleistungen, wie z. B. Kabelfernsehen oder Betreuungsleistungen, anbietet. Zur Prüfung der Frage, ob Eigen- oder Fremdnutzung vorliegt, ist in diesem Fall das Verhältnis zwischen Mieteinnahmen und Einnahmen aus den Nebenleistungen des Vermieters entscheidend. Sind diese Nebenleistungen im Verhältnis zu den Mieteinnahmen ertragsmäßig nachrangig, so ist die Immobilie als fremd genutzt zu klassifizieren.[453] Im umgekehrten Fall, IAS 40.12 nennt als Beispiel den selbständigen Betrieb eines Hotels durch ein Unternehmen in der selbst gehaltenen Immobilie, wäre folgerichtig die Immobilie als selbst genutzt zu klassifizieren und damit nach dem Standard IAS 16 zu behandeln.[454] In Zweifelsfällen muss das Wohnungsunternehmen die Kriterien dafür festlegen, ob eine Immobilie als Finanzinvestition zu klassifizieren ist und diese im Anhang angeben.[455] Bestehen Mietverhältnisse im Konzernverbund, sind die konzernintern vermieteten Immobilien im Konzernabschluss als selbst genutztes Anlagevermögen zu behandeln, im Einzelabschluss der vermietenden Gesellschaft jedoch als Finanzinvestition.[456] Die folgenden Ausführungen beziehen sich auf den in bestandshaltenden Wohnungsunternehmen einschlägigen Regelfall des zur Erzielung von Mieteinnahmen und Wertsteigerungen gehaltenen Bestands an vermieteten oder zur Vermietung bestimmten, als Finanzinvestition gehaltenen Immobilien.

Erstbewertung

Auch die als Finanzinvestition gehaltenen Immobilien sind im Zugangszeitpunkt zu Anschaffungs- oder Herstellungskosten zu bewerten.[457] Nähere Regelungen zur Ermittlung derselben finden sich im Standard IAS 40 nicht. Insofern ist IAS 16 zu konsultieren. Daher darf auf die vorstehenden Ausfüh-

---

[452] Vgl. die Ausführungen unter Pkt. 3.3.3.
[453] Vgl. IAS 40.11.
[454] Vgl. IAS 40.12.
[455] Vgl. IAS 40.14 i. V. m. IAS 40.75 lit. c.
[456] Vgl. IAS 40.15.
[457] Vgl. IAS 40.20.

rungen zu den Anschaffungs- oder Herstellungskosten im selbst genutzten Anlagervermögen verwiesen werden.[458]

Wird eine zur Erzielung von Mieteinnahmen oder Wertsteigerungen bestimmte Immobilie durch das Wohnungsunternehmen selbst erstellt, so richtet sich die Bewertung in der Phase der Erstellung nach den Vorschriften des IAS 16.[459] Erst mit Fertigstellung erfüllt die Immobilie die Kriterien einer Finanzinvestition nach IAS 40.7.[460]

Folgebewertung

In der Folgebewertung der als Finanzinvestition gehaltenen Immobilien gesteht IAS 40.30 den bilanzierenden Wohnungsunternehmen ein Wahlrecht zu, die Bilanzierung entweder zum beizulegenden Zeitwert oder aber nach dem Anschaffungskostenmodell vorzunehmen. Dabei ist das gewählte Verfahren auf alle als Finanzinvestition gehaltenen Immobilien anzuwenden.[461] Eine Abkehr von der einmal gewählten Methode ist nur in den engen Grenzen des IAS 8 zulässig.[462] Dieser sieht als wesentliche Bedingung vor, dass die Darstellung der Vermögensverhältnisse durch den Wechsel der Bilanzierungsmethode sachgerechter wird. An dieser Stelle scheint einmal mehr die marktwertfokussierte Grundausrichtung der IFRS auf, die explizit die Bilanzierung des beizulegenden Zeitwerts präferiert, denn IAS 40.31 stellt ausdrücklich fest, dass es unwahrscheinlich sei, „dass ein Wechsel vom Modell des beizulegenden Zeitwerts zum Anschaffungskostenmodell eine sachgerechtere Darstellung zur Folge hat."[463] Damit ist ein Wechsel von der Bilanzierung des beizulegenden Zeitwerts hin zum Anschaffungskostenmodell grundsätzlich nicht vertretbar. Überdies entbindet die Wahl des Anschaffungskostenmodells das bilanzierende Wohnungsunternehmen nicht von der Ermittlung der beizulegenden Zeitwerte der als Finanzinvestition gehaltenen Immobilien. Vielmehr hat dieses die beizulegenden Zeitwerte auch bei Anwendung des Anschaffungskostenmodells im Anhang anzugeben.[464] Die Ermittlung des beizulegenden Zeitwerts ist also verpflichtend, das Wahlrecht beschränkt sich damit auf seinen Ausweis entweder in der Bilanz oder aber im Anhang.

---

[458]   Vgl. die Ausführungen unter Pkt. 3.4.3.
[459]   Vgl. IAS 16.5 S. 1.
[460]   Vgl. IAS 16.5 S. 2.
[461]   Vgl. IAS 40.30.
[462]   Ein Beispiel bildet die Anwendung des Modells des beizulegenden Zeitwerts im Sanierungsfall. Vgl. hierzu Zülch, H./Willms, J. (2005a), S. 375.
[463]   IAS 40.31.
[464]   Vgl. IAS 40.32.

Entscheidet sich das bilanzierende Wohnungsunternehmen für die Bilanzierung der als Finanzinvestition gehaltenen Immobilien nach dem Anschaffungskostenmodell, so sind diese nach den Vorschriften des IAS 16 zu bewerten.[465] Der periodenweise ermittelte bilanzielle Wertansatz entspricht dann den um planmäßige Abschreibungen und ggf. um Wertminderungsaufwand verringerten Anschaffungs- oder Herstellungskosten. Die Bewertungsvorschriften sind oben unter Punkt 3.4.3 dargestellt worden, worauf an dieser Stelle verwiesen werden kann.

Wählt das Wohnungsunternehmen statt der Anschaffungskostenmethode die Methode des beizulegenden Zeitwerts, sind die als Finanzinvestition gehaltenen Immobilien nach der Erstbewertung jeweils zum periodenspezifisch ermittelten beizulegenden Zeitwert zu bewerten.[466] Durch die Bewertung zum beizulegenden Zeitwert können bei Wertveränderungen Aufwendungen oder Erträge aus Wertveränderungen entstehen, die in der jeweiligen Berichtsperiode erfolgswirksam zu erfassen sind.[467] Die Bewertungsvorschriften zur Ermittlung des beizulegenden Zeitwerts sind in den Paragraphen 36 bis 52 des IAS 40 enthalten. Ziel ist danach die Ermittlung eines Wertes, der dem Preis entspricht, zu dem „die Immobilien zwischen sachverständigen, vertragswilligen und voneinander unabhängigen Geschäftspartnern getauscht werden könnten."[468] Diese Definition des beizulegenden Wertes ist identisch mit der aus dem Werthaltigkeitstest bekannten Definition des IAS 36.6 und entspricht außerdem inhaltlich der Definition des Verkehrswertes nach § 194 BauGB.[469] Die deutsche Verkehrswertdefinition entspricht damit auch materiell dem beizulegenden Zeitwert der IFRS.[470]

Zur Ermittlung des beizulegenden Zeitwerts ist nach IAS 40.45 zunächst nach dem Marktpreis einer der zu bewertenden Immobilie vergleichbaren Immobilie auf einem aktiven Markt zu suchen. Bereits oben in den Ausführungen zum Werthaltigkeitstest konnte festgestellt werden, dass ein solcher aktiver Markt für Immobilien nicht existiert und somit im Regelfall keine unmittelbaren Vergleichsobjekte vorliegen. Für diese Fälle gestattet IAS 40.46 das Heranziehen mittelbarer Vergleichsobjekte, die sich vom Bewertungsobjekt entweder als sachliche Vergleichspreise hinsichtlich der Lage-

---

[465]   Vgl. IAS 40.56.
[466]   Vgl. IAS 40.34.
[467]   Vgl. IAS 40.35.
[468]   IAS 40.36.
[469]   Der Verkehrswert wird in der Legaldefinition des § 194 BauGB definiert als der „Preis, der in dem Zeitpunkt, auf den sich die Ermittlung bezieht, im gewöhnlichen Geschäftsverkehr nach den rechtlichen Gegebenheiten und tatsächlichen Eigenschaften, der sonstigen Beschaffenheit und der Lage des Grundstücks […] ohne Rücksicht auf ungewöhnliche oder persönliche Verhältnisse zu erzielen wäre."
[470]   Vgl. bestätigend Kleiber, W. (2005), S. 179.

oder Objektmerkmale unterscheiden[471] oder aber als zeitliche Vergleichspreise, deren Wert zu einem anderen Zeitpunkt als dem Stichtag der Wertermittlung ermittelt wurde.[472]

Für den als Regelfall[473] anzunehmenden Fall, dass infolge intransparenter Immobilienmärkte, fehlenden Einblicks in Transaktionen sowie der teilweise sehr individuellen Eigenschaften von Immobilien selbst mittelbare Vergleichswerte nicht gefunden werden können, darf der Marktwert der zu bewertenden Immobilie subsidiär über diskontierte Cash Flow-Prognosen ermittelt werden.[474] In diesem Stufenkonzept kommt einmal mehr die marktwertfokussierte Bewertungsweise der IFRS und damit die Bemühung um marktseitige Objektivierung zum Ausdruck, die als Idealvariante den Marktwert der Immobilie auf einem aktiven Markt als unmittelbaren Vergleichswert fordert, als zweitbeste Lösung einen mittelbaren Vergleichswert zulässt und lediglich subsidiär den sich aus diskontierten Cash Flow-Prognosen ermittelbaren Schätzwert akzeptiert. Abb. 3.11 zeigt das beschriebene Stufenkonzept im Überblick.

Stufenkonzept zur Ermittlung des beizulegenden Zeitwertes der als Finanzinvestition gehaltenen Immobilien nach IAS 40		
abnehmender Objektivierungsgrad	1. Stufe	Marktwert IAS 40.45
	2. Stufe	aus Marktwerten abgeleiteter Wert IAS 40.46 lit. a, b
	3. Stufe	Bewertung anhand diskontierter Cash-Flow-Prognosen IAS 40.46 lit. c

Abb. 3.11: Stufenkonzept zur Ermittlung des beizulegenden Zeitwerts[475]

---

471 Vgl. IAS 40.46 lit. a.
472 Vgl. IAS 40.46 lit. b.
473 Vgl. Kormeier, B. (2006), S. 379; Schierenbeck, H. (2005), S. 347; Olbrich, M. (2003), S. 348; Baetge, J. (2001), S. 556.
474 Vgl. IAS 40.46 lit. c.
475 Modifiziert entnommen bei Zülch, H. (2003), S. 187.

Es ist nicht unwahrscheinlich, dass die nach den verschiedenen Objektivierungsstufen ermittelbaren Wertansätze sich voneinander unterscheiden und damit zu unterschiedlichen möglichen Wertansätzen für den der Immobilie beizulegenden Zeitwert führen. Das bilanzierende Wohnungsunternehmen muss die Gründe für diese Unterschiede ermitteln und nach deren Wertung den „verlässlichsten Schätzwert innerhalb einer Bandbreite vernünftiger Abschätzungen des beizulegenden Zeitwerts"[476] auswählen. Die zulässige Bandbreite dieser Abschätzungen wird vergleichsweise einheitlich eingeschätzt. So hält Ranker eine Schwankungsbreite der ermittelten Werte auch jenseits der 30 %-Grenze für nicht überzogen,[477] wohingegen Kleiber nach Auswertung der zur Verkehrswertermittlung ergangenen Rechtsprechung die Grenze der zulässigen Bewertungsbandbreite bei 20 % bis 30 % sieht.[478]

Der beizulegende Zeitwert einer Immobilie unterscheidet sich insbesondere durch die konsequente Marktwertorientierung vom Nutzungswert des IAS 36. Letzterer berücksichtigt explizit die unternehmensspezifischen Nutzungsmöglichkeiten der Immobilie, wohingegen der beizulegende Zeitwert auf die einzelne Immobilie ohne eigentümerspezifische Nutzen- und Finanzierungs-zusammenhänge abstellt. Deswegen sind alle wertprägenden Faktoren auszuschließen, die zwischen sachverständigen und vertragswilligen Käufern und Verkäufern nicht ohne weiteres zur Verfügung stehen würden.[479]

Dazu zählen nach der Enumeration des IAS 40.49 die

- zusätzlichen Werte, die „sich aus der Bildung eines Portfolios von Immobilien an unterschiedlichen Standorten ergeben,
- Synergieeffekte zwischen den als Finanzinvestition gehaltenen Immobilien und anderen Vermögenswerten,
- Rechtsansprüche oder gesetzliche Einschränkungen, die lediglich für den gegenwärtigen Eigentümer gelten,
- Steuervorteile oder Steuerbelastungen, die lediglich für den gegenwärtigen Eigentümer bestehen."[480]

---

[476]   IAS 40.47.
[477]   Vgl. Ranker, D. (2006), S. 336.
[478]   Kleiber, W./Simon, J. (2007), S. 463.
[479]   Vgl. IAS 40.49.
[480]   IAS 40.49.

Der beizulegende Zeitwert der Immobilie beinhaltet außerdem keine zusätzlichen Aufwendungen und Erträge, die sich aus einer Modernisierung, Sanierung oder Nutzungsänderung der Immobilie ergeben würden.[481]

3.4.5   Zur Veräußerung bestimmte Immobilien des Anlagevermögens

Werden einzelne Immobilien des langfristigen Vermögens zum Zwecke der Veräußerung gehalten, so sind diese nach IFRS 5.38 vom übrigen Anlagevermögen getrennt auszuweisen. Eine Immobilie des Sachanlagevermögens wird dann zur Veräußerung gehalten, wenn „der Buchwert überwiegend durch ein Veräußerungsgeschäft und nicht durch die fortgesetzte Nutzung realisiert wird."[482] Hierzu ist es erforderlich, dass die Immobilie sich in einem verkaufsbereiten Zustand befindet und der Verkauf höchstwahrscheinlich ist, mithin geplant und eingeleitet ist.[483] Nach der Beschlussfassung zum Verkauf muss der Verkauf innerhalb von 12 Monaten durchgeführt worden sein, im Ausnahmefall können auch längere Fristen gelten, wenn der Verkauf sich aufgrund von Umständen verzögert, die das bilanzierende Wohnungsunternehmen nicht zu vertreten hat.[484] Diese Regelung betrifft ausschließlich Immobilien des langfristigen Vermögens, die nicht nach dem Modell des beizulegenden Zeitwerts des IAS 40 bewertet werden.[485] Damit beschränkt sich die Anwendbarkeit des IFRS 5 im Wesentlichen auf selbst genutzte Immobilien und auf jene als Finanzinvestition gehaltenen Immobilien, die nach dem Anschaffungskostenmodell des IAS 16 bewertet werden.[486]

Die Bewertung erfolgt nach IFRS 5.15 zum niedrigeren Wert aus Buchwert und dem Nettozeitwert, d. h. dem beizulegenden Zeitwert abzüglich Veräußerungskosten. Insoweit lässt sich als Rechnungslegungszweck des IFRS 5 die Simulation des Verkaufs bereits vor dessen Realisierung vermuten, was im Einklang mit den Bilanzierungsgrundsätzen der IFRS steht.[487] Fällt der Verkauf nicht in die Berichtsperiode, so sind die Veräußerungskosten mit ihrem Barwert anzusetzen.[488] Die Abwertung auf den Nettozeitwert ist in der Periode der Beschlussfassung zum Verkauf erfolgswirksam in Form einer außerplanmäßigen Abschreibung zu erfassen.[489] Dauert der Verkaufsvorgang über mehrere Berichtsperioden an und ändern sich die zum Nettozeitwert führenden Einschätzungen, so ist die

---

[481]   Vgl. IAS 40.51.
[482]   IFRS 5.6.
[483]   Vgl. IFRS 5.7 i. V. m. IFRS 5.8.
[484]   Vgl. IFRS 5.8 i. V. m. IFRS 5.9.
[485]   Vgl. IFRS 5.5. lit. d.
[486]   Vgl. IAS 16.5 S. 4.
[487]   Vgl. zu den relevanten Bilanzierungsgrundsätzen der IFRS Pkt. 3.2.3.
[488]   Vgl. IFRS 5.17.
[489]   Vgl. IFRS 5.20.

Wertaufholung lediglich in dem Umfang gestattet, in dem zuvor nach den Regelungen des IFRS 5 oder IAS 36 Wertminderungsaufwendungen erfasst wurden.[490]

3.5   Wertveränderungen als Element des Periodenergebnisses

Die immobilienspezifischen Bilanzierungs- und Bewertungsvorschriften der IFRS können teilweise erhebliche Wirkungen auf den Ergebnisausweis der Berichtsperiode entfalten. Während die verlustfreie Bewertung der Immobilien des Vorratsvermögens noch aus dem Handelsrecht vertraut ist,[491] ermöglicht das Modell des beizulegenden Zeitwerts für die Immobilien des langfristigen Vermögens auch Wertfindungen oberhalb der historischen Anschaffungs- oder Herstellungskosten.

3.5.1   Verlustfreie Bewertung von Handelsimmobilien

Negative Buchwertabweichungen werden für die dem kurzfristigen Vermögen zuzuordnenden, zum Zwecke der Weiterveräußerung gehaltenen Handelsimmobilien technisch durch außerplanmäßige Abschreibungen umgesetzt.[492] Die außerplanmäßige Abschreibung wird als Wertminderungsaufwand direkt in der Berichtsperiode erfasst. Stellt sich in den Folgeperioden heraus, dass die Gründe für die Wertminderung entfallen sind, wozu es regelmäßig einer Prüfung am Absatzmarkt der Immobilie bedarf, so ist eine Wertaufholung verpflichtend vorzunehmen bis maximal zur Höhe der Anschaffungs- oder Herstellungskosten im Zugangszeitpunkt.[493] Hierin besteht ein wesentlicher Unterschied zum Jahresabschluss nach HGB, der für Nicht-Kapitalgesellschaften ein Wahlrecht zur Wertaufholung vorsieht.[494]

3.5.2   Planmäßige und außerplanmäßige Abschreibungen im Anlagevermögen

Vergleichsweise gut planbar sind die Wertveränderungen im langfristigen Vermögen, soweit diese durch planmäßige Abschreibungen erfolgen. Dies ist wie aufgezeigt der Fall bei selbst genutzten Immobilien des Anlagevermögens und bei als Finanzinvestition gehaltenen Immobilien, die nach

---

[490]   Vgl. IFRS 5.21 bis 5.22.
[491]   Vgl. § 253. Abs. 3 HGB.
[492]   Vgl. IAS 2.29.
[493]   Vgl. IAS 2.34.
[494]   Vgl. § 253 Abs. 5 i. V. m. § 280 Abs. 1 S. 2 HGB.

dem Anschaffungskostenmodell behandelt werden. Ungeplante Wertveränderungen können hier jedoch durch die Ergebnisse des Werthaltigkeitstests nach IAS 36 auftreten.[495] Sie sind in der Berichtsperiode erfolgswirksam über außerplanmäßige Abschreibungen zu erfassen. Auch hier besteht die Pflicht zur Wertaufholung, jedoch begrenzt auf die simulierten fortgeführten Anschaffungs- oder Herstellungskosten.[496] Im Modell der Anschaffungs- oder Herstellungskosten wird die aufwandsseitige Belastung der Folgeperioden über die Höhe der ermittelten Anschaffungs- oder Herstellungskosten als Abschreibungsvolumen sowie die Annahmen zur Nutzungsdauer und zum Nutzungsverlauf bestimmt. Insoweit bestehen im Rahmen der aufgezeigten Ansatz- und Bewertungswahlrechte durchaus bilanzpolitische Gestaltungsmöglichkeiten.

3.5.3 Ergebnisse aus Wertveränderungen im investiven Immobilienvermögen

Die nach dem Modell des beizulegenden Zeitwerts bewerteten, als Finanzinvestition gehaltenen Immobilien werden zu jedem Abschlussstichtag neu bewertet. Ein positiver bzw. negativer Unterschiedsbetrag zwischen dem beizulegenden Zeitwert der Berichtsperiode und jenem der Vorperiode ist in der Berichtsperiode erfolgswirksam zu erfassen.[497] Der Ergebnisbeitrag aus Wertveränderungen ergibt sich folglich als Saldo der einzelnen Unterschiedsbeträge der Immobilien im langfristigen, als Finanzinvestition gehaltenen Immobilienvermögen. Planmäßige bzw. außerplanmäßige Abschreibungen sind deswegen nicht vorgesehen. Die Wertveränderungen können zu einem prägenden Element des Periodenergebnisses werden.[498] Die Frage nach der Planbarkeit des hierdurch entstehenden Ergebnisbeitrags ist erst auf der Basis einer Prüfung des zu bewertenden Immobilienportfolios auf seine Homogenität hinsichtlich der wertprägenden Standort- und Objektkriterien näherungsweise zu beantworten.[499] Damit verbleibt das Risiko einer erhöhten Volatilität des Unternehmensergebnisses nach IFRS.[500] Dieses Risiko soll im weiteren Verlauf der Untersuchung durch die Entwicklung eines zuverlässigen und reproduzierbaren Wertermittlungsmodells für Wohnimmobilienportfolios gemindert werden.

---

[495] Vgl. zum Werthaltigkeitstest die Ausführungen unter 3.4.3.
[496] Vgl. IAS 36.117.
[497] Vgl. IAS 40.35.
[498] Zur Auswirkung der Neubewertung auf das Periodenergebnis vgl. Baetge, J. (1999), S. 344 ff.
[499] Vgl. zu den risikoprägenden Standort- und Objektkriterien die Ausführungen unter 5.8.1.
[500] Vgl. zur Volatilitätskritik Jaletzky, H. (2009), S. 329; Hitz, J.-M. (2005), S. 1023.

3.6   Zwischenergebnis

Die Ergänzung der handelsrechtlichen Rechnungslegung durch die IFRS-Rechnungslegung verlangt von bestandshaltenden Wohnungsunternehmen neben einer deutlich detaillierteren segmentbezogenen Berichterstattung vor allem die Ermittlung und Bilanzierung von Marktwerten für die als Finanzinvestition gehaltenen Immobilien des langfristigen Vermögens. Hierzu sind zu jedem Bilanzstichtag die beizulegenden Zeitwerte der Immobilien auf Ebene des einzelnen Bewertungsobjekts zu ermitteln. Die aus der periodenspezifisch durchzuführenden Neubewertung resultierenden Wertveränderungen können das Periodenergebnis erheblich prägen. Hierin sind jedoch nicht zwangsläufig „errechnete" Scheingewinne zu sehen. Vielmehr bestimmen externe Faktoren wie Veränderungen der Markteinflüsse und vor allem interne Faktoren wie überlegte Instandhaltungs- und Mieterhöhungspolitik die Wertentwicklung. Deshalb kann die Wertveränderung neben den Bewirtschaftungsergebnissen als Indikator der Managementleistung des Wohnungsunternehmens angesehen werden. Die marktwertfokussierte Bilanzierung nach IFRS darf deshalb durchaus als Fortschritt zur Erhöhung der Transparenz durch die Veröffentlichung entscheidungsnützlicher Informationen gewertet werden.

Probleme liegen jedoch in der Wertermittlung selbst. Es entspricht der Marktwertorientierung, die Immobilienwerte möglichst als Vergleichspreise aus einem aktiven Markt abzuleiten und diese damit hinreichend zu objektivieren. Diese Art der Wertermittlung ist in Ermangelung zeitlich und sachlich in ausreichender Anzahl vorhandener Vergleichspreise und infolge der Heterogenität der Immobilie als Bewertungsobjekt nur in wenigen Fällen umsetzbar. Hilfsweise - und praktisch im Regelfall - muss die Wertermittlung anhand diskontierter Cash Flow-Prognosen erfolgen, die sich einerseits an bestehenden Mietverhältnissen und andererseits an der zukünftig zu erwartenden Entwicklung orientieren. Auch wenn Letztere durch externe substanzielle Hinweise zu objektivieren ist bleibt das Schätzermessen des Managements ein wesentliches Moment der Wertermittlung. Dieser Mangel muss nicht zwangsläufig überbewertet werden, denn nach der Definition des beizulegenden Zeitwerts wird durch den Wertermittler das Kalkül eines potenziellen sachverständigen Erwerbers nachgebildet, dessen Nutzungserwartungen in vielen Fällen mit den sachverständigen Annahmen des Wertermittlers zusammenfallen können.

Zur intersubjektiven Nachvollziehbarkeit aber und letztlich auch zur Testierfähigkeit der ermittelten Werte durch den Abschlussprüfer ist der Grat zwischen bestmöglicher Schätzung einerseits und höchstmöglicher Objektivierung andererseits zu beschreiten. Dabei spielen auch Praktikabilitäts- und Kostenaspekte eine Rolle, denn die Wertermittlung muss periodenweise für große Wohnimmobilienportfolios erfolgen, was bei kapitalmarktorientierten Wohnungsunternehmen durchaus auch eine quartalsbezogene Wertermittlung erfordern kann. Deswegen ist im Folgenden ein Wertermittlungsmodell für Wohnimmobilienportfolios zu entwickeln, dass sowohl dem Streben nach relevanten, entscheidungsnützlichen Informationen als auch der Anforderung der Zuverlässigkeit Rechnung trägt und in seiner Anwendung plan- und vergleichbare Wertansätze erzeugt.

4 Prinzipielle Möglichkeiten der Wertermittlung für Immobilienportfolios unter IFRS

4.1 Definition des Bewertungsobjekts

Wie bereits unter Pkt. 2.4.2 dargestellt, handelt es sich bei einem Immobilienportfolio im Idealfall um eine unter Risiko-Rendite-Gesichtspunkten systematisch zusammengestellte Grundgesamtheit an Bewertungsobjekten. Teilportfolios entsprechen den definierten Risiko- und Strategiesegmenten. Häufiger anzutreffen ist jedoch ein unsystematisch entstandenes Immobilienportfolio, das als gemeinsames Merkmal die Zugehörigkeit zu einer gemeinsamen Legaleinheit, wie z. B. zu einem Wohnungsunternehmen, führt. Durch die Portfolioanalyse kann wie gezeigt ein unsystematisch entstandenes oder erworbenes Immobilienportfolio in systematische Teilportfolios aufgeteilt werden.[501] Die Unterscheidungsmerkmale hierzu können aus Risiko- und Renditemerkmalen, aber auch aus den Standort- und Objekteigenschaften abgeleitet werden.[502]

Für Bewertungszwecke geben das verwendete Wertermittlungskonzept und das verwendete Wertermittlungsverfahren die Strukturierung des Immobilienportfolios vor. Dabei ist zu prüfen, nach welchen Merkmalen ein Portfolio zu strukturieren ist, um möglichst bewertungshomogene Teilportfolios oder Teilsegmente zu erhalten und inwieweit durch die Nutzung dieser bewertungshomogenen Segmente die Bilanzierungs- und Bewertungsgrundsätze erfüllt werden. Zur Werter-mittlung bestehen grundsätzlich zwei Möglichkeiten. Einerseits kann ein Portfoliowert unter Berücksichtigung der Interdependenzen zwischen den im Portfolio befindlichen Objekten als Gesamtwert des Portfolios unter der Fiktion des kompletten Verkaufs ermittelt werden. Andererseits kann ein Portfoliowert als Summe der einzeln ermittelten Objektwerte ermittelt werden. Beide Ansätze sind vor dem Hintergrund der Bilanzierungstauglichkeit zunächst kurz zu analysieren.

4.1.1 Spezifika der Portfoliobewertung

Wie aufgezeigt bestehen nach dem quantitativen Portfolioansatz[503] Risikoausgleichs- und Risikooptimierungspotenziale innerhalb eines Immobilienportfolios. Abhängig vom Systematisierungsgrad

---

[501] Vgl. die Ausführungen unter Pkt. 2.4.2.
[502] Vgl. die Darstellung des in der Portfolioanalyse des Referenzunternehmens verwendeten Indikatorentableaus in Anhang 4.
[503] Zum quantitativen Portfolioansatz nach Markowitz vgl. die Darstellung zur Portfolioanalyse unter Pkt. 2.4.2.

des Portfolios sind diese unterschiedlich stark ausgeprägt bzw. bei unsystematischen Portfolios zunächst zufällig ausgeprägt.

Zur Frage nach der Zulässigkeit einer Berücksichtigung dieser Risikoausgleichsaspekte ist nach der Zielsetzung der Portfoliobewertung zu differenzieren.[504] Wird die Portfoliobewertung zur Kaufpreisfindung durchgeführt, so soll sie im Ergebnis jeweils die Nutzenerwartungen des Käufers oder des Verkäufers repräsentieren. Die Einbeziehung der Risikoausgleichsaspekte als für jeden Käufer in gleichem Maße nutzbare Synergien darf hierbei als sinnvoll und zielführend erachtet werden. Zur Bestimmung eines subjektiven Grenzpreises für den Käufer sind nach erfolgter Portfoliobewertung noch dessen subjektive Steuer- und Finanzierungsaspekte zu ergänzen.[505] Außerdem können Paketzu- oder -abschläge in die Kaufpreisfindung eingehen.[506] Die Arbeit des Immobilienbewerters bezieht sich dabei auf die Objektbewertung und die Bewertung der von jedem Käufer in gleichem Maße nutzbaren Synergien, also der Risikoausgleichsaspekte. Ein weiterer Bewertungsanlass zur Portfoliobewertung kann die Ermittlung eines Beleihungswertes sein, da im Verkaufs- aber auch im Umfinanzierungsfall die Risikobetrachtung und die künftige Ertrags- und Wertentwicklung des Immobilienportfolios die Ausgangsbasis für Kreditverhandlungen bilden wird. Auf dieser Basis werden auch Verbriefungen durchgeführt, bei denen die Immobilie die Grundlage eines derivativen Finanzinstruments bildet.[507] Hierbei können Risikoausgleichsaspekte gewichtet werden, Eingang in die Beleihungswertermittlung finden diese jedoch nicht.[508]

Für Zwecke der Bilanzierung hingegen richtet sich die Zulässigkeit der Portfoliobewertung nach der Interpretation des Einzelbewertungsgrundsatzes in der einschlägigen bilanzrechtlichen Umgebung. Für die Bilanzierung im Handelsrecht ist wie unter Pkt. 2.3.2 aufgezeigt der Grundsatz der Einzelbewertung strikt in der Weise auszulegen, dass das Risikoausgleichspotenzial zwischen einzelnen Bewertungsobjekten keinen Eingang in die bilanzielle Bewertung finden darf. Wie oben unter den Bilanzierungsgrundsätzen der IFRS entwickelt, wirkt der Einzelbewertungsgrundsatz im System der IFRS fort.[509] Damit ist die Portfoliobewertung unter Einschluss portfolioimmanenter Wertzu- und -abschläge für die Bilanzierung unzulässig. Ihre Eignung zur Portfoliosteuerung ist ebenso gering, da Investitions- und Desinvestitionsentscheidungen auf der Ebene der SGE, mithin der einzelnen Im-

---

[504] Vgl. zu den Anlässen der Portfoliobewertung Kleiber, W./Simon, J. (2007), S. 1040.
[505] Vgl. Trappmann, H./Ranker, D. (2008), S. 67.
[506] Vgl. Münchehofe, M. (2006), S. 144; Trappmann, H./Ranker, D. (2009b), S. 93.
[507] Vgl. Schäfer, H. (2008), S. 25.
[508] Zur Ermittlung des Beleihungswerts ist auf die Ertragskraft und Risikoposition des Einzelobjekts ohne risikoausgleichende Verbundwirkungen im Portfolio abzustellen. Vgl. Kleiber, W./Simon, J. (2007), S. 2805.
[509] Vgl. die Darstellung unter Pkt. 3.2.3.

mobilie getroffen werden.[510] Jedoch verbleibt ein Einsatzbereich auf einer aggregierten Ebene beim Vergleich mehrerer Immobilienportfolios hinsichtlich ihrer Risiko-Renditeprofile.

4.1.2 Auswirkungen des Grundsatzes der Einzelbewertung

Wie vorstehend aufgezeigt, führt lediglich die Einzelbewertung von Immobilien zu verwendungsfähigen Wertansätzen für die Bilanzierung sowohl im Handelsrecht als auch im System der IFRS. Überdies können die einzeln ermittelten Werte auch der Beurteilung von Beleihungspotenzial auf einzelnen Finanzierungsobjekten dienen. Da die IFRS wie oben dargestellt[511] zu Ansätzen einer Homogenisierung des internen und externen Rechnungswesens führen sollen, sind nicht bilanzierungsfähige Werte für die Wert- und damit auch die Ergebnisplanung weder handelsrechtlich noch im System der IFRS verwendbar. Damit sind Wertermittlungsverfahren, die Risikoausgleichspotenzial oder sogar Paketzu- und -abschläge im Bewertungsportfolio berücksichtigen, ungeeignet. Zulässige Wertermittlungsverfahren definieren stattdessen das einzelne Bewertungsobjekt als Gegenstand der Bewertung und tragen damit dem Grundsatz der Einzelbewertung Rechnung.[512] Angesichts des Mengengerüsts ist die Bewertung durch spezifische Gutachten für jedes Bewertungsobjekt jedoch zeitlich und wirtschaftlich im Rahmen einer jährlich wiederkehrenden Bewertung kaum vertretbar. Deswegen ist im Folgenden eine Möglichkeit zu finden, den Grundsatz der Einzelbewertung aufrechtzuerhalten und lediglich an vglw. unproblematischen Bewertungsparametern Pauschalierungen zuzulassen.

4.2 Restriktionen aus den Rechnungslegungsprinzipien der IFRS

4.2.1 Reproduzierbarkeit der Wertermittlung

Ein wichtiges Ziel des zu entwickelnden Wertermittlungsmodells ist die periodenweise Reproduzierbarkeit der Wertermittlung mit vertretbarem Aufwand. Wie oben entwickelt ist der Ergebnisbeitrag aus Wertveränderungen eine wesentliche Komponente der Ertragsseite der IFRS-Gewinn- und Verlustrechnung in bestandshaltenden Wohnungsunternehmen, welche die als Finanzinvestition

---

[510] Vgl. die Ausführungen zur Portfolioanalyse unter Pkt. 2.4.2.
[511] Vgl. die Ausführungen zur Homogenisierung des internen und externen Rechnungswesens unter Pkt. 3.1.
[512] Zülch nennt den Einzelbewertungsgrundsatz neben dem Grundsatz der Unternehmensfortführung und jenem der marktorientierten Zahlungsstrombasierung als letzten von drei Grundsätzen ordnungsmäßiger Zeitbewertung für Investment Properties. Vgl. Zülch, H. (2003), S. 212 ff.

gehaltenen Immobilien mit dem beizulegenden Zeitwert bilanzieren.[513] Außerdem erfüllt ein reproduzierbares Verfahren die durch den Grundsatz der Darstellungsstetigkeit postulierte Beibehaltung der Bewertungsmethoden und wesentlichen Annahmen.[514]

4.2.2 Unterstellung der nachhaltigen Bewirtschaftung

Wie oben unter den Ausführungen zu den Bilanzierungsgrundsätzen der IFRS-Rechnungslegung bereits aufgezeigt, sind in der IFRS-Bilanz Fortführungswerte auszuweisen.[515] Damit kommt die Bilanzierung von Zerschlagungs- oder Liquidationswerten nicht in Frage. Auch wenn einzelne als Finanzinvestition gehaltene Immobilien verkauft werden sollen, werden diese bis zum Abgang aus dem langfristigen Vermögen zu ihren beizulegenden Zeitwerten angesetzt. Anderes gilt nur dann, wenn Objekte direkt zum Weiterverkauf erworben worden sind. In diesen Fällen erfolgt die Bilanzierung jedoch nach IAS 2 zu Anschaffungs- oder Herstellungskosten.[516] Die als Finanzinvestition gehaltenen Immobilien werden definitionsgemäß mit dem Ziel der Erzielung von Mieteinnahmen und Wertsteigerungen langfristig im Wohnungsbestand gehalten.[517] Deshalb stellt die Wertermittlung auf die erzielten Cash Flow-Beiträge aus der dauerhaften Bewirtschaftung der Bewertungsobjekte ab.

Grundsätzlich diskutabel wäre auch die Orientierung an der portfoliostrategischen Aufteilung des Bewertungsportfolios in Strategiesegmente.[518] Diese Strategiesegmente sehen für Objekte mit ähnlicher Risikobewertung Normstrategien vor, die neben der Weiterbewirtschaftungsstrategie auch Aufwertungs- oder Verkaufsstrategien umfassen. Allerdings sind diese Strategien weder kurzfristig umzusetzen noch bereits vollständig durch dezidierte Objektbegehung und Wirtschaftlichkeitsberechnung fundiert. Würden die Strategien trotzdem zu Grunde gelegt, wäre zu hinterfragen, ob ein eventuelles Verkaufsportfolio gemäß IAS 2 im kurzfristigen Vermögen unter den Vorräten zu Anschaffungskosten zu bewerten wäre. Einschlägig wäre dies lediglich in den Fällen, in denen Objekte bereits im Zugangszeitpunkt zur Weiterveräußerung bestimmt gewesen sind oder waren.[519] Dies trifft lediglich im Fall der Handelsimmobilien zu. Die Verkäufe aus dem Anlagevermögen erfolgen stattdessen zumeist zur Portfoliobereinigung, d. h. sie werden aus strategischen oder wirtschaftli-

---

[513] Vgl. die Ausführungen zur bilanziellen Behandlung der Wertveränderungen unter Pkt. 3.5.
[514] Vgl. die Ausführungen zum Grundsatz der Darstellungsstetigkeit unter Pkt. 3.2.3.
[515] Vgl. Pkt. 3.2.3.
[516] Vgl. Pkt. 3.4.1.
[517] Vgl. IAS 40.16 lit. a.
[518] Vgl. zu den Strategiesegmenten der Portfolioanalyse die Ausführungen unter Pkt. 2.4.2.
[519] Vgl. IAS 2.6 lit. a.

chen Erwägungen aus dem Portfolio entfernt, um dieses im Wert zu erhalten und zu optimieren. Ein Verkauf aus dem Anlagevermögen ist damit nicht dem gewöhnlichen Geschäftsbetrieb, nämlich der Erzielung von Mieteinnahmen und Wertsteigerungen zuzurechnen. Überdies postulieren die IFRS wie gezeigt die Prämisse der Unternehmensfortführung in der Bewertung. Damit scheidet der Ansatz als Vorratsvermögen gemäß IAS 2 zu Anschaffungskosten oder zum Nettoveräußerungswert für das Anlagevermögen bestandshaltender Wohnungsunternehmen aus. Für das gesamte Bewertungsportfolio muss deshalb zu Bewertungszwecken die dauerhafte Bewirtschaftung unterstellt werden.

Bei der Ermittlung des beizulegenden Zeitwerts müssen nach der Definition des IAS 40.51 sowohl die wertverbessernden Investitionsmaßnahmen (Modernisierungen) als auch deren Niederschlag in höheren Mieterlösen unberücksichtigt bleiben.[520] Vielmehr ist hiermit in der Bilanzierungslogik der IFRS eine Nachinvestition verbunden, die zu nachträglich erhöhten Anschaffungs- oder Herstellungskosten führen würde.[521] Ein ggf. bestehender Instandhaltungsrückstand wird hingegen berücksichtigt, da dieser bei Unterstellung einer dauerhaften Bewirtschaftungsstrategie aufzuholen wäre.[522] Nur für regelmäßig instand gehaltene Gebäude ohne Instandhaltungsrückstand kann eine dauerhafte ordnungsgemäße Bewirtschaftung unterstellt werden, die dann die Modellierung intersubjektiv nachprüfbarer Ein- und Auszahlungen erlaubt.[523] Die später zu modellierenden Kostenansätze für Instandhaltungen dürfen somit nicht die notwendigen Aufwendungen zur Aufholung eines möglicherweise bestehenden Instandhaltungsrückstands enthalten. Die Aufholung des Instandhaltungsrückstands ist jedoch erforderlich, um eine marktabgeleitete Mietentwicklung unterstellen zu können und das Bewertungsobjekt modellhaft in eine dauerhafte Bewirtschaftungssituation zu versetzen. Deshalb müssen die zur Aufholung des Instandhaltungsrückstands notwendigen Aufwendungen im Wertermittlungsmodell berücksichtigt werden.[524]

4.3 Konzepte zur Wertermittlung von Wohnimmobilienportfolios

Nachdem bisher herausgearbeitet werden konnte, dass eine IFRS-konforme Wertermittlung den Grundsätzen der Einzelbewertung und Unternehmensfortführung genügen und außerdem stetig reproduzierbar sein muss, ist nunmehr die Frage zu untersuchen, auf welche Weise diese drei Anfor-

---

[520] Vgl. IAS 40.51.
[521] Vgl. IAS 16.7.
[522] Vgl. Kleiber, W./Simon, J. (2007), S. 1491.
[523] Vgl. IAS 36 A1 lit. b.
[524] Weitere Möglichkeiten zur Berücksichtigung von Instandhaltungsrückstand werden unter Pkt. 4.4.3 dargestellt.

derungen durch ein Wertermittlungskonzept am besten in Einklang gebracht werden können. Als grundsätzliche Leitlinien der IFRS-Rechnungslegung sind dabei zusätzlich die divergierenden Ziele der Relevanz und Zuverlässigkeit zu beachten.[525]

Grundsätzlich unterscheidbare Konzepte zur Wertermittlung von Wohnimmobilienportfolios sind die pauschalierten Verfahren, die strukturierten Verfahren und die Einzelbewertung auf Ebene der einzelnen Objekte eines Portfolios.[526] Diese Wertermittlungskonzepte sind in Abhängigkeit vom Wertermittlungszweck unterschiedlich relevant und geeignet. Sie sollen im Folgenden kurz vorgestellt und auf ihre Eignung zur Ermittlung von beizulegenden Zeitwerten hin untersucht werden. Auf dieser Basis kann danach zur Entwicklung des Wertermittlungsmodells ein Wertermittlungskonzept ausgewählt werden.

4.3.1 Pauschalierte Verfahren

Zur Gewinnung einer ersten Wertvorstellung über ein Wohnimmobilienportfolio können sich einfache, überschlägige Verfahren eignen. Diese Verfahren haben gemeinsam, dass eine erste Wertannäherung lediglich anhand von Vergleichswerten als Benchmarkgrößen erfolgt, die über das gesamte Portfolio vereinheitlicht werden. Maßgrößen sind dabei einerseits der Preis pro Quadratmeter Wohnfläche oder auch der Mietmultiplikator.[527] Die Vergleichswerte werden idealerweise aus dem Markt abgeleitet. Hinweise hierzu können von den jeweiligen Gutachterausschüssen eingeholt werden oder aber aus sonstigen bekannten Transaktionspreisen abgeleitet werden.[528] Leopoldsberger schlägt in einem frühen Beitrag sogar ein pauschaliertes Sachwertverfahren vor.[529]

Jedoch führen die pauschalierten Verfahren lediglich zu einem ersten, überschlägigen Gesamtwert für das betrachtete Portfolio. Sie kommen häufig in den Fällen zum Einsatz, in denen die Angemessenheit eines Kaufpreises in kurzer Zeit überprüft werden soll.[530] Dabei werden nach Recherche der Vergleichswerte die Prüfungs- und Wertermittlungshandlungen sogar vom Schreibtisch aus ohne

---

[525] Vgl. zu den Anforderungen der Relevanz und Zuverlässigkeit die Ausführungen unter Pkt. 3.2.3.
[526] Vgl. Trappmann, H./Ranker, D. (2008), S. 68.
[527] Zum Mietmultiplikator vgl. die Ausführungen unter Pkt. 2.5.1.
[528] Die Gutachterausschüsse führen mit der Kaufpreissammlung eine chronologische Auflistung der Kauf-/Verkaufsfälle. Diese werden als Durchschnittswerte im sog. Grundstücksmarktbericht veröffentlicht. Vgl. zu den Aufgaben der Gutachterausschüsse Kleiber, W./Simon, J. (2007), S. 404 und zur Ableitung von Vergleichswerten aus anderen Datenquellen Münchehofe, M./Springer, U. (2004b), S. 212.
[529] Vgl. Leopoldsberger, G. (1996), S. 91.
[530] Vgl. Münchehofe, M./Springer, U. (2006), S. 144-150.

Begehung der Bewertungsobjekte durchgeführt.[531] Somit wird die Qualität der Vergleichswerte zum entscheidenden Qualitätsmerkmal des ermittelten Wertes. Es ist unmittelbar einsichtig, dass insbesondere bei geographisch und auch bauartspezifisch heterogenen Wohnimmobilienportfolios die Beschränkung auf einen oder wenige Vergleichswerte nicht zielführend im Sinne einer belastbaren, wenn auch indikativen Wertermittlung sein kann. Daher kann der ermittelte Wert nicht auf E-bene des einzelnen Bewertungsobjekts verwendet werden, lediglich in der Gesamtbetrachtung des Portfolios kommt es über die Durchschnittsbildung zu einem relevanten Durchschnittswert. Damit ist der Grundsatz der Einzelbewertung verletzt.[532] Für die Ermittlung von beizulegenden Zeitwerten nach IAS 40 ist das Wertermittlungskonzept der pauschalierten Verfahren deswegen nicht geeignet.

4.3.2   Strukturierte Verfahren

In dem Bestreben, auch bei großen Wohnimmobilienportfolios mit vertretbarem Aufwand belastbare und für Bilanzierungszwecke testierfähige Werte zu ermitteln, sind unterschiedliche Verfahren der strukturierten Wertermittlung entwickelt und angewendet worden.[533] Sie lassen sich unterscheiden in stichprobenbasierte Wertermittlungsverfahren einerseits und Verfahren der strukturierten Einzelbewertung andererseits.

Strukturierte Stichprobenverfahren

Die strukturierten Stichprobenverfahren beruhen auf dem Ansatz, das Wohnimmobilienportfolio in möglichst homogene Teilportfolios zu unterteilen und innerhalb dieser Teilportfolios Einzelbewertungen für die Objekte einer Stichprobe zu ermitteln, die dann zu einem Teilportfoliowert hochgerechnet werden können.[534] Für die Festlegung der Strukturierungsmerkmale ist die Einschätzung und Erfahrung des Sachverständigen sowie die Art des Immobilienportfolios wesentlich.[535] Bei Wohnimmobilien bieten sich neben Ausstattungs- und Zustandsmerkmalen auch Lagemerkmale an. Katte et al. nennen in einem früheren Beitrag die aus ihrer Sicht wesentlichen Strukturierungsmerkmale für Immobilienportfolios, die nachstehender Abb. 4.1 zu entnehmen sind.

---

[531]   Vgl. Rehkugler, H. (2005), S. 312.
[532]   Vgl. zustimmend Leopoldsberger (1996), S. 91.
[533]   Vgl. Trappmann, H./Ranker, D. (2008); Eube, S./Pörschke, A. (2005); Katte, H. et al. (2001); Leopoldsberger, G. (2000).
[534]   Vgl. Katte, H. et al. (2001), S. 2 f.
[535]   Vgl. Thomas, M./Wellner, K. (2007b), S. 107 f.

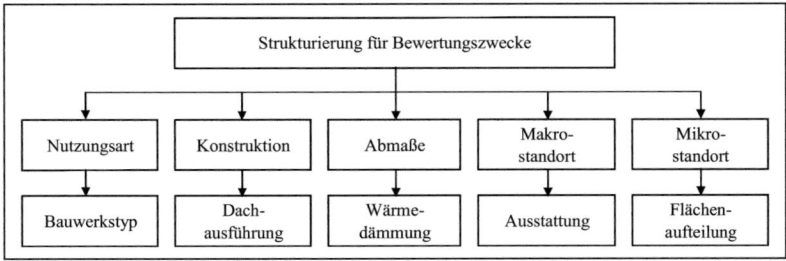

Abb. 4.1: Portfolio-Strukturierung für Bewertungszwecke[536]

Diese zunächst noch grobe Strukturierung vermag zunächst noch nicht zu überzeugen und müsste für Wohnimmobilienportfolios zumindest noch um Merkmale der Förderung, und ggf. der Belegungsbindung erweitert werden. Nach der Strukturierung des Wohnimmobilienportfolios in möglichst homogene Teilportfolios werden aus den jeweiligen Teilportfolios Stichproben gezogen. Diese sind vorzugsweise als Zufallsstichproben durchzuführen, benötigen aber dann zur statistischen Fundierung eine zumindest näherungsweise vorliegende Normalverteilung des Strukturierungsmerkmals.[537] In vielen Fällen muss auf die statistische Fundierung verzichtet werden, insbesondere bei kleineren Grundgesamtheiten - in diesem Fall kleineren Teilportfoliogrößen - oder bei aufgrund unzureichender Homogenität zu großen Stichprobenumfängen. Dann bleibt lediglich die Möglichkeit einer bewussten Auswahl von für das Teilportfolio als repräsentativ erachteten Einzelobjekten durch den Sachverständigen.[538]

Für die Objekte der Stichprobe erfolgt im nächsten Schritt die Wertermittlung im Rahmen der Einzelbewertung. Das dazu gewählte Wertermittlungsverfahren muss dem Wertermittlungszweck entsprechend ausgewählt werden.[539] Die ermittelten Werte werden auf ihre Plausibilität und Repräsentativität hin überprüft.[540] Inkonsistente Ergebnisse innerhalb der Stichprobe können auf Fehler der Strukturierung hinweisen und entweder zu einer neuerlichen Strukturierung führen oder aber zu einer Ausweitung des Stichprobenumfangs. Für stark inhomogene Bewertungsportfolios kann es im Extremfall dazu kommen, dass die verfahrensökonomischen Vorteile der Gruppenbewertung durch das Erfordernis zu großer Stichprobenumfänge überkompensiert werden.[541] Sind die Stichprobener-

---

[536] Entnommen bei Katte, H. et al. (2001), S. 6.
[537] Zu den statistischen Gesetzmäßigkeiten vgl. Eube, S./Pörschke, A. (2005), S. 275 ff. m. w. N.
[538] Vgl. Trappmann, H./Ranker, D. (2008), S. 68 f.
[539] Die zur Ermittlung des beizulegenden Zeitwerts nach den Vorschriften des IAS 40 zulässigen Wertermittlungsverfahren werden unter Pkt. 4.1.3 analysiert.
[540] Vgl. Trappmann, H./Ranker, D. (2008), S. 70 m. w. N.
[541] Vgl. Eube, S./Pörschke, A. (2005), S. 280.

gebnisse hingegen vertretbar hinsichtlich der Varianzen und Standardabweichungen,[542] was im Bereich der Wohnimmobilienportfolios eher zu erwarten ist,[543] so erfolgt als letzter Verfahrensschritt die Hochrechnung der Ergebnisse auf die strukturierten Teilsegmente und letztlich auf das Gesamtportfolio. Abb. 4.2 gibt einen Überblick über den Ablauf des Strukturierten Stichprobenverfahrens.

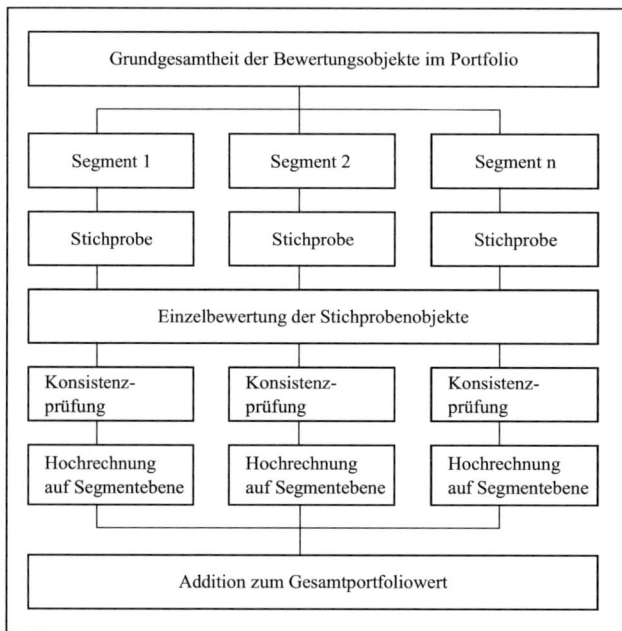

Abb. 4.2: Strukturiertes Stichprobenverfahren[544]

Zur Validierung der Stichprobenergebnisse kann es sinnvoll sein, einen sachverständigen Dritten mit der Bestätigung der Einzelbewertungen zu beauftragen.[545] Hierdurch kann das Verfahren an Objektivität gewinnen. Eine derart definierte und geprüfte Vorgehensweise reduziert insbesondere den Aufwand zur Erhebung der Eingangsgrößen in die Wertermittlung. Überdies wird die Reproduzierbarkeit der Wertermittlung auf Einzelwertbasis vereinfacht und eine „atmende" Bewertung ermöglicht.[546] Die Ergebnisse der strukturierten Stichprobenverfahren sind jedoch noch auf ihre Verwertbarkeit für Bilanzierungszwecke hin zu untersuchen. Zwar kennen die IFRS wie aufgezeigt

---

[542] Dies sind die Konsistenzkriterien für die Bewertungsobjekte der Stichprobe. Vgl. Trappmann, H./Ranker, D. (2008), S. 71.
[543] Ca. 80-90% der im sozialen Wohnungsbau in Berlin erstellten Wohnungen lassen sich mit Hilfe kleiner Stichproben systematisieren, schlüssig erfassen und beurteilen. Vgl. Katte, H. et al. (2001), S. 11.
[544] Angelehnt an Eube, S./Pörschke, A. (2005), S. 279.
[545] Vgl. Katte, H. et al. (2001), S. 7 f.
[546] Vgl. Trappmann, H./Ranker, D. (2008), S. 72.

keinen formellen Einzelbewertungsgrundsatz, jedoch implizieren die Vorschriften zur Bilanzierung und Bewertung von Anschaffungs- und Herstellungskosten die Einzelbewertung.[547]

Gleichwohl leiten Eube/Pörschke aus den im Framework der IFRS enthaltenen Grundsätzen des stimmigen Kosten-Nutzen-Verhältnisses, der Wesentlichkeit und der zeitnahen Bilanzierung die Zulässigkeit der Gruppenbewertungsverfahren ab.[548] Dem wird basierend auf der Analyse der IFRS-Standards entgegen gehalten, dass der beizulegende Zeitwert nach IAS 40 explizit keine Portfolioeffekte enthalten darf.[549] Außerdem wird festgestellt, dass sich Werte mit der Qualität eines Verkehrswerts im Sinne der WertV lediglich für das Gesamtportfolio, nicht aber auf Ebene des Einzelobjekts ermitteln lassen.[550] Gruppenbewertungen auf der Basis strukturierter Stichprobenverfahren können demnach nicht als konform zur WertV und zu den Bilanzierungsgrundsätzen der IAS/IFRS und deshalb für Bilanzierungszwecke nicht als verwendbar angesehen werden.

Methodisch bleibt anzumerken, dass die Bildung bewertungshomogener Segmente, z. B. nach Baujahrsklasse, Förderart oder Objektzustand grundsätzlich ein denkbarer Ansatz zur Beherrschung des Mengenproblems ist. Dabei wird unterstellt, dass ähnliche Bewertungsobjekte sich hinsichtlich ihrer zukünftig erwartbaren Cash Flow-Beiträge ähnlich verhalten. Jedoch können sich auch bei identischen Objektmerkmalen starke Diversifizierungen durch die Standorteigenschaften, ausgedrückt in Makro- und Mikrolage, ergeben. So kann insbesondere die erwartbare Mietentwicklung z. B. bereits in Pforzheim bereits eine andere sein als jene in Karlsruhe. Bei einer räumlichen Diversifizierung des Wohnungsbestands erschwert sich somit die Zusammenfassung von Bewertungsobjekten mit ähnlichen Objektmerkmalen. Ausnahmen bestehen lediglich in den Einzelfällen, in denen sowohl die Objektmerkmale als auch die Qualitäten der Makro- und Mikrostandorte ähnlich bis identisch sind. Diese Konstellation ist jedoch vglw. selten, auch schon deswegen, weil bei ansonsten gleichartigen Bewertungsobjekten z. B. das näher zur Straße oder zum Gleiskörper gelegene Bewertungsobjekt in der Regel geringere Miethöhen aufweist als ein etwas abseits und damit ruhiger gelegenes Bewertungsobjekt.

Strukturierte Einzelbewertungsverfahren

Wie gezeigt ist es zum Zwecke der bilanziellen Verwertbarkeit der ermittelten Werte erforderlich, dem Grundsatz der Einzelbewertung Rechnung zu tragen. Aus Gründen der Verfahrensökonomie in

---

[547] Vgl. die Ausführungen zum Anschaffungs- und Herstellungskostenbegriff der IFRS unter Pkt. 3.4.
[548] Vgl. Eube, S./Pörschke, A. (2005), S. 272.
[549] Vgl. Münchehofe, M./Springer, U. (2006), S. 145; Ranker, D. (2006), S. 146.
[550] Vgl. Katte, H. et al. (2001), S. 7, 11.

der Wertermittlung muss die Wertermittlung für alle Bewertungsobjekte jedoch weitgehend standardisiert werden.[551] Voraussetzung hierfür ist ein hinreichend homogenes Bewertungsportfolio oder Bewertungsteilportfolio. Bei weitgehend homogenen Bewertungsteilportfolios ist zu analysieren, welche Eingangsdaten in das Wertermittlungsverfahren objektweise erhoben werden müssen und welche ggf. auf der Ebene des Bewertungsteilportfolios ermittelt werden können, da sie für alle Objekte des Bewertungsteilportfolios zutreffen. Zu letzteren zählt z. B. die Einschätzung der Makrolage für alle Objekte an einem Standort. Sind mehrere Bewertungsobjekte einer Wohnanlage hinsichtlich der Mikrolage gleich zu bewerten, so kann auch hier die Erhebung auf der Ebene des einzelnen Bewertungsobjekts entfallen. Auch die marktüblichen und baujahrestypischen Bewirtschaftungs- und Instandhaltungskosten müssen nicht zwangsläufig für jedes Bewertungsobjekt separat erhoben werden.

Zwingend einzeln zu erheben sind hingegen die Stammdaten des Bewertungsobjekts wie Anschrift und Wohnfläche sowie die objektindividuelle Nettosollmiete und der Instandhaltungsrückstand.[552] Bei Diskontierungs- und Kapitalisierungszinssätzen sowie Marktmieten ist hingegen eine Differenzierung auf Ebene des einzelnen Bewertungsobjekts erforderlich. Abb. 4.3 gibt einen Überblick über die Vorgehensweise beim strukturierten Einzelbewertungsverfahren.

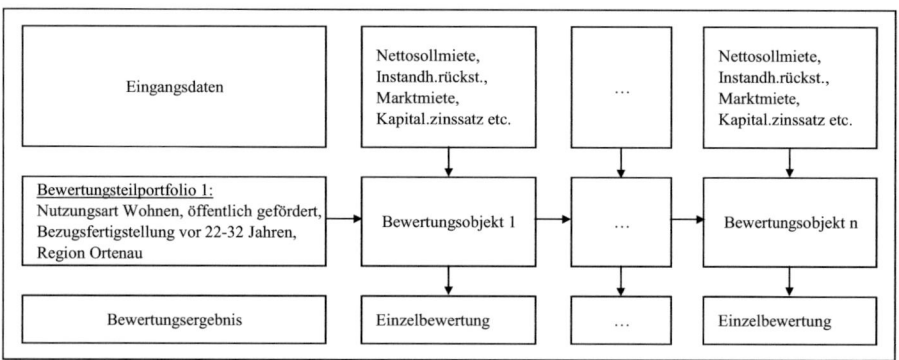

Abb. 4.3: Strukturiertes Einzelbewertungsverfahren

Neben den Kosten- und Zeitvorteilen im Wertermittlungsprozess stellt die strukturierte Einzelbewertung sicher, dass gleiche Sachverhalte gleich beurteilt und bewertet werden. Gleichzeitig wird die Reproduzierbarkeit erleichtert, da die Datenquellen und die Verfahren zur Datengewinnung

---

[551] Vgl. Lindner, I. (2008), S. 329.
[552] Vgl. hierzu und im Folgenden Trappmann, H./Ranker, D. (2008), S. 72.

standardisiert werden können. Die Prüfbarkeit der auf diese Art gewonnenen Einzelwerte ist damit gegeben und deshalb ist das Verfahren bei entsprechender Ausgestaltung auch aus der Sicht einzelner Wirtschaftsprüfungsgesellschaften durchaus geeignet, die Anforderungen an die jährliche Ermittlung des beizulegenden Zeitwerts nach IAS 40 zu erfüllen.[553] Besonders werden dabei die geringeren Kosten des Verfahrens hervorgehoben, die ohne Qualitätseinbußen realisiert werden können.[554]

4.3.3 Isolierte Einzelbewertungsverfahren

Nur der Vollständigkeit wegen seien die isolierten Einzelbewertungsverfahren erwähnt. Diese zeichnen sich dadurch aus, dass zu jedem Wertermittlungsstichtag sämtliche bewertungsrelevanten Daten für das konkrete Bewertungsobjekt erhoben werden. Bei den wie aufgezeigt vergleichsweise gut strukturierbaren Wohnimmobilienportfolios sind für Bilanzierungs- und Steuerungszwecke keine isolierten Einzelbewertungen erforderlich. Anderes kann gelten in heterogenen Bewertungsportfolios, insbesondere bei Gewerbeimmobilienportfolios. Dort sind aufgrund der mieter- und objektspezifischen wertprägenden Merkmale weiterhin isolierte Einzelbewertungen erforderlich. Offene Immobilienfonds haben dazu Sachverständigenausschüsse institutionalisiert.[555] Das bei der Einzelbewertung zu verwendende Wertermittlungsverfahren ist dabei vom Bewertungszweck und von der Art und Situation des Bewertungsobjekts abhängig.[556]

4.4 Verfahren zur Ermittlung des beizulegenden Zeitwerts nach IAS 40

Wie oben zu den Bewertungsmaßstäben des IAS 40 ausgeführt, sehen die IFRS zur Ermittlung des beizulegenden Zeitwerts ein Stufenkonzept vor, welches unmittelbare Vergleichspreise priorisiert und sachlich oder zeitlich abweichende Vergleichspreise sowie die Wertermittlung anhand diskontierter Cash Flow-Prognosen gestattet.[557] Das im deutschen Wertermittlungsrecht bekannte Sachwertverfahren wird durch IAS 40 nicht als zulässiges Verfahren zur Ermittlung beizulegender Zeit-

---

[553] Trappmann und Ranker vertreten die Price Waterhouse Coopers Wirtschaftsprüfungsgesellschaft. Vgl. Trappmann, H./Ranker, D. (2008), S. 72.
[554] Vgl. ebenda.
[555] Vgl. § 77 InvG.
[556] Zur Durchführung der Einzelbewertung bei offenen Immobilienfonds und den dabei verwendeten Verfahren vgl. Simon, J. (1999), S. 136 f.
[557] Vgl. Pkt. 3.4.4.

werte genannt und wird deshalb in der weiteren Betrachtung ausgeklammert.[558] Im Folgenden werden die nach IAS 40 zur Ermittlung des beizulegenden Zeitwerts der als Finanzinvestition gehaltenen Immobilien zulässigen Wertermittlungsverfahren vorgestellt.

4.4.1 Unmittelbares Vergleichswertverfahren nach IAS 40.45

Nach den Vorstellungen des IASB ist das bestmögliche Verfahren zur Ermittlung des beizulegenden Zeitwerts einer als Finanzinvestition gehaltenen Immobilie die Ableitung eines aktuellen Vergleichspreises von einem aktiven Markt.[559] Diese Vorgehensweise entspricht dem in §§ 13 und 14 WertV normierten Vergleichswertverfahren. In einer ersten Verfahrensstufe sollen dabei in Abhängigkeit von der Verfügbarkeit der Wertermittlungsdaten aktuelle Vergleichspreise an einem aktiven Markt erhoben werden.[560] Dazu sind nach Art, Lage, Ausstattung und Zustand ähnliche Objekte zu ermitteln und deren Kaufpreise zusammenzustellen. Diese Forderung des IAS 40.45 resultiert vermutlich aus der vergleichsweise hohen Transparenz der anglo-amerikanischen Immobilienmärkte. In Deutschland besitzen jedoch lediglich die dem Gutachterausschuss für Grundstückswerte angehörenden Gutachter ein Einsichtsrecht in die Kaufpreissammlung; die übrigen Interessierten müssen sich mit den veröffentlichten Durchschnittswerten begnügen.[561] Die Ermittlung unmittelbarer Vergleichspreise ist damit in Deutschland äußerst schwierig. Zu diesem Schluss kommt auch das Sachverständigengremium zur Überprüfung des deutschen Wertermittlungsrechts, indem es konstatiert, dass ein Anwendungsvorrang des Vergleichswertverfahrens „den realen Bedingungen der Wertermittlungspraxis nicht gerecht werden würde."[562]

4.4.2 Mittelbares Vergleichswertverfahren nach IAS 40.46 lit. a, b

In Ermangelung unmittelbarer Vergleichspreise gestatten die IFRS zur Ermittlung des beizulegenden Zeitwerts die Verwendung von aus Marktpreisen abgeleiteten Vergleichspreisen. Die verglichenen Immobilientransaktionen können einerseits sachliche Anpassungen an das Bewertungs-objekt erfor-

---

[558] Auch für nichtbilanzielle Zwecke hat das Sachwertverfahren heute eine untergeordnete, allenfalls die Ertragswertermittlung stützende Bedeutung. Eine Ausnahme bilden lediglich die Wertermittlungen zur Ermittlung der Beleihungs- und Versicherungswerte. Vgl. Leopoldsberger, G. (2006), S. 181; Beck, M. (2005c), S. 224; Kleiber, W. (2005), S. 207.

[559] Vgl. IAS 40.45.

[560] Vgl. § 13 WertV; IAS 40.46 lit. a.

[561] Vgl. Kleiber, W./Simon, J. (2007), S. 422.

[562] BMVBS (2008), S. 22.

dern wie z. B. Abweichungen nach Lage, Ausstattung und Zustand.[563] Andererseits können vergleichbare Transaktionen in der jüngeren Vergangenheit liegen, so dass zeitliche Anpassungen der Vergleichspreise durch die Verwendung von Indexreihen erforderlich werden.[564] Insofern gibt IAS 40.46 das in Deutschland in den §§ 13, 14 WertV normierte Vergleichswertverfahren fast vollständig wieder. Die folgende Abb. 4.4 veranschaulicht die Wirkungsweise des Vergleichswertverfahrens.

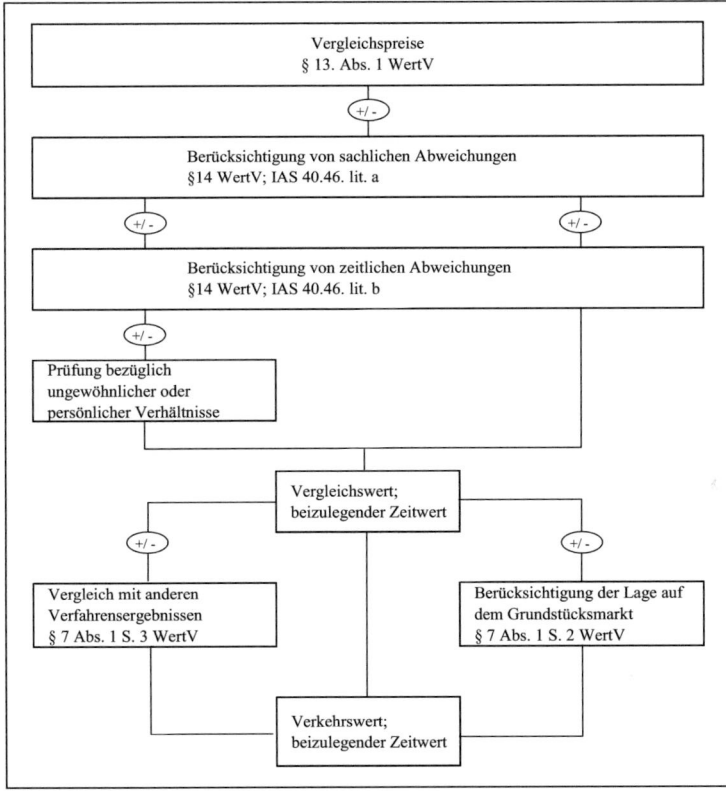

Abb. 4.4: Vergleichswertverfahren[565]

Bereits in den Ausführungen zum Werthaltigkeitstest konnte festgestellt werden, dass die Immobilienbewertung im unmittelbaren und mittelbaren Vergleichswertverfahren infolge der Martintranspa-

---

[563] Vgl. IAS 40.46 lit. a.
[564] Vgl. IAS 40.46 lit. b.
[565] Modifiziert entnommen bei Kleiber, W./Simon, J. (2007), S. 1141.

renz in Deutschland problematisch ist.[566] Anders als in Großbritannien und den USA werden in Deutschland bisher keine tatsächlichen Transaktionsdaten und Mietverträge mit deren wichtigen Einzelparametern veröffentlicht.[567] Es bestehen in Deutschland zwar Bestrebungen, Umfang und Reichweite der durch die Gutachterausschüsse veröffentlichten Daten für die Wertermittlung zu erweitern.[568] Zum gegenwärtigen Zeitpunkt ist die Ermittlung des beizulegenden Zeitwerts anhand von Vergleichspreisen jedoch in Deutschland noch nicht hinreichend zuverlässig.[569]

Eine weitere Möglichkeit ist grundsätzlich die Heranziehung der in der Tagespresse veröffentlichten Transaktionspreise für Immobilienportfolios. Dabei werden jedoch lediglich Durchschnittswerte für eine Vielzahl von Bewertungsobjekten, das gesamte Transaktionsportfolio, veröffentlicht. Überdies sind die Transaktionspreise für große Wohnungsportfolios in vielen Fällen von extremen, subjektiven Finanzierungsbedingungen der Eigenkapitalbeteiligungsgesellschaften dominiert, die den Anforderungen an einen marktobjektivierten beizulegenden Zeitwert nicht entsprechen können. Fraglich ist sogar, ob in diesen Fällen tatsächlich eine Immobilie oder nicht ein Finanzgeschäft zum Gegenstand der Bewertung wird.[570]

Zur Ableitung von Werten für kleinere Teilmärkte, für die nur unzureichende Immobilienmarktinformationen vorliegen, kann grundsätzlich auch auf die Verfahren der multiplen Regressionsanalyse zurückgegriffen werden.[571] Auch die Monte-Carlo-Simulation wird als sinnvoll erachtet.[572] Beide Verfahren führen jedoch nur zu mittelbaren Marktinformationen. Auch die Ergebnisse heuristischer Verfahren vermitteln bisher nicht den erforderlichen Genauigkeitsgrad.[573]

Zur Weiterentwicklung des deutschen Wertermittlungsrechts besteht daher der Vorschlag, die anzuwendenden Verfahren nach der Art des Bewertungsobjekts unter Berücksichtigung der im gewöhnlichen Geschäftsverkehr bestehenden Gepflogenheiten und insbesondere anhand der zur Verfügung stehenden Daten auszuwählen.[574] Die Vergleichswertverfahren werden deswegen bei der Auswahl eines Wertermittlungsverfahrens zur Ermittlung des beizulegenden Zeitwerts für Wohnimmobilien-

---

[566] Vgl. die Ausführungen unter Pkt. 3.4.3.
[567] Vgl. Kajuth, F. (2009), S. 85; Königstein, M. (2005), S. 283.
[568] Hierzu hat das Sachverständigengremium zur Überprüfung des Wertermittlungsrechts eine entsprechende Empfehlung formuliert. Vgl. BMVBS (2008), S. 76.
[569] Vgl. Leopoldsberger, G. (2006), S. 179; Königstein, M. (2005), S. 283; Baumunk, H. et al. (2002), S. 359.
[570] Vgl. Trappmann, H./Ranker, D. (2009a), S. 193.
[571] Vgl. TEGoVA (2003), A 1.35-36.
[572] Vgl. Janssen, O. (2002), S. 43; a. A. Simon, T. (2004), S. 101.
[573] Vgl. hierzu die Arbeiten von Willeke und Ladewig, die schon früh die Einsatzmöglichkeiten statistischer Näherungsverfahren untersucht haben. Willeke, U. (1997), S. 94 ff; Ladewig, H. (1994), S. 211 f. Zur Anwendung neuronaler Netze im Rahmen der Wertermittlung vgl. Leopoldsberger, G. (1998), S. 2 f.
[574] Vgl. BMVBS (2008), S. 23.

portfolios zunächst nicht weiter betrachtet. Ihre Anwendungsmöglichkeiten können jedoch zu einem späteren Zeitpunkt bei der Plausibilisierung der nach anderen Verfahren ermittelten beizulegenden Zeitwerte geprüft werden. Der Fokus der weiteren Betrachtung liegt stattdessen auf den Verfahren, die unter die nach IAS 40.46 lit. c zulässigen „diskontierten Cash Flow-Prognosen"[575] subsumiert werden können.

4.4.3 Diskontierte Cash Flow-Prognosen nach IAS 40.46 lit. c

Mit der einführend skizzierten wachsenden Internationalisierung der Immobilienmärkte sind auch die in Großbritannien und den Vereinigten Staaten praktizierten Wertermittlungsverfahren in den Fokus deutschen Interesses geraten, da die mehrfach anglo-amerikanischen Investoren[576] die ihnen bekannten Verfahren vielfach auch zur Bewertung ihrer in Deutschland gelegenen Immobilien präferieren, nicht zuletzt auch um diese in ihren IFRS-Abschlüssen regelungskonform auszuweisen. Obwohl Thomas bereits im Jahr 1995 mittels eines neutralen Vergleichs des Income Approach[577] mit dem deutschen Ertragswertverfahren nach WertV nachgewiesen hatte, dass Unterschiede zum Ertragswertverfahren nach WertV lediglich in der Trennung von Gebäude- und Bodenbewertung bestehen und sich die Vorgehensweisen bei langen Restnutzungsdauern annähern, wurden die Wertermittlungsverfahren im Nachgang noch häufig nach deutschen und internationalen Verfahren kategorisiert und deren Vor- und Nachteile kontrovers diskutiert.[578] Bald darauf folgten jedoch eingehende Vergleiche der Wertermittlungsverfahren, so dass sich mittlerweile einige Stimmen finden lassen, die die deutschen und anglo-amerikanischen Verfahrensansätze als gleichwertig und sogar gleichgerichtet ansehen.[579] Auch das Sachverständigengremium zur Überprüfung des Wertermittlungsrechts formuliert in seinen Leitlinien den Wunsch nach Normierung des DCF-Verfahrens als etablierte Verfahrensvariante der Wertermittlung.[580]

---

[575] Vgl. IAS 40.46 lit. c.

[576] Vgl. zur Anbieterstruktur im Wohnimmobilienmarkt die Ausführungen unter Pkt. 2.1.2.

[577] Vgl. Thomas, M. (1995a), S. 37 f. Der „Income Approach" ist wörtlich mit „Ertragswertverfahren" zu übersetzen und ist inhaltlich als Oberbegriff für die verschiedenen Arten der Ertragswertermittlung zu verstehen. Vgl. Schulte, K.-W./Lee, A./Paul. E. (2005a), S. 174.

[578] Vgl. zur ersten Kategorie Engelbrecht, B. (1998), S. 7. Kritiker der Anwendung „internationaler" Wertermittlungsverfahren in Deutschland waren zunächst Engel, R. (2003), S. 355; Kleiber, W. (2000), S. 329; Vogel, R. (2000), S. 209. Vereinzelte Fürsprecher fanden sich bei Baumunk, H./Böckem, H./Schurbohm-Ebneth, A. (2002), S. 361, Brand, E. (2000), S. 213.

[579] Vgl. Petersen, H. (2006), S. 144; Vogels, M. (2005), S. 29; Baumunk, H. (2004), S. 269; Kleiber, W. (2004), S. 207; Simon, J. (2000), S. 141; Drukarczyk, J. (1995), S. 334.

[580] Vgl. BMVBS (2008), S. 9.

Kleiber teilt die national wie international gebräuchlichen Wertermittlungsverfahren grob in die drei Grundformen Vergleichswertverfahren, Ertragswertverfahren und Sachwertverfahren ein.[581] Diese haben ihr jeweiliges sprachliches Pendant in den Begriffen „Sales Comparison", „Income Capitalization Approach" und „Cost Approach".[582] Das Barwertverfahren darf nach Kleibers Auffassung als Nukleus aller Ertragswertverfahren betrachtet werden, deren nationale Ausgestaltungen divergieren können.[583] Letztlich ließen sich deshalb sowohl die Ertragswert- als auch die DCF-Verfahren auf die Bewertung mittels diskontierter Zahlungsströme reduzieren, was bedeutet, dass letztlich jedes Ertragswertverfahren ein DCF-Verfahren ist und umgekehrt. Dem kann jedoch nur bedingt gefolgt werden. Tatsächlich unterscheiden sich die unterschiedlichen Ertragswertverfahren nämlich wesentlich in der Art der Berücksichtigung des Erlös- und Kostenwachstums in jene Verfahren mit impliziten, in den Zinssätzen enthaltenen Wachstumsannahmen und solche mit expliziten, in den periodenspezifisch geplanten Reinerträgen[584] abgebildeten Wachstumsannahmen.[585] Eine Kategorisierung der Wertermittlungsverfahren nach nationalen und internationalen Verfahren ist daher inhaltlich nicht vertretbar.[586] Auch die Kategorisierung nach normierten und nicht normierten Wertermittlungsverfahren[587] ist im Hinblick auf die Verwendbarkeit für den IFRS-Abschluss nicht zielführend, da die nationale Normierung eines Verfahrens keine Zulässigkeitsvoraussetzung für die Eignung zur Bilanzierung im IFRS-Abschluss darstellt.[588]

Aus diesem Grund wird die Darstellung der nach der Formulierung des IAS 40.46 lit. c zulässigen Wertermittlungsverfahren nicht nach den Oberpunkten „nationale" und „internationale" oder „normierte" und „nicht normierte" Wertermittlungsverfahren gegliedert, sondern vielmehr nach der Art des Verfahrens in Verfahren mit impliziten und expliziten Wachstumsannahmen.

Ertragswertverfahren mit impliziten Wachstumsannahmen

Ertragswertverfahren mit impliziten Wachstumsannahmen zeichnen sich dadurch aus, dass lediglich eine Periode beplant wird und in dieser Periode ein Reinertrag ermittelt wird unter der Annahme, dass die zu Grunde liegenden Erlös- und Kostenpositionen dauerhaft gelten und die Wachstumser-

---

[581] Vgl. Kleiber, W. (2005), S. 184.
[582] Vgl. Engelbrecht, B. (1998), S. 230 ff.
[583] Vgl. hierzu und im Folgenden Kleiber, W. (2004), S. 198.
[584] Der Reinertrag nach § 16 Abs.1 WertV entspricht dem Objekt-Cash Flow vor Finanzierung. Vgl. Gesellschaft für immobilienwirtschaftliche Forschung e. V. (2007), S. 15.
[585] Vgl. Königstein, M. (2005), S. 284. Dieser setzt „implizit" mit „statisch" gleich.
[586] Vgl. zustimmend Kleiber, W. (2004), S. 207.
[587] Vgl. Beck, M. (2005c), S. 225.
[588] Vgl. IAS 40.46 lit. c.

wartungen durch die Bemessung des Kapitalisierungszinssatzes in die Berechnung eingehen.[589] Im Folgenden sollen die in Deutschland und auch international üblichen wesentlichen Ertragswertverfahren mit impliziten Wachstumsannahmen kurz vorgestellt werden. Dabei lassen sich das umfassende und das vereinfachte Ertragswertverfahren unterscheiden. Außerdem sind die Möglichkeiten zur Berücksichtigung alternierender Reinerträge zu hinterfragen.

Umfassendes Ertragswertverfahren

Das sog. umfassende Ertragswertverfahren sieht als zweisträngiges Verfahren die getrennte Bewertung von Grundstück und Gebäude vor.[590] Den Ausgangspunkt der Bewertung bildet dabei die Bestimmung des Bodenwerts, des nachhaltigen Rohertrags sowie des Liegenschaftszinssatzes. Der Bodenwert wird im Wege des Vergleichswertverfahrens ermittelt; hierzu dienen die im Grundstücksmarktbericht publizierten Bodenrichtwerte der Gutachterausschüsse.[591] Diese sind jedoch selbst bei Zugang des Bewerters zur Kaufpreissammlung nur in Ausnahmefällen direkt ablesbar. Stattdessen müssen im Regelfall Richtwertzonen und lagetypische Grundstücke bestimmt werden. Darüber hinaus existieren Verfahren zur Ermittlung von Bodenwertniveaus und zur zeitlichen Fortschreibung.[592] Der nachhaltig erzielbare Rohertrag ist eine Schätzgröße, die auf der Basis der heutigen Mietverhältnisse eine möglichst treffsichere, dauerhafte und spekulationsfreie Mietentwicklung ausdrücken soll.[593] Für die betrachteten Wohnimmobilienportfolios darf angenommen werden, dass sich im Rohertrag keine umlagefähigen Betriebskostenanteile befinden.[594]

Der Liegenschaftszinssatz repräsentiert die durchschnittliche marktübliche Verzinsung des Verkehrswerts einer Liegenschaft und ist „auf der Grundlage geeigneter Kaufpreise und der ihnen entsprechenden Reinerträge für gleichartig bebaute und genutzte Grundstücke unter Berücksichtigung der Restnutzungsdauer der Gebäude nach den Grundsätzen des Ertragswertverfahrens zu ermitteln."[595] Somit stellen sich bei der Ermittlung des Liegenschaftszinssatzes ähnliche Probleme wie bei der Ermittlung von Vergleichswerten,[596] da die Publikationen der Gutachterausschüsse lediglich Richtgrößen in Bandbreiten enthalten, zur Ermittlung (vergleichs-)objektgenauer Liegenschaftszins-

---

[589] Vgl. Beck, M. (2005b), S. 184.
[590] Vgl. § 15 Abs. 1 WertV; Kleiber, W. (2005), S. 201.
[591] Vgl. Kleiber, W./Simon, J. (2007), S. 1391.
[592] Vgl. Gesellschaft für immobilienwirtschaftliche Forschung e. V. (2008), S. 2 ff.
[593] Vgl. § 17 WertV.
[594] Vgl. Leopoldsberger, G. (2006), S. 187.
[595] § 11 WertV.
[596] Vgl. Frieß, R./Kormaier, B. (2004), S. 2027.

sätze jedoch auf die Kaufpreissammlung zurückgegriffen werden müsste.[597] Hilfsweise bieten Sommer/Kröll ausgehend von den publizierten Bandbreiten ein objektivierendes Verfahren an, wonach anhand ausgewählter wertprägender Kriterien Zu- und Abschläge ermittelt werden können.[598] Festzuhalten bleibt jedoch, dass ein empirisch ermittelter Liegenschaftszinssatz immer auf der Basis von Kaufpreisen ermittelt wurde, die gerade nicht mit Immobilienwerten gleichzusetzen sind, da letztere „unter bestimmten normierten Bedingungen getauscht werden".[599]

In den angesprochenen zwei Strängen der Ertragswertermittlung wird nun einerseits der Bodenwert ermittelt, andererseits der Ertragswert der baulichen Anlagen.[600] Hierzu wird der Jahresrohertrag um die Bewirtschaftungskosten vermindert.[601] Zu den Bewirtschaftungskosten zählen alle nicht umlagefähigen, durch die Objektnutzung entstehenden Kosten.[602] Dabei ist auf die im gewöhnlichen Geschäftsverkehr entstehenden Kosten abzustellen; subjektive Kostenbeeinflussungen müssen neutralisiert werden.[603] In vielen Fällen kann es deshalb sinnvoll sein, die Bewirtschaftungskosten in Summe oder nach ihren einzelnen Bestandteilen zu pauschalieren.[604] Als Zwischenergebnis errechnet sich der Grundstücksreinertrag.[605] Dieser ist wegen seiner nominalen Eingangsgrößen ein nominaler Wert. Das Ertragswertverfahren ist damit inflationsneutral. Diese Betrachtungsweise setzt allerdings voraus, dass die Mietentwicklung über Wertsicherungsklauseln abgesichert ist, so dass inflationäre Einflüsse auf die Kostenpositionen von der Mietentwicklung kompensiert werden.[606] Im Fall von Wohnimmobilien werden Wertsicherungsklauseln jedoch selten verwendet, so dass möglicherweise Anpassungen des Marktwerts gegenüber dem Ertragswert erfolgen müssen, um letztlich zum Verkehrswert zu gelangen.[607]

Da der Grundstücksanteil am Grundstücksreinertrag bereits im zuvor via Vergleichswertverfahren ermittelten Bodenwert enthalten ist, ist dieser zu eliminieren. Hierzu wird vom Grundstücksreinertrag die Bodenwertverzinsung abgezogen, die sich durch Multiplikation des Bodenwerts mit dem Liegenschaftszinssatz ergibt.[608] Als nächstes Zwischenergebnis errechnet sich auf diese Weise der

---

[597] So lautet der Vorschlag von Leopoldsberger. Vgl. Leopoldsberger, G. (2006), S. 188.
[598] Vgl. Sommer, G./Kröll, R. (1995), S. 290 ff. Die dortige Untersuchung empirischer Liegenschaftszinssätze wurde 2006 wiederholt durch Sommer/Hausmann. Vgl. Sommer, G./Hausmann, A. (2006), S. 140.
[599] Kleiber, W. (2008), S.10.
[600] Vgl. § 15 Abs. 1 WertV.
[601] Vgl. § 16 Abs. 1 WertV.
[602] Vgl. § 18 Abs. 6 WertV.
[603] Vgl. § 18 Abs. 6 S. 2 WertV.
[604] Vgl. Kleiber, W./Simon, J. (2007), S. 1664.
[605] Vgl. § 16 Abs. 2 WertV.
[606] Vgl. Engel, R. (2003), S. 354.
[607] Vgl. § 19 WertV.
[608] Vgl. § 16 Abs. 1 S. 1 WertV.

Reinertrag der baulichen Anlagen.[609] Dieser repräsentiert den nachhaltig erzielbaren Gebäudeertrag. Zur Kapitalisierung wird der sog. Vervielfältiger gebildet.[610] Dieser ermittelt sich in Abhängigkeit von Liegenschaftszinssatz und Restnutzungsdauer wie folgt:

$$V = \frac{(1 + i_L)^{RND} - 1}{(1 + i_L)^{RND} \cdot i_L}$$

mit V = Vervielfältiger

i_L = Liegenschaftszinssatz

RND = Restnutzungsdauer

Gl. 4.1: Vervielfältiger[611]

Die Multiplikation des nachhaltigen Reinertrags der baulichen Anlagen mit dem Vervielfältiger ergibt nach Berücksichtigung von Zu- und Abschlägen wegen sonstiger wertbeeinflussender Umstände den Ertragswert der baulichen Anlagen.[612] Durch Hinzuaddieren des Bodenwerts errechnet sich der Ertragswert des bebauten Grundstücks.[613] Verglichen mit den Ergebnissen anderer Verfahren und unter Berücksichtigung der Verhältnisse auf dem Grundstücksmarkt kann schließlich der Verkehrswert ermittelt werden.[614] Mathematisch formuliert kann die Ertragswertberechnung durch nachfolgende Gleichung 4.2 dargestellt werden.

$$EW = RE \cdot V + \frac{BW}{(1 + i_L)^{RND}}$$

mit EW = Ertragswert

RE = Reinertrag

V = Vervielfältiger

i_L = Liegenschaftszinssatz

RND = Restnutzungsdauer

BW = Bodenwert

Gl. 4.2: Umfassende Ertragswertberechnung[615]

Nachstehende Abb. 4.5 gibt einen Überblick über den Verfahrensablauf.

---

[609] Vgl. § 16 Abs. 2 S. 2 WertV.
[610] Vgl. § 16 Abs. 3 WertV.
[611] Modifiziert entnommen bei Kleiber, W./Simon, J. (2007), S. 1415.
[612] Vgl. § 19 WertV.
[613] Vgl. § 16 Abs. 3 WertV.
[614] Vgl. § 19 WertV.
[615] Modifiziert entnommen bei Kleiber, W./Simon, J. (2007), S. 1386.

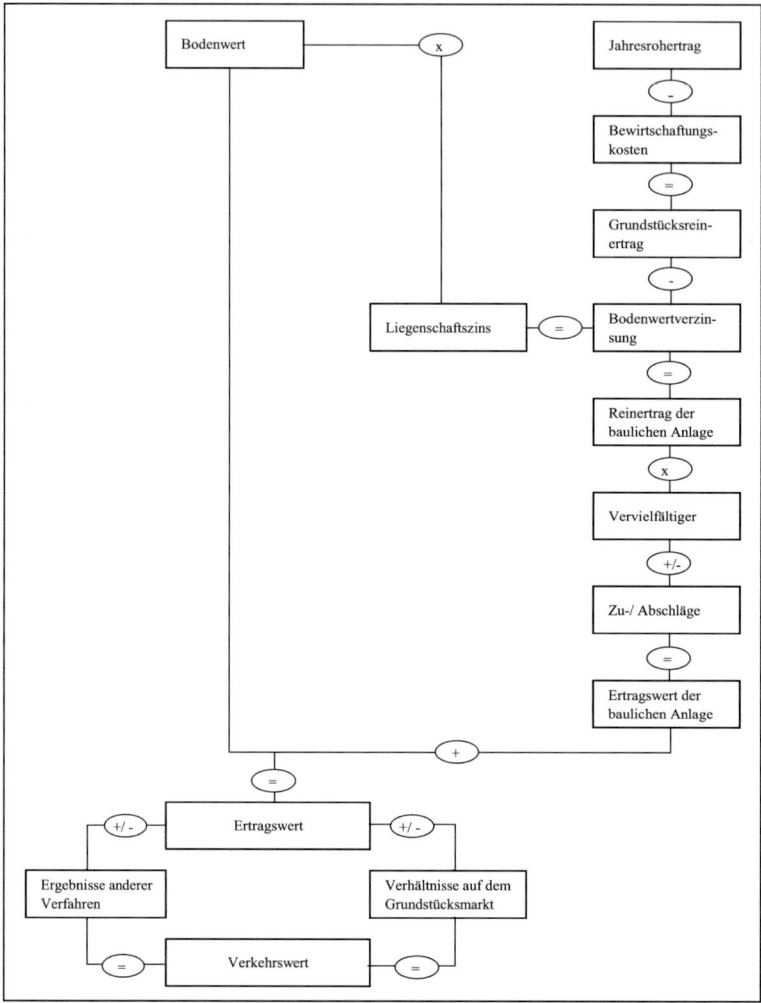

Abb. 4.5: Umfassendes Ertragswertverfahren[616]

Vereinfachtes Ertragswertverfahren

Im vereinfachten Ertragswertverfahren wird die Trennung von Grundstücks- und Gebäudebewertung aufgehoben; es wird deswegen auch als einsträngiges Verfahren bezeichnet.[617] Der Ertragswert wird

---

[616] Vgl. Beck, M. (2005c), S. 232.
[617] Vgl. Kleiber, W. (2005), S. 199.

126

stattdessen ohne Ansatz und Kenntnis des Bodenwerts direkt durch die Vervielfachung des Jahres-reinertrags mit dem Vervielfältiger ermittelt. Die Anwendung des vereinfachten Ertragswertverfah-rens führt bei langen Restnutzungsdauern zu vergleichbaren Ergebnissen wie das umfassende Er-tragswertverfahren.[618] Die mathematische Begründung besteht darin, dass der zweite Summand der bereits vorgestellten Ertragswertgleichung, der abgezinste Bodenwert, bei hohen Restnutzungsdau-ern gegen Null tendiert.

$$EW = RE \cdot V + \frac{BW}{(1+i_L)^{RND}}$$

mit EW = Ertragswert

RE = Reinertrag

V = Vervielfältiger

i_L = Liegenschaftszinssatz

RND = Restnutzungsdauer

BW = Bodenwert

Gl. 4.2: Umfassende Ertragswertberechnung

Mit Wegfall des zweiten Summanden ergibt sich als Gleichung für das vereinfachte Ertragswertver-fahren:

$$EW = RE \cdot V$$

mit EW = Ertragswert

RE = Reinertrag

V = Vervielfältiger

Gl. 4.3: Vereinfachte Ertragswertsberechnung

In den anglo-amerikanischen Wertermittlungsverfahren mit impliziten Wachstumsannahmen wird grundsätzlich eine unendliche Nutzungsdauer des Gebäudes unterstellt.[619] Damit wird die Bestim-mung eines Bodenwerts entbehrlich und die Wertermittlungshandlungen beschränken sich auf die Ermittlung des nachhaltigen Reinertrags, also der zu Grunde liegenden Mieten und Bewirtschaf-

---

[618] Ein Blick in die Vervielfältigertabelle zeigt, dass sich die Vervielfältiger bei niedrigen Liegenschaftszinssätzen ab einer Restnutzungsdauer von ca. 30 Jahren nicht mehr wesentlich verändern; bei höheren Liegenschaftszinssätzen ist dieser Effekt ab einer Restnutzungsdauer von ca. 50 Jahren zu beobachten. Vgl. Vervielfältigertabelle, Anlage 5 zur WertR 2006.

[619] Vgl. Simon, J. (2000), S. 137.

tungskosten, sowie des angemessenen Vervielfältigers.[620] Dort kommen in Ermangelung empirisch fundierter Liegenschaftszinssätze zumeist Kapitalisierungszinssätze zur Anwendung, die die bewertungsobjektbezogene Risikoeinschätzung des Fremdkapitalmarkts abbilden.[621] Das Sachverständigengremium zur Überprüfung des deutschen Wertermittlungsrechts hat die Empfehlung formuliert, künftig das vereinfachte Ertragswertverfahren als Grundverfahren einzuführen und seine Priorität durch die Bezeichnung „Allgemeines Ertragswertverfahren" zu unterstreichen.[622] Das umfassende Ertragswertverfahren soll nach Ansicht des Gremiums dann folgerichtig in „Erweitertes Ertragswertverfahren" umbenannt werden und insbesondere für Bewertungsanlässe, bei denen die Bodenwertverzinsung eine relevante Rolle spielt, Anwendung finden, wie z. B. bei der Bewertung von Erbbaurechten.

Besonderheiten bei anomalen Ertragsverhältnissen

Wie gezeigt basieren die Verfahren zur Ertragswertermittlung unter impliziten Wachstumsannahmen auf der Prämisse eines nachhaltigen, für die gesamte Restnutzungsdauer des Bewertungsobjekts gleich bleibenden Reinertrags. Dabei wird die allgemeine wirtschaftliche Entwicklung mit Hilfe des Liegenschaftszinssatzes implizit berücksichtigt. In diesen Fällen kann die direkte Kapitalisierung des nachhaltigen Reinertrags bei gewissenhafter Ermittlung der Ausgangsdaten zu zutreffenden Ergebnissen führen.[623] In der beschriebenen Anwendungslogik erreichen die Verfahren jedoch nicht selten ihre Grenzen im Fall von anomalen Reinerträgen, bei denen die Anwendungsprämisse einer nachhaltigen Ertragssituation nicht aufrechterhalten werden kann. Die Anomalien können zum einen als alternierende Roherträge auftreten, die aus mietvertraglichen Besonderheiten wie z. B. mietfreien Zeiten, Staffelmieten, besonderen Regelungen zur Betriebskostenumlage sowie im Verhältnis zur Marktmiete niedrigeren oder höheren Mieten herrühren. Zum anderen kann das Grundstück oder das Gebäude unterhalb seiner Möglichkeiten genutzt sein. Außerdem können aus nicht ausreichender Instandhaltung in der Vergangenheit Instandhaltungsrückstände entstanden sein. Abb. 4.6 zeigt die Ausprägungen der Anomalien zunächst überblickartig auf. Möglichkeiten zur Berücksichtigung dieser Anomalien werden anschließend dargestellt.

---

[620] Vgl. Thomas, M. (1995a), S. 37; Kleiber, W. (2004), S. 198.
[621] Vgl. Münchehofe, M. (2006), S. 146, Königstein, M. (2005) S. 285; Baumunk, H. et al. (2002), S. 361; Thomas, M. (1995a), S. 38.
[622] Vgl. hierzu und nachfolgend BMVBS (2008), S. 46.
[623] Vgl. Thomas, M. (1995a), S. 38.

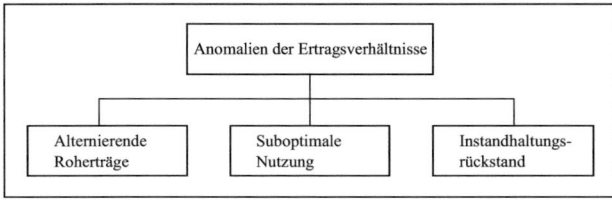

Abb. 4.6: Anomalien der Ertragsverhältnisse[624]

Die aufgezeigten Anomalien sind bei der Wertermittlung zu berücksichtigen. Dazu bestehen unterschiedliche mögliche Vorgehensweisen, die im Folgenden kurz dargestellt werden.

Berücksichtigung alternierender Roherträge

Die Anomalien hinsichtlich der Miethöhe[625] können durch Aufteilung des Betrachtungszeitraums in Perioden gleicher Ertragsverhältnisse berücksichtigt werden. Häufig national wie international angewendet werden hierzu die Zu- und Abschlagsverfahren sowie die Vervielfältigerdifferenzenverfahren.[626] Die Zu- und Abschlagsverfahren berücksichtigen Phasen abweichender Reinerträge durch Abzug eines Minderertrags vom nachhaltig erzielbaren Reinertrag oder durch Hinzurechnung eines Mehrertrags. Sind z. B. die ersten zwei Perioden der Restnutzungsdauer durch Mindererträge gekennzeichnet (M_RE$_{1-2}$), so sind diese vom nachhaltigen, dauerhaft erzielbaren Reinertrag (RE$_{1-n}$) abzusetzen, ggf. auftretende Mehrerträge der folgenden acht Perioden (M_RE$_{3-10}$) müssen auf den Bewertungsstichtag diskontiert und hinzugerechnet werden. Der Ertragswert errechnet sich entsprechend im vereinfachten Verfahren nach folgender Gleichung:

$$EW = RE_{1-n} \cdot V_{i_L(n)} - M\_RE_{1-2} \cdot V_{i_L(1-2)} + M\_RE_{3-10} \cdot V_{i_L(10-2)} \cdot (1+i_L)^{-2}$$

mit   EW   = Ertragswert

RE$_t$ = Reinertrag in den ertragsgleichen Perioden t

M_RE$_t$ = Mehr- bzw. Minderreinertrag in den Perioden t

V$_{iL(t)}$ = Vervielfältiger für die Perioden t

i$_L$ = Liegenschaftszinssatz

Gl. 4.4: Ertragswert im Zu-/Abschlagsverfahren

---

[624] Modifiziert entnommen bei Kleiber, W. (2005), S. 203.
[625] Ein Beispiel zur Berücksichtigung befristeter Förderungen im sozialen Wohnungsbau gibt Bachmann. Vgl. Bachmann, S. (2002), S. 240.
[626] Vgl. Simon, J. (1999), S. 139 ff.

Die Kapitalisierung erfolgt jeweils zum objektspezifischen Liegenschaftszinssatz, der Vervielfältiger bemisst sich außerdem nach der Dauer der Ertragssituation. Die nachstehende Abb. 4.7 illustriert das Verfahren.

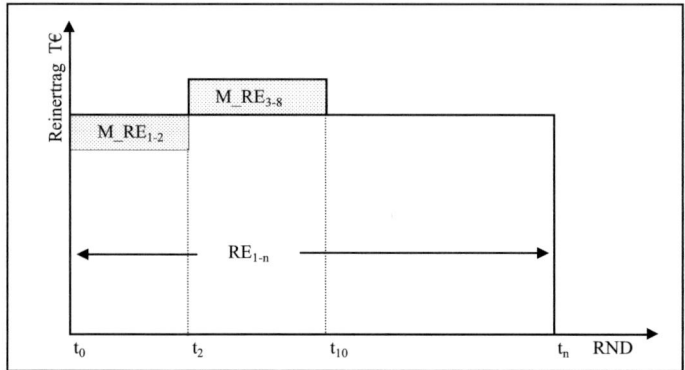

Abb. 4.7: Zu-/Abschlagsverfahren[627]

Im englischen Sprachgebrauch wird das Verfahren als „Hardcore"-Verfahren beschrieben, bei dem die Mindererträge vom nachhaltigen Reinertrag (Hard Core) ab- und Mehrerträge (Top Slice) zugerechnet werden.[628] Eine andere Darstellungsmöglichkeit bietet das Vervielfältigerdifferenzenverfahren, bei dem sich – hier verkürzend dargestellt[629] - der Ertragswert aus der Summe der jeweiligen diskontierten Ertragswerte der einzelnen, mit verschiedenen Reinerträgen belegten Phasen zusammensetzt. Es handelt sich damit um ein mehrperiodisches Ertragswertverfahren. Die Vervielfältiger der einzelnen Phasen werden dabei um die Diskontierung bereinigt. Unter Beibehaltung des obigen Beispiels würde sich der Ertragswert wie folgt errechnen:

$$EW = RE_{1-2} \cdot V_{i_L,2} + RE_{3-10} \cdot (V_{i_L,(10-2)} - V_{i_L,2}) + RE_{11-n} \cdot (V_{i_L,(n-10)} - V_{i_L,10})$$

mit　EW　= Ertragswert

　　　RE　= Reinertrag

　　　RE_t　= Reinertrag einer oder mehrerer Periode mit gleichen Ertragsverhältnissen

　　　$V_{iL(t)}$　= Vervielfältiger für die Perioden t

Gl. 4.5: Ertragswert im Vervielfältigerdifferenzenverfahren

---

[627]　Modifiziert entnommen bei Simon, J. (1999), S. 141.
[628]　Vgl. Kormaier, B. (2006), S. 381; Thomas, M. (1995b), S. 83.
[629]　Vgl. detaillierend zum Vervielfältigerdifferenzenverfahren Kleiber, W./Simon, J. (2007), S. 1385 f.; Vogels, M. (2004), S. 157 ff.

Im englischen Sprachgebrauch werden die Phasen unterschiedlicher Reinerträge in Term- und Reversion-Phasen unterschieden.[630] Abb. 4.8 verdeutlicht den Unterschied zum Zu-/Abschlagsverfahren.

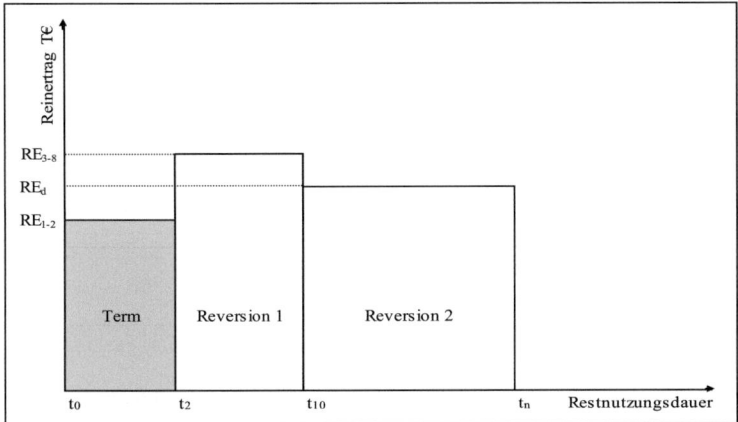

Abb. 4.8: Vervielfältigerdifferenzenverfahren[631]

Auf der Basis des Vervielfältigerdifferenzenverfahrens existiert eine Empfehlung des Bundesverbands der Immobilien-Investment-Sachverständigen e. V. (BIIS) zur marktwertkonformen Wertermittlung mittels DCF-Verfahren. Darin wird der Liegenschaftszinssatz zur Diskontierung genutzt und Perioden abweichender Ertragsverhältnisse explizit beplant.[632]

Berücksichtigung suboptimaler Grundstücksausnutzung

Eine suboptimale Grundstücksausnutzung kann vorliegen, wenn das für das Bewertungsobjekt einschlägige Baurecht nach Art oder Maß oder nach beiden Kriterien mit dem aktuell aufstehenden Gebäude nicht voll ausgenutzt wurde. Im Unterschied zu den alternierenden Reinerträgen setzt die Beseitigung dieser Anomalie bauliche Erweiterungsmaßnahmen am Bewertungsobjekt voraus. Somit setzt die Bewertung des ungenutzten Nutzungspotenzials die Planung einer alternativen besseren Ausnutzung voraus. Dazu sind die Bestimmung des Bodenwerts, der Freilegungskosten, der Baukosten des Alternativobjekts sowie ein Mietansatz für die künftige Nutzung durchzuführen.

---

[630] Vgl. Königstein, M. (2005), S. 286-287; Thomas, M. (1995b), S. 82.
[631] Modifiziert entnommen bei Kleiber, W./Simon, J. (2007), S. 1385.
[632] Vgl. BIIS (2006), S. 5 ff.

Methodisch ist dazu das Residualwertverfahren geeignet, über welches der Bodenwert des Grundstücks ermittelt werden kann. Dieses Verfahren ist jedoch nur sehr schwierig objektivierbar.[633] In diesen Fällen ist es ohnehin fraglich, ob die geringe Grundstücksausnutzung aus Sicht der IFRS als Anomalie der Ertragsverhältnisse gewertet werden darf. Aus der postulierten Bewertungseinheit von Grundstück und Gebäude[634] kann dazu festgestellt werden, dass zur Ermittlung des beizulegenden Zeitwerts Veränderungen am Bewertungsobjekt, die dessen Nutzbarkeit und damit verbunden dessen Ertragsverhältnisse deutlich verbessern, unberücksichtigt bleiben müssen.[635] Nutzungspotenziale infolge suboptimaler Grundstücksausnutzung bleiben deshalb im Wertermittlungsmodell außer Ansatz; sie können jedoch später der Plausibilisierung der nach anderen Verfahren ermittelten Werte dienen.[636]

Berücksichtigung eines möglichen Instandhaltungsrückstands

Größere Wohnimmobilienportfolios, insbesondere solche des sozialen Wohnungsbaus, können einen deutlichen Instandhaltungsrückstand aufweisen.[637] Die Berücksichtigung in der Ertragswertermittlung kann grundsätzlich auf drei Arten erfolgen. Zum einen können die Reinerträge um die zur Aufholung des Instandhaltungsrückstands notwendigen Mehraufwendungen gemindert oder um die Mindermieten gekürzt werden (Variante 1). Dabei ist jedoch nachteilig, dass die zu Objektivierungszwecken verwendeten marktüblichen Bewirtschaftungskosten nicht mehr verwendbar sind.[638] Ein anderer Weg ist deshalb die Ermittlung eines fiktiven Ertragswerts unter der Annahme eines ordnungsgemäß instand gehaltenen Objekts bei gleichzeitigem Abzug der zur Aufholung des Instandhaltungsrückstands notwendigen Instandsetzungskosten (Variante 2). Insofern mischen sich Elemente des Ertragswert- mit solchen des Sachwertverfahrens.[639] Bei erheblichem Instandhaltungsrückstand, der möglicherweise sogar Umnutzungen nahelegt, kann auch die Anwendung des Liquidationswertverfahrens in Betracht kommen (Variante 3).[640] Ein mögliches Verfahren zur Erhebung des Instandhaltungsrückstands in Wohnimmobilienportfolios wird unter Pkt. 5.5 entwickelt.

---

[633] Vgl. Groß, R. (1996), S. 24; Kleiber, W. (1996), S. 16 f.; Reck, H. (1995), S. 235.
[634] Vgl. IAS36.6; IFRS 5 Anhang A.
[635] Vgl. IAS 40.51.
[636] Vgl. die Ausführungen unter Pkt. 5.10.2.
[637] Die in der Kostenmiete enthaltenen Instandhaltungskostenansätze haben nicht ausgereicht, die Gebäude ausreichend instandzuhalten. Hierzu wird auf eine Studie der Wirtschaftsprüfungsgesellschaft Deloitte & Touche - Deutsche Baurevision verwiesen, in der ein durchschnittlicher Instandhaltungsbedarf i. H. v. 23 €/m² Wohnfläche ermittelt wurde. Vgl. Deloitte & Touche (2007), S. 13.
[638] Vgl. Kleiber, W./Simon, J. (2007), S. 1491.
[639] Vgl. ebenda, S. 1493.
[640] Vgl. Abb. 4.10.

Abb. 4.9 gibt einen Überblick über mögliche Lösungswege zur Berücksichtigung eines Instandhaltungsrückstands.

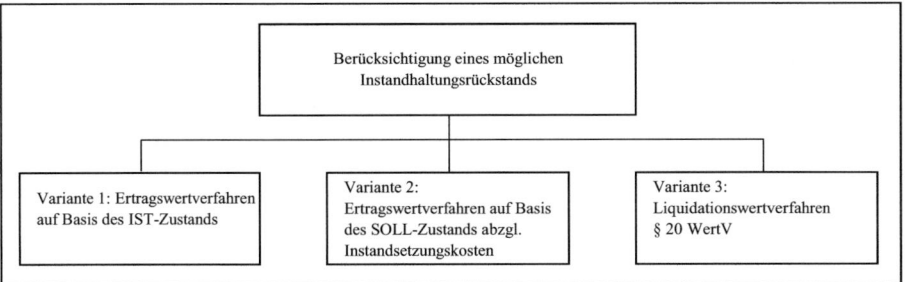

Abb. 4.9: Berücksichtigung eines Instandhaltungsrückstands[641]

Ertragswertverfahren mit expliziten Wachstumsannahmen

Die Ertragswertverfahren mit expliziten Wachstumsannahmen unterscheiden sich von den bisher dargestellten Verfahren im Wesentlichen durch die explizite Berücksichtigung individualisierter, differenzierter und prognosegestützter Annahmen.[642] Die zukünftigen Ertragserwartungen werden nicht mehr implizit über den Vervielfältiger und den zugrunde liegenden Kapitalisierungszinssatz ausgedrückt, sondern explizit über periodenspezifische Planung der Erlös- und Kostenpositionen sichtbar gemacht.[643] Sie sind damit bei genauer Betrachtung nichts anderes als eine konsequente Weiterentwicklung der zur Berücksichtigung anomaler Ertragsverhältnisse entwickelten, vorstehend dargestellten Verfahren. Insbesondere das Vervielfältigerdifferenzenverfahren kann ohne weiteres auf beliebig viele Ertragsphasen erweitert werden. Damit ist der Schritt zu den explizit periodenspezifisch geplanten prognoseorientierten Ertragswertverfahren, oder inhaltsgleich: DCF-Verfahren, lediglich ein kleiner.

Prognoseorientiertes Ertragswert- oder DCF-Verfahren

Zur Erläuterung des prognoseorientierten Ertragswertverfahrens, im Folgenden als DCF-Verfahren benannt, ist es zunächst zweckmäßig, die oben genutzte Darstellung der Wertermittlungsverfahren

---

641 Modifiziert entnommen bei Kleiber, W./Simon, J. (2007), S. 1492.
642 Vgl. Königstein, M. (2005), S. 288.
643 Vgl. Hinrichs, K./Schultz, E. (2003), S. 265 f.

beizubehalten. Das DCF-Verfahren ist durch eine zweiphasige Vorgehensweise gekennzeichnet. Die erste Phase umfasst den zumeist zehn bis fünfzehnjährigen Planungszeitraum innerhalb dessen das Bewertungsobjekt auf der Basis der Istsituation und der bestehenden mietvertraglichen Verhältnisse sowie erkennbarer Instandhaltungsrückstände hinsichtlich seiner Reinerträge explizit beplant wird.[644] Zum Ende des Planungszeitraums soll das Bewertungsobjekt nach Ausgleich möglicher Anomalien einen nachhaltigen Bewirtschaftungszustand erreicht haben, auf dessen Basis dann in Phase 2 implizit ein Restwert ermittelt werden kann. Schematisch ergibt sich damit folgende Darstellung:

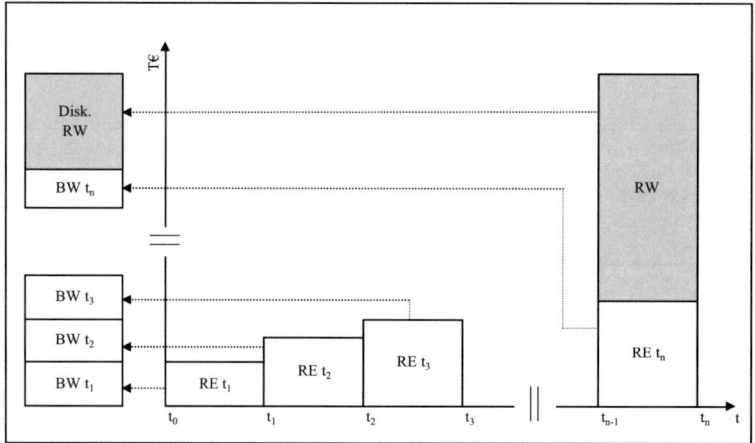

Abb. 4.10: DCF-Verfahren[645]

Zur Ermittlung des Ertragswerts im DCF-Verfahren werden die Reinerträge periodenspezifisch geschätzt und ebenso wie der Restwert auf den Bewertungsstichtag abdiskontiert. Der Diskontierungszins ist dabei kein empirischer Liegenschaftszins, sondern eine Kombination aus einem risikofreien fristenäquivalenten Zinssatz und objektspezifischen Risikozu- und -abschlägen.[646] Um die objektspezifischen Diskontierungszinssätze zu bestimmen, wird im Folgenden unter Pkt. 5.8.1 eine Verfahrensweise entwickelt. Das DCF-Verfahren kann in seiner Grundform durch nachstehende Gleichung 4.6 ausgedrückt werden.

---

[644] Vgl. Kleiber, W./Simon, J. (2007), S. 1500; Königstein, M. (2005), S. 288.
[645] Modifiziert entnommen bei Hinrichs, K./Schultz, E. (2003), S. 267.
[646] Vgl. Kleiber, W. (2004), S. 200; Baumunk, H. et al. (2002), S. 361.

$$EW = \sum_{t=1}^{n} RE_{t} \cdot (1+i_{D})^{-t} + RW \cdot (1+i_{D})^{-n}$$

mit   EW   = Ertragswert

RE_t   = Reinertrag der Periode t

RW   = Restwert in Periode n

i_D = Diskontierungszinssatz

Gl. 4.6: Grundform des DCF-Verfahrens

Anders als beim in der WertV normierten umfassenden Ertragswertverfahren existieren bislang keine Anwendungs- und Verfahrensvorschriften zum DCF-Verfahren. Jedoch ist dessen Anwendung im Rahmen der WertV bisher bereits zulässig[647] und zukünftig auch explizit für bestimmte Wertermittlungen empfohlen.[648]

4.5   Verfahren zur Bestimmung des Diskontierungszinssatzes

4.5.1   Nach IAS 40 verwendungsfähige Zinssätze

Die Regelungen des IAS 40 zur Ermittlung des beizulegenden Zeitwerts und – hier im Fokus – zur Ermittlung des Diskontierungszinssatzes beschränken sich auf die wenig konkreten Vorschriften des IAS 40.46 lit. c. Darin fordert das IASB die Verwendung eines Abzinsungssatzes, der die Einschätzung des Marktes hinsichtlich der Höhe und des zeitlichen Anfalls der erwarteten *Cash Flows* widerspiegelt. Weitere Hinweise finden sich jedoch nicht. Nach der oben entwickelten Auslegungshierarchie[649] sind neben dem allgemeingültigen Art. 3 Abs. 2 EG 1606/2002 und einer möglicherweise einschlägigen – bis dato nicht ergangenen – Rechtsprechung des EuGH zuerst innerhalb des Regelwerks verwandte Standards zu konsultieren. Erst danach dürfen die Verlautbarungen anderer Standardsetter und die Kommentare zu den Standards herangezogen werden.[650]

Als verwandter Standard innerhalb des Regelwerks kann der IAS 36 herangezogen werden, der u. a. die Ermittlung des Nutzungswerts regelt.[651] Zu beachten ist jedoch, dass der Nutzungswert wie oben ausgeführt auch unternehmensspezifische wertprägende Elemente enthält und deshalb die dor-

---

[647]   Vgl. Kleiber, W./Simon, J. (2007), S. 1500.
[648]   Vgl. BMVBS (2008), S. 46 f.
[649]   Vgl. zur Auslegungshierarchie Abb. 3.3.
[650]   Vgl. die Ausführungen unter Pkt. 3.2.1.
[651]   Vgl. die Ausführungen unter Pkt. 3.4.3.

tigen Regeln zur Bemessung des Diskontierungszinssatzes nicht ohne die Eliminierung dieser subjektiven Elemente zur Ermittlung des beizulegenden Zeitwerts genutzt werden dürfen. Nach IAS 36 ist zunächst sicherzustellen, dass die geschätzten Reinerträge über ihre Erlös- und Kostenindizierung die erwartete Inflation explizit berücksichtigen. Gleiches muss deswegen auch für die Bestimmung der Diskontierungszinssätze gelten.[652] Außerdem gilt der Grundsatz, die doppelte Erfassung von Risiken einerseits in den prognostizierten Reinerträgen und zusätzlich im Diskontierungszinssatz zu vermeiden.[653] Unter Beachtung dieser Voraussetzungen ist idealerweise ein Zinssatz für eine dem Bewertungsobjekt nach Risiko- und Laufzeitbetrachtung vergleichbare Finanzinvestition aus aktuellen Markttransaktionen abzuleiten.[654] Rekurrierend auf die oben dargestellte Intransparenz des Immobilienmarkts einerseits und die Heterogenität des Anlageguts Immobilie andererseits kann dieser Weg jedoch nicht weiter verfolgt werden.[655]

Ist ein dem Bewertungsobjekt unmittelbar entsprechender Zinssatz also vom Markt nicht abzuleiten, darf das bilanzierende Wohnungsunternehmen den Diskontierungszinssatz über Ersatzfaktoren abschätzen.[656] Im Anhang zu IAS 36 finden sich deswegen explizite Angaben zur Abschätzung des Abzinsungssatzes.[657] Danach ist zunächst ein Kapitalmarktzinssatz als Ausgangspunkt festzulegen.[658] Zu dessen Bemessung werden drei Wege vorgeschlagen. Zum einen ist es zulässig, die nach dem Capital Asset Pricing - Modell (CAPM)[659] ermittelten durchschnittlichen gewichteten Kapitalkosten heranzuziehen, welche ein Unternehmen mit nur einem einzigen Vermögensgegenstand hätte, der dem betrachteten Gegenstand hinsichtlich der zu erwartenden Zahlungsüberschüsse und des Risikos ähnelt.[660] Alternativ werden die Zinssätze für Neukredite des Unternehmens vorgeschlagen.[661] Sind diese schwer zu ermitteln, darf letztlich auch auf sonstige marktübliche Fremdkapitalsätze zurückgegriffen werden.[662] Es müssen jedoch Korrekturen an dem so gefundenen Ausgangszinssatz vorgenommen werden, um spezifische Risiken des Vermögenswerts zu berücksichtigen. Explizit genannt werden dabei das Währungs-, das Länder- und das Preisrisiko.[663]

---

[652] Vgl. IAS 36.40.
[653] Vgl. IAS 36.56.
[654] Vgl. Vater, Hendrik (2002), S. 536 f.
[655] Diese idealisierenden Annahmen des IAS 36 und IAS 40 erklären sich dadurch, dass durch diese Standards die Bewertungsregeln für Finanzinvestitionen auf Immobilien übertragen wurden. Für Finanzinvestitionen sind diese Bewertungsregeln durchaus anwendbar und vorteilhaft, da dort homogene Güter und börsentägliche Preisermittlungen, mithin ein aktiver Markt i. S. d. IFRS vorliegt; für die Immobilienbewertung sind sie jedoch ungeeignet. Vgl. Weber, C.-P. (2006), S. 464; Hoffmann, W.-D./Lüdenbach, N. (2003), S. 565.
[656] Vgl. IAS 36.57.
[657] Vgl. IAS 36. A 15.
[658] Vgl. IAS 36. A 17.
[659] Vgl. für eine grundlegende Darstellung des Capital Asset Pricing - Modells Schneider, D. (1992), S. 511 ff.
[660] Vgl. IAS 36. A17 lit. a; Schmidt, M. (1998), S. 813.
[661] Vgl. IAS 36. A17 lit. b.
[662] Vgl. IAS 36. A17 lit. c.
[663] Vgl. IAS 36. A18.

Der so entstehende Abzinsungszinssatz soll aber unabhängig von der Kapitalstruktur des bilanzierenden Unternehmens und ohne Berücksichtigung steuerlicher Effekte abgeschätzt werden.[664] Außerdem besteht die Anforderung, in Perioden unterschiedlichen Risikos unterschiedlich Abzinsungszinssätze zu verwenden.[665]

Weiterhin zu prüfen ist die Auslegung anhand der Verlautbarungen anderer Standardsetter. Ein solcher, dem IASB nahe stehender Standardsetter für Bewertungsfragen ist das International Valuation Standards Committee (IVSC).[666] Dieses äußert sich zur Wahl des Diskontierungszinssatzes vergleichsweise konkret. Zur Bemessung desselben dürfen zwar unterschiedliche Werte aus den Kapital- und Immobilienmärkten genutzt werden.[667] Es besteht jedoch eine eindeutige Präferenz für die Ermittlung des Diskontierungszinssatzes über das Verfahren des internen Zinssatzes.[668] Dabei wird unterstellt, dass zum Bewertungsstichtag eine der zu bewertenden Immobilie ähnliche Immobilie verkauft wurde. Außerdem wird unterstellt, dass deren Preis und Reinertrag bekannt ist. Ähnlich wie bei der Ermittlung von Liegenschaftszinsen ist hierzu jedoch ein transparenter Markt erforderlich, der die benötigten Daten bereitstellt. Auch White/Turner/Jenyon/Lincoln präferieren einen aus dem Transaktionsmarkt abgeleiteten Diskontierungszinssatz.[669] Die deutschen Kommentatoren zur Wertermittlungsverordnung Kleiber und Simon hingegen sehen die Lösung in der Objektivierung durch öffentlich verfügbare Kapitalmarktzinssätze als Ausgangspunkt und Berücksichtigung spezifischer Risiken über Zu- und Abschläge.[670]

Eine weitere Quelle zur Auslegung des IAS 40.46 lit. c ist die Literatur zur Rechnungslegung.[671] Darin findet sich jedoch keine einheitliche Meinung zu den Anforderungen an Diskontierungszinssätze. Vielmehr werden mehrere verschiedene Ermittlungsverfahren für zulässig gehalten. Beispielhaft genannt seien Weber/Baumunk/Pelz, die Liegenschaftszinssätze oder Nettoanfangrenditen präferieren,[672] wohingegen Frank auch den internen Zinssatz sowie das CAPM für zulässig hält.[673] Zülch arbeitet die Anforderung heraus, dass ein zur Ermittlung beizulegender Zeitwerte verwende-

---

[664] Vgl. IAS 36. A19, 20.
[665] Vgl. IAS 36. A21.
[666] Im Anhang B52 zu IAS 40 i. d. F. von 2002 wird in Zweifelsfällen zur Ermittlung des beizulegenden Zeitwerts auf die Verlautbarungen des IVSC verwiesen. Inzwischen hat sich das IVSC restrukturiert, um als internationaler Standardsetter durch das IASB anerkannt zu werden. Vgl. Kälberer, W. (2009), S. 328.
[667] Vgl. IVSC (2007), S. 269.
[668] Vgl. ebenda, S. 270.
[669] Vgl. White, D. et. al. (2003), S. 62.
[670] Vgl. Kleiber, W./Simon, J. (2007), S. 1510.
[671] Vgl. Abb. 3.3.
[672] Vgl. Weber, E./ Baumunk, H./Pelz, J. (2009), S. 93.
[673] Vgl. Frank, T. (2007), S. 61.

ter Diskontierungszinssatz geeignet sein, muss, die „zum Bewertungszeitpunkt vorherrschenden Marktverhältnisse und die Erwartungen der Marktteilnehmer"[674] auszudrücken.

Aus den getroffenen Auslegungen bleibt somit festzuhalten, dass sowohl eine Ableitung vom Kapitalmarkt als auch eine Ableitung vom Immobilienmarkt als zulässiges Verfahren zur Bestimmung des Diskontierungszinssatzes gesehen wird. Im Folgenden werden die genannten Verfahren kurz dargestellt und analysiert. Die aus den Investitionsrechnungen bekannten, aus Opportunitätskosten des Kapitals abgeleiteten Diskontierungszinssätze,[675] die lediglich einen investorenspezifischen Mindestverzinsungsanspruch an das eingesetzte Kapital ausdrücken sind für Bewertungszwecke nicht geeignet, da diese zu stark von den persönlichen steuerlichen und finanziellen Verhältnissen eines potenziellen Erwerbers abhängig sind.[676] Auf ihre Darstellung wird deshalb an dieser Stelle verzichtet.[677]

4.5.2 Ableitung aus dem Kapitalmarkt

Wie aus den Auslegungen entwickelt sind als grundsätzlich verwendungsfähige kapitalmarktabgeleitete Diskontierungszinssätze ein über das CAPM ermittelter Zinssatz sowie die unternehmensspezifischen oder aber die marktüblichen Fremdkapitalzinssätze näher zu betrachten.

Die Zinssätze für Neukredite des Unternehmens können ein geeigneter Risikoindikator sein, da sie grundsätzlich einen Indikator für die Risikoposition des Gesamtunternehmens darstellen.[678] Jedoch ist die Finanzierungsstruktur bei Immobilienunternehmen zumeist durch Objektfinanzierungen bestimmt, die sowohl das Unternehmensrisiko als auch das spezifische Objektrisiko berücksichtigen. Insofern kann lediglich in einem durchschnittlichen Objektfinanzierungszinssatz eine zulässige Annäherung gesehen werden. Auch Kleiber bestätigt diese Annahme für jene Immobilien, für die keine Liegenschaftszinssätze ermittelt werden können.[679] Die fremdkapitalbezogenen Zinssätze haben jedoch den systematischen Nachteil, dass sie die Bonitätssituation des Gesamtunternehmens oder Portfolios beinhalten und daher dem Grundsatz der Einzelbewertung der einzelnen Immobilie nicht gerecht werden können. Ihre Anwendung erscheint deshalb für die Ermittlung des Nutzungswerts

---

[674] Zülch, H. (2003), S. 259.
[675] Vgl. Münchehofe, M./Springer, U. (2006), S. 146.
[676] Vgl. IAS 40.43.
[677] Vgl. dazu die Ausführungen zur Investitionsrechnung unter Pkt. 2.5.2.
[678] Vgl. IAS 36. A17 lit. b.
[679] Vgl. Kleiber, W. (2005), S. 199.

durchaus zulässig, nicht aber für die Simulation des Kaufpreises, den ein fremder Dritter mit unbekannter Bonität zu zahlen bereit sein könnte. Zur Überführung eines solchen, zur Nutzungswertermittlung zulässigen Diskontierungszinssatzes in einen zur Ermittlung des beizulegenden Zeitwerts geeigneten Diskontierungszinssatz müssten also diese subjektiven Einflüsse eliminiert werden.

Eine weitere Möglichkeit ist die Anwendung des CAPM, das zur Erklärung der Preisbildung für risikobehaftete Kapitalanlagen entwickelt wurde.[680] Darin wird unterstellt, dass die investorenseitige Renditeerwartung für eine risikobehaftete Kapitalanlage sich aus einem risikolosen Basiszinssatz und einer Risikoprämie für die übernommenen systematischen Risiken zusammensetzt. Das systematische Risiko gibt dabei an, wie sich die Renditeschwankungen einer einzelnen Kapitalanlage oder einer Kategorie von Kapitalanlagen in Abhängigkeit von den Renditeschwankungen des Gesamtmarkts verhalten. Das spezifische Risiko der einzelnen Kapitalanlage, das sich unabhängig vom Gesamtmarkt ergibt, wird dabei als unsystematisches Risiko bezeichnet und nicht weiter betrachtet. Hierzu wird unterstellt, dass dieses durch eine breite Streuung der Anlagen neutralisiert werden kann.[681] Zur Einzelbewertung von Immobilien können diese Ausgleichsmechanismen jedoch keine Anwendung finden; dagegen spricht schon der Einzelbewertungsgrundsatz. Zu beachten ist überdies das oben aufgezeigte Gebot der Risiko- und Laufzeitkongruenz zwischen Zahlungsströmen und Diskontierungszinssatz.[682]

Übertragen auf die Immobilienbewertung bedeutet dies neben der noch vergleichsweise einfach zu lösenden Bestimmung eines risikolosen Basiszinssatzes[683] die Ableitung von Risiken aus dem Kapitalmarkt. Hierzu kann der Immobilienaktienmarkt beobachtet werden.[684] Das systematische Risiko der Anlageklasse Immobilienaktie muss gemessen werden im Verhältnis der Renditeschwankungen ebendieser Anlageklasse zu jenen des gesamten Aktienmarkts. Dieses Verhältnis wird durch den Betafaktor ausgedrückt.[685] Eine weitere Detaillierung nach den einzelnen Immobilienteilmärkten ist erforderlich.[686] Der Betafaktor gibt an, in welchem Verhältnis sich die Risikoprämie, hier ausgedrückt durch die Differenz zwischen der Rendite des Marktportfolios und dem risikolosen Basiszinssatz, bei Schwankungen des Gesamtmarkts verändert.

---

[680] Vgl. hierzu und im Folgenden Schneider, D. (1992), S. 511 ff.
[681] Diese Annahme beruht auf der Portfoliotheorie von Markowitz. Vgl. Markowitz (1952), S. 79 f.
[682] Vgl. Hens, M. (1998), S. 63; IAS 36.56.
[683] Der risikolose Basiszinssatz orientiert sich in der Bewertungspraxis am Zinssatz langfristiger staatsgarantierter Bundesanleihen. Vgl. Huschke, C. (2007), S. 141; Kleiber, W./Simon, J. (2007), S. 1512; Hinrichs, K./Schultz, E. (2003), S. 269. Diskutabel ist dabei die Verwendung eines langfristigen Durchschnittswerts oder aber die Verwendung eines zum Bewertungsstichtag gültigen Zinssatzes.
[684] Vgl. Wöhle, C. (2005), S. 220.
[685] Vgl. Zülch, H. (2003), S. 265.
[686] Vgl. Lorenz, D./Trück, S./Lützkendorf, T. (2006), S. 421 m. w. N.

Zur Einzelbewertung von Immobilien sind wie gezeigt auch die unsystematischen Risiken des einzelnen Bewertungsobjekts zu erfassen, da ein Risikoausgleich zwischen den Bewertungsobjekten bei bilanzieller Verwendung nicht zulässig ist. Damit ergibt sich für die Berechnung des Diskontierungszinssatzes eines Bewertungsobjekts nachstehende Gleichung:

$$i_D = i_B + \beta(r_M - i_B) + R_u$$

mit i_D = Diskontierungszinssatz

        i_B = Basiszinssatz

        β = Betafaktor

        r_M = Rendite des Marktportfolios

        R_u = unsystematisches Risiko des Bewertungsobjekts

Gl. 4.7: Bestimmung des kapitalmarktorientierten Diskontierungszinssatzes[687]

Gegen die Anwendung des kapitalmarktabgeleiteten Betafaktors sprechen zwei gewichtige Aspekte. Zum einen sind die Marktdaten, insbesondere die Marktrenditen, nicht hinreichend verfügbar.[688] Zum anderen ist das Verfahren unter dem Grundsatz der Einzelbewertung für die Zeitwertbewertung von Immobilien nur in dem einen theoretischen Fall zulässig, in dem eine Aktiengesellschaft lediglich eine zu bewertende Immobilie besitzt. Andernfalls würde die Gesamtheit der Immobilien der Aktiengesellschaft möglicherweise richtig bewertet, die Risiken der Einzelimmobilie jedoch nicht ausreichend berücksichtigt.[689] Hierzu müssten die unsystematischen Risiken des einzelnen Bewertungsobjekts zusätzlich integriert werden.

Selbst wenn es gelingen würde, eine hinreichende Datenbasis für Immobilienaktien zu generieren müsste zur Anwendung des Verfahrens unterstellt werden, dass die Renditeentwicklung der Immobilienaktien mit der Renditeentwicklung des gehaltenen Immobilienportfolios zumindest vergleichbar ist. Da die Entwicklung von Immobilienaktienwerten jedoch neben der Portfolioqualität auch von Unternehmensstrategie und Managementqualität abhängt, kann dieser Analogieschluss jedoch nicht gelingen. Lorenz/Trück/Lützkendorf haben festgestellt, dass sich die Betafaktoren aller sektoralen Immobilienteilmärkte nahe Null bewegen, eine Korrelation zwischen Kapitalmarkt- und Immobilienmarktrenditen mithin nicht nachweisbar ist.[690] Schließlich ist zu berücksichtigen, dass lediglich ein geringes Teilsegment der wohnungswirtschaftlichen Anbieter börsennotiert ist[691], was

---

[687]   Modifiziert entnommen ebd.
[688]   Vgl. Münchehofe, M./Springer, U. (2004a), S. 262.
[689]   Vgl. im Ergebnis gleich Zülch, H. (2003), S. 269.
[690]   Lorenz, D./Trück, S./Lützkendorf, T. (2006), S. 421.
[691]   Vgl. die Ausführungen zur Anbieterstruktur in der deutschen Wohnungswirtschaft unter Pkt. 2.1.2.

Analogieschlüsse aus dem Kapitalmarkt auf den Immobilienmarkt zusätzlich erschwert. Auch für die Unternehmensbewertung gesteht Coenenberg dem CAPM lediglich die Funktion einer „grundsätzlichen Leitidee" zu.[692] Das Verfahren eignet sich also nur auf Märkten mit niedrigen Transaktionskosten und hoher Transparenz und deswegen nicht für die Immobilienbewertung.[693] Die Vergangenheitsbetrachtung zur Ableitung des Betafaktors auf der Basis von Marktrenditen und Aktienkursschwankungen macht das Verfahren zudem zur Integration von Nachhaltigkeitsaspekten in die Immobilienbewertung unbrauchbar.[694] Hierin liegt jedoch ein wesentlicher Entwicklungsbedarf für die zukünftige Bewertungsmethodik und -praxis.[695]

Festzuhalten bleibt somit, dass die Ableitung von Diskontierungszinssätzen aus dem Kapitalmarkt nur eingeschränkt möglich ist. Eine Objektivierung des Basiszinssatzes ist möglich, der Risikozuschlag kann stattdessen mangels Konkretisierung für das einzelne Bewertungsobjekt nicht über den Kapitalmarkt objektiviert werden. Hier ist der Bewerter weiterhin auf sein Schätzermessen angewiesen, das gleichwohl strukturiert und systematisiert werden muss und kann, um dadurch intersubjektiv nachprüfbar zu werden. In ein solches Bewertungsschema für den Risikozuschlag könnten dann auch die bisher nicht berücksichtigten Nachhaltigkeitsaspekte integriert werden.

4.5.3 Ableitung aus dem Immobilienmarkt

Wie bereits erwähnt lassen sich aus dem Immobilienmarkt Vergleichspreise grundsätzlich nicht mit hinreichender Zuverlässigkeit ableiten.[696] Andere Vergleichsmaßstäbe sind jedoch durchaus diskutabel. Dazu zählen der Liegenschaftszinssatz, die Nettoanfangsrenditen sowie der interne Zinssatz des Bewertungsobjekts.

Verwendbarkeit des Liegenschaftszinssatzes

Der Liegenschaftszinssatz ist eine für die Wertermittlung in Deutschland bedeutende Einflussgröße. Er wird durch die Gutachterausschüsse empirisch aus dem Verhältnis von Reinerträgen und Kaufpreisen durch die Umkehrung des Ertragswertverfahrens ermittelt.[697] Er hat damit den Vorteil, öf-

---

[692] Vgl. Coenenberg, A. G. (1992), S. 107.
[693] Vgl. Münchehofe, M./Springer, U. (2004a), S. 261.
[694] Vgl. zur Einführung in die energie- und umweltrelevanten Gebäudemerkmale Thöne, C./ Lützkendorf, T./Lorenz, D. (2005), S. 85 ff.
[695] Vgl. Busch, H. (2009), S. 332; Lützkendorf, T./Lorenz, D. (2005), S. 229.
[696] Vgl. die Ausführungen unter Pkt. 4.4.2.
[697] Vgl. Kleiber, W./Simon, J. (2007), S. 1077 ff.

fentlich verfügbar und somit hinreichend zuverlässig zu sein. Allerdings hängt die Treffsicherheit eines Liegenschaftszinssatzes allein davon ab, ob das Bewertungsobjekt nach Art, Beschaffenheit und Lage dem Durchschnitt der in den veröffentlichten Liegenschaftszinssatz eingegangenen Grundstücke entspricht. Eine weitere Voraussetzung hierfür ist, dass am Standort des Bewertungsobjekts überhaupt Liegenschaftszinssätze veröffentlicht werden und diese über ausreichende Transaktionszahlen hinreichend repräsentativ sind. Letzteres ist erforderlich, um eine mögliche subjektive Beeinflussung der Transaktionspartner weitgehend auszuschließen, die zur Ermittlung des beizulegenden Zeitwerts unzulässig wäre.

Häufig werden daher die Liegenschaftszinssätze in den Grundstücksmarktberichten der Gutachterausschüsse lediglich in Bandbreiten[698] oder als Durchschnittswert einer Bandbreite mit Angaben zur Streuung der Werte[699] angegeben. Sommer/Kröll haben auf der Basis einer empirischen Untersuchung ein Verfahren entwickelt, welches anhand objektspezifischer Kriterien die innerhalb einer Bandbreite anzuwendenden Liegenschaftszinssätze ermittelt.[700] Die Kombination aus marktabgeleiteten Bandbreiten und einem anschließenden standardisierten Berechnungsschema für die Positionierung des Einzelobjekts innerhalb der Bandbreite scheint vor den Prüfpunkten der Relevanz und Zuverlässigkeit grundsätzlich vertretbar. Zu beachten ist jedoch, dass der Liegenschaftszinssatz sämtliche Erwartungen der Transaktionspartner für künftige Objektchancen und -risiken enthält. Diese sind jedoch im DCF-Verfahren bereits in den geplanten Einzahlungs- und Auszahlungsströmen enthalten. Deshalb ist bei Verwendung des DCF-Verfahrens die Gefahr einer Doppelberücksichtigung dieser Chancen und Risiken gegeben, die wie gezeigt bei der Ermittlung des beizulegenden Zeitwerts vermieden werden muss.[701] Soll der Liegenschaftszinssatz dennoch verwendet werden, sind diese Risikoelemente zu eliminieren, wozu die implizit enthaltene Wachstumsannahme zunächst überhaupt ermittelt und anschließend dem Liegenschaftszinssatz hinzugerechnet werden müsste.[702] Somit verbleiben selbst bei Nutzung der öffentlich verfügbaren Liegenschaftszinssätze subjektive Schätzelemente, die gleichwohl die Verwendung des Liegenschaftszinssatzes als weiter zu modifizierende Basis nicht ausschließen. Ohne diese Modifikationen wird eine hinreichende Zuverlässigkeit jedoch nicht erreicht werden können, was Münchehofe empirisch nachweist.[703]

---

[698] Vgl. z. B. Gutachterausschuss Pforzheim (2007), S. 65; Gutachterausschuss Stuttgart (2005), S. 50.
[699] Vgl. z. B. Gutachterausschuss München (2005), S. 25 f.
[700] Vgl. Sommer, G./Kröll, R. (1995), S. 290 ff.
[701] Vgl. IAS 40.43.
[702] Vgl. Petersen, H. (2006), S. 143.
[703] Vgl. Münchehofe, M./Springer, U. (2004b), S. 211.

Berechnung einer Anfangsrendite

Systematisch ähnlich kann die Ableitung des Diskontierungszinssatzes aus der Anfangsrendite eines Vergleichsobjekts erfolgen.[704] Auch hier wird der Zahlungsmittelüberschuss der Erwerbsperiode auf den Brutto-Kaufpreis bezogen.[705] Damit sind grundsätzlich die gleichen, beim Liegenschafts-zinssatz diskutierten Objektivierungsprobleme verbunden. Unterschiede bestehen jedoch hinsichtlich der publizierenden Institutionen. Anders als bei den beinahe „amtlichen" Liegenschaftszinssätzen werden Anfangsrenditen von einer Vielzahl von Institutionen wie Maklerhäusern, Banken und Ratingagenturen veröffentlicht,[706] allerdings ohne dabei flächendeckend verfügbar zu sein.[707] Die Anfangsrenditen einer oder mehrerer vergleichbarer Immobilien können lediglich dann als Diskontierungszinssatz verwendet werden, wenn das Bewertungsobjekt mit den Vergleichsobjekten hinreichende Ähnlichkeit aufweist. Andernfalls ist auch die Anfangsrendite lediglich als Ausgangsgröße nutzbar, die über objektspezifische Zu- und Abschläge an das Bewertungsobjekt anzupassen ist.

Außerdem ist im Einzelfall zu hinterfragen, ob der Reinertrag der – ausschließlich – betrachteten Erwerbsperiode repräsentativ für die weitere Entwicklung des Bewertungsobjekts ist. Untypisch hohe oder geringe Leerstandskosten oder Abweichungen der Vertragsmiete von der Marktmiete können diesen Reinertrag schnell verzerren. Die Integration von Nachhaltigkeitsaspekten kann kaum gelingen, da diese bereits in die historischen Kaufpreise eingeflossen sein müssten. Diese sind i. d. R. jedoch über mittelfristig orientierte Investorenkalküle entstanden, die vielfach bereits innerhalb von zehn Jahren Amortisation erreichen müssen und insofern die erst i. d. R. erst später wirkenden Vorteile nachhaltiger Immobilien nicht berücksichtigen konnten.[708] Eine weiter zu verfolgende Option ist es deshalb, diese Aspekte in die Modifikationen des über die Anfangsrendite gegebenen Ausgangszinssatzes einzubeziehen.[709]

Zum gleichen Ergebnis kommt auch Münchehofe, der nachweist, dass die Nettoanfangsrenditen von Immobilieninvestitionen lediglich bei Beachtung der Annahmerelevanz, d. h. bei Korrektur der Nettoanfangsrenditen nach Maßgabe der Entwicklung der übrigen, der Planung der Reinerträge zu

---

[704] Zur Definition der Anfangsrendite vgl. Gesellschaft für immobilienwirtschaftliche Forschung e. V. (2007), S. 30.
[705] Der Brutto-Kaufpreis enthält zusätzlich die Transaktionskosten.
[706] Zu den Emittenten dieser Informationen zählen u. a. die Maklerhäuser CB Richard Ellis und Jones Lang Lasalle, die Deutsche Bank und die Benchmarkagentur Investment Property Database (IPD).
[707] Vgl. Huschke, C. (2007), S. 138; Kleiber, W./Simon, J. (2007), S. 1514.
[708] Vgl. Lützkendorf, T./Lorenz, D./Thöne, C. (2006), S. 200-201.
[709] Eine weitere Möglichkeit der Berücksichtigung von Nachhaltigkeitsaspekten stellen Meins/Burkhard vor. Sie haben einen an die herkömmliche Bewertung anknüpfenden Korrekturfaktor entwickelt. Vgl. Meins, E./ Burkhard, P. (2009), S. 12 f.

Grunde liegenden Variablen, zu einem zutreffenden Diskontierungszinssatz führen können.[710] Auf diese Weise modifiziert können aus dem Immobilienmarkt abgeleitete Anfangsrenditen eine sinnvolle Basis für die Bestimmung von Diskontierungszinssätzen bilden. Verbesserungsnotwendigkeiten bleiben wie gezeigt jedoch auch hier bei der Erhöhung der Markttransparenz und der Integration von Nachhaltigkeitsaspekten.

Abschätzung eines internen Zinssatzes

Der interne Zinssatz ist jener Zinssatz, mit dem sich das Bewertungsobjekt im Betrachtungszeitraum durchschnittlich verzinst.[711] Er wird über ein Iterationsverfahren berechnet als derjenige Zinssatz, bei dem die Summe der diskontierten Zahlungsmittelüberschüsse und des diskontierten Restwerts mit den Anschaffungsauszahlungen übereinstimmt.[712] Zu seiner Bestimmung ist deshalb nicht nur die Kenntnis der Zahlungsmittelüberschüsse der Detailplanungsperiode sowie des Restwerts erforderlich. Darüber hinaus muss die Anschaffungsauszahlung aus den Kaufpreisen vergleichbarer Immobilien abgeleitet werden, die zeitnah über Markttransaktionen belegt werden müssen.[713] Sofern letzteres belastbar gelingt, liegen jedoch bereits mittelbare Vergleichspreise i. S. d. IAS 40.46 lit. b vor.[714] In diesen Fällen erübrigt sich jedoch die Anwendung des DCF-Verfahrens, da dieses in der Subsidiaritätsfolge des IAS 40.46 den Vergleichswertverfahren nachgeordnet ist. Gleichwohl ist es im Fall der Bewertung von Wohnimmobilienportfolios unwahrscheinlich, dass für jedes einzelne Bewertungsobjekt eine unmittelbar oder mittelbar vergleichbare Markttransaktion nachgewiesen werden kann.[715] Die Bestimmung des Diskontierungszinssatzes über das Verfahren des internen Zinssatzes erscheint daher praktisch irrelevant.[716]

4.5.4 Kombinierte Verfahren

Weiterhin zu nennen sind Mischformen aus den kapital- und immobilenmarktorientierten Verfahren, die insbesondere in der deutschen Wertermittlungspraxis zu beobachten sind.[717] Dabei wird der

---

[710] Vgl. Münchehofe, M. Springer, U. (2008), S. 166; a. A. sind Ruhnke/Schmidt und Lüdenbach/Hoffmann in früheren Beiträgen. Vgl. Ruhnke, K./Schmidt, M. (2003), S. 1049; Lüdenbach, N./Hoffmann, W.-D. (2003b), S. 1049.
[711] Vgl. die Ausführungen zur internen Zinssatzmethode unter Pkt. 2.5.2.
[712] Vgl. Thomas, M./Leopoldsberger, G./Waldbröhl, V. (2000), S. 424.
[713] Vgl. Zülch, H. (2003), S. 263.
[714] Vgl. zur mittelbaren Vergleichwertmethode die Ausführungen unter Pkt. 4.4.2.
[715] Dies ergibt sich bereits aus den produktbedingten Besonderheiten der Immobilie. Vgl. dazu die Ausführungen unter Pkt. 2.1.1.
[716] A. A. war noch 2003 das IVSC. Vgl. IVSC (2003), GN 9.5.1.2.
[717] Vgl. dazu und im Folgenden Kleiber, W./Simon, J. (2007), S. 1511 ff.

objektivierbare risikolose Basiszinssatz aus den Zinssätzen langfristiger staatsgarantierter Anleihen abgeleitet. Diese sollen langfristige, laufzeit- und risikoäquivalente Zinssätze sein, die sich am Bewertungsstichtag am Kapitalmarkt beobachten lassen. Hierzu können die Publikation der Deutschen Bundesbank herangezogen werden.

Der Risikozuschlag soll den risikolosen Basiszinssatz zusätzlich um die besonderen Risikoeigenschaften des Anlageguts Immobilie als sektorale Komponente sowie die landesspezifischen Risiken als regionale Komponente ergänzen. Dabei haben Kleiber/Simon Risikozuschläge von 1% bis 5% beobachtet.[718] Zur konkreten Ermittlung des Risikozuschlags können wiederum die Anfangsrenditen dienen. Werden diese um den risikolosen Basiszinssatz vermindert ergibt sich der Risikozuschlag. Insofern ähnelt das Verfahren jenem zur Bestimmung des Liegenschaftszinssatzes und ist mit daher auch mit den gleichen Problemen belastet. Typischerweise sind Anfangsrenditen wie Liegenschaftszinssätze nicht flächendeckend verfügbar und können somit nur als Ausgangspunkt zur Bemessung des Risikozuschlags dienen, der dann um objektspezifische Zu- und Abschläge verfeinert werden muss.

Der so gewonnene Diskontierungszinssatz kann dann noch um einen Inflationsabschlag korrigiert werden. Dies wird dann erforderlich, wenn der verwendete am Bewertungsstichtag ermittelte risikolose Basiszinssatz nicht bereits die allgemeinen Inflationserwartungen enthält. Gerade dies kann jedoch bei Verwendung der Rendite langfristiger staatsgarantierter Anleihen unterstellt werden.[719]

Weiterer Modifizierungsbedarf kann sich ergeben bei Einbeziehung der Gebäudeabschreibung in den Zinssatz. Die Alterswertminderung des Gebäudes ist im kapitalmarktabgeleiteten risikolosen Basiszinssatz nicht enthalten. Sie kann berücksichtigt werden durch Einrechnung eines Abschreibungsaufwands in den periodischen Reinertrag, durch Einrechnung eines Abschreibungszuschlags in den Diskontierungszinssatz oder durch den Ansatz von Modernisierungskosten. Jedoch ist die Ermittlung des Abschreibungsbetrags nicht objektivierbar, da dazu der Gebäudewert unabhängig vom Grundstück bekannt sein müsste. Auch ein Abschreibungszuschlag auf den Diskontierungszinssatz ist nicht zwangsläufig erforderlich, wenn dieser nur für den Detailplanungszeitraum verwendet wird und die Alterswertminderung in der unendlichen Restnutzungsdauer der ewigen Rente über einen Zuschlag auf den Kapitalisierungszinssatz berücksichtigt wird. Der Ansatz von Moderni-

---

[718] Vgl. ebenda, S. 1513.
[719] Vgl. ebenda., S. 1515.

sierungskosten schließlich ist als Erweiterung der bestehenden Nutzung nach den Prinzipien der IFRS nicht zulässig.[720]

Da der Ansatz von Inflationsabschlägen und Zuschlägen für Alterswertminderung nicht widerspruchsfrei zu argumentieren bzw. nach den IFRS nicht zulässig ist, soll die Ermittlung des Diskontierungszinssatzes über ein kombiniertes Verfahren durch die folgende Gleichung 4.8 ausgedrückt werden.

$$i_D = i_B + RZ_{r,s} + RZ_{BO}$$

mit i_D = Diskontierungszinssatz

i_B = Basiszinssatz

$RZ_{r,s}$ = Risikozuschlag für regionale und sektorale Risiken

RZ_{BO} = Risikozu-/-abschläge für spezifische Risiken des Bewertungsobjekts

Gl. 4.8: Bestimmung des Diskontierungszinssatzes mit kombinierten Verfahren

Ein auf diese Art aus Informationen des Kapitalmarkts und des Immobilienmarkts kombiniertes Verfahren erfüllt weitgehend die Anforderungen der Relevanz, aber auch der Zuverlässigkeit, wenn die Bestimmung der objektspezifischen Risikozu- und -abschläge über ein standardisiertes Verfahren abläuft. Ein weiterer Vorteil ist die Möglichkeit zur Berücksichtigung von Nachhaltigkeitsaspekten in den objektspezifischen Risikopositionen. Die rein aus dem Kapital- oder Immobilienmarkt abgeleiteten stichtagsbezogenen Diskontierungszinssätze lassen die explizite Berücksichtigung der Nachhaltigkeitsaspekte hingegen nicht zu. Ob und inwieweit diese bereits implizit enthalten sind kann i. d. R. mangels Detailinformationen zu den Transaktionsobjekten nicht nachvollzogen werden.

Wie aufgezeigt liegt in der Bestimmung des Diskontierungszinssatzes eine keineswegs leicht oder gar eindeutig lösbare Aufgabe des Bewerters. Das angesprochene Mengenproblem bei der Bewertung von Wohnimmobilienportfolios zwingt überdies zur Verwendung eines standardisierten und damit auch objektivierbaren Verfahrens zur Bestimmung objektkonkreter Diskontierungszinssätze. Im folgenden Kapitel 5 wird im Rahmen der Entwicklung eines eigenen Wertermittlungsmodells für Wohnimmobilienportfolios u. a. ein solches Verfahren ausgearbeitet, welches gleichwohl auf den vorstehend dargestellten Verfahrensalternativen basiert.

---

[720] Vgl. IAS 40.51.

5 Entwicklung eines Wertermittlungsmodells für Wohnimmobilienportfolios unter IFRS

5.1 Strukturierung des Wertermittlungsmodells

5.1.1 Festlegung des Konzepts zur Portfoliobewertung

Die oben dargestellten Wertermittlungskonzepte folgen bestimmten Zwecken und sind für die verschiedenen Bewertungsanlässe unterschiedlich opportun.[721] Wie gezeigt können die pauschalierten Verfahren lediglich erste, überschlägige Wertansätze vermitteln, die häufig zur ersten Einschätzung eines angebotenen Wohnimmobilienportfolios interessant sind. Sehr viel differenziertere Werte liefern die strukturierten Stichprobenverfahren, deren statistisch-rechnerische Genauigkeit jedoch lediglich einen zuverlässigen Gesamtportfoliowert liefert und damit nicht zu bilanzierungsfähigen Einzelwerten führt, da diese allenfalls einen Durchschnittscharakter besitzen würden. So verbleiben die strukturierten und isolierten Einzelbewertungsverfahren, von denen aus Gründen der Verfahrensökonomie und der Reproduzierbarkeit der Bewertung die strukturierten Verfahren zu präferieren sind. Für den Zweckdualismus, einerseits wertfokussiertes Controlling auf Einzelobjektebene zu ermöglichen und überdies bilanzierungsfähige beizulegende Zeitwerte zu ermitteln sind diese wie gezeigt am besten geeignet. Abb. 5.1 gibt einen zusammenfassenden Überblick über die Wertermittlungskonzepte, ihre Anwendungsbereiche und Eignung für Bilanzierungszwecke.

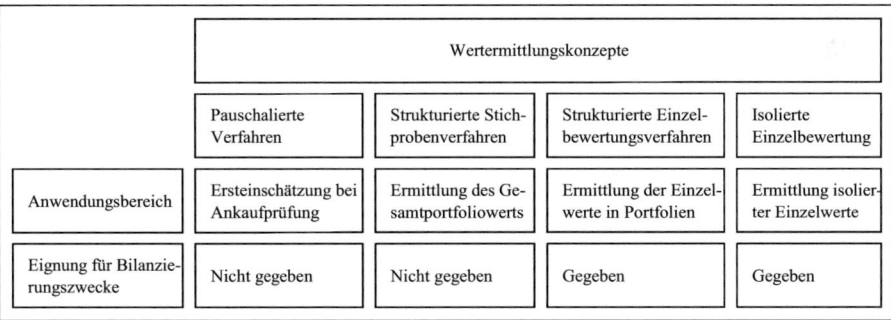

Wertermittlungskonzepte			
	Pauschalierte Verfahren	Strukturierte Stichprobenverfahren	Strukturierte Einzelbewertungsverfahren	Isolierte Einzelbewertung
Anwendungsbereich	Ersteinschätzung bei Ankaufprüfung	Ermittlung des Gesamtportfoliowerts	Ermittlung der Einzelwerte in Portfolien	Ermittlung isolierter Einzelwerte
Eignung für Bilanzierungszwecke	Nicht gegeben	Nicht gegeben	Gegeben	Gegeben

Abb. 5.1: Wertermittlungskonzepte

Gleichwohl verlieren die isolierten Einzelbewertungsverfahren nicht an Bedeutung. Sie finden regelmäßig Anwendung bei der stichprobenweisen Überprüfung der über das strukturierte Einzelbewertungsverfahren gewonnenen Werte. Dabei wird aber nicht die Struktur des Wertermittlungsmo-

---

[721] Vgl. die Ausführungen unter Pkt. 4.3.

dells korrigiert, sondern es werden lediglich die objektspezifischen Risikozu- und Risikoabschläge individuell gewichtet. Auch ein ggf. bestehender Instandhaltungsrückstand wird in diesen Fällen nach konkreten Aufmaßen bemessen.

5.1.2 Festlegung des Wertermittlungsverfahrens

Nach Vorstellung der zur Ermittlung des beizulegenden Zeitwerts nach IAS 40 zulässigen Wertermittlungsverfahren[722] soll nunmehr ein Verfahren ausgewählt werden, dass im Rahmen der Strukturierten Einzelbewertung sinnvolle Ergebnisse erzeugt und verfahrensökonomisch einsetzbar ist. Soll ein Wertermittlungsverfahren sowohl den Zwecken der Bilanzierung als auch der wertbasierten Unternehmenssteuerung entsprechen, so sind die divergierenden Anforderungen der Relevanz und der Zuverlässigkeit gegeneinander abzuwägen.[723] Wie gezeigt führen die Vergleichswertverfahren grundsätzlich zu den bestmöglich objektivierbaren und damit zuverlässigsten Werten, wenn sie auch allein auf Marktmechanismen beruhen und deshalb hinsichtlich ihrer Entstehung nicht transparent sein können. Sowohl unmittelbare als auch mittelbare Vergleichswerte stehen jedoch für die Wertermittlung in Deutschland derzeit nicht in ausreichendem Maße zur Verfügung.[724]

So ist die Wertermittlung den Vorschriften des IAS 40.46 lit. c entsprechend auf der Basis diskontierter Cash Flow-Prognosen vorzunehmen. Hierzu wurde festgestellt, dass die nationalen wie internationalen Ertragswertverfahren eine gemeinsame Grundform haben und lediglich divergierende nationale Ausgestaltungen bestehen. Die beiden Verfahrenskategorien der Ertragswertverfahren mit einerseits impliziten und andererseits expliziten Wachstumsannahmen beruhen beide auf Schätzungen der künftigen Reinerträge und auch der künftigen wirtschaftlichen Entwicklung, erstere in Form des nachhaltigen Reinertrags und des Liegenschaftszinssatzes,[725] letztere durch explizite Beplanung der einzelnen Perioden des Planungszeitraums und objektspezifischer Ableitung eines risiko- und fristenkongruenten Diskontierungszinssatzes. Damit kann die Verfahrenswahl innerhalb der nach IAS 40.46 lit. c zulässigen diskontierten Cash Flow-Prognosen nicht anhand des Kriteriums der Zuverlässigkeit entschieden werden.

---

[722] Vgl. die Ausführungen unter Pkt. 4.4.
[723] Vgl. zu diesen Anforderungen die Ausführungen unter Pkt. 3.2.3.
[724] Vgl. die Ausführungen zum unmittelbaren Vergleichswertverfahren unter Pkt. 4.4.1 und 4.4.2.
[725] Auch der Liegenschaftszinssatz enthält Schätzelemente, da er wie oben dargestellt nur in den wenigen Fällen ausreichend vieler Vergleichsobjekte und bei Einsichtsmöglichkeit in die Kaufpreissammlung zuverlässig ermittelt werden kann. Im Regelfall wird er anhand von Standort- und Objektmerkmalen zu schätzen sein. Vgl. Sommer, G./Kröll, R. (1995), S. 290-292.

Nach dem Kriterium der Relevanz hingegen haben die Verfahren mit impliziten Wachstumsannahmen geringfügige Nachteile, da die gesamte zukünftige Erwartung im nachhaltigen Reinertrag und im Liegenschaftszinssatz auszudrücken ist. Anders verhält es sich bei den Verfahren mit expliziten Wachstumsannahmen, die dem Bilanzadressaten, dem Abschlussprüfer und dem Controller die erwartete Entwicklung des Bewertungsobjekts über den Planungszeitraum explizit aufzeigen.

Das DCF-Verfahren präsentiert sich auf den ersten Blick, wie auch die alternative Bezeichnung „prognoseorientiertes Ertragswertverfahren"[726] bereits nahelegt, als vergleichsweise unsicheres, weil an zukünftigen Erträgen ausgerichtetes Verfahren. Auch die Bestimmung des Diskontierungszinssatzes lässt sich anders als beim Liegenschaftszinssatz nicht ohne weiteres empirisch fundieren. Zur Ermittlung des Diskontierungszinssatzes wird an dieser Stelle die Annahme getroffen, dass sich angesichts der hinsichtlich der Objektmerkmale und Nutzungsmöglichkeiten weitgehend homogenen Wohnimmobilienportfolios hinreichend objektivierende Ermittlungsverfahren entwickeln lassen werden.[727] Bei Anomalien der Ertragsverhältnisse wird jedoch die Stärke des DCF-Verfahrens deutlich. Die Wohnungsportfolios der ehemals gemeinnützigen Wohnungsunternehmen und auch jene der industrieverbundenen Wohnungsunternehmen weisen häufig die Anomalien eines Instandhaltungsrückstands und nicht selten auch eine „Underrented"[728] –Situation auf. Dies resultiert i. W. aus den mietenpolitisch gering gehaltenen Instandhaltungskostenanteilen in der Kostenmiete bei öffentlicher Förderung. Da das Wertermittlungsmodell insbesondere von diesen Unternehmen genutzt werden wird[729] soll es deshalb im Folgenden als Strukturiertes Einzelbewertungsverfahren in Anwendung des DCF-Verfahrens konzipiert werden. Ein wichtiger weiterer Aspekt ist die Testierfähigkeit der beizulegenden Zeitwerte bei ihrer bilanziellen Verwendung. Insofern bildet die Zuverlässigkeit der Wertermittlung sowie ihrer Eingangsgrößen ein wesentliches Kriterium der Entwicklung des Wertermittlungsmodells. Die IFRS tragen der Anforderung der Zuverlässigkeit Rechnung durch die Verpflichtung des bilanzierenden Wohnungsunternehmens zu einer detaillierten Angabe der wertbeeinflussenden Parameter im Anhang.[730]

Da die Betrachtung auf das IFRS-Controlling deutscher Wohnungsunternehmen abstellt, sollen die in Deutschland verwendeten Regelungen zur Wertermittlung den Ausgangspunkt der Überlegungen bilden. Dies steht wie gezeigt wegen der Vergleichbarkeit der Wertermittlungsverfahren und ihrem gemeinsamen Ursprung nicht im Gegensatz zum internationalen Harmonisierungsbestreben der

---

[726] Vgl. Kleiber, W./Simon, J. (2007), S. 1498.
[727] Dies erfolgt in Pkt. 5.8.1.
[728] Vgl. zum Begriff „Underrented" und „Overrented" Thomas, M. et al. (2000), S. 426.
[729] Sie gehören vielfach bereits heute zu den kapitalmarktorientierten Wohnungsunternehmen oder werden durch Ratinganforderungen zur kontinuierlichen Wertermittlung verpflichtet. Vgl. Pkt. 2.1.2.
[730] Vgl. zu den erweiterten Anhangangaben Baetge, J. et al. (2002b), S. 420.

IFRS-Rechnungslegung; vielmehr erfordern die IFRS die Ausfüllung der auslegungsfähigen Normen mit nationalen Regelungen, auch zur Wertermittlung.[731] Diese haben allein in Deutschland den Charakter von Gesetzen, Rechtsverordnungen und Richtlinien,[732] wohingegen im angelsächsischen Raum die berufsständischen Organisationen der Bewertungssachverständigen als Standardsetter fungieren.[733]

5.1.3 Festlegung des Verfahrens zur Bestimmung des Diskontierungszinssatzes

Wie oben aufgezeigt lassen sich Diskontierungszinssätze weder aus dem Kapital- noch aus dem Immobilienmarkt widerspruchsfrei ableiten. Die IFRS fordern jedoch vor dem Hintergrund des Einzelbewertungsgrundsatzes einen objektspezifischen Diskontierungszinssatz, der einerseits im Sinne der Relevanz die Risikoposition des Bewertungsobjekts bestmöglich abbildet, andererseits aber im Sinne der Zuverlässigkeit hinreichend objektivierbar ist. Es konnte nachgewiesen werden, dass die Ableitung eines risikolosen Basiszinssatzes vom Kapitalmarkt möglich ist, nicht aber die Ableitung eines Risikozuschlags. Zur Bemessung desselben bleibt deswegen das subjektive Schätzermessen des Bewerters als einzige Lösung. Um den beschriebenen bilanzrechtlichen Anforderungen der IFRS zu genügen ist dieses Schätzermessen jedoch möglichst weit durch standardisierte Ermittlungsschemata einzuschränken.

Die anzuwendenden objektspezifischen Diskontierungszinssätze sollen deshalb aus einer Mischung aus Kapital- und Immobilienmarktinformationen im kombinierten Verfahren ermittelt werden. Hierzu wird der risikolose Basiszinssatz wie beschrieben aus der Umlaufrendite langfristiger staatsgarantierter Anleihen abgeleitet. Der Risikozuschlag erfolgt zunächst pauschal für das gesamte Bewertungsportfolio nach regionalen und sektoralen Risiken. Die berücksichtigten Risiken umfassen dabei die allgemeinen Risiken der Anlageform in Immobilien sowie die regionalen Risiken des Bewertungsportfolios.

Zur Erfüllung des Relevanzkriteriums sollen die objektspezifischen Chancen und Risiken möglichst vollständig erfasst werden. Um gleichzeitig zuverlässige, intersubjektiv nachprüfbare Diskontie-

---

[731] Vgl. zur Auslegungshierarchie im Regelwerk der IFRS Pkt. 3.2.3.

[732] Im Rahmen dieser Arbeit sind insbesondere relevant die WertV, die WertR, die BelWertV sowie die II. BV.

[733] Wichtige internationale Standardsetter sind die RICS, die ihre Regelungen im „Red Book" kodifiziert hat, das amerikanische IVSC, dessen Standards im „White Book" kodifiziert sind sowie in Europa TEGoVA, die in ihrem „Blue Book" i. W. eine begriffliche Vereinheitlichung umgesetzt haben. Vgl. weiterführend Trotz, R. (2005), S. 294; Kleiber, W. (2000), S. 321-322 und zu den genannten Werken IVSC (2007); RICS (2003); TEGoVA (2003).

rungszinssätze zu erhalten, ist zur Bemessung der objektspezifischen Zu- und Abschläge ein transparentes standardisierbares Verfahren zu entwickeln.[734]

Wie oben entwickelt soll das Wertermittlungsmodell somit als strukturiertes Einzelbewertungsverfahren unter Anwendung des DCF-Verfahrens mit auf der Basis kombinierter Verfahren ermittelten Diskontierungszinssätzen konzipiert werden. Einen Überblick über die diskutierten Lösungsmöglichkeiten und den eingeschlagenen Lösungsweg gibt die folgende Abb. 5.2.

Lösungsweg zur Strukturierung des Wertermittlungmodells				
Konzepte zur Portfoliobewertung	Pauschalierte Verfahren	Strukturierte Verfahren		Isolierte Einzelbewertung
		Strukturierte Stichproben-verf.	Strukturierte Einzelbewer-tungsverf.	
Verfahren zur Portfoliobewertung	Vergleichswert-verfahren	Ertragswertverfahren mit impliziten Wachstumsannahmen		Ertragswertverfahren mit expliziten Wachstumsannahmen
Verfahren zur Bestimmung des Diskontierunszinssat	Kapitalmarktab-geleitete Verfahren	Immobilienmarktabgeleitete Verfahren		Kombinierte Verfahren

Abb. 5.2: Lösungsweg zur Strukturierung des Wertermittlungsmodells

5.2 Detaillierung des IFRS-Wertermittlungsmodells

Zur spezifischen Ausprägung des IFRS-Wertermittlungsmodells ist zunächst ein auf alle Bewertungsobjekte anwendbares DCF-Verfahren festzulegen.[735] Die DCF-Verfahren beruhen auf aktuellen Berechnungen der in der Detailplanungsphase erwarteten jährlichen Reinerträge, deren Abzinsung sowie der Bestimmung eines Restwerts zum Ende des Planungszeitraums.[736] Zur transparenten und zuverlässigen Berechnung dieser Werteelemente werden im Folgenden Lösungsansätze entwickelt. Anschließend werden Verfahren zur objektspezifischen oder teilportfoliospezifischen Erhebung der Eingangsdaten untersucht.

---

[734] Vgl. die Ausführungen unter Pkt. 5.8.1.
[735] Mit dem DCF-Wertermittlungsmodell der Gesellschaft für immobilienwirtschaftliche Forschung e. V. besteht ein erster Ansatz zur Standardisierung des DCF-Verfahrens. Vgl. Altmeppen, H. (2006), S. 500.
[736] Vgl. TEGoVA (2003), A 1.48.

5.2.1 Detailplanungsphase

Im Hinblick auf die typischen Planungshorizonte von Immobilieninvestoren[737] wird die auch in der deutschen Wertermittlungspraxis präferierte Planungsdauer von zehn Jahren übernommen.[738] Damit kann zwar einerseits der Transparenzanforderung Rechung getragen werden, andererseits verringert sich mit einem längeren Planungszeitraum die Zuverlässigkeit der Annahmen.[739] Jedoch erweist sich der zehnjährige Planungszeitraum als sinnvoll, da dabei unterstellt werden kann, dass sich innerhalb dieses Zeitraums einerseits Anomalien der Ertragsverhältnisse ausgleichen lassen[740] und andererseits eine zuverlässige Planung über diesen Zeitraum hinaus schlichtweg kaum möglich ist. Die zu planenden Zahlungsströme werden ausgehend von den Istwerten der Erlös- und Kostenpositionen der letzten abgeschlossenen Periode anhand im Folgenden zu definierender Parameter über den Planungszeitraum weiterentwickelt. Dabei wird eine möglichst zuverlässige Schätzung der Erlös- und Kostenpositionen angestrebt.

Der durch die Vorschrift des IAS 40.40 für die Ermittlung beizulegender Zeitwerte geforderte Ansatz vertraglich gesicherter und damit objektivierter Mieterlöse spielt in der Wohnraumbewirtschaftung eine geringere Rolle, da ein Wohnungsmietvertrag laufzeitunabhängig mit drei Monaten Kündigungsfrist enden kann. Überdies sind Nachvermietungsannahmen aufgrund des feineren Risikoprofils wesentlich unproblematischer zu treffen. Die zukünftige Mietentwicklung hängt daher i. W. von der Marktmietenentwicklung am Standort und den technischen Maßnahmen am Objekt ab. Die Kostenansätze sollen anhand empirischer Durchschnittssätze in normalisierten Bewirtschaftungssituationen bestimmt werden.[741] Hierzu bestehen in der deutschen Wertermittlungspraxis belastbare Anhaltspunkte.[742] Voraussetzung für die Anwendung kalkulatorischer Kostensätze ist es jedoch, das Bewertungsobjekt in einen normalisierten Instandhaltungszustand zu versetzen.[743] Dies soll durch den Abzug eines ggf. bestehenden Instandhaltungsrückstands erreicht werden.[744]

---

[737] Vgl. TEGoVA (2003), A 1.53.
[738] Vgl. Kleiber, W./Simon, J. (2007), S. 1500; Leopoldsberger, G. (2006), S. 197; Hinrichs, K./Schultz, E. (2003), S. 270.
[739] Vgl. grundlegend zu diesem Spannungsfeld die frühe Arbeit von Baetge. Baetge, J. (1970), S. 167-173.
[740] Vgl. Leopoldsberger, G. (2006), S. 197.
[741] Vgl. Gesellschaft für immobilienwirtschaftliche Forschung e. V. (2006), S. 4.
[742] Zu verweisen ist auf die Regelungen des 4. Abschnitts der II. Berechnungsverordnung, die Wertermittlungsrichtlinien, die Beleihungswertverordnung und dort insbes. die Anlage 1.
[743] Dies ist ein Instandhaltungszustand, in dem sich ein Bewertungsobjekt befindet, das unter Beachtung der „Grundsätze ordnungsgemäßer Bewirtschaftung" bewirtschaftet wird. Vgl. Kleiber, W./Simon, J. (2007), S. 1658.
[744] Vgl. hierzu die Darstellung unter Pkt. 5.7.

Innerhalb der Bewirtschaftungsphase werden die periodenspezifisch geplanten Reinerträge, ggf. nach Berücksichtigung von Aufwendungen zur Aufholung eines Instandhaltungsrückstands, auf den Bewertungsstichtag diskontiert.[745] Die Summe der periodenspezifisch ermittelten Barwerte ergibt den Gesamtbarwert der Bewirtschaftungsphase. Die folgende Abb. 5.3 verdeutlicht die Rechenlogik des Wertermittlungsmodells.

Wertermittlung 4711 Musterhausen, Musterstr.1	WE 0815007-101						
	2007	2008	2009	2010	2011	#	2017
Bewirtschaftungserlöse TEUR p.a.	24,4	25,2	26,1	26,9	27,8	#	33,4
Sollmieten TEUR p.a. Wohnen	24,4	25,2	26,1	26,9	27,8	#	33,4
Sollmieten TEUR p.a. (Generalmietverhältnis)							
Sollmieten TEUR p.a. Förderungen							
Sollmieten TEUR p.a. (Angleich Marktmiete)	24,4	25,2	26,1	26,9	27,8	#	33,4
Sollmiete EUR/qm	*5,51*	*5,69*	*5,88*	*6,08*	*6,28*	#	*7,54*
Marktmiete EUR/qm	*6,50*	*6,60*	*6,70*	*6,80*	*6,90*	#	*7,54*
Jahr der Mieterhöhung	*2005*	*2008*	*2009*	*2010*	*2011*	#	*2017*
Bewirtschaftungskosten TEUR p.a.	7,2	7,3	7,5	7,7	7,8	#	8,9
Erlösschmälerung %	2,5%	2,5%	2,5%	2,5%	2,5%	#	2,5%
Erlösschmälerung TEUR p.a.	0,6	0,6	0,7	0,7	0,7	#	0,8
Instandhaltung Garagen, lfd. TEUR p.a.	0,0	0,0	0,0	0,0	0,0	#	0,0
Instandhaltungskosten, lfd. TEUR p.a.	4,7	4,8	4,9	5,0	5,1	#	5,7
Verwaltungskosten TEUR p.a.	1,5	1,5	1,6	1,6	1,6	#	1,8
Nicht uml. BeKo TEUR p.a.	0,4	0,4	0,4	0,4	0,4	#	0,5
Erbbauzinsen TEUR p.a.	0,0	0,0	0,0	0,0	0,0	#	0,0
Abbau Instandhaltungrückstand TEUR		10,4	0,0	0,0	12,0	#	0,0
Reinertrag TEUR	17,2	7,5	18,6	19,3	8,0	#	24,5
Barwertige Reinerträge Perioden TEUR		7,1	16,7	16,4	6,5	#	14,4
Gesamtbarwert Bewirtschaftungsphase TEUR	112,5						
Reinertrag 2017 TEUR	24,5	undisk.					
Restwert undiskontiert (Rentenbarwert) TEUR	463,08	undisk.		Kap.Zinss.	Disk.Zinss.		
Restwert diskontiert TEUR	271,1	disk.		5,30%	5,50%		
Gesamtbarwert TEUR	383,6	1.038,07 EUR/m²					

Abb. 5.3: DCF-Modell zur Wertermittlung

5.2.2 Aufholung eines möglichen Instandhaltungsrückstands

Zu den Anomalien der Ertragsverhältnisse kann ein im Bewertungsobjekt bestehender Instandhaltungsrückstand gehören.[746] Da für die Planung der Reinerträge wie oben dargestellt eine normalisierte Bewirtschaftungssituation unterstellt wird, dürfen die Aufwendungen zur Aufholung des Instandhaltungsrückstands nicht in den periodischen Instandhaltungskosten enthalten sein. Ebenso wenig berücksichtigt der Ansatz für die Marktmiete die durch den Instandhaltungsrückstand repräsentierten Mängel des Bewertungsobjekts. Die gesamte geplante Bewirtschaftungssituation des Be-

---

[745] Vgl. Wöhle, C. (2005), S. 215f.
[746] Vgl. zu anomalen Ertragsverhältnissen die Ausführungen unter Pkt. 4.4.3.

wertungsobjekts unterstellt, dass der Instandhaltungsrückstand vollständig innerhalb des DCF-Planungszeitraums aufgeholt wird. Modelltheoretisch vollzogen wird dies nach Variante 3 der Abb. 4.9 durch Berücksichtigung der Instandsetzungskosten zur Aufholung des Instandhaltungsrückstands in den Reinerträgen der Perioden, in denen die Aufholung erfolgt.[747] Das Verfahren zur Ermittlung des Instandhaltungsrückstands wird später unter Pkt. 5.5 entwickelt.

5.2.3 Bestimmung des Restwerts

Zur Bestimmung des Restwerts bestehen grundsätzlich verschiedene Möglichkeiten. So werden für die Verkehrswertermittlung in Deutschland nachstehende drei Alternativen für zulässig gehalten:[748]

- Schätzung eines Verkaufspreises,
- Ermittlung eines umfassenden Ertragswerts nach den §§ 15 f. WertV,
- Ermittlung eines vereinfachten Ertragswerts mithilfe eines empirischen Vervielfältigers.

Während die bloße Schätzung eines zukünftigen Verkaufspreises nicht hinreichend genug zuverlässig erscheinen muss, ist die Ermittlung eines umfassenden Ertragswerts ebenfalls nicht möglich, da zukünftige Liegenschaftszinssätze nicht empirisch ermittelt werden können.[749] So bleibt das vereinfachte Ertragswertverfahren als zulässige Variante zur Ermittlung des Restwertes für Wohnimmobilienportfolios mit ausreichend langer Restnutzungsdauer.[750] In Umkehrung der oben vorgestellten Gleichung für das vereinfachte Ertragswertverfahren

$$EW = RE \cdot V$$

mit   EW   = Ertragswert

        RE   = nachhaltiger Reinertrag

        V   = Vervielfältiger

Gl. 4.3: Vereinfachte Ertragswertberechnung

ergibt sich mit $V=1/i_K$ [751] eine auf den Eingangsgrößen Reinertrag und Kapitalisierungszinssatz basierende vereinfachte Ertragswertberechnung, die in nachstehender Gleichung formuliert ist.

---

[747] Dies entspricht auch den Vorschriften der Beleihungswertermittlungsverordnung. Vgl. § 11 Abs. 4 BelWertV.
[748] Vgl. Kleiber, W./Simon, J. (2007), S. 1501.
[749] Vgl. Sommer, G./Hausmann, A. (2006), S. 139 f.
[750] Vgl. die Ausführungen unter Pkt. 4.4.3.
[751] Vgl. Thomas, M. et al. (2000), S. 440.

$$EW = \frac{RE}{i_K}$$

mit   EW   = Ertragswert

    RE   = nachhaltiger Reinertrag

    i_K = Kapitalisierungszinssatz

Gl. 5.1: Abgewandelte vereinfachte Ertragswertberechnung

Der Reinertrag in der letzten Planungsperiode des Bewirtschaftungszeitraums wird ohnehin bei der Planung der Bewirtschaftungsphase ermittelt. Zu untersuchen ist im weiteren Gang der Untersuchung noch, welcher Zinssatz, hier noch bewusst als „Kapitalisierungszinssatz" offen gehalten, dabei zur Anwendung kommen sollte.

5.3 Planung der Roherträge

Wie oben ausgeführt wurde im einperiodischen Ertragswertverfahren eine nachhaltig erzielbare Miete innerhalb einer nachhaltigen Bewirtschaftungssituation angesetzt. Im Ertragswertverfahren mit expliziten Wachstumsannahmen, dem DCF-Verfahren, ist nun ausgehend von der heutigen Miete deren zukünftige Entwicklung abzuschätzen. Wertermittlungen für Gewerbeobjekte berücksichtigen dazu die mietvertragliche Vereinbarungen zu Mietentwicklung, Vertragslaufzeiten und optionalen Vertragsverlängerungen, ggf. zu veränderten Konditionen. Zur Beplanung der Mieterlöse bei Wohnraum ist eine abweichende Systematik zu entwickeln, da der Wohnungsmietvertrag einerseits asymmetrisch zugunsten des Mieters mit einer Frist von 3 Monaten kündbar ist und andererseits die Miethöhe durch verschiedene Mechanismen reguliert ist. Zur Beplanung der Roherträge werden daher im Folgenden für den preisfreien Wohnraum, den preisgebundenen Wohnraum und für Generalmietverhältnisse entsprechende Ansätze entwickelt.

5.3.1 Preisfreier Wohnraum

Die Planung der Mieterlöse beginnt mit der Analyse der aktuellen Ertragssituation. Dazu werden die vertraglich gesicherten Mieterlöse der letzten abgeschlossenen Berichtsperiode als Ausgangswert verwendet. Bei der Betrachtung der Mieterlöse wird auf die Darstellung der Betriebskostenumlagen verzichtet und stattdessen auf die Nettokaltmiete abgestellt. Nachstehende Abb. 5.4 gibt einen Überblick über die im Rahmen dieser Arbeit verwendeten Mietbegriffe.

Mietbegriffe	
Grundmiete (Nettokaltmiete)	Sollmiete (Vertragsmiete, Nettokaltmiete)
+ Verbrauchsunabhängige Betriebskosten	- Erlösschmälerungen aus Leerstand
= Bruttokaltmiete (Teilinklusivmiete)	- Erlösschmälerungen aus Mietminderungen
+ Verbrauchsabhängige Betriebskosten	- Erlösschmälerungen aus Mietrückständen
= Bruttowarmmiete (Inklusivmiete)	= Istmiete

Abb. 5.4: Mietbegriffe[752]

Die Nutzung der Sollmiete als Ausgangspunkt der weiteren Planung entspricht der Forderung des IAS 40.40 S. 1, wonach die Mieterträge aus den gegenwärtigen Mietverhältnissen abzuleiten sind. Außerdem sind auf der Basis der aktuellen Marktbedingungen vertretbare Annahmen zu den zukünftig erwarteten Mietverhältnissen zu treffen. Für die Mietenplanung bedeutet dies zunächst die Analyse der Marktkonformität der aktuellen Nettokaltmiete. Hierzu sind für alle Bewertungsobjekte Marktmieten zu ermitteln, die sich am Mietobjekt in seiner heutigen Ausstattung orientieren.[753] Besteht im Bewertungsobjekt ein Instandhaltungsrückstand, so ist die Marktmiete wie oben entwickelt unter der Annahme der Aufholung des Instandhaltungsrückstands zu schätzen.[754] Die Schätzung der Marktmieten soll wie gefordert möglichst zuverlässig erfolgen. An Standorten innerhalb des Geltungsbereichs eines Mietspiegels können die sich nach den Mietspiegelkriterien ergebenden Mieten als Marktmieten verwendet werden. Besteht kein Mietspiegel, so kann auf die Publikationen der Maklerverbände sowie auf Zeitungs- oder Internetangebote zurückgegriffen werden. In diesen Fällen ist zur Objektivierung der Mietansätze jedoch eine weitere Experteneinschätzung erforderlich. Diese wird auf der Basis von marktabgeleiteten Werten der Maklerorganisationen, historischer Werte der Mietentwicklung sowie aus der Standort- und Gebäudeanalyse gewonnenen Einschätzungen zur Standort- und Objektqualität durch die Objektverantwortlichen getroffen. Abb. 5.5 zeigt ein entsprechendes Erhebungsblatt.

---

[752] Vgl. Kleiber, W./Simon, J. (2007), S. 1608.
[753] Der hier verwendete Begriff der Marktmiete entspricht jenem der sog. ortsüblichen Vergleichsmiete. Zu deren Ermittlung vgl. Streich, J.-W. (2003), S. 1-7.
[754] Vgl. die Ausführungen zur Berücksichtigung von Anomalien unter Pkt. 4.4.3.

Einschätzung Marktmiete										
	Ort	Mietspiegel vorhanden	Miete zum 31.12.2006	Miete zum 31.08.2007	Mietentwicklung 01.01.07 - 31.08.07	IVD Preisspiegel 2007 einfach - normal	normal - überd.	Objekt- qualität	Standort- qualität	Marktmiete Bewertung 30.09.2007
Objekt	Text	Text	€ mtl./m²	€ mtl./m²	€/m²	€/m²	€/m²	Punkte	Punkte	€ mtl./m²
WE 4711	Karlsruhe	nein	6,50	6,50	0,00	5,0 - 8,5	6,5 - 11,0	280	340	6,75

Abb. 5.5: Einschätzung der Marktmiete

Berücksichtigung einer Underrented-Situation

Ergibt sich nun nach Einschätzung der Marktmiete für das Bewertungsobjekt eine Underrented[755]-Situation, in der die durchschnittliche Sollmiete unterhalb der Marktmiete liegt, so wird unterstellt, dass die Sollmiete im Bewertungsobjekt im Laufe des Planungszeitraums an die Marktmiete herangeführt wird. Ein wesentlicher Einflussfaktor ist dabei die Gestaltung des Mietrechts am Standort des Objekts. Für Wertermittlungen bei Objekten auf deutschem Hoheitsgebiet sind die mietrechtlichen Regelungsinhalte des Bürgerlichen Gesetzbuches (BGB) und die hieran anknüpfenden Rechtsverordnungen einschlägig. Die Regelungen des BGB bilden die Ausgangsnormen für die Mieterhöhung durch Anpassung an die ortsübliche Vergleichsmiete nach § 558 BGB. Eine Mieterhöhung durch Modernisierung nach § 559 BGB bleibt unberücksichtigt, da wie oben dargestellt geänderte Nutzenerwartungen nach Modernisierung nicht im beizulegenden Zeitwert enthalten sein dürfen.[756]

Die Anpassung an die ortsübliche Vergleichsmiete bewirkt, dass die Mietentwicklung mit der Entwicklung der Inflation Schritt hält. Das ist nicht nur volkswirtschaftlich nachvollziehbar, sondern vor allem betriebswirtschaftlich unabdingbar.[757] Die nominalen Ausgaben des Wohnungsunternehmens steigen konstant mit der Inflation, da sowohl die Rohstoffpreise für Instandhaltung und nicht umlegbare Betriebskosten als auch die Löhne und Gehälter für Instandhaltungs-, Betriebs- und Verwaltungsleistungen steigen. An Standorten, die im Geltungsbereich eines Mietspiegels liegen, erfolgt die Anpassungsmöglichkeit der Mietpreise deshalb über die turnusmäßige Korrektur des

---

[755] Vgl. Thomas, M. et al. (2000), S. 426.
[756] Vgl. IAS 40.51.
[757] Vgl. Huber, R. (2006), S. 244.

Mietspiegels.[758] Bedingung hierfür ist es, dass der Mietspiegel qualifiziert erstellt wurde. Dafür muss der Mietspiegel nach wissenschaftlichen Grundsätzen erstellt worden sein, von den Interessenvertretern der Mieter und Vermieter anerkannt worden sein und im zweijährigen Turnus aktualisiert werden.[759]

Eine andere zulässige Möglichkeit der Annäherung an die ortsübliche Vergleichsmiete ist die Benennung von Vergleichswohnungen. Gelingt es dem Vermieter, mindestens drei in Größe und Ausstattung vergleichbare Wohnungen mit einer nach seiner Ansicht ortsüblichen Vergleichsmiete nachzuweisen, kann hierauf ein Mieterhöhungsverlangen gestützt werden.[760] Die Anforderungen an die Vergleichbarkeit sind jedoch in der Regel hoch.[761]

Die Mieterhöhung nach § 558 BGB ist ausgeschlossen in den Fällen, in denen die Mietvertragspartner eine Staffelmiete vereinbart haben. Die Staffelmiete sieht zu definierten Zeitpunkten definierte Erhöhungen der Grundmiete vor. Insofern wird auch hierbei die allgemeine Teuerung der Bewirtschaftungskosten berücksichtigt. In der Mietrechtspraxis sind überdies Fallgestaltungen anzutreffen, bei denen die Miete über einen definierten Zeitraum über eine Mietstaffel gesteigert wird und nach Ablauf dieses Zeitraums nach § 558 BGB jeweils auf dem Niveau der ortsüblichen Vergleichsmiete gehalten werden kann. Bei Durchführung der Mieterhöhung sind Fristen und Obergrenzen zu beachten. So ist nach § 558 Abs. 3 BGB die Erhöhung jeweils auf 20% des Ausgangswerts der einzelnen Wohnung begrenzt. Darüber hinaus existiert eine Fristenregelung, wonach die Vergleichsmieterhöhung nach § 558 BGB frühestens nach drei Jahren wiederholt werden darf.

Modellseitig wird deshalb geprüft, ob die Sollmiete über oder unter der Marktmiete liegt. Besteht noch Aufholpotenzial zur Marktmiete, wird die Sollmiete innerhalb der beschriebenen Kappungsgrenzen, d. h. maximal um 20% der Sollmiete, angehoben. Die Umsetzung dieser Regeln ins Wertermittlungsmodell erfolgt derart, dass bei einer Underrented-Situation die Miete unter Beachtung der Regelungen des § 558 Abs. 3 BGB bis zur Marktmiete erhöht wird. Im Beispiel liegt die Sollmiete der letzten abgeschlossenen Periode 2007 mit 5,40 €/m² deutlich unter der Marktmiete i. H. v. 6,70 €/m². Da die letzte Vergleichsmieterhöhung im Jahr 2005 vorgenommen wurde, ist die nächste Vergleichsmieterhöhung im Jahr 2008 möglich. Folgerichtig erfolgt die Mieterhöhung im Jahr

---

[758] Vgl. § 558 Abs. 2 Nr. 1 BGB.
[759] Vgl. § 558 d BGB.
[760] Vgl. § 558 Abs. 2 Nr. 4 BGB.
[761] Vgl. Buchner, F. (2006), S. 704.

158

2008, allerdings gekappt auf maximal 20% der Sollmiete,[762] also um 1,10 €/m² auf 6,50 €/m², wie in Abb. 5.6 dargestellt.

	2007	2008	2009	2010	2011	...	2017
Bewirtschaftungserlöse TEUR p.a.	**324,9**	**389,9**	**389,9**	**389,9**	**426,6**	**...**	**466,5**
Sollmieten TEUR p.a. Wohnen	324,9	389,9	389,9	389,9	426,6	...	466,5
Sollmieten TEUR p.a. (Generalmietverhältnis)						...	
Sollmieten TEUR p.a. Förderungen						...	
Hilfszeile je qm	5,4	6,5	6,5	6,5	7,1	...	7,8
Hilfszeile Marktmiete	6,7	6,8	6,9	7,0	7,1	...	7,8
Hilfszeile Jahr der Mieterhöhung	2005	2008	2008	2008	2011	...	2017

Abb. 5.6: Mieterlösentwicklung für preisfreien Wohnraum

Nach weiteren drei Jahren kann erneut eine Vergleichsmietenerhöhung durchgeführt werden. Die Marktmiete ist währenddessen aufgrund der allgemeinen wirtschaftlichen Entwicklung gestiegen, als Wachstumsrate werden portfolioweit 1,5% angenommen, also ein Satz leicht unterhalb einer durchschnittlichen Inflationsrate. Die Mieterhöhung auf das Niveau der ortsüblichen Vergleichs-miete darf deshalb als eine kontinuierliche Aufgabe des Vermieters angesehen werden, um die Er-gebnissituation des Objektes im Gleichgewicht zwischen Erlösen und Kosten zu halten. Nach dem oben entwickelten Zusammenhang zwischen Kosten- und Mietentwicklung muss der Vermieter bestrebt sein, die Sollmieten innerhalb der Marktmöglichkeiten in Analogie zu den relevanten Kos-tenindizes zu entwickeln.[763] Relevant sind hier der Baukostenindex für Instandhaltungsmaßnahmen und der Verbraucherpreisindex. Mit Erreichen der Marktmiete im Jahr 2011 steigt die Sollmiete im Bewertungsobjekt weiter, jedoch lediglich in Höhe der jährlichen Steigerungen der Marktmiete.

Berücksichtigung einer Overrented-Situation

Im Falle einer "Overrented"[764]-Situation, in der die Sollmiete oberhalb der Marktmiete liegt, erfolgt bis zum Erreichen der Marktmiete keine Mieterhöhung. Ist die Marktmiete erreicht, wachsen Markt- und Sollmiete mit der allgemeinen Mietsteigerungsrate weiter. Eine derartige Ertragssituati-on ist jedoch als Risikoindikator einzuschätzen und muss später in die Risikoberücksichtigung durch Zu- und Abschläge auf die Diskontierungs- und Kapitalisierungszinssätze eingehen.[765]

---

[762] Vgl. § 558 Abs. 3 BGB.
[763] Die Lebenshaltungskosten sind innerhalb der letzten acht Jahre um 12,5% gestiegen und damit deutlich stärker als die Nettokaltmieten mit lediglich 8,2%. Vgl. Kleiber, W. (2008), S. 10.
[764] Vgl. Thomas, M. et al. (2000), S. 426.
[765] Vgl. zur Risikoberücksichtigung im Diskontierungs- und Kapitalisierungszinssatz Pkt. 5.8.1 und 5.9.2.

5.3.2   Geförderter Wohnraum

Für geförderten Wohnraum bestehen differenzierte weitere Regelungen, die einerseits Einschränkungen des Vermieters hinsichtlich der Wohnungsvergabe lediglich an förderungswürdige Personenkreise betreffen. Andererseits binden Sie ihn an Obergrenzen der Mietpreisgestaltung. Zur
Mietplanung bilden wie im preisfreien Wohnraum die Sollmieten der letzten abgeschlossenen Periode den Ausgangswert. Hinsichtlich der Mieterhöhungen soll im Modell nach der Art der Förderung differenziert werden.

Mietplanung im öffentlich geförderten Wohnraum

Bundesweit kodifiziert sind die Regelungen für den Umgang mit Objekten im sog. ersten Förderweg, die unter Einsatz öffentlicher Mittel erstellt worden sind. Landesspezifische Wohnungsbauför-
derprogramme für den sog. frei finanzierten Wohnraum differenzieren nach dem Fördergegenstand
in Objekt- und Subjektförderung. Die Systematik der Förderwege verdeutlicht Abb. 5.7.

	Geförderter Wohnraum			
Bezeichnung	Öffentlich geförderter Wohnraum	Frei Finanzierter Wohnraum		
Förderarten	§ 6 Abs. 2 WoBauG -öfftl.Baudarlehen -Aufwendungszuschüsse -Aufwendungsdarlehen -Zinszuschüsse -Annuitätendarlehen	§§ 88-88c II. WoBauG -Aufwendungszuschüsse -Aufwendungsdarlehen	§ 88d II. WoBauG -breites Förderinstru- mentarium	§ 88e II. WoBauG -breites Förderinstrumen- tarium, Objekt- und Subjektförderung
Allgemein- verbindlichkeit	Gesetzlich kodifiziert	Gesetzlich kodifiziert	Verinbarung zw. Land und Bauherrn	einkommenorientierte Förderung
Miethöhe	Kostenmiete	Kostenmiete	nach Vereinbarung	nach Vereinbarung
Belegungs- bindung	ca. 30-60 Jahre	Laufzeitkongruent zu den Zuschüssen und Darlehen	nach Vereinbarung, i.d.R. nicht länger als 15 Jahre	

Abb. 5.7: Arten geförderten Wohnraums [766]

Die Subvention von öffentlich geförderten Wohnungen durch Einsatz sog. öffentlicher Mittel wird
als erster Förderweg bezeichnet. Während der Förderungsdauer darf nach den Vorschriften des

---
[766] Modifiziert entnommen bei Pulletz, W. (2006), S. 566.

Wohnungsbindungsgesetzes (WoBindG) nur die sog. Kostenmiete verlangt werden. Die Kostenmiete ist jene Miete, die zur Deckung der laufenden Aufwendungen aus Kapitalkosten und Bewirtschaftungskosten erforderlich ist.[767] Sie muss gemäß den Vorschriften der Zweiten Berechnungsverordnung (II. BV) auf der Grundlage einer Wirtschaftlichkeitsberechnung ermittelt werden.[768]

Die zweite Berechnungsverordnung hat im Bereich des öffentlich geförderten Wohnraums die Vorschriften des WoBindG konkretisiert. Das WoBindG hat die Sicherung der Zweckbestimmung von Sozialwohnungen zum Zweck. In der II. BV finden sich die erforderlichen materiell-rechtmäßigen Bestimmungen zum Mietpreisrecht. Dazu zählen etwa die Berechnung der Kostenmiete, die Gliederung der Wirtschaftlichkeitsberechnung sowie die Wohnflächenberechnung. In den Vorschriften zur Wirtschaftlichkeitsberechnung gibt die II. BV Ansätze für Kostenpositionen vor. Diese sind anhand von Praxiserfahrungen gewonnen worden und werden über Preisindizes in regelmäßigen Abständen fortgeschrieben. Heute gilt die II. BV nur noch übergangsweise nach der Reform des Wohnungsbaurechts für die nach altem Recht geförderten Sozialwohnungen. Gleichwohl hat sich die II. BV innerhalb der Wohnungswirtschaft als Branchenstandard etabliert. Beispielsweise sind mietvertragliche Regelungen zu den Betriebskosten häufig auf die II. BV referenziert.[769] In Gerichtsverfahren werden die Vorschriften der II. BV bspw. zur Ermittlung der Mietwerte herangezogen.[770] Damit darf die II. BV hinsichtlich ihres materiellen Gehalts als relevant erachtet werden.

Mietanpassungen erfolgen bei Kostenmietobjekten nach den Bestimmungen der II. BV bei Änderungen der Kapital- oder Bewirtschaftungskosten. Kapitalkosteninduzierte Mieterhöhungen oder -senkungen können sich bei wechselnden Darlehenskonditionen infolge von Prolongationen oder Umfinanzierungen ergeben. Diese sind jedoch dem Zeitpunkt nach von den unterschiedlichen Prolongationszeitpunkten der im Bewertungsobjekt nebeneinander anzutreffenden Objektfinanzierungen abhängig und zusätzlich der Höhe nach von den nicht zuverlässig planbaren Zinsbedingungen am Kapitalmarkt. Aus Gründen der Objektivierbarkeit der Mietenplanung wird deshalb für den Teilbereich des öffentlich geförderten Wohnraums auf eine Berücksichtigung der Kapitalkostenentwicklung verzichtet.

---

[767] Vgl. § 18 Abs. 1 II. BV.
[768] Vgl. § 88b WoBauG. Eine Erläuterung zur Durchführung der Wirtschaftlichkeitsberechnung findet sich bei Pulletz, W. (2006), S. 570 ff.
[769] Vgl. Anlage 3 zu § 27 II. BV.
[770] Zu verweisen ist hier exemplarisch auf ein Urteil des VG Göttingen vom 4.08.2004 AZ 3 A 3235/02.

Demgegenüber vergleichsweise objektiv planbar sind stattdessen die bewirtschaftungskostenindu- zierten Mieterhöhungen. Zu den in der Wirtschaftlichkeitsberechnung zu berücksichtigenden Be- wirtschaftungskosten zählen im Einzelnen folgende Kostenpositionen:[771]

- Abschreibung,
- Verwaltungskosten,
- Instandhaltungskosten,
- Mietausfallwagnis.

Für die Bewirtschaftungskosten im geförderten Wohnraum bestehen pauschale Vorgaben.[772] Ände- rungen können sich ergeben, wenn diese Vorgaben sich verbraucherpreisindexinduziert ändern. Im Rhythmus von drei Jahren werden diese Änderungen berechnet und sind danach nach Durchführung einer auf der Basis der aktualisierten Kostenansätze erneut durchgeführten Wirtschaftlichkeitsbe- rechnung in Form einer Mieterhöhung umlegbar.[773] Die Höhe der Mieterhöhung kann anhand der zum 01.01.2008 durchgeführten sog. Indexerhöhung für eine durchschnittliche Wohnung mit 75 m² Wohnfläche und Bezugsfertigkeit im Jahr 1980 beispielhaft wie folgt ermittelt werden:

Verbraucherpreisindex 10/2004:	106,6
Verbraucherpreisindex 10/2007:	113,0
Entwicklung Verbraucherpreisindex:	(113,0-106,6)/106,6 = 6,00 %

Die Kostenansätze der II. BV für Verwaltungs- und Instandhaltungskosten sind somit um 6,00 % zu steigern. Diese Kostensteigerung wirkt sich über die dadurch induzierte Mieterhöhung unmittelbar auf das Mietausfallwagnis aus.

Kumulativ errechnet sich eine Mieterhöhung für den Zeitraum von drei Jahren, die sich durch die nachfolgend beschriebenen weiteren Rechenschritte auf eine Erhöhung der monatlichen Nettokalt- miete auf Quadratmeterbasis herunterbrechen lässt.

---

[771] Vgl. § 24 Abs. Nr. 1-5 II. BV. Betriebskosten sind nach § 27 Abs. 1 II. BV bei gefördertem Wohnraum nicht anzu- setzen.
[772] Vgl. §§ 25-29 II. BV.
[773] Die jüngste Indexerhöhung erfolgte zum 01.01.2008.

Erhöhung der Verwaltungskosten:[774]	240,37 €/Whg. auf 254,80 €/Whg.	14,43 €
Erhöhung der Instandhaltungskosten:[775]	von 9,41 €/m² auf 9,97 €/m² (70 m²)	42,00 €
Zwischensumme Mieterhöhung:		*56,43 €*
Erhöhung des Mietausfallwagnisses:[776]	2% von 56,43 €	1,13 €
Gesamtmieterhöhung je Whg./3 Jahre		57,56 €
Gesamtmieterhöhung je Whg./Jahr		19,19 €
Gesamtmieterhöhung je Whg./Monat		1,60 €
Gesamtmieterhöhung je m²/Monat		0,021 €
Bezogen auf eine Durchschnittsmiete von 5,00 €/m²/Monat		0,42 %

Die Entwicklung des Verbraucherpreisindexes im Zeitraum von Oktober 2004 bis Oktober 2007 soll als repräsentativ betrachtet werden. Für die weitere Beplanung der Kostenmietentwicklung wird im Wertermittlungsmodell deshalb eine empirisch fundierte Wachstumsrate von 0,4 % als hinreichend objektiviert erachtet. Zu beachten ist jedoch, dass die Regelungen zur Kostenmiete derzeit novelliert werden. Dabei ist in einzelnen Bundesländern vorgesehen, den Kommunen[777] die Steuerung der Miethöhe für Wohnungen in Kostenmiete weitgehend selbst zu überlassen. Die weitere Entwicklung hierzu bedarf daher der sorgfältigen Beobachtung des Verhaltens der Standortkommunen.

Mietplanung im geförderten, frei finanzierten Wohnraum

In die zweite Förderkategorie, dem geförderten, frei finanzierten Wohnraum, fallen Teilförderungen von ansonsten frei finanzierten Wohnungen. Dabei werden zur Förderung der Bauvorhaben freie Vereinbarungen mit dem Bauherren abgeschlossen, bei denen insbesondere Bestimmungen über Höhe und Einsatzzweck der Mittel, Belegungsrechte, die Beachtung von Einkommensgrenzen der Mieter und die Höhe der Miete festgelegt werden. Öffentliche Mittel kommen in der Regel nicht zum Einsatz. Stattdessen wird zumeist ein Darlehensvertrag abgeschlossen, der staffelförmig wachsende Zinssätze vorsieht, die sog. Zinssprünge. Diese Zinssprünge werden durch die Wohnungsunternehmen in Form einer Wiedervorlage überwacht. Abb. 5.8 gibt hierzu ein Beispiel.

---

[774] Vgl. § 26 Abs. 4 II. BV.
[775] Vgl. § 28 Abs. 5 lit. a i. V. m. § 26 Abs. 4 II. BV.
[776] Vgl. § 29 II. BV.
[777] Vgl. § 32 LWoFG Baden-Württemberg.

Bestandsobjekte mit noch ausstehenden Zinssprüngen									
WE	Ort, Straße	Förderweg	Anfangsmiete (in €/qm/M)	Zinssprung (in €/qm/M)	Erster Zinssprung	letzter Zinssprung	Ende der Bindung	1	2
4711	Karlsruhe, Musterstr. 1	MB20.94 (n.öffentl.)	4,47	0,25	01.12.2002	01.12.2013	01.05.2051	01.12.2005	...
								3,35%	...
4712	...	...	...	...	...	...	...	...	...
								...	...

Abb. 5.8: Planungsliste Zinssprünge

Den Zinserhöhungen entsprechend darf auch die Miete steigen. Die Erhöhungsschritte sind jedoch an Obergrenzen gebunden, wie im Beispiel 0,25 €/m² /Monat in zweijährigen Intervallen. Vertraglicher Bestandteil der vereinbarten Förderung sind deshalb dezidierte Angaben, wann die Zinsen und damit auch die Miete steigen dürfen. Die maximal erreichbare Miete richtet sich nach den Bedingungen des jeweils gültigen Landeswohnungsbauprogramms. Sie ist in der Regel – insbesondere im Vergleich zur Kostenmiete – nahe am Niveau der Marktmiete. Da die Förderungen bei frei finanziertem Wohnraum regelmäßig nach zehn bis fünfzehn Jahren auslaufen, werden nach Ablauf des Förderzeitraums die für nicht geförderten Wohnraum vorgesehenen Mieterhöhungsindizes angesetzt. Läuft die Förderung im DCF-Planungszeitraum aus, wird ein Mischindex berechnet.

5.3.3 Wohnraum in Generalmietverhältnissen.

Generalmietverhältnisse sind Mietverhältnisse über mehrere Mieteinheiten, jedoch mit nur einem Vertragspartner, dem Generalmieter, der seinerseits die Mieteinheiten einzeln weiter vermietet und in manchen Fällen um Betreiberleistungen ergänzt. Typische Generalmietverhältnisse bestehen zwischen Wohnungsunternehmen und Studentenwerken über Studentenwohnheime. Gleiche Konstellationen treten auch mit Wohlfahrtsverbänden für Altenheime oder mit Kliniken für Schwesternwohnheime auf. Für Generalmietverhältnisse besteht wie beim Gewerberaummietvertrag Vertragsfreiheit. Sie können daher unterschiedliche Regelungen zur Kündbarkeit, zur Kostenverteilung und zur Mietentwicklung vorsehen. Zur Planung der zukünftigen Reinerträge sollen deshalb im Wertermittlungsmodell basierend auf den Sollmieten der letzten abgeschlossenen Periode die zukünftigen Mietentwicklungen anhand der vertraglichen Regelungen abgeschätzt und in einem Planindex zur Mietsteigerung konkretisiert werden. Zur Berücksichtigung des Anschlussvermietungsrisikos nach Ablauf der Vertragslaufzeit wird dazu ein Risikozuschlag auf den Kapitalisierungszinssatz gebildet, der sich nach dem Ermessen des Bewerters auf der Basis der vertraglichen Regelungen bemisst.[778] Trägt der Generalmieter nach den vertraglichen Regelungen die Kosten für Schönheitsreparaturen und Bagatellschäden, so wird der Planansatz für Instandhaltung um 1,17 €/m²/Jahr gekürzt.[779] Nachstehende Abb. 5.9 gibt einen Überblick über die zu untersuchenden vertraglichen Regelungen.

WE	815	817
Ort	Kehl	...
Betreiberzweck	Betreutes Wohnen	...
Generalmieter	AWO, Caritas	...
Instandh.	Schönheitsrep.; Bagatellschäden	...
Betriebskostenabrechnung	komplett beim GM	...
Kdgfr./Laufzeit	unbefristet, erstmals 2002 kündbar	...
Mietausfallwagnis	GM	...
Indexierung	Kostenmiete	...
Planansatz Mietsteigerungsindex	0,3%	...
Mietbeginn	01.10.1992	...
Drittverwendungsfähigkeit	eingeschränkt: nur für Senioren	...
Risikozuschlag	0,3%	...

Abb. 5.9: Prüfpunkte bei Generalmietverhältnissen

5.4   Planung der Bewirtschaftungskosten

5.4.1   Fiktion einer normalisierten Bewirtschaftungssituation

Wie oben in den Überlegungen zur Planung der Bewirtschaftungsphase entwickelt[780] soll die Planung der Bewirtschaftungskosten unter der Annahme einer normalisierten Bewirtschaftungssituation erfolgen. Voraussetzungen hierfür sind im IFRS-Wertermittlungsmodell wie gezeigt die Simulation einer bis dato ordnungsgemäßen Instandhaltung durch den Abzug des Instandhaltungsrückstands und der Ansatz einer Marktmiete, die eine übliche Auslastung erwarten lässt.

---

[778] Vgl. zur Entwicklung des Kapitalisierungszinssatzes Pkt. 5.9.2.
[779] Vgl. § 28. Abs. 2 S. 3 II. BV. Zum Ansatz der Instandhaltungskosten vgl. außerdem die Ausführungen unter Pkt. 5.4.3.
[780] Vgl. Pkt. 5.4.1.

Die einer normalisierten Bewirtschaftungssituation entsprechenden Bewirtschaftungskostenansätze müssen die bei ordnungsgemäßer Bewirtschaftung gewöhnlich anfallenden Kosten wiedergeben,[781] über die gesamte Restnutzungsdauer nachhaltig anfallen und brauchen nach dem Ausschlussgrundsatz nicht angesetzt werden, sofern sie durch Erlöspositionen gedeckt sind.[782] Abb. 5.10 fasst die Grundsätze zur Bemessung der Bewirtschaftungskosten zusammen:

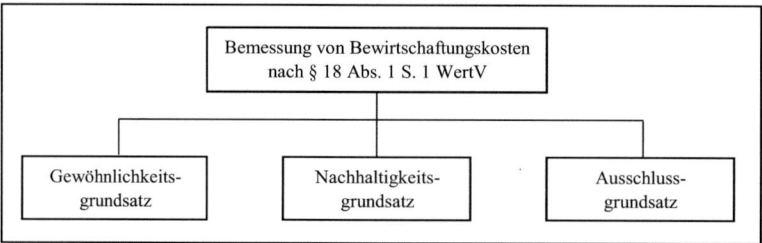

Abb. 5.10: Grundsätze zur Bemessung der Bewirtschaftungskosten[783]

Die anzusetzenden Bewirtschaftungskosten können unter Beachtung dieser Grundsätze nach einem Vorschlag von Kleiber als Prozentsatz der Nettokaltmieten ermittelt werden.[784] Andere Ansätze von Leopoldsberger und Hinrichs differenzieren hingegen anhand objektspezifischer Einflussfaktoren.[785] Im Folgenden werden für die einzelnen Positionen der Bewirtschaftungskosten Ansätze entwickelt, die einerseits die Gleichbehandlung gleicher Sachverhalte durch Pauschalierung sicherstellen und andererseits die Berücksichtigung wesentlicher, die Bewirtschaftungskosten beeinflussender Objektspezifika ermöglichen. Damit soll dem Einzelbewertungsgrundsatz Rechnung getragen und gleichzeitig zuverlässige Schätzergebnisse gewonnen werden. Die Untersuchung beginnt mit den Erlösschmälerungen, sodann folgen die Instandhaltungs- und Verwaltungskosten. Danach werden Ansätze zur Beplanung der nicht umlegbaren Betriebskosten und der Erbbauzinsen entwickelt. Dabei wird teilweise empirisch auf das Wohnimmobilienportfolio eines Referenzunternehmens zurückgegriffen. Somit entsprechen die Bandbreiten und Schätzgrößen den Verhältnissen dort. Die Übertragbarkeit ist im beschriebenen Rahmen jedoch gegeben.

---

[781] Vgl. Kleiber, W. (2006b), S. 32.
[782] Vgl. § 18 Abs. 1 WertV.
[783] Modifiziert entnommen bei Kleiber, W./Simon, J. (2007), S. 1658.
[784] Vgl. Kleiber, W./Simon, J. (2007), S. 1510.
[785] Vgl. Leopoldsberger, G. (2006), S. 196; Hinrichs, K./Schultz, E. (2003), S. 267 f.

5.4.2   Planung der Erlösschmälerungen

Erlösschmälerungen entstehen in der Wohnraumbewirtschaftung durch Mietminderungen, Miet-rückstände und Leerstandszeiten. Sie werden als Umsatzkorrektive unter den Bewirtschaftungskos-ten ausgewiesen. Dies geschieht in Anlehnung an das Ermittlungsschema zum Ertragswertverfah-ren. Wie gezeigt bildet dort der Rohertrag die nachhaltigen Nettokaltmieten als Sollmieten ab.[786] Andere Darstellungsmöglichkeiten finden sich in angelsächsischen Empfehlungen[787] und unter-nehmensbewertungsorientierten DCF-Modellen.[788] Dort werden die Erlösschmälerungen unter den Bewirtschaftungserlösen direkt von den Nettosollmieten abgesetzt. Für das zu entwickelnde Modell wird der getrennte Ausweis der Erlösschmälerungen unter den Bewirtschaftungskosten zum Zweck einer möglichst transparenten und damit einer den Bilanzierungsgrundsätzen der IFRS entsprechen-den entscheidungsnützlichen Gestaltung gewählt.[789]

Bemessung anhand tatsächlicher Kostenansätze

Zur Bemessung der Höhe der anzusetzenden Erlösschmälerungen sollen diese zunächst in ihre ein-zelnen Bestandteile differenziert werden. Der Wohnungsleerstand betrug zum 31.12.2006 in den Mitgliedsunternehmen des GdW in Westdeutschland ca. 3,2 %.[790] Dabei existieren einige regionale Unterschiede; so liegt die Leerstandsquote zu diesem Stichtag für das Bundesland Baden-Württemberg lediglich bei 2,2 %, wohingegen ostdeutsche Wohnungsunternehmen teilweise weit-aus höhere, auch strukturelle Leerstandsquoten ausweisen.[791] Diese entsprechen jedoch wegen der dortigen demographischen Einflüsse keiner normalisierten Bewirtschaftungssituation und werden deswegen nicht berücksichtigt.

Die Erlösschmälerungen aus Mietrückständen betrugen im selben Zeitraum zwischen 0,1 % und 1,0 % der Nettosollmieten, für das Bundesland Baden-Württemberg waren 0,53 % zu verzeichnen.[792] Erlösschmälerungen aus Mietminderungen können in der eingangs skizzierten normalisierten Be-wirtschaftungssituation definitionsgemäß nicht auftreten, da diese eine normalisierte Bewirtschaf-

---

[786]   Vgl. nochmals Abb. 4.6 zum umfassenden Ertragswertverfahren.
[787]   Vgl. Appraisal Institute (Hrsg.), (2001), S. 517.
[788]   Vgl. Gesellschaft für immobilienwirtschaftliche Forschung e. V. (2007), S. 32 ff.; Wöhle, C. (2005), S. 213 f.
[789]   Vgl. die Ausführungen zur Anforderung der Entscheidungsnützlichkeit unter Pkt. 3.2.2.
[790]   Vgl. GdW (2007), S. 183.
[791]   Vgl. ebenda.
[792]   Vgl. GdW (2007), S. 182.

tung frei von Objektmängeln oder vorübergehenden Beeinträchtigungen der Mikrolage durch Bauarbeiten o. ä. unterstellt.

Somit ließen sich die Erlösschmälerungen grundsätzlich als Addition der tatsächlichen Prozentsätze für Leerstand und Mietrückstand ermitteln. Bei der empirischen Herleitung der Werte ist jedoch zu beachten, dass diese nicht auf den unterstellten normalisierten Bewirtschaftungssituationen beruhen, sondern zumindest teilweise durch strukturellen Leerstand oder höhere Instandhaltungsrückstände zu erklären sind. In der deutschen Wertermittlungspraxis soll deshalb zur Berücksichtigung der dort „Mietausfallwagnis" genannten Erlösschmälerungen auf Erfahrungssätze zurückgegriffen werden.[793]

Bemessung anhand von Erfahrungssätzen

Voraussetzung zur Bemessung anhand von Erfahrungssätzen ist es, dass diese nach den Grundsätzen ordnungsgemäßer Bewirtschaftung gewählt werden.[794] Zur Höhe der Erlösschmälerungen verweisen die Wertermittlungsrichtlinien auf die Abhängigkeiten zu Standort- und Objekteigenschaften, geben jedoch folgende Anhaltspunkte:[795]

- Erfahrungssatz für Wohnraum   2 % der Nettosollmieten,
- Erfahrungssatz für Gewerberaum   4 % der Nettosollmieten.

Diese Sätze entsprechen exakt den nach der II. BV für geförderten Wohnraum anzusetzenden Werten.[796] Sie werden gleichwohl in der Kommentierung zum Wertermittlungsrecht als eher gering erachtet.[797] Der Ansatz deutlich höherer Sätze für die Erlösschmälerung darf jedoch mit dem Hinweis verworfen werden, dass sich eine geringere Nachfrage oder Objektmängel letztlich in der Marktmiete niederschlagen werden.[798] Zum pauschalierten Ansatz im Wertermittlungsmodell wird deshalb mit 2,5 % ein Wert leicht über den genannten Erfahrungssätzen als tragfähig erachtet. Eine Indexierung erfolgt nicht, da die indexierten Mieterlöse als Bezugsgröße fungieren und somit auch die Erlösschmälerungen implizit wachsen.

---

[793] Vgl. § 18 Abs. 6 S. 1 WertV.
[794] Vgl. BAnz Nr. 154 v. 12.8.1961.
[795] Vgl. WertR 2006, Anlage 3.
[796] Vgl. § 29 S. 3 II. BV.
[797] Vgl. nur Kleiber, W./Simon, J. (2007), S. 1698 m. w. N.
[798] Vgl. zustimmend ebenda.

5.4.3 Planung der Instandhaltungskosten

Bevor Überlegungen zur Planung der Instandhaltungskosten angestellt werden können, sind diese begrifflich abzugrenzen und inhaltlich zu bestimmen. Der Begriff der Instandhaltung wird durch DIN 31051 in der Version 6/2003 definiert als Oberbegriff der Teilbereiche Inspektion, Wartung, Instandsetzung und Verbesserung.[799] Mit der Subsumierung der „Verbesserung" unter den Oberbegriff der Instandhaltung unterscheidet sich die DIN-Definition von jener der HOAI. Diese unterscheidet die Begrifflichkeiten Instandhaltung als „Maßnahmen zur Erhaltung des Soll-Zustandes eines Objekts"[800] und Instandsetzung als „Maßnahmen zur Wiederherstellung des zum bestimmungsgemäßen Gebrauch geeigneten Zustandes eines Objekts".[801] Die GEFMA fasst ebenfalls unter dem Begriff der Instandhaltung die Inspektion, Wartung und Instandsetzung zusammen, wobei die Instandsetzung noch in kleine und große Instandsetzung differenziert wird.[802] Die kleine Instandsetzung umfasst dabei Maßnahmen, die im Rahmen der Wartung erfolgen und damit wie Wartung und Inspektion auch zu den Betriebskosten gezählt werden, die große Instandhaltung beschreibt hingegen separate Instandhaltungsereignisse.[803]

Festzuhalten ist, dass allein die 2003 neu gefasste DIN 31051 die Verbesserung von Gebäude unter die Instandhaltung subsumiert. Weiterhin ist auffällig, dass die GEFMA den Teil der bei der Wartung anfallenden Instandhaltungsarbeiten den Betriebskosten zuordnet. Für Wohnimmobilienportfolios ist diese Vorgehensweise nicht zulässig, da Instandhaltungskosten durch die Betriebskostenverordnung explizit von der Umlage auf den Mieter ausgeschlossen sind.[804]

Demgegenüber sind Instandhaltungskosten im Sinne des Wertermittlungsrechts jene „Kosten, die

- infolge Abnutzung, Alterung und Witterung,
- zur Erhaltung des bestimmungsgemäßen Gebrauchs der baulichen Anlagen,
- innerhalb ihrer Nutzungsdauer aufgewendet werden müssen."[805]

---

[799] Vgl. Deutsches Institut für Normung (2006).
[800] § 3 Nr. 11 HOAI
[801] § 3 Nr. 10 HOAI
[802] Vgl. GEFMA (2001).
[803] Vgl. ebenda.
[804] Vgl. § 1 Abs. 2 Nr. 2 BetrKV.
[805] § 18 Abs. 4 WertV.

Sie sind inhaltlich deckungsgleich mit den im öffentlich geförderten Wohnraum nach der II. BV zum Ansatz in der Kostenmiete zulässigen Instandhaltungskosten.[806] Zur Verwendung im Rahmen dieser Arbeit und damit im zu entwickelnden Controllingansatz soll deshalb auf der Basis der in der HOAI, der II. Berechnungsverordnung und der Wertermittlungsverordnung vorgefundenen Kategorisierung eine eigene Belegung des Instandhaltungsbegriffs erfolgen, wobei die Kategorisierung der GEFMA in kleine und große Instandhaltung aufgenommen wird. Dazu werden im Folgenden die technischen Maßnahmen im Bestand für Zwecke der Verwendung im Controllingansatz in ein eigenes Schema zu Differenzierung eingeordnet.

Mit den begrifflichen Festlegungen des Wertermittlungsrechts ist gleichzeitig die Abgrenzung zur Modernisierung gegeben. Diese dient nämlich zur nachhaltigen Erhöhung des Gebrauchswerts der Wohnung, der Verbesserung der allgemeinen Wohnverhältnisse, der nachhaltigen Einsparung von Energie und Wasser oder der Schaffung neuen Wohnraums.[807] Wie oben dargestellt dürfen Modernisierungskosten ebenso wie eine durch sie induzierte Nutzungsmehrung nicht im Wertansatz des beizulegenden Zeitwerts nach IAS 40 enthalten sein.[808]

Einen Überblick über die angerissenen Instandhaltungsbegriffe und die eigene Kategorisierung bietet die nachstehende Abb. 5.11.

---

[806] Vgl. § 28 Abs. 1 II. BV.
[807] Vgl. § 11 Abs. 6 II. BV; § 559 Abs.1 BGB; § 16 Abs. 3 WoFG.
[808] Vgl. IAS 40.51.

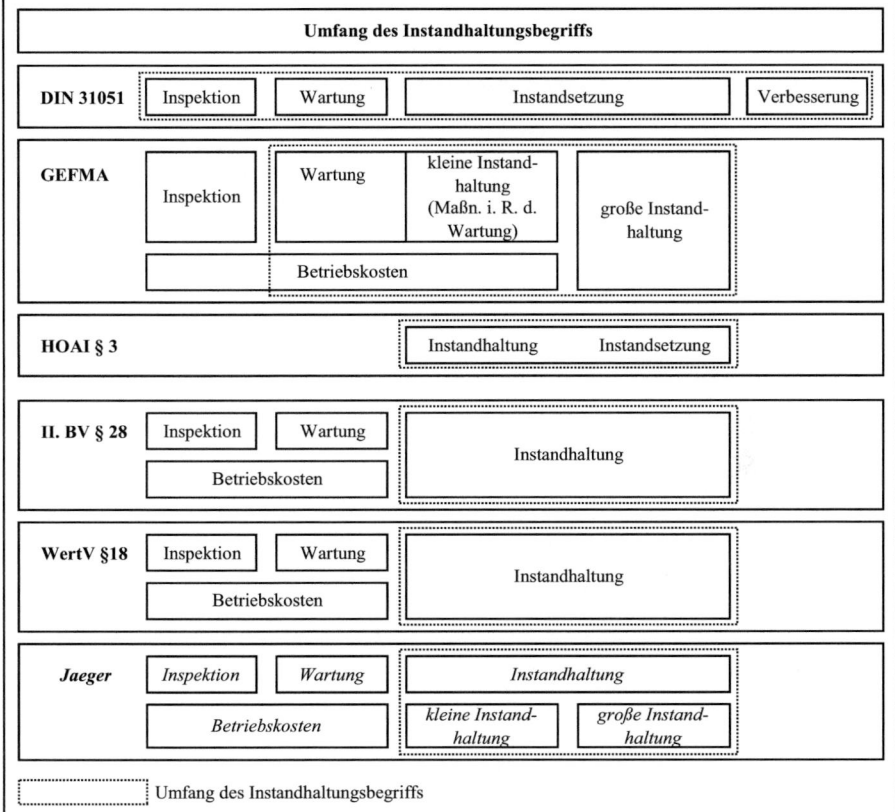

Abb. 5.11: Instandhaltungsbegriffe

Die Regelungen des Wertermittlungsrechts sind auch in der weiteren Detaillierung inhaltlich den für öffentlich geförderten Wohnraum aufgestellten Regelungen entlehnt.[809] Diese gliedern die Instandhaltungskosten in solche für kleine und große Instandhaltungen sowie für Schönheitsreparaturen. Die kleine Instandhaltung umfasst nach § 28 Abs. 3 II. BV lediglich kleinere Reparaturen an der Elektro-, Gas- und Wasserinstallation sowie an Heiz- und Kocheinrichtungen, den Fenster- und Türverschlüssen sowie an den Verschlussvorrichtungen für Fensterläden. Die große Instandhaltung bezieht sich demgegenüber auf die Erneuerung von Gebäudeteilen.[810] Im Rahmen des zu entwickelnden Wertermittlungsmodells werden hierunter gefasst das Dach, die Fenster, die Fallrohre, die Roll- oder Klappläden, die Fassade, die Balkone, der Eingangsbereich, das Treppenhaus, die Woh-

---

[809] Vgl. Kleiber, W./Simon, J. (2007), S. 1680.
[810] Vgl. § 28 Abs. 3 II. BV.

nungseingangstüren, die Kellerräume, der Heizungsbrenner und –kessel, die Außenanlagen und die Garagen.[811] Nachstehende Abb. 5.12 zeigt die im Rahmen des zu entwickelnden Controllingansatzes differenzierten Arten technischer Maßnahmen im Überblick.

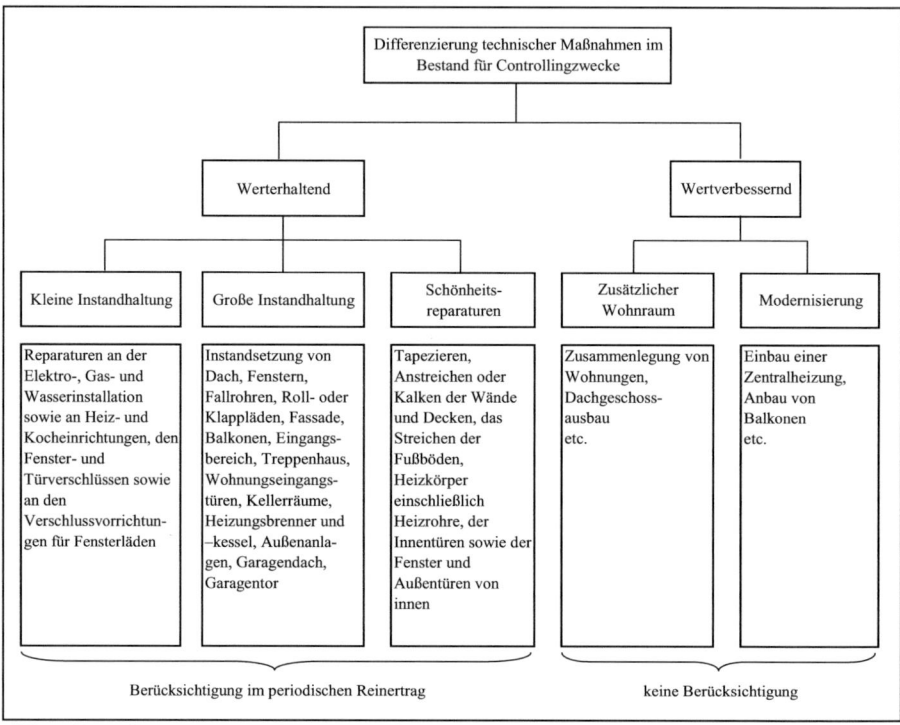

Abb. 5.12: Differenzierung technischer Maßnahmen im Controllingansatz

Eine mietrechtliche Besonderheit bilden die Schönheitsreparaturen, die zwar begrifflich der Instandhaltung zuzurechnen sind,[812] in der Verwaltungspraxis aber als Leistungspflicht des Mieters behandelt werden.[813] Sie umfassen das „Tapezieren, Anstreichen oder Kalken der Wände und Decken, das Streichen der Fußböden, Heizkörper einschließlich Heizrohre, der Innentüren sowie der Fenster und Außentüren von innen."[814] Auch im geförderten Wohnraum ist grundsätzlich die Leistung der Schönheitsreparaturen durch den Mieter vorgesehen; obliegt die Pflicht zur Durchführung

---

[811] Vgl. Kleiber, W./Simon, J. (2007), S. 1681.
[812] Vgl. § 28 Abs. 4 II. BV.
[813] Vgl. Murfeld, E. et al. (2006), S. 654.
[814] § 28 Abs. 4 II. BV.

der Schönheitsreparaturen abweichend dem Vermieter, so ist dieser berechtigt, die Kostenmiete um einen Pauschalbetrag zu erhöhen.

Wie oben in den Ausführungen zur Struktur des Wertermittlungsmodells bereits dargestellt sollen im Wertermittlungsmodell unter den Instandhaltungskosten lediglich solche angesetzt werden, die innerhalb einer fiktiven normalisierten Bewirtschaftungssituation anzusetzen wären. Kleiber schlägt vor, diese als Prozentsatz der Nettokaltmiete zu bemessen.[815] Hierbei können jedoch insbesondere bei gefördertem Wohnraum mit einerseits niedriger Miethöhe und andererseits belegungsbedingt erhöhter Instandhaltung Probleme auftreten. Gleiches gilt an Standorten mit geringer Miethöhe aber gleichwohl üblichem technischem Instandhaltungsbedarf. Rehkugler kritisiert zusätzlich, dass bei dieser Vorgehensweise ein nicht plausibler, paralleler Verlauf von Instandhaltungskosten und Nettokaltmiete unterstellt werde. Er empfiehlt stattdessen, die Instandhaltungskosten in Euro je Quadratmeter vermietete Fläche auszudrücken und nennt Durchschnittsätze von 5 bis 10 €/m² in Abhängigkeit vom Gebäudealter.[816] Dies ist jedoch lediglich ein Indikator zur Bemessung der Instandhaltungskosten. Darüber hinaus wird die Höhe der zukünftigen Instandhaltungskosten bestimmt vom Unterhaltungszustand, von der Wohn- bzw. Nutzfläche, dem Ausstattungsstandard, der Bauweise sowie der Nutzungsart.[817]

Zur Bemessung der nach Aufholung eines ggf. bestehenden Instandhaltungsrückstands in einer normalisierten Bewirtschaftungssituation anzusetzenden Instandhaltungskosten ist nach deutschem Wertermittlungsrecht ebenfalls auf Erfahrungssätze zurückzugreifen.[818] Auch diese müssen den Grundsätzen ordnungsgemäßer Bewirtschaftung entsprechen.[819] Anzumerken bleibt, dass im hier nicht einschlägigen Rechtsgebiet der Beleihungswertermittlung ebenfalls auf die Erfahrungssätze verwiesen wird. Diese liegen für Wohnimmobilien je Wohneinheit zwischen 200,- und 275,- Euro.[820] Bei Annahme einer durchschnittlichen Wohnungsgröße von 60 m² errechnet sich daraus ein Kostenansatz i. H. v. 3,33 bis 4,58 €/m². Der vergleichsweise geringe Betrag macht deutlich, dass der Verordnungsgeber hierbei auf die in der obigen Strukturierung definierte kleine Instandhaltung abheben muss. Anteile für Großinstandhaltung lässt dieser vergleichsweise geringe Kostenansatz nicht zu.

---

[815] Vgl. Kleiber, W./Simon, J. (2007), S. 1510.
[816] Vgl. Rehkugler, H. (2003), S. 85.
[817] Vgl. Kleiber, W./Simon, J. (2007), S. 1687.
[818] Vgl. § 18 Abs. 6 S. 1 WertV.
[819] Vgl. BAnz Nr. 154 v. 12.8.1961.
[820] Vgl. § 11. Abs. 2, Anlage 1 BelWertV.

Berücksichtigung von Nachhaltigkeitsaspekten in der Instandhaltungsplanung

Fraglich ist, ob die durch das Wertermittlungsrecht geforderten vergangenheitsorientierten Erfahrungssätze für eine zukunftsbezogene Immobilienbewertung geeignet sind. Es ist in der immobilienwirtschaftlichen Praxis zu beobachten, dass sich die Bestimmungsfaktoren der real zu verausgabenden Instandhaltungskosten nicht nur objektweise unterscheiden, sondern auch durch sich ändernde exogene Parameter beeinflusst werden. Dabei ist vor allem die Frage zu stellen, wie sich die bisher in den vergangenheitsorientierten Erfahrungssätzen nicht berücksichtigten ausdifferenzierten Qualitäten des nachhaltigen Bauens auf die Instandhaltungsplanung auswirken. Die Erfahrungssätze der II. BV haben sich zwar in der Bewertungspraxis als zuverlässiger, informeller Standard herausgebildet. Sie sind jedoch noch nicht in der Lage, die instandhaltungsrelevanten Nachhaltigkeitskriterien aufzunehmen. Zur Bewertung von bestehenden Wohnimmobilienportfolios, die vor allem in der Wiederaufbauphase entstanden sind, sind dabei nicht zwangsläufig die für Wohnungsneubauten relevanten Nachhaltigkeitskriterien zu beachten. Vielmehr geht es um eine Bewertung der in Bestandsobjekten erkennbaren Nachhaltigkeitskriterien. Hierzu können unveränderliche und veränderliche Kriterien unterschieden werden.

Für den Immobilieneigentümer unveränderliche Nachhaltigkeitsaspekte sind die Trends bei wirtschaftlichen, gesellschaftlichen, politischen und umweltseitigen sowie energetischen Rahmenbedingungen sowie die Lagemerkmale des Bewertungsobjekts.[821] Innerhalb seiner Gestaltungsmöglichkeiten befinden sich jedoch die Objektmerkmale der Nutzungs- und Nutzerflexibilität, der Energie- und Wasserabhängigkeit, die baulichen Sicherheitsvorkehrungen sowie die Förderung von Gesundheit und Komfort durch die Gebäudeausstattung und die verwendeten Baustoffe. Im Kalkül des Immobilieneigentümers gehen Investitionen in nachhaltige Objektverbesserungen mit der Erwartung zukünftiger monetärer Vorteile einher. Diese können im Erhalt der Vermietbarkeit und in der Durchsetzung höherer Mieten bestehen. Eine Voraussetzung hierfür ist jedoch, dass die Wertschätzung der Mieter für derart erstellte oder optimierte Objekte konkretisiert wird. Für Wohnimmobilien bedeutet dies z. B. die Integration von Nachhaltigkeitsmerkmalen in die Kriterienkataloge der örtlichen Mietspiegel.[822] Zu beachten bleibt dabei jedoch, dass auch Investitionen zur Verbesserung der Nachhaltigkeitskriterien an benachteiligten keine Garantie für Leerstandsabbau oder -vermeidung sein können. Weiterhin kommt daher den Lagekriterien und insbesondere der prognostizierten Nachfrageentwicklung hohe Priorität zu. Nicht mehr zu negieren ist die positive Auswir-

---

[821] Vgl. hierzu und im Folgenden Meins, E./ Burkhard, P. (2009), S. 8 f.
[822] Mit der Aufnahme der energetischen Gebäudequalität in die Mietspiegel bestehen in den Städten Freiburg und Stuttgart erste, wenn auch methodisch umstrittene Ansätze.

174

kung nachhaltiger Objektmerkmale auf das Immobilienrating. Mit der Investition in die Erstellung oder Modernisierung von Gebäuden unter der Beachtung der Nachhaltigkeitskriterien können nach einer Untersuchung von Lützkendorf/Lorenz/Kertes deutliche Finanzierungsvorteile für den Eigentümer verbunden sein.[823] Auch wenn die Finanzierungsvorteile der nachhaltigen Immobilie für die Wertermittlung unter IFRS-Anforderungen nicht zu berücksichtigen sind,[824] so spiegeln sie dennoch eine günstigere Risikoeinschätzung des (Fremd-)Kapitalmarkts wider und sind insoweit in die Bemessung des Objektrisikos zu integrieren. Zur Optimierung der Rechnungslegungsinformation hinsichtlich des Immobilienwerts wäre also eine Berücksichtigung der Nachhaltigkeitskriterien bei der Wertermittlung, z. B. durch einen Abschlag auf den Kapitalisierungszinssatz zu fordern. Vor dem Hintergrund der Zuverlässigkeitsanforderung ist jedoch die intersubjektive Nachprüfbarkeit dieser wertprägenden Faktoren bzw. deren Marktableitung nachzuweisen. Hier besteht zum heutigen Zeitpunkt noch eine Erfahrungslücke, da in Deutschland noch keine belastbaren Datenbanken oder Indizes bestehen, die einen transaktionsbasierten Zusammenhang zwischen finanziellen Vorteilen und Nachhaltigkeitsmerkmalen einer Immobilie nachweisen.[825] Dieser Zusammenhang besteht jedoch zweifellos und gewinnt mit der beschleunigten Entwicklung der genannten unveränderlichen Rahmenbedingungen überproportional weiter an Bedeutung. Deswegen ist die Integration von Nachhaltigkeitsaspekten in die Wertermittlung auch unter IFRS-Anforderungen lediglich eine Frage des Zeitpunkts, die Notwendigkeit ist längst anerkannt. Wissenschaft und Praxis sind hier in der Pflicht zur Objektivierung und empirischen Verifizierung der Nachhaltigkeitskriterien, um diese so für zuverlässige Rechnungslegungsinformationen verwendbar zu machen.

Mangels belastbarer Erfahrungssätze nachhaltiger Wohnimmobilien wird in diesem Fall im Sinne der Zuverlässigkeit und Nachprüfbarkeit entschieden und auf die Erfahrungssätze der II. BV zurückgegriffen. Dabei wird unterstellt, dass diese Sätze für eine ordnungsgemäße Kleininstandhaltung und die Ansparung von Großinstandhaltungsmaßnahmen ausreichen. Zweifel hieran sind begründet, da die Instandhaltungskosten als Bestandteil der Kostenmiete für Sozialwohnungen im ersten Förderweg möglicherweise politisch motiviert künstlich gering gehalten worden sein können. Andererseits ist auch denkbar, dass die ehemals gemeinnützigen Wohnungsunternehmen die über die Kostenmiete vereinnahmten Instandhaltungsanteile für andere Zwecke eingesetzt haben und somit keine Rückstellungen für Bauinstandhaltung aus dem Ansparanteil gebildet werden konn-

---

[823] Vgl. Lützkendorf/ T./Lorenz, D./Kertes, J. (2006), S. 7.
[824] Das günstige Darlehen würde auf der Passivseite der Bilanz ausgewiesen und lediglich den Net-Asset-Value erhöhen, nicht aber den beizulegenden Zeitwert als Bilanzansatz.
[825] Vgl. Lützkendorf, T./Lorenz, D. (2007), S. 647.

ten.[826] Überdies beziehen sich die Kostenansätze der II. BV auf nach 1945 erstellte Gebäude, weshalb ihre Eignung für die Bewertung von Vorkriegsobjekten zu diskutieren ist. Einerseits könnte man diesen aufgrund des Baualters einen höheren Instandhaltungsbedarf zurechnen; andererseits sind diese Gebäude teilweise dauerhafter und massiver errichtet als die Schlichtbauten der Wiederaufbauphase. Schließlich sind einige dieser Gebäude bereits grundlegend modernisiert worden. Deshalb soll auf die Vornahme eines zusätzlichen Zuschlags für bestimmte Altersklassen verzichtet werden.[827] Anderes gilt für denkmalgeschützte Gebäude, bei denen der unzweifelhaft entstehende Mehraufwand zusätzlich berücksichtigt werden soll. Hinsichtlich der Gebäudeausstattung ist zu beachten, dass die II. BV für die im öffentlich geförderten und steuerbegünstigten Wohnungsbau erstellten Wohngebäude entwickelt worden ist. Verzerrungen können sich deshalb bei höherwertigen frei finanzierten Gebäuden ergeben, die teilweise einen höheren Standard in Bauweise und Ausstattung aufweisen. Allerdings dürfen diese in einigen Wohnimmobilienportfolios zu beobachtenden Effekte nicht als repräsentativ für die ehemals gemeinnützigen Wohnungsunternehmen angesehen werden, sie sind dort zumeist nur ganz vereinzelt in den Baujahresklassen ab 1981 anzutreffen. Jedoch unterscheiden sich dem wohnungspolitischen Willen dieser Zeit folgend die Qualitäten geförderter und frei finanzierter Wohnungen nicht erkennbar. Insofern bieten die Erfahrungssätze der II. BV grundsätzlich eine belastbare Grundlage zur Instandhaltungsplanung.

Zur Beurteilung der Auskömmlichkeit pauschaler Kostenansätze ist der typische Instandhaltungsverlauf bei Wohnimmobilien zu betrachten. Dabei werden die in Abb. 5.11 für diese Arbeit definierten Instandhaltungsbegriffe verwendet. Für die Wohnungsbestände der Wiederaufbauphase kann dazu auf eine Studie der Deloitte & Touche Deutsche Baurevision zurückgegriffen werden. Dort werden für die letzten 10 Jahre durchschnittlich verausgabte Instandhaltungskosten i. H. v. 13 €/qm festgestellt, die sowohl Klein- als auch Großinstandhaltungsmaßnahmen beinhalten.[828] Jedoch müssen diese nicht zwangsläufig den technischen Notwendigkeiten entsprechen. Es ist vielmehr durchaus denkbar, dass sich hierin die Budgetrestriktionen der Wohnungsunternehmen widerspiegeln und für Teile der betrachteten Wohnimmobilienportfolios bereits Instandhaltungsrückstände entstanden sind. Die Auskömmlichkeit des von Deloitte & Touche Deutsche Baurevision empirisch ermittelten Kostenansatzes wäre wiederum nur dann gegeben, wenn die Wohnungsunternehmen die über die Kleininstandhaltung hinausgehenden Mittel tatsächlich für Großinstandhaltungsmaßnahmen ansparen würden. Ein Blick auf den in Abb. 5.13 dargestellten typisierten Instandhaltungsver-

---

[826] Bezüglich der Rückstellungen für Bauinstandhaltung besteht handelsrechtlich ein Passivierungswahlrecht, im IFRS-Abschluss ist sie nicht zu berücksichtigen. Die Rückstellung war als Ansparrückstellung für absehbar anfallende Großinstandhaltungsmaßnahmen zugelassen worden. Vgl. Birkner, M./Bornemann, L.-D. (2006), S. 202-204.

[827] A. A. Kleiber, W/ Simon, J. (2007), S. 1689.

[828] Vgl. Deloitte & Touche (2007), S. 12 m. w. N.

lauf einer Wohnimmobilie zeigt, dass etwa im Turnus von 30 Jahren Großinstandhaltungsmaßnahmen in unterschiedlicher Intensität anfallen.

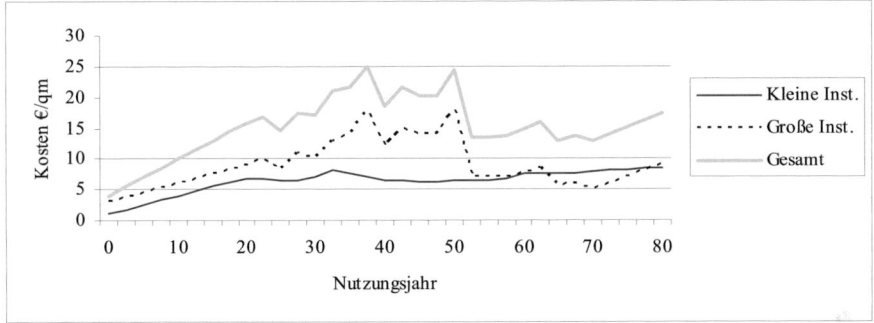

Abb. 5.13: Typischer Instandhaltungsverlauf einer Wohnimmobilie[829]

Für die zu bewertenden Wohnimmobilienportfolios ist daher zu prüfen, an welcher Stelle im Instandhaltungsverlauf sich die einzelnen Bewertungsobjekte jeweils befinden. Dies geschieht über
die Aufnahme des ggf. bestehenden Instandhaltungsrückstands. Wird ein solcher festgestellt, so
wird das Bewertungsobjekt über den Abzug der zur Behebung desselben erforderlichen Instandsetzungskosten so gestellt, dass die kalkulatorischen Durchschnittssätze für die Dauer der Detailplanungsperiode ausreichen.

Bei der Anwendung auf empirischer Basis ermittelter kalkulatorischer Durchschnittssätze bleiben
jedoch die Investitionen der Immobilieneigentümer in nachhaltige Objektmerkmale unberücksichtigt, da diese ausdifferenzierten Qualitäten des nachhaltigen Bauens in den empirischen Daten noch
nicht erfasst sind. Die oben beschriebene normalisierte Bewirtschaftungssituation berücksichtigt
damit die Nachhaltigkeitsaspekte ebenfalls nicht explizit. Sie kann daher auch nicht als nachhaltige
Bewirtschaftungssituation bezeichnet werden. Darin besteht ein gravierender Nachteil für jene
Wohnimmobilien, die bereits Nachhaltigkeitsaspekte aufweisen. Da letztere sich (noch) nicht im
Immobilienwert abbilden lassen, entfallen die Anreize für Eigentümer und Investoren, in nachhaltige Wohnimmobilien zu investieren. Insbesondere bei der Planung der Instandhaltungskosten können sich wartungs- und instandhaltungsärmere Bauweisen und Gebäudeausrüstungen deutlich auswirken. Zur Erlangung von Planungssicherheit könnten z. B., Vollwartungsverträge für einzelne

---

[829] Modifiziert entnommen bei Deloitte & Touche (2007), S. 11 m. w. N. Die Definition der Begriffe „kleine" und
„große Instandhaltung" ist oben erfolgt und in Abb. 5.12 expliziert.

Bauteile abgeschlossen werden.[830] Dabei würden Eigentümer und Leistungsersteller die für beide Vertragspartner im aktuellen Zeitpunkt wahrscheinlichsten Kosten abschätzen und auf dieser Basis einen bauteil- oder gewerkespezifischen Kostenansatz vereinbaren. Dieser würde dann die über Nachhaltigkeitsaspekte beeinflusste Wartungs- und Instandhaltungsintensität objektspezifisch ausdrücken. Diese Vorgehensweise wäre im Sinne der Relevanz der Rechnungslegungsinformation denkbar und zur Würdigung der Nachhaltigkeitsbemühungen wünschenswert.

Für Bilanzierungszwecke ist jedoch gleichzeitig die Anforderung der Zuverlässigkeit zu erfüllen. Diese fordert intersubjektiv nachprüfbare Kriterien zur Bemessung der geplanten Instandhaltungskosten. Im Fall der Vollwartungsverträge müssten sich also klare Regeln bestimmen lassen, nach denen sich die Kostenansätze bemessen sollen. In der beschriebenen Verhandlungslösung sind hingegen noch die subjektiven Einschätzungen der Vertragspartner enthalten. Die empirisch abgeleiteten kalkulatorischen Kostenansätze haben dagegen zwar den Charakter von Durchschnittsätzen, sind aber aus der Wahrnehmung der Abschlussprüfer zuverlässiger, weil empirisch belegbar. Eine mögliche Lösung könnte darin liegen, die kalkulatorischen Kostenansätze lediglich als Ausgangsgröße zu verwenden und in Abhängigkeit von den die Wartungs- und Instandhaltungsintensität bestimmenden Objektmerkmalen Zu- und Abschläge vorzunehmen. Modifikationen dieser Art finden sich bereits heute in der II. BV, die z. B. auf Objektmerkmale wie Aufzug, Fernheizung abstellt sowie die mietvertraglichen Verhältnisse hinsichtlich der Schönheitsreparaturen und der Bagatellschäden berücksichtigt.[831] Alternativ ist die Ableitung der Modifikation über die Zugehörigkeit zu Portfoliosegmenten lösbar. Dazu müssten die Nachhaltigkeitskriterien in eine Portfoliomatrix eingebracht werden, um auf diese Weise Strategiesegmente abzuleiten, die zu bestimmten Formen der Instandhaltung und Modernisierung führen.[832]

Die Entscheidung zugunsten der Relevanz und damit für objektspezifisch ermittelte Instandhaltungskostenansätze ist jedoch erklärungsbedürftig, da als Alternative belastbare, empirische Durchschnittsätze vorliegen. Für die Berücksichtigung der Wirkungen nachhaltiger Objektmerkmale bestehen ähnlich belastbare Ausgangsdaten noch nicht. Sobald dies der Fall ist, werden diese um Nachhaltigkeitsaspekte erweiterten Ausgangsdaten Verwendung finden. Bis dahin und auch in diesem Modell fällt die Entscheidung zugunsten der Zuverlässigkeit der Rechnungslegungsinformation und damit für die Anwendung empirisch belegbarer kalkulatorischer Durchschnittsätze. Das Risi-

---

[830] Dieser Gedanke wäre u. U. noch weiter zu vertiefen, auch unter Berücksichtigung der Behandlung im Rahmen der Abrechnung der umlegbaren Betriebskosten.

[831] Vgl. § 28 Abs. 2 und Abs. 5 II. BV.

[832] In diesem Fall müssten über die reinen Objektmerkmale hinaus auch Aspekte der Belegung und des Quartiers ergänzt werden.

ko, unter Nachhaltigkeitsaspekten unterdurchschnittlich anzusehende Gebäude zu gut zu bewerten wird zunächst in Kauf genommen. Änderungs- und Erweiterungsbedarf besteht in der beschriebenen Form.

Instandhaltungskostenansatz für Wohnraum

Zur Bestimmung durchschnittlicher kalkulatorischer Kostenansätze wird unterstellt, dass die im sozialen Wohnungsbau zum Ansatz kommenden Instandhaltungskostenansätze der II. BV ausreichen, um die Kleininstandhaltung zu decken und gleichzeitig noch die Ansparung von Großinstandhaltungsmaßnahmen ermöglichen. Sie sollen deshalb im Wertermittlungsmodell mit den gem. § 28 Abs. 5a II. BV ab 01.01.2008 geltenden erhöhten Jahreswerten wie folgt zur Anwendung kommen:

- Für Wohnungen, deren Bezugsfertigkeit am Ende des Kalenderjahres weniger als 22 Jahre zurückliegt, 7,87 €/m²,

- Für Wohnungen, deren Bezugsfertigkeit am Ende des Kalenderjahres mindestens 22 Jahre zurückliegt, 9,97 €/m²,

- Für Wohnungen, deren Bezugsfertigkeit am Ende des Kalenderjahres mindestens 32 Jahre zurückliegt, 12,74 €/m².[833]

Die Kostenansätze der II. BV sind orientiert an der üblichen Verwaltungspraxis, wonach der Vermieter die Kosten der kleinen Instandhaltung und der Mieter die Kosten der Schönheitsreparaturen trägt.[834] Handelt es sich beim Bewertungsobjekt um ein generalvermietetes Objekt, so werden die Instandhaltungskosten um 1,17 €/m² gesenkt,[835] da kleine Instandhaltungen von den Generalmietvertragspartnern übernommen werden. Ist das Bewertungsobjekt denkmalgeschützt, so wird unterstellt, dass die Instandhaltungskosten höher sind.[836] Aus diesem Grund wird der Instandhaltungskostenansatz in diesem Fall um einen pauschalen Zuschlagssatz von 3 €/m² erhöht. Weiterhin erhöhen sich die pauschalen Instandhaltungskostensätze für Wohnungen, für die ein maschinell betriebener Aufzug vorhanden ist, um 1,11 €/m².[837] Der sich so errechnende Instandhaltungskostenansatz wird im ersten Planjahr zugrunde gelegt und in den Folgejahren jeweils mit einer allgemei-

---

[833] Vgl. § 28 Abs. 2 II. BV, gültig seit 01.01.2008.
[834] Vgl. Kleiber, W./Simon, J. (2007), S. 1691.
[835] Vgl. § 28 Abs. 3 II. BV.
[836] Vgl. Dietz, E. (1999), S. 17 f.
[837] Vgl. § 28 Abs. 2 II. BV, S. 3.

nen Kostensteigerungspauschale von 2 % indexiert. Diese Werte werden in die Wertermittlung zur Ermittlung der Instandhaltungskosten übernommen und im Datenblatt hinterlegt. Vor der Berechnung muss das Wertermittlungsmodell also die vier Objektmerkmale Baujahr, Generalmietverhältnis, Denkmalschutz und Aufzug prüfen und hieraus den objektspezifischen kalkulatorischen Instandhaltungskostenansatz errechnen. Abb. 5.14 zeigt die systematische Ermittlung des Instandhaltungskostenansatzes im Wertermittlungsmodell.

Vorgaben				Altersklasse	Vorgabe	
Instandhaltungskosten, lfd.gem. WertV	12,74	bis		22	7,87	EUR/ m²
Instandhaltung vor Denkmalschutz	12,74	bis		32	9,97	EUR/ m²
Verwaltungskosten	250,00	ab		33	12,74	EUR/ m²
Nicht-umlegbare BeKo	1,50%			Garage	75,34	EUR/ Garage
Kostensteigerung	2,00%					
Erlösschmälerung Pauschal	2,50%					
Aufzug im Objekt	nein					

Abb. 5.14: Systematische Ermittlung des Instandhaltungskostenansatzes

Instandhaltungskostenansatz für Garagen

Für die dem betrachteten Objekt zugeordneten Garagen wird als jährlicher Instandhaltungskostenansatz einschließlich Schönheitsreparaturen der nach § 28 Abs. 5 II. BV zulässige Satz angesetzt. Dieser beträgt nach der Erhöhung zum 01.01.2008 nunmehr 75,34 €/Garage. Modellseitig wird geprüft, welche Anzahl von Garagen vorhanden ist. Daraus werden die Instandhaltungskosten für die dem Bewertungsobjekt zuzurechnenden Garagen errechnet. Dabei kann es möglich sein, dass eine mehrere Bewertungsobjekte versorgende Tiefgarage als eigenes Bewertungsobjekt separat bewertet wird. Im Regelfall werden die Garagen und Stellplätze jedoch als Teil des Bewertungsobjekts betrachtet, weil die Garagenmieten zumeist im Wohnungsmietvertrag enthalten sind. Dieser im ersten Planjahr errechnete Betrag wird in den Folgejahren jeweils mit der allgemeinen Kostensteigerungspauschale von 2 % indexiert.

5.4.4 Planung der Verwaltungskosten

Über das Bewertungsportfolio wird ein einheitlicher jährlicher Verwaltungskostenansatz i. H. v. 254,80 €/Wohneinheit veranschlagt. Dieser Betrag wird über den Ansatz gem. § 26 Abs. 4 II. BV nach der Erhöhung zum 1.01.2008 als marktüblich angesehen. Tatsächlich kann der unternehmensindividuelle Verwaltungskostensatz hiervon abweichen. Gründe hierfür liegen in der Kostenstruktur großer Wohnungsunternehmen im Vergleich zu jener der freien Hausverwalter. Erfolgt die Wertermittlung jedoch für bilanzielle Zwecke, so ist zur Ermittlung des beizulegenden Zeitwerts das Kalkül eines potenziellen Erwerbers nachzubilden.[838] Die tatsächlichen Verwaltungskosten ebendieses Erwerbers sind dem Bewerter jedoch unbekannt. Von daher ist es zur Objektivierung der Wertermittlung unabdingbar, die bekannten unternehmensunabhängigen Erfahrungssätze anzuwenden.[839] Da wie oben dargestellt Wohnung und Garage zumeist in einem Mietvertrag zusammengefasst werden, wird jedoch auf den gesonderten Ansatz von Verwaltungskosten für die Garagen und Stellplätze verzichtet. Der entwickelte Verwaltungskostenansatz wird während des gesamten DCF-Planungszeitraums mit der allgemeinen Kostensteigerungspauschale von 2 % indexiert.

5.4.5 Planung der nicht umlegbaren Betriebskosten

Als Betriebkosten werden jene Kosten bezeichnet, die durch das Eigentum am Grundstück oder dessen bestimmungsgemäßen Gebrauch einschließlich des Gebrauchs der baulichen Anlagen und der technischen Gebäudeausstattung entstehen.[840] Zur Ermittlung des Reinertrags bleiben jedoch die durch Umlagen gedeckten Betriebskosten unberücksichtigt,[841] da auch der Rohertrag als Nettokaltmiete keine Umlagen beinhaltet.[842] Der nach Abzug der umlegbaren Betriebskosten von den gesamten Betriebskosten verbleibende Teil soll im Folgenden als nicht umlegbare Betriebskosten bezeichnet werden. Ansatz und Höhe der umlegbaren Betriebskosten sollen im Rahmen dieser Arbeit nicht untersucht werden.[843]

Zum Ansatz der Höhe nach besteht bei den Betriebskosten eine Besonderheit im Vergleich zu den übrigen Bewirtschaftungskosten: Betriebskosten sollen nach ihrer tatsächlichen Höhe angesetzt werden.[844] Anderes gilt lediglich dann, wenn sich diese nicht ermitteln lässt. In diesen Fällen, die jedoch für Wohnungsunternehmen und andere professionelle Vermieter ausgeschlossen werden können,[845] ist der Ansatz von Erfahrungssätzen ebenfalls zulässig.[846] Allerdings ist auch der Ansatz der tatsächlichen Betriebskosten insoweit eingeschränkt, als auf die nach den Grundsätzen ord-

---

[838] Vgl. die Ausführungen zu Wertbegriffen der IFRS unter Pkt. 3.4.
[839] Vgl. § 26 Abs. 1 II. BV.
[840] Vgl. § 18 Abs. 3 WertV.
[841] Vgl. § 18 Abs. 1 S. 1, 2. Halbs. WertV.
[842] Vgl. § 17 Abs. 1 S. 2 WertV.
[843] Vgl. Bruhn, R. (2006), S. 555 ff.; Murfeld, E. et al. (2006), S. 761-799.
[844] Vgl. § 18 Abs. 6 S. 2 WertV.
[845] Vgl. Kleiber, W./Simon, J. (2007), S. 1675.
[846] Vgl. § 18 Abs. 6 S. 3 WertV.

nungsgemäßer Bewirtschaftung anfallenden Betriebskosten abzustellen ist.[847] Daher führt diese Regelung im Ergebnis dazu, dass die im Rahmen einer üblichen Bewirtschaftung durchschnittlich anfallenden Betriebskosten, mithin wiederum die Erfahrungssätze angesetzt werden müssen.[848]

Die Berücksichtigung der nicht umlegbaren Betriebskosten wird deshalb im Wertentwicklungsmodell unter der Fiktion einer normalisierten Bewirtschaftungssituation pauschal nach Erfahrungssätzen vorgenommen. Kleiber nennt einen Erfahrungssatz für Wohnungsunternehmen mit 1 % der Nettokaltmiete.[849] Das Ausfallwagnis für Betriebskosten bleibt dabei jedoch unberücksichtigt. Im Fall des Leerstands trägt das Wohnungsunternehmen nicht nur die fixen Betriebskostenanteile, sondern gleichzeitig auch die Heizkosten, u. a. zur Vermeidung von Schimmelbildung.[850] Real haben die nicht umlegbaren Betriebskosten nach einer Erhebung der Deutschen Immobilien Datenbank (DID) im Jahr 1998 1,9 % der tatsächlich vereinnahmten Nettokaltmieten ausgemacht.[851] Unter Würdigung der aufgezeigten Problematik wird im Wertermittlungsmodell ein kalkulatorischer Erfahrungssatz von 1,5 % auf die Nettokaltmieten angenommen.

5.4.6   Planung der Erbbauzinsen

Der Grundstückskauf und das Erbbaurecht unterscheiden sich in der Art des Kapitaleinsatzes. Während das Grundstück beim Erwerb mit Hypothekendarlehen und Zinszahlungen belastet wird, spart der Erbbauberechtigte den Kaufpreis und zahlt stattdessen einen zumeist im Vergleich zum Kapitalmarktzinssatz niedrigeren Erbbauzins.[852] Hieraus könnte nun abgeleitet werden, dass die Erbbauzinsen zu den Finanzierungsaufwendungen zu zählen wären und somit nicht in die Wertermittlung eingehen dürfen.[853] Jedoch unterscheidet sich das im Erbbaurecht erstellte Gebäude von dem Gebäude auf eigenem Grundstück durch die Endlichkeit der Grundstücksnutzung. Somit fließen Grundstückswertsteigerungen dem Erbbaurechtsgeber zu, nicht aber dem Erbbaurechtsnehmer als Eigentümer des Gebäudes. Deswegen soll im Wertermittlungsmodell ein Korrektiv in der Wertermittlung angesetzt werden.

---

847 Vgl. § 18 Abs. 6 S. 2 WertV.
848 Vgl. Kleiber, W./Simon, J. (2007), S. 1676.
849 Vgl. Kleiber, W./Simon, J. (2006), S. 1675.
850 Vgl. hierzu die Ausführungen zur Behandlung fixer und variabler Betriebskostenbestandteile im Rahmen der Deckungsbeitragsrechnung unter Pkt. 2.5.1.
851 Vgl. DID 1998, zitiert nach Kleiber, W./Simon, J. (2006), S. 1675.
852 Vgl. Kleiber, W./Simon, J. (2007), S. 2608.
853 Die Finanzierungsaufwendungen sind bei der Ermittlung des beizulegenden Zeitwerts außer Acht zu lassen. Vgl. IAS 23.7.

Der im umfassenden Ertragswertverfahren gesondert ermittelte Bodenwert bleibt im DCF-Verfahren unberücksichtigt. Dies beruht auf der Fiktion der Bewertungseinheit von Grundstück und Gebäude;[854] die gezahlte Miete umfasst auch ein Entgelt für den Grundstücksanteil des Gebäudes bzw. der Wohnung. Die Berücksichtigung des Minderwerts eines im Erbbaurecht erstellten Gebäudes im Vergleich zu einem Gebäude auf eigenem Grundstück soll deshalb im Wertermittlungsmodell zum einen durch Abzug der Erbbauzinsen bei der Berechnung der jährlichen Reinerträge erfolgen. Zum anderen wird die Tatsache des fehlenden Eigentums am Grundstück modellseitig später als Risikoposition bei der Bestimmung des Diskontierungszinssatzes gewürdigt.

Die Höhe der Erbbauzinsen und deren Entwicklung während der Vertragslaufzeit beruhen auf freien Vereinbarungen zwischen Erbbaurechtsgeber und -nehmer. Die aktuelle Höhe der Erbbauzinsen und die Restlaufzeit des Erbbaurechtsvertrags werden mit den Ausgangsdaten der letzten abgeschlossenen Periode übernommen. Für die Fortentwicklung der Erbbauzinsen soll deshalb in Abhängigkeit von den vertraglichen Regelungen ein objektspezifischer Index festgelegt werden.[855] Dieser kann sich vertragsspezifisch am Verbraucherpreisindex, an den allgemeinen wirtschaftlichen Verhältnissen oder an der Entwicklung des Bodenwerts orientieren. Die Schätzung dieses Indexes bleibt eine Aufgabe des Bewerters, die dieser für jedes im Erbbaurecht stehende Bewertungsobjekt durchführen muss. Abb. 5.15 gibt einen Überblick über die zur Schätzung des Indexes erforderlichen Ausgangsdaten.

WE	Erbbau-rechts-geber	Beginn	Ende	Erbbauzins Euro jährl. lt. Vertrag	Vorausset-zung z. Erhöhung	Letzte Erhöhung am	vorauss. Erhöhung Termin	Index Erb-bauzins
8568	Land B.-W.	08.01.1951	07.01.2050	2.518,62	Verbraucher-preisindex	01.01.2006	01.01.2009	1,50%
...	...	...	...	...	...	...	...	...
...	...	...	...	...	...	...	...	...
...	...	...	...	...	...	...	...	...

Abb. 5.15: Indexdefinition zur Fortentwicklung des Erbbauzinses

---

[854] Vgl. IAS 36.6; IFRS 5 Anhang A.
[855] Vgl. § 2 ErbbauRG.

5.5   Aufnahme eines möglichen Instandhaltungsrückstands

5.5.1   Festlegung eines hinreichenden Detaillierungsgrads

Wie oben entwickelt soll der Ansatz eines möglichen Instandhaltungsrückstands im Wertermittlungsmodell dazu dienen, das Bewertungsobjekt in eine normalisierte Bewirtschaftungssituation zu versetzen. Hierzu ist es zunächst erforderlich, einen zum Wertermittlungsstichtag bestehenden Instandhaltungsrückstand zu erheben und zu bewerten. Anschließend wird dann der ermittelte Wert bei der Ermittlung der Reinerträge in Abzug gebracht. Wie oben entwickelt sollen im Wertermittlungsmodell die kleine und die große Instandhaltung unterschieden werden. Die über kalkulatorische durchschnittliche Kostenansätze geplante periodische Instandhaltung soll dabei die kleine Instandhaltung abdecken. Die wie oben beschrieben zyklisch anfallende Großinstandhaltung soll hingegen in den kalkulatorischen durchschnittlichen Kostenansätzen nicht erfasst werden, sondern stattdessen objektkonkret erhoben und separat als Auszahlung erfasst werden.

Wie oben dargestellt, wird zur Neutralisierung von Anomalien in den Ertragsverhältnissen der Abzug eines ggf. bestehenden Instandhaltungsrückstands empfohlen.[856] Zur Herstellung einer normalisierten Bewirtschaftungssituation hält der Autor es darüber hinaus für erforderlich, die innerhalb der ersten 9 Jahre des zehnjährigen Detailplanungszeitraums absehbaren Großinstandhaltungsbedarfe zusätzlich mit in Abzug zu bringen, da diese im kalkulatorischen Kostenansatz nicht erfasst sind.[857] Damit gliedert sich der zu erhebende Instandhaltungsrückstand auf in einen am Bewertungsstichtag bereits bestehenden Instandhaltungsrückstand im engeren Sinne und einen absehbaren Großinstandhaltungsbedarf der ersten 9 Jahre der Detailplanungsperiode. Im zehnten Jahr des Detailplanungszeitraums soll modellseitig eine normalisierte Bewirtschaftungssituation entstanden sein, damit diese zur Bestimmung der ewigen Rente als Ausgangspunkt verwendet werden kann.

Abb. 5.16 illustriert die beschriebenen Komponenten des Instandhaltungsrückstands.

---

[856] Vgl. Abb. 4.9, Variante 2.
[857] Der kalkulatorische Kostenansatz umfasst lediglich die in Abb. 5.12 definierte kleine Instandhaltung.

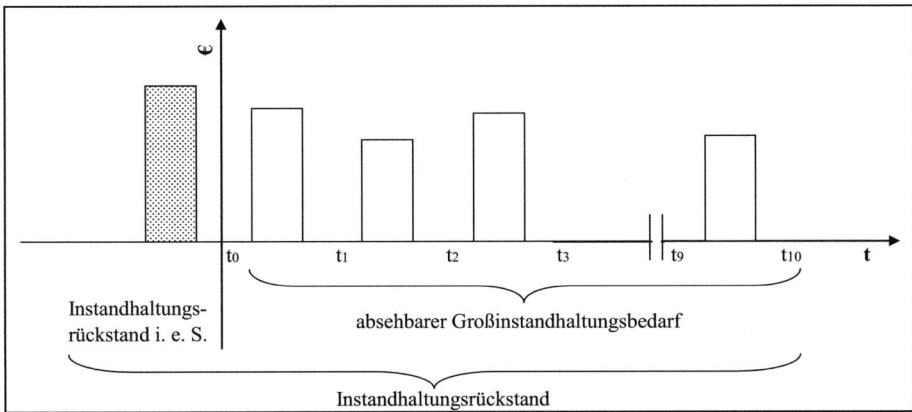

Abb. 5.16: Definition des Instandhaltungsrückstands im Wertermittlungsmodell

Zur Identifizierung und Quantifizierung des derart definierten Großinstandhaltungsbedarfes ist ein Verfahren erforderlich dass folgende spezifischen Anforderungen erfüllen soll:

- Objektive Erhebung und Auswertung,
- Kostengünstige und effiziente Anwendung,
- Klare Fokussierung auf 9 Perioden
- Keine Wohnungsbegehung (Erhalt der Privatsphäre des Mieters).

Standardisierte Verfahren dieser Art existieren bislang nicht. Deswegen hat der Autor in Zusammenarbeit mit einem Referenzunternehmen die Aufgabe übernommen, ein entsprechendes Verfahren zu entwickeln. Die entsprechenden Überlegungen und Einzelschritte werden nachstehend beschrieben.

Da die Wertermittlung für Wohnimmobilienportfolios im strukturierten Einzelbewertungsverfahren unter Beachtung des Grundsatzes der Einzelbewertung durchgeführt werden soll, sind die wertprägenden Objektinformationen für jedes Bewertungsobjekt einzeln zu erheben.[858] Insbesondere die bautechnische Untersuchung ist dabei im Hinblick auf die Ermittlung eines möglicherweise wertprägenden Instandhaltungsrückstands mit der gebotenen Sorgfalt, jedoch auch unter Beibehaltung einer hinreichenden Verfahrensökonomie vorzunehmen. Da es sich um die periodisch wiederkehrende Bewertung von großen Immobilienbeständen mit einer Vielzahl von Bewertungsobjekten

---

[858] Vgl. hierzu die Überlegungen unter Pkt. 4.3.2.

handelt, sind Standardisierungen unumgänglich. Diese werden bei einem im Vergleich zu Gewerbeimmobilienportfolios relativ homogenen Wohnimmobilienportfolio grundsätzlich als vertretbar erachtet.

Zusätzliche Schwierigkeiten bereitet oftmals die schlechte Verfügbarkeit konsistenter technischer Objektstammdaten. Insbesondere bei mehrfach gehandelten Objekten sind Instandhaltungshistorien und technische Beschreibungen zumeist nicht vorhanden. Außerdem können gerade beim Verkauf von Wohnungsunternehmen Friktionen durch Einführung neuer EDV-Systeme und durch Mitarbeiterfluktuation entstehen.[859] Aus diesen Gründen ist das bilanzierende Wohnungsunternehmen darauf angewiesen, einen eventuell bestehenden Instandhaltungsrückstand in einem standardisierten Verfahren unter Beachtung der Wirtschaftlichkeit und Zeitnähe abzuschätzen, ohne dabei im Ergebnis die Qualität des Gutachtens eines Bausachverständigen zu erreichen.

Unerlässlich bleiben jedoch die Objektbegehungen, die aufgrund der zeitlichen Enge, der räumlichen Diversifizierung und der Anzahl der Bewertungsobjekte durch mehrere Personen durchgeführt werden müssen. Der Ansatz zur Ermittlung des Instandhaltungsrückstands muss deshalb neben der Verfahrensökonomie auch sicherstellen, dass gleiche Sachverhalte, wie z. B. Schadensbilder, gleich bewertet werden. Zur Homogenisierung der Beurteilung von Schadensbildern wird zunächst ein Begehungsbogen entwickelt, der im Objekt bearbeitet werden muss und anschließend eine Bewertungslogik zur Beurteilung der erkannten Instandhaltungsrückstände ausgearbeitet.

5.5.2 Erhebung des Instandhaltungsrückstands über einen Begehungsbogen

Jeder Begehungsbogen bezieht sich ausschließlich auf ein Bewertungsobjekt, d. h. auf ein im Sinne der IFRS selbständig bilanzierbares Wirtschaftsgut. Im Bewertungsportfolio ist dies ein selbständig planbares und handelbares Gebäude, das sich technisch über ein durchgehendes Dach definiert. Die einzelne Wohnung scheidet als Bewertungsobjekt aus, da diese erst nach Aufteilung des Gebäudes in Teileigentum selbständig handelbar wird. In diesem Fall wäre aber eine Veräußerung im Rahmen des gewöhnlichen Geschäftsbetriebs zu erwarten und damit eine Bilanzierung zu Anschaffungs- oder Herstellungskosten nach IAS 2 einschlägig.[860] Überdies entfällt dabei realiter die Notwendigkeit der Abschätzung eines möglichen Instandhaltungsrückstands, da die Risiken aus unterlassener

---

[859] Diese Störfaktoren treffen vor allem die einführend beschriebenen neuen Gesellschafterkreise im Wohnimmobilienmarkt. Vgl. die Ausführungen unter Pkt. 2.1.2.

[860] Vgl. den Entscheidungsbaum zur Bestimmung des einschlägigen IFRS-Standards in Abb. 3.6.

Instandhaltung nunmehr über eine zu bildende Instandhaltungsrücklage berücksichtigt werden und das Wohnungsunternehmen die Entscheidungskompetenz über die Verausgabung der dort gebundenen Mittel an die Eigentümergemeinschaft abgetreten hat.

Um eine eindeutige Zuordnung zu gewährleisten, sollen auf jedem Bogen die entsprechende Wirtschaftseinheit, die Gebäudenummer, die Bewirtschaftungsregion und die vollständige Adresse vermerkt werden. Darüber hinaus sind das Baujahr des Objektes, die Besitzgesellschaft sowie die Größe der Wohnfläche in m² anzugeben. Diesen Informationskopf des Begehungsbogens gibt Abb. 5.17 wieder.[861]

Ausgangsdaten des Bewertungsobjekts zur Ermittlung des Instandhaltungsrückstands			
Übergeordnete Objektdaten			
BL0815-101 - Musterstr. 1	Straße	Musterstr. 1	
per Hauspost bitte zurück an	Ort	Karlsruhe	
Gebäudenummer 101	Baujahr	1957	
Region 6	Gesellschaft	1010	Wohnfläche 369,50

Abb. 5.17: Übergeordnete Objektdaten

Objektinformationen

Zur Einschätzung eines Gebäudes ist es erforderlich, die gebäudespezifischen Merkmale zu erfassen. Es müssen vorab Informationen zu Form, Material und Ausbildung des Bauwerks und der einzelnen Bauteile erhoben werden. Insbesondere sind Angaben zu den Fenstern, zur Dachform, und zur Fassade bewertungsrelevant. Abb. 5.18 gibt einen Überblick über die nachstehend näher beschriebenen zu erhebenden Objektinformationen.

Informationen zum Objekt			
Fensterart:	Holz 1	Sonstiges:	auch Kunststoff
Dachform:	Satteldach 2	Sonstiges:	0
DG ausgebaut?	nein 2	Bemerkung:	0
Fassadenmaterial:	Putz 1	Baujahr Heizung:	0
Außenwandstärke:	<36 cm 2	Aufzug:	nein
Vollwärmeschutz:	nein 2	Sonstiges:	0

Abb. 5.18: Objektinformationen

---

[861] Der gesamte Begehungsbogen ist in Anhang 6 abgebildet.

Die Bestimmung der Fensterart soll sich auf den Werkstoff beschränken. Unterschieden wird zwischen Holz-, Kunststoff- und Aluminiumfenstern, da diese in der späteren Kostenschätzung unterschiedlich behandelt werden müssen. Verfügt ein Gebäude über mehrere Fensterarten, so ist der am häufigsten vertretene Werkstoff zu benennen. Weitere Fensterarten sind unter Angabe des prozentualen Anteils oder der Stückzahl im Feld „Sonstiges" einzutragen.

Zur Angabe der Dachform soll eine Auswahl zwischen den in Wohnimmobilienportfolios typischen Dachformen[862] getroffen werden. Dabei sind die Dachformen Flachdach, Satteldach, Walmdach und Pultdach zu unterscheiden. Sollte keine der Vorgaben zutreffend sein, muss die vorhandene Dachform im Feld „Sonstiges" eingetragen werden. Überdies ist anzugeben, ob es sich um ein ausgebautes oder nicht ausgebautes Dach handelt. Verfügt das zu bewertende Gebäude über ein Flachdach, so ist in diesem Fall der Dachausbau mit „nein" anzugeben. Das Feld „Bemerkung" ist für Zusatzinformationen, wie beispielsweise „nur 50 % ausgebaut", vorgesehen.

Die Angaben zur Fassade enthalten zum einen das Fassadenmaterial. Besteht die Fassade eines Gebäudes aus mehreren Materialien, so ist das flächenmäßig überwiegende Material anzugeben. Zusätzlich vorhandene Fassadenmaterialien, z. B. Holzverkleidungen an der Giebelseite im Dachgeschoss, sind im Feld „Sonstiges" zu vermerken. Weiterhin ist die Außenwandstärke in den Intervallen „<=24 cm", „<36 cm" oder „>36 cm" anzugeben. Außerdem ist anzugeben, ob ein Vollwärmeschutz vorhanden ist oder nicht. Das Maß der Außenwand setzt sich zusammen aus der eigentlichen Wandstärke und der Stärke des Wärmeschutzes wie z. B. „24cm Wandstärke + 10cm Dämmung = Außenwandstärke < 36cm".[863] Weiterhin anzugeben ist die Existenz eines Aufzugs und das Baujahr der Heizung. Diese Angaben dienen zur Bemessung des Instandhaltungskostenansatzes[864] und ggf. zur Verifizierung der technischen Objektstammdaten.

Zusatzangaben

Über die Objektinformationen hinausgehend werden zur Abschätzung des Instandhaltungsrückstands Angaben zu Elektroverstärkung, Balkonen, Heizungsart, Stellplätzen bzw. Einzelgaragen und Spielplatz benötigt. Genauer erläutert werden an dieser Stelle nur die Punkte, die im Anschluss

---

[862] Diese Dachformen haben sich durch die Auswertung der Gebäudetypologie des Referenzunternehmens als typisch erwiesen.

[863] Diese Informationen können überdies zur Erstellung von Energiepässen verwendet werden.

[864] Vgl. Pkt. 5.5.

auch in die Bewertung eingehen werden. Zu erheben ist zum einen die Anzahl der Balkone. Dabei wird zwischen Balkonen und Loggien nicht unterschieden. Auch muss nicht zwischen unterschiedlichen Balkontypen unterschieden werden. Dacheinschnitte und Terrassen werden jedoch nicht zu den Balkonen gezählt. Überdies werden an dieser Stelle Daten zum Heizsystem, nämlich bezüglich der Heizungs- und Energieart, sowie zur Anzahl der Stellplätze bzw. Einzelgaragen abgefragt. Sofern ein Spielplatz vorhanden ist, muss dessen Zustand ebenfalls bewertet werden, indem Noten von 1 = sehr gut bis 6 = ungenügend vergeben werden, andernfalls ist „0" einzutragen. Abb. 5.19 zeigt den entsprechenden Abschnitt des Erhebungsbogens.

Zusatzangaben: Balkone - Parkierung - Spielplatz					
E-Verstärkung Treppenhaus	ja	Anz. Balkone:	8	Anzahl Stellplätze	0
E-Verstärkung Wohnungen	nein	Wärmeerz.:	Etage + Einzel	Anzahl Einzelgaragen	0
Anzahl Hauseingänge	1	Energie:	Gas	Zustand Spielplatz	0

Abb. 5.19: Zusatzangaben

Einschätzung der Instandsetzungszeitpunkte

Bei der vorzunehmenden Bewertung handelt es sich um eine Aussage über den Zustand einzelner Bauteile und damit kumulativ auch über den Zustand des gesamten Objektes, so dass Rückschlüsse auf den Instandhaltungsrückstand im Bewertungsobjekt getroffen werden können. Dabei ist der Ersatz bzw. die Ausbesserung der Bauteile in vorgegebene Zeitdimensionen eindeutig einzuordnen. Mehrfachbewertungen eines Bauteils sollen über die beschriebene Erhebungslogik vermieden werden. Ziel dieser Vorgehensweise ist es, den aktuellen Zustand aller Objekte zu ermitteln, aus dem heraus sich ein ggf. vorhandener Instandhaltungsrückstand abschätzen lässt. Im Nebenzweck werden die Zeiträume ermittelt, in denen Mittel für die Instandsetzung bereitgestellt werden müssen. So kann der Einsatz finanzieller Mittel gezielt gesteuert werden und eine überschlägige Planung der oben definierten großen Instandhaltungsmaßnahmen erfolgen.[865] Die Zeitdimensionen für die Instandsetzungszeitpunkte der Bauteile sind „sofort", „mehr als ein 1 Jahr", „mehr als 3 Jahre", „mehr als 5 Jahre" und „mehr als 10 Jahre". Der Instandhaltungsrückstand für Maßnahmen, die voraussichtlich erst in mehr als 10 Jahren anfallen, wird im DCF-Verfahren nicht berücksichtigt, da der Planungszeitraum auf 10 Perioden festgelegt wurde.[866] Ist ein im Begehungsbogen aufgeführtes

---

[865] Vgl. zum Begriff der großen Instandhaltung die Gliederung technischer Maßnahmen in Abb. 5.11.
[866] Vgl. Pkt. 5.2.1.

Bauteil im Bewertungsobjekt nicht existent, so wird dieses über die Rubrik „entfällt" entsprechend gekennzeichnet.

Eingeschätzt werden lediglich die vorhandenen Bestandteile des Gebäudes. Fehlende Bauteile, selbst wenn diese als notwendig erachtet werden, sind in die Bewertung nicht einzubringen. Sind z. B. keine Balkone am Objekt vorhanden, dann sind diese mit „entfällt" zu bewerten, selbst wenn das Anbringen von Balkonen möglicherweise eine opportune Aufwertungsmaßnahme darstellt.[867] Verfügt ein Gebäude über Klappläden, so ist deren Zustand zu bewerten. Die Bewertung darf hingegen nicht darauf abzielen, Klappläden durch Rollläden zu ersetzen. Die Spalte „entfällt" ist somit bei allen Bauteilen anzuwenden, die nicht vorhanden sind. Bauteile, bei denen auf Grund ihres einwandfreien Zustands vorerst keine Maßnahmen vorgenommen werden müssen, sind in die Zeitdimension „mehr als 10 Jahre" einzuordnen. Nachstehende Abb. 5.20 zeigt die Umsetzung der zeitlichen Logik im Begehungsbogen.

Bewertung des Objektzustands						
		Ersatz notwendig in …… Jahren				
BAUTEIL	sofort	mehr als einem Jahr	mehr als drei Jahren	mehr als 5 Jahre	mehr als 10 Jahren	entfällt

Abb. 5.20: Zeitdimensionen im Begehungsbogen

Einzuschätzende Bauteile

Zur Erhebung eines möglichen Instandhaltungsrückstands werden die für die große Instandhaltung identifizierten Bauteile untersucht. Dazu gehören die äußeren Gebäudebauteile wie Dach, Fallrohre, Fenster und Läden, Balkone, Fassade, der Eingangsbereich sowie die Außenanlagen und Garagen.[868] Außerdem werden im Innenbereich des Gebäudes Bewertungen benötigt zum Treppenhaus, zu den Wohnungseingangstüren, den Kellerräumen und der Heizung. Abb. 5.21 stellt die zu bewertenden Bauteile im Überblick dar. Mit Einführung der ENEV 2009 werden zukünftig zusätzlich die Nachrüstverpflichtungen für Geschossdeckendämmung und die Austauschverpflichtung für Elektronachtspeicherheizungen zu berücksichtigen sein.

---

[867] Vgl. IAS 40.51.
[868] Vgl. Abb. 5.11.

Gebäude außen	Gebäude innen
Dach	Eingangsbereich
Fallrohre/Regenrinnen	Treppenhaus
Fenster	Wohnungseingangstüren
Roll-/Klappläden	Kellerräume
Fassade	Heizung
Balkone	
Außenanlagen	
Garagen	

Abb. 5.21: Einzuschätzende Bauteile

Nicht eingeschätzt wird hingegen der Zustand der einzelnen Wohnung. Neben Schwierigkeiten und hohem Zeitaufwand bei der Begehung spielen hierbei Praktikabilitätserwägungen und der Wunsch, die Privatsphäre des Mieters zu schützen, eine Rolle. Die Wohnung ist hinsichtlich ihrer wohnwertrelevanten Merkmale zum Zweck der korrekten Mietspiegeleinwertung bereits begutachtet worden. Somit gibt die Marktmiete einen Hinweis auf Ausstattung und Zustand der einzelnen Wohnungen. Überdies wird bei nicht durch einen Mietspiegel erfassten Wohnungen unterstellt, dass bei durchschnittlichen Werten für Leerstand und Mietrückstand[869] eine unter Anwendung der oben entwickelten Instandhaltungskostenansätze ordnungsgemäß instand gehaltene Wohnung vorliegt.

Durchführung der Begehung

Die Begehung erfolgt von außen nach innen. Die Einschätzung der Dacherneuerung bezieht sich grundsätzlich auf das gesamte Dach. Müssen lediglich Teilstücke des Daches instand gesetzt werden, so wird dies unter Dachausbesserung vermerkt. Wird für die Dacherneuerung das Feld „sofort" angekreuzt, so sind Dachausbesserungen mit „entfällt" einzuschätzen. Grundsätzlich ist für die Dachausbesserung, sofern diese nicht entfällt, eine Flächenangabe zu machen. Erfolgt für diese Position keine Angabe, können in der Folge keine Kosten ermittelt werden. Bei einer Wasseransammlung in der Dachmitte und damit einhergehender Undichtigkeit eines Flachdaches ist unter Dacherneuerung „sofort" anzukreuzen. Die Bewertung der Holzbauteile bezieht sich auf Holzkonstruktionen und Holzverschalungen im Bereich von Dachüberständen an Traufe und Ort-

---

[869] Vgl. als Maß dazu die unter Pkt. 2.5.1 genannten empirischen Werte.

gang. Wie Abb. 5.22 zeigt, wird in diesem Zusammenhang auch der Zustand der Fallrohre und Regenrinnen eingeschätzt.

Einschätzung des Objektzustands						
			Ersatz notwendig in …… Jahren			
BAUTEIL	sofort	mehr als einem Jahr	mehr als drei Jahren	mehr als 5 Jahre	mehr als 10 Jahren	entfällt
Dach (Erneuerung)						
Dach (Ausbesserung)(0__ qm)						
Holzbauteile: Dachstuhl						
Fallrohre/ Regenrinnen						

Abb. 5.22: Einschätzung des Daches

Bei Gebäuden mit mehreren Fensterarten ist die Bewertung für die zahlenmäßig am häufigsten vertretene Fensterart durchzuführen. Sollten unterschiedlichen Fenstertypen zu gleich großen Teilen im Bewertungsobjekt vorkommen, ist die Bewertung für die Fenster mit dem schlechteren Werkstoff durchzuführen. Handelt es sich bei den vorhandenen Fenstern um Kunststoff- oder Aluminiumfenster, ist der Fensteranstrich mit „entfällt" zu bewerten. Für die Bewertung der Roll- oder Klappläden muss, wie aus Abb. 5.23 ersichtlich, immer die nicht zutreffende Angabe durchgestrichen und die Stückzahl, bei Klappläden die der einzelnen Läden, angegeben werden. Sollten sowohl Roll- als auch Klappläden angebracht sein, sind beide Stückzahlen anzugeben.

Einschätzung des Objektzustands						
			Ersatz notwendig in …… Jahren			
BAUTEIL	sofort	mehr als einem Jahr	mehr als drei Jahren	mehr als 5 Jahre	mehr als 10 Jahren	entfällt
Fenster (Erneuerung)						
Fenster (Anstrich)						
Roll-/ Klappläden(___ Stück)						

Abb. 5.23: Einschätzung der Fenster

Zur Einschätzung der Fassade muss eine generelle Aussage über den Fassadenanstrich getroffen werden. Notwendige Fassadenausbesserungen müssen genauer definiert werden, indem neben einer Flächenangabe auch der Bereich anzugeben ist, der ausgebessert werden muss, wie z. B. Sockel, Giebelseite, Westseite etc. Zu beachten ist weiterhin, dass als Fassadenanstrich die Komplettmaßnahme definiert wird, mithin der Anstrich des gesamten Objekts, während unter Fassadenausbesserungen lediglich Teilmaßnahmen fallen. Somit ist der Teilanstrich eines Gebäudes als Fassadenausbesserung zu betrachten. Bei der Einschätzung einer Fassadenausbesserung ist die Angabe der auszubessernden Fläche zwingend erforderlich. Abb. 5.24 zeigt den entsprechenden Erfassungsbereich des Begehungsbogens.

Einschätzung des Objektzustands						
			Ersatz notwendig in …… Jahren			
BAUTEIL	sofort	mehr als einem Jahr	mehr als drei Jahren	mehr als 5 Jahre	mehr als 10 Jahren	entfällt
Fassadenanstrich						
Fassade: Ausbesserung __ qm						
Balkone: Verkleidungen/ Betoninstandsetzungen						
Balkongeländer						
Balkonbelag						

Abb. 5.24: Einschätzung der Fassade und Balkone

Ebenfalls dort vorzunehmen ist die Einschätzung der Balkone. Diese soll in die Positionen Balkonverkleidungen bzw. Betoninstandsetzung aufgeteilt werden, wobei nicht Zutreffendes durchgestrichen werden muss, sowie Balkongeländer und Balkonbelag. Die Positionen Balkongeländer und Balkonbelag gelten analog für die Loggien, Balkonverkleidungen müssen in diesem Fall jedoch mit „entfällt" eingeschätzt werden.

Zu den Außenanlagen zählen im Wertermittlungsmodell alle sich auf dem Grundstück befindlichen Wege, sowie Grünanlagen und Mülltonnenstellplätze. Hierbei gilt es im Rahmen der Verkehrssicherungspflichten des Vermieters, ein besonderes Augenmerk auf mögliche Unfallgefah-ren, wie bspw. lose Wegplatten, zu richten.

Die Einschätzung der Garagen schließlich bezieht sich auf die dem Gebäude zugeordneten Einzel- bzw. Sammelgaragen. Dabei wird der Zustand des Garagendaches und der Garagentore eingeschätzt. Notwendige Ausbesserungen am Garagendach werden in Quadratmetern angegeben, außerdem die Anzahl der zu streichenden Tore. Tiefgaragen sollen nicht berücksichtigt werden und werden daher mit „entfällt" gekennzeichnet.[870] Die Einschätzungen zu den Außenanlagen und Garagen werden wie in Abb. 5.25 abgebildet auf dem Begehungsbogen dokumentiert.

---

[870] Bei Tiefgaragen wird unterstellt, dass diese ein eigenständiger, gesondert zu bewertender Vermögensgegenstand sind. Vgl. Pkt. 4.1.2.

Einschätzung des Objektzustands						
BAUTEIL	sofort	Ersatz notwendig in ...... Jahren				
		mehr als einem Jahr	mehr als drei Jahren	mehr als 5 Jahre	mehr als 10 Jahren	entfällt
Außenanlagen						
Garagendach ____ qm						
Garagentore ____ Stück						

Abb. 5.25: Einschätzung der Außenanlagen und Garagen

Die Begehung des Gebäudeinneren beginnt mit der Zugangssituation. Darunter fällt zum einen der Eingangsbereich, der sowohl die Eingangstür als auch die Briefkastenanlagen, Vordächer und Eingangsstufen umfasst. Zum anderen ist das Treppenhaus bezüglich des Anstrichs, der Podeste und der Stufen einzuschätzen. Im Begehungsbogen muss dabei nicht Zutreffendes gestrichen werden. Die Wohnungseingangstüren sind ebenfalls einzuschätzen. Abb. 5.26 zeigt den entsprechenden Erfassungsbereich im Begehungsbogen.

Einschätzung des Objektzustands						
BAUTEIL	sofort	Ersatz notwendig in ...... Jahren				
		mehr als einem Jahr	mehr als drei Jahren	mehr als 5 Jahre	mehr als 10 Jahren	entfällt
Eingangsbereich						
Treppenhaus (Anstrich, Podeste, Stufen)						
Wohnungseingangstüren						

Abb. 5.26: Einschätzung der Zugangssituation

Zur Einschätzung des Instandsetzungsbedarfs der Kellerräume sollen die vier Maßnahmen Anstrich, Verschläge, Boden und Kellerfenster unterschieden werden, wobei die unzutreffenden Maßnahmen zu streichen sind. Bei mehreren erforderlichen Maßnahmen werden diese gemeinsam eingeschätzt und entsprechend nur einer Zeitdimension zugeordnet. Analog gilt diese Vorgehensweise auch für die Bewertung der Heizung. Eingeschätzt werden allerdings nur Zentralheizungen. Im Fall von Etagenheizungen und Einzelöfen ist „entfällt" anzugeben, da hier unterstellt wird, dass derartige Heizanlagen nicht instand gesetzt werden, sondern vielmehr bei Instandsetzungsbedarf der Einbau einer Zentralheizung erfolgen würde, die dann in vollem Umfang als Modernisierung einzustufen wäre[871]

---

[871] Die mietrechtliche Behandlung als Modernisierungsaufwendungen ergibt sich aus § 559 BGB.

und nicht im Instandhaltungsrückstand erfasst werden dürfte.[872] Der entsprechende Teil des Begehungsbogens wird durch Abb. 5.27 wiedergegeben.

Einschätzung des Objektzustands						
			Ersatz notwendig in ...... Jahren			
BAUTEIL	sofort	mehr als einem Jahr	mehr als drei Jahren	mehr als 5 Jahre	mehr als 10 Jahren	entfällt
Kellerräume (Anstrich, Verschläge, Boden, Kellerfenster)						
Heizung (Brenner, Kessel, Leitungen, Boiler)						

Abb. 5.27: Einschätzung der Kellerräume und Heizung

5.6 Kalkulatorische Bepreisung des aufgenommenen Instandhaltungsrückstands

5.6.1 Anwendungsvoraussetzungen kalkulatorischer Kostenansätze

Vor der Anwendung kalkulatorischer Kostansätze sind zunächst deren Anwendungsvoraussetzungen zu prüfen. Zur Ermittlung durchschnittlicher Kostenansätze für die Instandhaltungsmaßnahmen wird bspw. diskutiert, diese an den Normalherstellungskosten zu orientieren.[873] Letztere beziehen sich jedoch auf eine durchschnittliche Wohnungsgröße von 70 m² BGF, welche einer durchschnittlichen Wohnfläche von 50 m² entsprechen.[874] Bezogen auf das Bewertungsportfolio müssten diese normierten Kostenansätze auf dessen durchschnittliche Wohnungsgröße umgerechnet werden. Dabei wären jedoch weiterhin die standortbezogenen Kostenunterschiede über Regional- und Ortsfaktoren zu berücksichtigen, die allerdings nicht normiert sind und deswegen nicht durchgängig vorliegen.[875] Schwierig ist es jedoch, aus den Normalherstellungskosten die Kostenansätze für die Aufholung eines Instandhaltungsrückstands abzuleiten, da dieser wie gezeigt auf Bauteile aggregiert erhoben wird und innerhalb der Bauteile durchaus unterschiedliche Lebensdauern bestehen können. Die Normalherstellungskosten sollen daher zur Abschätzung von Kostenansätzen für instandhaltungsbedürftige Bauteile nicht verwendet werden.

---

[872] IAS 40.51 verbietet den Ansatz von Modernisierungsaufwendungen zur Ermittlung des beizulegenden Zeitwerts. Sie dürfen daher im Instandhaltungsrückstand nicht berücksichtigt werden.
[873] Vgl. BMVBS (2001), Abschnitt 3.
[874] Vgl. Kleiber, W./Simon, J. (2007), S. 1841.
[875] Nicht normierte Ansätze und Empfehlungen finden sich bei Schmitz, H. et al. (2006). Eine Übersicht über regionale Differenzen bei Bauwerkskosten gibt LBS Research in GuG 2006, S. 232.

Eine andere Möglichkeit zur Objektivierung der Kostenansätze für Instandsetzungen und Modernisierungen bieten die durch Kleiber in den WertR zusammengestellten Instandsetzungs- und Modernisierungskosten.[876] Diese haben den Charakter überschlägiger Kalkulationspreise einschließlich Materialkosten und Nebenkosten. Sie bieten Anhaltspunkte zur detaillierten Kostenschätzung von Instandsetzungs- und Modernisierungsmaßnahmen. Jedoch ist neben der Korrektur durch Regional- und Ortsfaktoren auch eine Umrechnung der Kostenansätze auf die aktuellen Baukosten mittels Baupreisindex erforderlich.[877] Danach müssten die gewerkespezifischen Kostenansätze auf Bauteile aggregiert werden. Der hierzu erforderliche Detaillierungsgrad bei der Objektbegehung, insbesondere die Bemaßung und Benennung der Teile, ist durch das beschriebene bauteilspezifisch gegliederte Erhebungsverfahren nicht gegeben. Die Heranziehung der Instandsetzungs- und Modernisierungskosten nach Anlage 3 der WertR wird deshalb ebenfalls verworfen. Die dort aufgeführten Werte können jedoch zur Plausibilisierung der im Folgenden als empirische Durchschnittswerte verwendeten Kostenansätze dienen.

Zu entwickeln sind stattdessen Annahmen und Kostenansätze, die für die bei den einzelnen Bauteilen identifizierten Instandhaltungsmaßnahmen im Rahmen des Wertermittlungsmodells angesetzt werden. Dazu werden die Instandhaltungsgegenstände bauteilspezifisch zusammengefasst und es wird für alle Berechnungen unterstellt, dass die durchschnittliche Wohnungsgröße 65 m² beträgt, da dies der durchschnittlichen Wohnungsgröße eines repräsentativen Wohnimmobilienportfolios entspricht.[878] Ergibt sich im einzelnen Bewertungsobjekt eine abweichende Wohnungsgröße,[879] so werden die Durchschnittswerte mit einem Korrekturfaktor multipliziert.

Die verwendeten Kostenansätze beruhen auf realen Ausschreibungsergebnissen und Einheitspreisverträgen eines Referenzunternehmens. Die Pauschalierung wird als zulässig erachtet, da das Bewertungsportfolio des Referenzunternehmens hinsichtlich seiner wert- und kostenprägenden Merkmale, der Gebäudetypen und Baualtersklassen, als vergleichsweise repräsentativ eingeschätzt werden kann. Dies zeigen die aus den unten folgenden Abb. 5.28 und 5.29 ersichtlichen Verteilungen dieser Merkmale in Wohnimmobilienportfolios in den alten und neuen Bundesländern. Dabei sind Übergewichte des Gebäudetyps „Kleines Mehrfamilienhaus" (KMH) und der Schwerpunkt der Baualtersklassen in der Wiederaufbauphase erkennbar.

---

[876] Vgl. Kleiber, W. (2006a), Anlage 3.
[877] Die in Anlage 3 zur WertR verwendeten Kostenansätze beruhen auf der Preisbasis 2000.
[878] Die Kostensätze basieren auf Auswertungen des Instandhaltungscontrollings eines Referenzunternehmens, dessen Verwaltungsbestand sich auf ca. 47.000 Wohnungen beläuft und dessen Wohnungsbestände eine typische Verteilung der Baualtersklassen und Gebäudetypen aufweist.
[879] Die durchschnittliche Wohnungsgröße im Objekt errechnet sich durch Division der Gesamtwohnfläche im Objekt durch die Wohnungsanzahl.

Vor Übertragung des Wertermittlungsmodells auf andere Bewertungsportfolios ist mindestens die obige Konsistenzprüfung durchzuführen. Insbesondere bei höheren Anteilen gemischt-genutzter Objekte kann eine weitere Differenzierung erforderlich werden. Bei reinen Wohnimmobilienportfolios mit ähnlichen Strukturmerkmalen kann es unter der Annahme ordnungsgemäßer Bewirtschaftung ausreichen, lediglich die regional unterschiedlichen Kostenansätze anzupassen.

Zur Abschätzung der Übertragungsmöglichkeiten soll zunächst die Altersstruktur im Wohnungsbestand der im GdW vertretenen Wohnungsunternehmen herangezogen werden. Dies erscheint sachgerecht, da die zu bewertenden großen Wohnungsportfolios überwiegend von diesen Unternehmen gehalten werden.[880] Obwohl die Darstellung der Baujahrsklassen etwas weniger differenziert ist, zeigt sich ein für die in den alten Bundesländern (ABL) belegenen Wohnungsbestände ein leicht abweichendes Bild. Die Wohnungsunternehmen in den alten Bundesländern verfügt über höhere Anteile an Beständen aus der Wiederaufbauphase. Die Neubautätigkeit in den neuen Bundesländern nahm erst ab 1960 stark zu. Für die Wohnungsbestände in den neuen Bundesländern (NBL) ist darüber hinaus ein vglw. hoher Anteil von Hochhäusern erkennbar.

Eine weitere Prüfung soll die Übertragbarkeit anhand der Gebäudetypen hinterfragen. Dazu wurde die Verteilung der im Bundesgebiet vorhandenen Mietwohnungen auf einzelne Gebäudetypen untersucht. Dabei fällt auf, dass signifikant weniger Einfamilienhäuser (EFH) und Zweifamilienhäuser (ZFH) ausgewiesen werden. Kleine Mehrfamilienhäuser (KMH) mit bis zu 17 Wohnungen und große Mehrfamilienhäuser (GFH) sind hingegen häufiger vertreten, Hochhäuser (HH) hingegen seltener. Die Abweichungen müssen jedoch nicht zwangsläufig zu einem Verlust an Vergleichbarkeit und Übertragbarkeit führen, da einige mengenbezogene Kostenansätze, wie z. B. Anstricharbeiten, nicht in Abhängigkeit von der Gebäudeart, sondern von den entsprechenden Flächen zu bepreisen sind.

---

[880] Die im GdW vertretenen Wohnungsunternehmen halten zum 31.12.2002 6,0 Mio. Wohnungen, was einem Anteil an der Anbietergruppe der professionell-gewerblichen Anbieter von 65% entspricht. Darunter befinden sich folglich auch Wohnungsportfolios der privatwirtschaftlichen Wohnungsunternehmen. Vgl. GdW (2007), S. 162. Zur Struktur der Anbietergruppen vgl. Abb. 2.1.

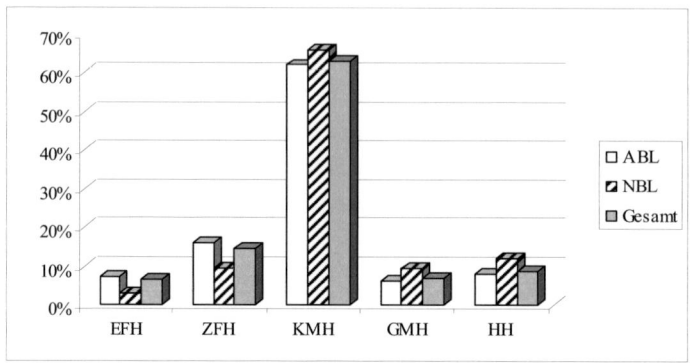

Abb. 5.28: Gebäudetypen in den Wohnungsunternehmen des GdW

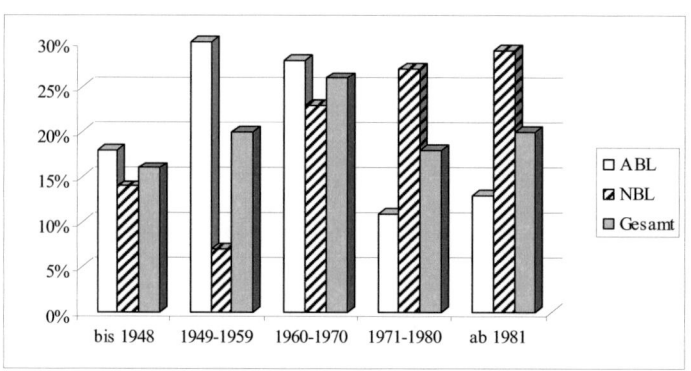

Abb. 5.29: Baualtersklassen in den Wohnungsunternehmen des GdW

5.6.2   Entwicklung bauteilspezifischer Kostenansätze

Nachdem die einzelnen Bauteile wie oben dargestellt geprüft und den Zeitdimensionen zugeordnet worden sind sowie die Anwendungsvoraussetzungen kalkulatorischer Kostenansätze als hinreichend bewertet werden konnten, sind nun die erkannten Instandsetzungsnotwendigkeiten monetär zu quantifizieren. Dies ist erforderlich, um die Aufholung des Instandhaltungsrückstands in den Zahlungsströmen der Detailplanungsperiode abzubilden und danach zum Ende des Detailplanungszeitraums eine normalisierte Bewirtschaftungssituation unterstellen zu können.[881] Im Folgenden werden dazu Kostenansätze zur Instandsetzung der oben definierten Bauteile entwickelt.

---

[881]   Vgl. die Ausführungen unter Pkt. 5.4.1.

Dach

Die unter den Objektinformationen erhobene Dachform bildet das Differenzierungsmerkmal für den quadratmeterbezogenen Kostenansatz. Dieser beläuft sich nach der oben genannten Ableitung auf folgende Kostenansätze, wobei wegen der unterschiedlichen möglichen Winkelkonstellationen beim Walm- und Pultdach in der Dacherneuerung bei diesen Dachformen Sonderprüfungen außerhalb des Standards erfolgen müssen:

	Durchschnittliche Brutto-Kostenansätze für Dachdeckerleistungen*
	Dacherneuerung/ -ausbesserung
Flachdach	200 €/ m² Dachfläche
Satteldach	80 €/ m² Dachfläche
Walmdach	Sonderprüfung
Pultdach	Sonderprüfung

* inkl. USt, exkl. Baunebenkosten, empirischer Wert, erhoben im Referenzunternehmen, Preisbasis 9/2006

Tab. 5.1: Kostenansätze einzelner Dachformen

Im Fall der Dacherneuerung ist zur Ermittlung der Dachfläche zunächst als Bezugsgröße die Gesamtfläche des Dachs zu ermitteln. Zur Berechnung der Dachfläche werden unterschiedliche Annahmen getroffen. Zur Vereinfachung wird bei den Bestandsgebäuden eine durchschnittliche Gebäudebreite von 10 m unterstellt.[882] Die Mehrzahl der Gebäude im Wohnungsbestand hat einen Dachneigungswinkel von 45°, dieser kann deswegen zur Berechnung eines Satteldaches herangezogen werden. Durch die getroffenen Annahmen ergibt sich bei diesen Dachformen nach Abb. 5.30 ein gleichschenkliges Dreieck mit den Schenkeln a und b, deren Maß jeweils 5 m beträgt.

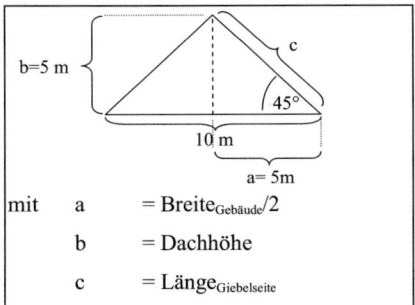

mit a = Breite$_{\text{Gebäude}}$/2
     b = Dachhöhe
     c = Länge$_{\text{Giebelseite}}$

Abb. 5.30: Abschätzung der Giebelseite

---

[882] Diese Annahme ist gestützt auf Auswertungen des Portfoliomanagements eines Referenzunternehmens.

Die Länge der Giebelseite als noch unbekannter Schenkel c berechnet sich nun zu 7,1 m. Die Gleichung hierzu lautet:

$$Länge_{Giebelseite} = \sqrt{(Breite_{Gebäude} / 2)^2 + Dachhöhe^2}$$

Gl. 5.2: Länge der Giebelseite[883]

Nachdem nun die Seitenlänge der Dachfläche bekannt ist, kann die Breite der Dachfläche, hier unter Verzicht auf Dachüberstände gleichgesetzt mit der Gebäudelänge, unter der Annahme eines 10 m breiten Durchschnittsgebäudes als Ergebnis der Division der Grundfläche des Gebäudes durch die Gebäudebreite ermittelt werden. Zur vereinfachten Ermittlung der Grundfläche wird zunächst die Geschossfläche errechnet. Dazu wird die Annahme getroffen, dass die Geschossfläche das 1,25-Fache der Wohnfläche ausmacht.[884] Die Grundfläche des Gebäudes errechnet sich sodann durch Division der Geschossfläche durch die Anzahl der Geschosse. Danach lässt sich die Gesamtfläche des Daches wie folgt ermitteln:

$$Gesamtfläche_{Dach} = Länge_{Giebelseite} \cdot 2 \cdot \frac{Grundfläche}{Durchschnittsbreite_{Gebäude}}$$

Gl. 5.3: Gesamtfläche des Daches

Anderes gilt beim Flachdach. Dort entspricht die Grundfläche annahmegemäß der Dachfläche. Nach diesem Zwischenschritt kann die Berechnung der Kosten für eine Dacherneuerung erfolgen. Dazu wird zunächst geprüft, um welche Art von Dach es sich handelt und anschließend der der Dachform entsprechende Kostenansatz für Dacherneuerung mit der berechneten Dachfläche multipliziert. Im Ergebnis steht ein Schätzbetrag für die Dacherneuerung. Ist nach Einschätzung des Begehers das Dach lediglich auszubessern und hat dieser die auszubessernde Dachfläche quantifiziert, so wird die notierte Ausbesserungsfläche mit dem Kostensatz für Dachausbesserungen multipliziert und so der Schätzbetrag für die Dachausbesserung errechnet.

Fallrohre und Regenrinnen

Der empirische durchschnittliche Instandsetzungskostenansatz für Fallrohre beträgt 30,- €/m.[885] Die Ermittlung erfolgte gestützt auf die Einheitspreisabkommen mit Vertragshandwerkern. Zur Kosten-

---

[883] Gl. 5.1 wurde abgeleitet aus dem Satz des Pythagoras.
[884] Vgl. Kleiber, W./Simon, J. (2007), S. 1841.
[885] Die im Folgenden genannten Kostenansätze sind Bruttokosten, d. h. inkl. USt, exkl. Baunebenkosten zur Preisbasis 9/2006. Sie wurden durch den Autor in einem Referenzunternehmen empirisch erhoben.

schätzung wird eine durchschnittliche Stockwerkshöhe von 3,0 m angenommen. Somit werden für jedes Stockwerk 90,- €/Stockwerk geschätzt. Zur Abschätzung eines Kostenansatzes für die Regenrinnen wird die Länge der Regenrinnen mit der Gebäudelänge[886] gleichgesetzt und mit dem Faktor 2 multipliziert. Dies ergibt die Gesamtlänge der Regenrinnen.

Fenster

Aus den Objektinformationen ist der bei den Fenstern verwendete Werkstoff bekannt. Handelt es sich um Holzfenster, muss der Begeher zur Ermittlung des Instandhaltungsrückstands wie oben gezeigt zunächst einschätzen, ob ein Anstrich ausreicht oder ob die Fenster erneuert werden müssen. Für einen Fensteranstrich wurde als Erfahrungswert im Instandhaltungscontrolling des Referenzunternehmens ein Quadratmeterpreis von 40,- €/m² Fensterfläche ermittelt. Für die Fensterfläche inkl. Balkontür wurde bei der angenommenen durchschnittlichen Wohnungsgröße von 65 m² ein Durchschnittswert von 12,5 m² errechnet. Je Wohnung errechnet sich auf diese Weise ein Instandhaltungsrückstand i. H. v. 500,- € für den Anstrich von Holzfenstern.

Stellt der Begeher hingegen fest, dass die Holzfenster erneuert werden müssen, so wird die Annahme getroffen, dass diese bei der nächsten Instandhaltungsmaßnahme durch Kunststofffenster mit Isolierglas ersetzt werden.[887] Dabei ist es nunmehr mit Inkrafttreten der Energieeinsparverordnung (ENEV) 2009 erforderlich geworden, Fenster mit einem Wärmedurchgangskoeffizienten von maximal 1,3 W/m²K einzubauen. Je Wohnung fallen nach den Ausschreibungsergebnissen im Referenzunternehmen bei dieser Form der Instandsetzung Kosten von durchschnittlich 3.500,- € an. Dieser Kostenansatz wird nach ausreichender Erfahrung mit den nach ENEV 2009 zu verwendenden Bauteilen noch zu überprüfen sein. Da diese Maßnahme neben der Instandhaltung eine Verbesserung der Wohnqualität durch Einsparung von Heizkosten bewirkt, wird ein Modernisierungsanteil von 10 % abgezogen,[888] da Modernisierungen wie oben in Abb. 5.12. für das Wertermittlungsmodell definiert nicht zur kleinen und großen Instandhaltung und damit nicht zum Instandhaltungsrückstand zählen[889] und deshalb bei der Ermittlung des beizulegenden Zeitwerts nicht berücksichtigt werden dürfen.[890] Deshalb werden für den Ersatz von Holzfenstern durch Kunststofffenster nur

---

[886] Zur Ermittlung der Seitenlänge des Gebäudes vgl. Gl. 5.3.
[887] Dies entspricht der üblichen, betriebswirtschaftlich motivierten Vorgehensweise der meisten Wohnungsunternehmen und kann als typisch für die unternehmerische Wohnungswirtschaft angesehen werden.
[888] Der Modernisierungsanteil i. H. v. 10% erklärt sich durch eine geschätzte Wertverbesserung der Wohnung durch das energetisch höherwertige neue Fenster.
[889] Vgl. im Ergebnis gleich Kleiber, W./Simon, J. (2007), S. 1493.
[890] Vgl. IAS 40.51.

3.150,- € angesetzt. Wird ein Kunststofffenster durch ein neues Kunststofffenster ersetzt, wird der ungeminderte Kostenansatz i. H. v. 3.500,- € angesetzt, da es sich hierbei um keine Verbesserung des Wohnwerts, sondern lediglich um einen Austausch eines bestehenden Bauteils gleicher Qualität handelt und dieser Austausch nicht mietwirksam wird.[891]

Um die Kosten möglichst treffsicher abschätzen zu können, wird zunächst die durchschnittliche Wohnungsgröße des einzelnen Bewertungsobjekts ermittelt, da das Wertermittlungsmodell wie o- ben erwähnt zunächst auf eine durchschnittliche Wohnungsgröße von 65 m² abstellt. Hierzu wird die angegebene Wohnfläche durch die Anzahl der Wohnungen dividiert. Im Ergebnis entsteht ein Korrekturfaktor, unter dessen Anwendung die Kosten pro Wohnung auf der Basis der durchschnitt- lichen Wohnungsgröße errechnet und dann mit der Anzahl der im Bewertungsobjekt vorhandenen Wohnungen multipliziert werden.

Roll- und Klappläden

Aus dem Instandhaltungscontrolling des Referenzunternehmens hat sich für die Anzahl der Roll- oder Klappläden je Wohnung ein Durchschnittswert von 5 ergeben. Durch die Auswertung von Ausschreibungen wurden Stückkosten pro Rollladen von ca. 300,- € ermittelt. Daraus ergeben sich Durchschnittskosten pro Wohnung von 1.500,- €. Verfügen Wohnungen noch über Klappläden, werden diese ebenfalls mit 300,- € angesetzt. Dieser Kostenansatz ist bewusst niedrig gewählt und liegt im Bewertungsportfolio des Referenzunternehmens empirisch bei ca. 500,- €/Klappladen. Klappläden werden jedoch im Referenzunternehmen bei notwendiger Instandsetzung nicht zwangs- läufig durch neue Klappläden ersetzt, da diese in vielen Fällen nicht mehr zeitgemäß sind. Je nach Gebäudetyp und Umgebungsbebauung wird stattdessen individuell entschieden, ob alte Klappläden durch neue Klappläden oder alternativ durch Rollläden ersetzt werden. Modellseitig wird der Ersatz instandsetzungsbedürftiger Klapp- durch Rollläden unterstellt.

Wurde durch den Begeher angegeben, wie viele Roll- oder Klappläden erneuert werden müssen und um welche Art von Läden es sich handelt, wird der jeweils anzusetzende Kostensatz pro Roll- oder Klappladen mit der entsprechenden Stückzahl multipliziert. Ist weder bei der Art, noch bei der An- zahl der instand zu setzenden Läden eine Angabe gemacht worden, wird der durchschnittliche Kos-

---

[891] Vgl. § 559 Abs. 1 BGB; Palandt/Weidenkaff, W. (2005) Rn. 10 zu § 559 BGB.

tenansatz von 1.500,- €/Wohnung verwendet. Dieser wird mit der Anzahl der Wohnungen im Bewertungsobjekt unter Berücksichtigung des Korrekturfaktors für die Wohnungsgröße multipliziert.

Fassade

Die Ermittlung des Kostenansatzes zur Bemessung eines Instandhaltungsrückstands an der Fassade eines Bewertungsobjekts beginnt mit der Berechnung der Fassadenfläche. Auf diese können danach die empirisch ermittelten Kostenansätze angewendet werden. Die Berechnung der Fassadenfläche basiert ebenfalls auf den oben entwickelten Erfahrungs- und Durchschnittswerten. In einem ersten Schritt wird die gesamte Fassadenfläche ermittelt. Die Basis bildet die durchschnittliche Breite des Gebäudes von 10 m sowie eine Stockwerkshöhe von 3,0 m. Aus diesen Annahmen ergibt sich folgende Gleichung zur Ermittlung der Seitenlänge des Gebäudes:

$$Seitenlänge_{Gebäude} = \frac{(Geschossfläche / Geschosszahl)}{Durchschnittsbreite_{Gebäude}}$$

Gl. 5.4: Seitenlänge des Gebäudes

Nach diesen Vorüberlegungen kann die Fassadenfläche wie folgt ermittelt werden, wobei Fenster und Balkontüren zur Vereinfachung nicht berücksichtigt werden:[892]

$$Fläche_{Fassade} = [2 \cdot Seitenlänge_{Gebäude} + 2 \cdot Durchschnittsbreite_{Gebäude}] \cdot Geschosszahl \cdot Stockwerkshöhe$$

Gl. 5.5: Fassadenfläche des Gebäudes

Zur Berechnung der Instandhaltungskosten für Fassadenanstriche wird die berechnete Fassadenfläche mit dem Kostenansatz für den Anstrich multipliziert. Zur Abschätzung des Kostenansatzes für die Ausbesserung ist zunächst das Fassadenmaterial zu differenzieren. Durch den Begeher wurde im Erhebungsbogen erfasst, welches Fassadenmaterial verwendet wurde.[893] Unterschieden werden Ausbesserungen von Fassadenmaterial und die Ausbesserung von Vollwärmeschutz. Bei den Ausbesserungsarbeiten wird ermittelt, um welches Fassadenmaterial es sich handelt und danach die auszubessernde Fläche mit dem spezifischen Kostenansatz multipliziert. Ist am Objekt hingegen ein

---

[892] Hierin liegt kein Fehlerpotenzial, da die Kostenansätze je m² Fassadenfläche durch Division der Gesamtkosten durch die analog ermittelte Fassadenfläche ermittelt worden sind.

[893] Dazu zählen Putzausbesserungen, die Ausbesserung von Holzschindeln sowie die Ausbesserung von Eternit-Platten. Vgl. die Ausführungen unter Pkt. 5.5.2.

Vollwärmeschutz vorhanden, werden die Kosten der Ausbesserung des Vollwärmeschutzes durch Multiplikation der auszubessernden Fläche mit dem Kostenansatz für Wärmeschutzausbesserung ermittelt. Zur Abschätzung des Instandhaltungsrückstands kommen die in Tab. 5.2 nachstehend aufgeführten durchschnittlichen empirischen Kostenansätze zur Anwendung:[894]

Durchschnittliche Brutto-Kostenansätze für Maßnahmen an der Fassade	
Instandhaltungsmaßnahme	Brutto-Kostenansatz*
Ausbesserung von Holzschindeln	200 €/ m² Fassadenfläche
Ausbesserung Vollwärmeschutz	120 €/ m² Fassadenfläche
Fassadenanstrich	55 €/ m² Fassadenfläche
Putzausbesserungen	40 €/ m² Fassadenfläche
Ausbesserung von Eternit-Platten	40 €/ m² Fassadenfläche

* inkl. USt, exkl. Baunebenkosten, empirischer Wert, erhoben im
Referenzunternehmen, Preisbasis 9/2006
Die Gerüstaufstellung und -miete ist anteilig berücksichtigt.

Tab. 5.2: Kostenansätze zur Fassadenausbesserung

Balkone

Die Balkone bestehen aus den drei Elementen Balkonverkleidung, Balkongeländer und Balkonbelag, die auf dem Begehungsbogen in Zeitdimensionen eingeteilt worden sind.[895] Grundsätzlich wird im Bewertungsportfolio nach Auswertung der Gebäudetypologie des Referenzunternehmens eine durchschnittliche Balkongröße von ca. 1,2 m x ca. 3 m unterstellt. Die durchschnittliche Länge der Balkongeländer im Wohnungsbestand beträgt damit bei Aussparung der Wandseite ca. 5,5 m. Für den Austausch der Balkongeländer wurde durch das Instandhaltungscontrolling ein empirischer Kostenansatz von durchschnittlich 1.650,- €/Balkon ermittelt. Es entspricht der Instandhaltungspolitik des Referenzunternehmens, das Balkongeländer in Verbindung mit der Balkonverkleidung auszutauschen, deren empirischer Kostenansatz mit 950,- €/Balkon ermittelt wurde. Für die Instandsetzung eines Balkonbelages wird hingegen pauschal ein Kostenansatz i. H. v. 1.000,- €/Balkon kalkuliert. Die Anzahl der Balkone wird mit den jeweiligen Kostenansätzen multipliziert. So wird für jedes Element der Balkone der entsprechende Betrag errechnet.

---

[894] Die Kostensätze entstammen dem Instandhaltungscontrolling eines Referenzunternehmens.
[895] Vgl. die Ausführungen unter Pkt. 5.5.2.

Außenanlagen

Zu den Außenanlagen gehören alle dem Grundstück zuzuordnenden Wege, sowie Grünanlagen und Mülltonnenplätze. Die hierfür veranschlagten Kosten beruhen auf der Standardausstattung der nach der vorgestellten Gebäudetypologie am häufigsten vertretenen Gebäudetypen und Baujahre. Bei der Ermittlung empirischer durchschnittlicher Kostenansätze konnte eine Kostendegression mit wachsender Anzahl der Wohnungen je Bewertungsobjekt festgestellt werden. Unter der Annahme einer durchschnittlichen Ausstattung der Außenanlagen zeigt Tab. 5.3 die in Abhängigkeit von der Anzahl der Wohnungen angewendeten Kostenansätze je Wohnung. Multipliziert mit der Anzahl der im Bewertungsobjekt vorhandenen Wohnungen wird der ggf. bestehende Instandhaltungsrückstand der Außenanlagen quantifiziert.

Durchschnittliche Brutto-Kostenansätze für Außenanlagen	
Größenklasse Bewertungsobjekt	Brutto-Kostenansatz*
<= 8 Whg.	800 €/ Whg.
9-16 Whg.	500 €/ Whg.
>16 Whg.	250 €/ Whg.

* inkl. USt, exkl. Baunebenkosten, empirischer Wert, erhoben im Referenzunternehmen, Preisbasis 9/2006

Tab. 5.3: Kostenansätze für Außenanlagen

Garagen

Die Aufnahme eines möglichen Instandhaltungsrückstands bei Garagen bezieht sich auf die dem Bewertungsobjekt zugeordneten Einzel- bzw. Sammelgaragen. Dabei wurde durch den Begeher der Zustand des Garagendachs getrennt von der Garagenfassade und den Garagentoren eingeschätzt. Ausbesserungen an Dach und Fassade wurden in m^2, zu streichende Garagentore nach ihrer Anzahl angegeben. Für die Ausbesserung an einem Garagendach konnte ein empirischer durchschnittlicher Kostenansatz von 120,- €/m^2 ermittelt werden. Bei einem Anstrich der Garagentore beläuft sich der ebenso entwickelte Kostenansatz auf 200,- €/Garage. Hat der Begeher Arbeiten an der Garagenwand angegeben, so kommen die Kostenansätze aus der Fassadenausbesserung zur Anwendung.

Zugangssituation

Die Zugangssituation zur Wohnung umfasst in der gewählten Darstellung den Eingangsbereich des Gebäudes, das Treppenhaus und die Wohnungseingangstüren. Der Eingangsbereich umfasst sowohl die Eingangstür als auch die Briefkastenanlage, Vordächer und Eingangsstufen.

Im Referenzunternehmen wurden nach Auswertungen des Instandhaltungscontrollings durchschnittlich 5.000,- € zur Instandsetzung eines Hauseingangs aufgewendet. Da eine neue Hauseingangstür eine Verbesserung der Sicherheit bedeutet, werden 10 % der Kosten als Modernisierungsmaßnahme bewertet.[896] So fließt in die Berechnung des Instandhaltungsrückstands zur Ermittlung eines beizulegenden Zeitwerts lediglich der um diese Modernisierungsaufwendungen gekürzte Betrag, also tatsächlich nur 4.500,- € ein.[897]

Vor Abschätzung des Instandhaltungsrückstands bei Verkehrs- und Gemeinschaftsflächen ist zunächst dem Umstand Rechnung zu tragen, dass sich Stil und Bauweise von Wohnimmobilien im Laufe der Zeit verändert haben. In sehr alten Gebäuden sind Verkehrsräume zumeist flächenmäßig großzügiger gestaltet. Auch sind alte Keller oft größer angelegt. In den 1950er und 1960er Jahren war eine Tendenz zu kleineren Verkehrsflächen festzustellen.[898] Dieses Bild hat sich seit den 1970er Jahren wieder relativiert. Dies wird in der Instandhaltungskostenermittlung durch Baujahrsdifferenzierung berücksichtigt. Unterschieden werden hierzu folgende drei Baualtersklassen:[899]

- bis einschl. 1948,
- 1949 bis einschl. 1968,
- 1969 bis einschl. 2008.

Im Treppenhaus werden der Anstrich, die Podeste und die Stufen zur Ermittlung des Instandhaltungsrückstands bewertet. Für den Anstrich wurden aus dem Instandhaltungscontrolling nach den vorgestellten Baualtersklassen gestaffelte Durchschnittssätze abgeleitet. Dabei wurde festgestellt, dass die oben beschriebene Entwicklung der Verkehrsflächen in den empirischen durchschnittlichen Kostenansätzen wiederzuerkennen ist. Diese werden nach Baualtersklassen gegliedert durch nachstehende Tab. 5.4 wiedergegeben.

---

[896] Vgl. § 559 BGB.
[897] Dies entspricht der Vorschrift des IAS 40.51.
[898] Basierend auf Feststellungen im Portfoliomanagement eines Referenzunternehmens.
[899] Die Altersklassenwahl basiert auf der Kategorisierung des Bewertungsportfolios eines Referenzunternehmens. Vgl. hierzu die Ausführungen unter Pkt. 5.6.1.

Brutto-Kostenansätze für Treppenhausanstrich	
Baujahrsklasse	Brutto-Kostenansatz*
bis einschl. 1948	1.680,- €/ Stockwerk
1949 bis einschl. 1968	1.200,- €/ Stockwerk
1969 bis einschl. 2008	1.440,- €/ Stockwerk
* inkl. USt, exkl. Baunebenkosten, empirischer Wert, erhoben im Referenzunternehmen, Preisbasis 9/2006	

Tab. 5.4: Kostenansätze für Treppenhausanstrich

Bei der Ermittlung der Kosten für Podeste und Stufen hat der Autor ebenfalls empirische Durchschnittssätze aus dem Instandhaltungscontrolling des Referenzunternehmens erhoben, welche aber nicht an eine Alterklasse gekoppelt werden, da hierbei keine baualtersspezifischen Kostenunterschiede festgestellt werden konnten. Die Kostenansätze werden daher über das gesamte Bewertungsportfolio gleich gewählt

- Podest   300,- €/Stockwerk,
- Stufen   200,- €/Stockwerk.

In den angegebenen Kostenansätzen ist die USt enthalten, nicht aber die Baunebenkosten; die Preisbasis ist September 2006. Vielfach tritt der Fall ein, dass die Instandhaltungsmaßnahmen gemeinsam durchgeführt werden. In diesem Fall werden die baualtersabhängigen Anstrichkosten, sowie die Kosten für Podest und Stufen aufaddiert. Bei Objekten mit mehr als 5 Geschossen konnte festgestellt werden, dass sich die Kosten je Geschoss aufgrund veränderter Treppenhausausstattung durchschnittlich um den Faktor 1,5 erhöhen. Aus diesem Grund werden die empirischen durchschnittlichen Kostenansätze mit dem Faktor 1,5 multipliziert, wenn dieser Fall vorliegt.

Wohnungseingangstüren werden u. a. dann ersetzt, wenn sie den Sicherheitsstandards nicht mehr genügen. So ist die Instandsetzung der Wohnungseingangstüren fast immer mit einem Modernisierungsanteil verbunden. Für den Einbau einer neuen Wohnungseingangstür konnte ein empirischer durchschnittlicher Kostenansatz i. H. v. 1.000,- € ermittelt werden. Der Modernisierungs-anteil kann bis auf 40 % festgelegt werden,[900] so dass sich der Instandhaltungskostenanteil auf lediglich 600,- € beläuft.

---

[900] Vgl. § 559 BGB.

Keller

Die Instandhaltungsmaßnahmen im Keller beziehen sich auf den Wandanstrich und die Bodenaus-besserungen im Kellergang. Da die Mieterkeller den einzelnen Wohnungen zugeordnet sind, sind deren Wandanstriche wie oben beschrieben den Schönheitsreparaturen zuzurechnen und damit nicht Gegenstand der Betrachtung des Instandhaltungsrückstands.[901] Die Wandanstriche werden daher lediglich für den Kellergang berücksichtigt. Auch die Bodenausbesserung in Mieterkellern zählt nicht zum Instandhaltungsrückstand, da unterstellt wird, dass diese von den laufenden Instandhal-tungskostenansätzen der Wohnung gedeckt ist. Die in Tab. 5.5 aufgeführten durchschnittlichen Ma-ße und Kostenansätze konnten gestaffelt nach Altersklassen für die Kellergänge ermittelt werden.[902]

Durchschnittliche Kostenansätze für Maßnahmen im Kellergang				
Baualtersklasse	Breite	Höhe	Brutto-Kostenansatz*	
			Wandanstrich	Bodenausbesserung
vor 1949	2,5 m	2,4 m	15,- €/ m² Kellergangwandfläche	10,- €/ m² Kellergangbodenfläche
1949 – 1968	2,0 m	2,2 m	15,- €/ m² Kellergangwandfläche	10,- €/ m² Kellergangbodenfläche
1969 – 2007	2,5 m	2,4 m	15,- €/ m² Kellergangwandfläche	10,- €/ m² Kellergangbodenfläche
* inkl. USt, exkl. Baunebenkosten, empirischer Wert, erhoben im Referenzunternehmen, Preisbasis 9/2006				

Tab. 5.5: Kostenansätze für Maßnahmen im Kellergang

Die Bewertungsobjekte werden in die entsprechende, oben in den Ausführungen zum Treppenhaus definierte, Baualtersklasse eingeordnet. Bei der Berechnung werden zunächst die Kosten für den Anstrich aller vier Wandflächen ermittelt.

$$Kosten_{Kellerwand} = \left[2 \cdot Breite_{Kellerg.} + 2 \cdot Länge_{Gebäude}\right] \cdot Höhe_{Kellerg.} \cdot Kostenansatz_{Wandanstrich}$$

Gl. 5.6: Kostenberechnung Kellerwand [903]

Im Anschluss werden die Kosten der Bodenausbesserungen ermittelt. Dabei wurde aus den Annah-men nachstehende Berechnung entwickelt.

$$Kosten_{Kellerboden} = Breite_{Kellerg.} \cdot Länge_{Gebäude} \cdot Kostenansatz_{Bodenausbesserung}$$

Gl. 5.7: Kostenberechnung Kellerboden

---

[901] Vgl die Ausführungen unter Pkt. 5.4.3.
[902] Als Basis hierzu wurde die oben dargestellte Gebäudetypologie der GdW-Wohnungsunternehmen herangezogen. Vgl. Pkt. 5.6.1.
[903] Zur Ermittlung der Seitenlänge des Gebäudes vgl. Gl. 5.3.

Ein ggf. bestehender Instandhaltungsrückstand kann danach durch Addition der Kosten für Keller-wand und -boden abgeschätzt werden.

Heizung

Die Umwandlung von Etagenheizungen oder Einzelöfen in Zentralheizungen verbessert die Wohn-qualität und fällt somit unter die Modernisierungsmaßnahmen.[904] Maßnahmen dieser Art dürfen deshalb zur Ermittlung des beizulegenden Zeitwerts bei der Abschätzung des Instandhaltungsrück-stands nicht berücksichtigt werden.[905] Berücksichtigung in der Berechnung des Instandhaltungs-rückstands finden daher lediglich Instandhaltungsmaßnahmen an Zentralheizungen. Zur Abschät-zung des Instandhaltungsrückstands wurden die Ersatzbeschaffungsaufwendungen für Brenner, Kessel, Boiler und Leitungen außerhalb der Wohnung als durchschnittliche empirische Kostensätze durch das Instandhaltungscontrolling des Referenzunternehmens ermittelt. Dabei hat sich gezeigt, dass mit wachsender Zahl der durch die Zentralheizung versorgten Wohnungen eine Kostendegres-sion einsetzt. Die angewendeten Kostenansätze sind in nachstehender Tab. 5.6 wiedergegeben.

Durchschnittliche Kostenansätze zur Erneuerung der Heizungsanlage	
Versorgte Whg. Anzahl	Brutto-Kostenansatz*
≤ 8 Whg.	1.600 €/ Whg.
9-15 Whg.	1.300 €/ Whg.
16-25 Whg.	1.150 €/ Whg.
>25 Whg.	1.000 €/ Whg.
* inkl. USt, exkl. Baunebenkosten, empirischer Wert, erhoben im Referenzunternehmen, Preisbasis 9/2006	

Tab. 5.6: Kostenansätze zur Erneuerung der Heizungsanlage

Der Schätzwert für den Instandhaltungsrückstand an der Heizungsanlage errechnet sich anschlie-ßend durch die Multiplikation der im einzelnen Bewertungsobjekt vorhandenen Wohnungen mit dem der Größenklasse entsprechenden Kostenansatz.

---

[904] Vgl. § 559 BGB.
[905] Vgl. IAS 40.51.

5.7 Aufholung des Instandhaltungsrückstands im Planungszeitraum

5.7.1 Fiktive Durchführung der Maßnahmen in den Zeitdimensionen

Zur Herbeiführung einer normalisierten Bewirtschaftungssituation zum Ende des Planungszeitraums unterstellt das Wertermittlungsmodell, dass der Instandhaltungsrückstand innerhalb der ersten neun Jahre des Planungszeitraums aufgeholt wird.

Hierdurch kann im letzten Planungsjahr ein nachhaltiger Reinertrag ausgewiesen werden, der sich dadurch zur Restwertermittlung eignet.[906] Hierzu sind zunächst die in den beschriebenen Zeitdimensionen durchzuführenden Instandhaltungskosten für jeden Zeitraum zu summieren. Abb. 5.31 zeigt ein Beispiel für die Summierung der Instandhaltungskosten der einzelnen Bauteile je Zeitdimension.

BAUTEIL	Ersatz notwendig in ...... Jahren					
	sofort	mehr als einem Jahr	mehr als drei Jahren	mehr als 5 Jahren	mehr als 10 Jahren	entfällt
Dach (Erneuerung)				11.547		
Dach (Ausbesserung)(0__ qm)						X
Holzbauteile: Dachstuhl						
Fallrohre/ Regenrinnen					2.184	
....	....	....	....	....	....	....
Garagendach __0__ qm						X
Garagentore __0__ Stück						X
Summe	9.556		20.749	19.547	57.416	-,-

Abb. 5.31: Zeitdimensionenbezogene Aufsummierung des Instandhaltungsrückstands

5.7.2 Berücksichtigung der Baukostenentwicklung

Die zeitraumbezogenen Zwischensummen werden auf die Perioden des Durchführungszeitraums linear verteilt. Eine Übersicht zur Vorgehensweise zeigt die Instandhaltungsplanung in Abb. 5.32.

---

[906] Vgl. die Ausführungen zur Ermittlung des Restwerts unter Pkt. 5.9.1.

Instandhaltungsplanung
WE 0815007-101

	ZD	Maßn.jahr	Kosten	2008	2009	2010	2011	2012	2013	2014	2015	2016	2017
Dach (Erneuerung)	4	2014-2017	12.248	0	0	0	0	0	3.062	3.062	3.062	3.062	0
Dach (Ausbesserung)	0	entfällt	0	0	0	0	0	0	0	0	0	0	0
Holzbauteile: Dachstuhl	5	entfällt	0	0	0	0	0	0	0	0	0	0	0
Fallrohre/ Regenrinnen	5	entfällt	2.328	0	0	0	0	0	0	0	0	0	0
Fenster (Erneuerung)	3	2011-2013	19.160	0	0	0	9.580	9.580	0	0	0	0	0
Fenster (Anstrich)	3	2011-2013	3.041	0	0	0	1.521	1.521	0	0	0	0	0
Roll-/ Klappläden	0	entfällt	9.124	0	0	0	0	0	0	0	0	0	0
Fassadenanstrich	5	entfällt	31.221	0	0	0	0	0	0	0	0	0	0
Fassade: Ausbesserung	0	entfällt	0	0	0	0	0	0	0	0	0	0	0
Balkone (Verkl./ Bet.inst.)	5	entfällt	8.132	0	0	0	0	0	0	0	0	0	0
Balkongeländer	5	entfällt	14.124	0	0	0	0	0	0	0	0	0	0
Balkonbelag	4	2014-2017	8.560	0	0	0	0	0	2.140	2.140	2.140	2.140	0
Eingangsbereich	1	2008	4.815	4.815	0	0	0	0	0	0	0	0	0
Treppenhaus (Anstr., P., St.)	5	entfällt	5.457	0	0	0	0	0	0	0	0	0	0
Wohnungseingangstüren	1	2008	3.852	3.852	0	0	0	0	0	0	0	0	0
Kellerräume	1	2008	1.546	1.546	0	0	0	0	0	0	0	0	0
Heizung (Br., Kes., Leit., B.)	0	entfällt	0	0	0	0	0	0	0	0	0	0	0
Außenanlagen	5	entfällt	5.136	0	0	0	0	0	0	0	0	0	0
Garagendach	0	entfällt	0	0	0	0	0	0	0	0	0	0	0
Garagentore	0	entfällt	0	0	0	0	0	0	0	0	0	0	0
SUMME (€)			128.744	10.213	0	0	11.101	11.101	5.202	5.202	5.202	5.202	0
Übertrag Investition (T€) indiziert				10,4	0,0	0,0	12,0	12,2	5,9	6,0	6,1	6,2	0,0

Abb. 5.32: Übersicht Instandhaltungsplanung

Die mit „sofort" gekennzeichneten Maßnahmen werden im Modell der Planperiode 1 zugeordnet, jene mit „mehr als einem Jahr" den Planperioden 2 und 3, jene mit „mehr als drei Jahren" den Planperioden 4 und 5. Für den Zeitraum „mehr als 5 Jahre" erfolgt die Verteilung lediglich auf die Planperioden 6, 7, 8 und 9, um in Planperiode 10 eine normalisierte Bewirtschaftungssituation abzubilden.[907] Die erst in mehr als 10 Jahren fälligen Instandhaltungsmaßnahmen werden im zehnjährigen Planungszeitraum nicht berücksichtigt. Zur Verarbeitung im Wertermittlungsmodell werden die periodenspezifischen, auf Basis der Baukosten zum Wertermittlungsstichtag ermittelten Aufwendungen zur Aufholung des Instandhaltungsrückstands mit einem angenommenen Baukostenindex multipliziert. Die sich so errechnenden Werte sind in der Zeile „Übertrag Investition (T€) indiziert" angezeigt und gehen in dieser Höhe ins Wertermittlungsmodell als Abzugsposition zur Berücksichtigung des Instandhaltungsrückstands ein.

Nach dem Abzug des Instandhaltungsrückstands ist die Schätzung der periodischen Reinerträge beendet. Dabei handelt es sich jedoch zunächst um nominale, undiskontierte Werte. Nachfolgend sind deshalb objektspezifische Diskontierungszinssätze zu ermitteln, um den Gesamtbarwert der Bewirtschaftungsphase berechnen zu können.

---

[907] Zu den Anforderungen an eine normalisierte Bewirtschaftungssituation vgl. die Ausführungen unter Pkt. 5.4.1.

5.8 Berechnung des Gesamtbarwerts der Bewirtschaftungsphase

5.8.1 Entwicklung objektspezifischer Diskontierungszinssätze

Weder Definition noch Verfahren zur Ermittlung des anzuwendenden Diskontierungszinssatzes sind bis heute in Deutschland normiert.[908] Deswegen ist zur Objektivierung, d. h. im Sinne der IFRS zur intersubjektiven Nachprüfbarkeit der Ermittlung der Diskontierungszinssätze, ein Verfahren zu entwickeln, welches den verfahrensökonomischen Anforderungen der kontinuierlichen Wertermittlung für große Wohnimmobilienportfolios einerseits sowie andererseits der Zuverlässigkeit der Wertermittlung und der hinreichenden Prüfbarkeit Rechnung trägt.

Zur Bestimmung des Diskontierungszinssatzes wurde oben ein kombiniertes Verfahren ausgewählt, dass aus einem kapitalmarktabgeleiteten risikolosen Basiszinssatz, einem portfoliotypischen Risikozuschlag für sektorale und regionale Risiken sowie objektspezifischen Zu- und Abschlägen besteht.[909]

Ableitung eines risikolosen Basiszinssatzes

Der risikolose Basiszinssatz wurde oben definiert als laufzeit- und risikoäquivalenter Zinssatz einer vergleichbaren Finanzanlage. Dazu wurden die Zinssätze staatsgarantierter langfristiger Anleihen als zuverlässiger Indikator identifiziert. Für die Wertermittlung in Deutschland werden diese Zinssätze von der deutschen Bundesbank publiziert.[910] Für den Wertermittlungsstichtag 31.12.2006 wurde mit Wertstellung vom 29.12.2006 ein Zinssatz i. H. v. 3,96 % festgestellt.

Ableitung eines portfoliotypischen Risikozuschlags

Zur Berücksichtigung der sektoralen und regionalen Risiken soll ein für das gesamte Bewertungsportfolio einheitlicher Risikozuschlag ermittelt werden. Dieser soll das sektorale Risiko der Anlageklasse Wohnimmobilien das regionale Risiko der Belegenheit in der Bundesrepublik Deutschland und - für das Bewertungsportfolio des Referenzunternehmens - mit Schwerpunkt in Westdeutsch-

---

[908] Praktische Empfehlungen finden sich jedoch in der Kommentierung zur WertV. Vgl. Kleiber, W./Simon, J. (2007), S. 1510 ff.
[909] Vgl. die Ausführungen unter Pkt. 5.1.3.
[910] Die Zinssätze sind in Zeitreihen abrufbar unter www.bundesbank.de/statistik.

land berücksichtigen. Der Risikozuschlag der Anlageklasse Immobilien kann von 1 % bis 5 % betragen.[911] Für das Bestandsgeschäft mit Wohnimmobilien stellen Kleiber/Simon im Jahr 2007 einen Risikozuschlag von 2,3 % fest, der folgenden Einzelrisiken Rechnung trägt:

- „allgemeine Unsicherheiten der Immobilie, da eine Geldanlage in einer (unternehmenswirtschaftlichen) Immobilie weniger Sicherheit bietet, als eine langfristige Anlage in Staatsanleihen,
- unvorhersehbare Ergebnisschwankungen,
- Haftungsrisiken,
- sich verschlechternde Wiederverkaufsbedingungen sowie
- das Risiko eines möglichen erhöhten persönlichen Engagements des Investors."[912]

Zu beachten ist dabei, dass dieser Risikozuschlag für das gesamte Bundesgebiet beobachtet wurde. Es erscheint sachgerecht, diesen für Wohnimmobilienportfolios an nachfragestarken Standorten leicht zu reduzieren.[913] Der Risikozuschlag soll deshalb annahmegemäß im Wertermittlungsmodell für westdeutsche Wohnungsunternehmen auf 2,0 % beschränkt werden.

Damit ergibt sich als portfolioübergreifend gültiger Ausgangszinssatz als Summe von risikolosem Basiszinssatz und portfolioübergreifendem Risikozuschlag ein gerundeter Zinssatz i. H. v. 6,0 %, dessen Berechnung durch die folgende Abb. 5.33 illustriert wird.

Bewertungs-stichtag	Risikoloser Basiszinssatz	Risikozuschlag sektoral/regional	gerundet
31.12.2006	3,96%	2,00%	6,00%

Abb. 5.33: Ermittlung des portfolioübergreifenden Ausgangszinssatzes

Berücksichtigung objektspezifischer Zu- und Abschläge

Zur Berücksichtigung der objektspezifischen Risiken sind objektspezifische Zu- und Abschläge aufgrund risikoprägender Objektmerkmale vorzunehmen. Zu letzteren zählen die Makrolage, die Mikrolage, die Vermietungssituation, der Objektzustand, die Eigentumsverhältnisse am Grund-

---

[911] Vgl. dazu und im Folgenden Kleiber, W./Simon, J. (2003), S. 1513-1514.
[912] Vgl. Kleiber, W./Simon, J. (2007), S. 1513.
[913] Diese Betrachtung ist anhand der Miet- und Preisniveaus der Makrostandorte sowie deren Perspektive zu leisten.

stück, die Objektkomplexität und ergänzend eine professionelle Bewertereinschätzung. Für die genannten Risikomerkmale werden im Folgenden Zu- und Abschlagssätze auf den Basiszinssatz entwickelt.

In Abhängigkeit vom Standort des einzelnen Bewertungsobjektes kann ein Abschlag aufgrund der Makrolage erfolgen. Die Einschätzung der Makrolage erfolgt im Portfoliomanagement des Referenzunternehmens durch Auswertung von makrostandortbezogenen Marktdaten sowie von demographischen Analysen und Prognosen, die die aktuelle Marktattraktivität - ausgedrückt u. a. in Immobilienpreisen und Mieten - sowie das vor allem auf Bevölkerungsprognosen basierende Marktpotenzial in Beziehung setzen.[914] Bei Objekten, die sich in einer überdurchschnittlichen Lage befinden, gekennzeichnet durch mehr als durchschnittlich 300 Punkte im Scoring-Modell,[915] werden in dreistufiger Abfolge nachstehende Abschläge auf den Basiszinssatz vorgenommen:

- Score Makrolage > 300 und < 370   →   Abschlag von 0,1 %,
- Score Makrolage > 370 und < 440   →   Abschlag von 0,2 %,
- Score Makrolage > 440 und ≤ 500   →   Abschlag von 0,3 %.

Zur Beurteilung der Mikrolage des einzelnen Bewertungsobjekts werden bei der Begehung zur Aufnahme des Instandhaltungsrückstands zusätzliche Angaben zur Mikrolage erhoben. Die Weiterverarbeitung dieser Informationen erfolgt im Referenzunternehmen durch ein Scoring-Modell zur Portfolioanalyse.[916] Liegt der aggregierte Punktwert zur Mikrolage über dem durchschnittlichen Punktwert i. H. v. 300 Punkten, wird ein Abschlag von 0,1 % vorgenommen. Zur Berücksichtigung der Objektkomplexität konnte durch die Vermietungsverantwortlichen des Referenzunternehmens festgestellt werden, dass die Attraktivität von Wohnimmobilien mit steigender Stockwerksanzahl abnimmt. Deswegen werden Objekte mit einer Stockwerksanzahl größer als vier Stockwerke mit einem Größenzuschlag von 0,1% versehen. Um die Objektausstattung und den Objektzustand im Risikozuschlag zu berücksichtigen, werden Gebäude, deren Objektqualität im Scoring-Modell des Portfoliomanagements als überdurchschnittlich ausgewiesen wird, mit einem Abschlag von 0,1 % versehen. Abb. 5.34 zeigt diesen Teil des Begehungsbogens.

---

[914] Unter Verwendung eines Scoring-Modells wurde in einem Referenzunternehmen zur Einschätzung und zum Monitoring der Makrostandorte eine Standortportfoliomatrix erzeugt, die mit den dazu verwendeten Indikatoren in Anhang 1 und 2 abgebildet ist.
[915] Das Scoring-Modell hat eine Skalierung von 100-500 Punkten. Vgl. Anhang 2.
[916] Aus der Immobilienportfolioanalyse stellt das Scoring-Modell eines Referenzunternehmens Teile der bewertungsrelevanten Objektinformationen bereit. Die Portfoliomatrix ist in Anhang 3, das Indikatorentableau in Anhang 4 abgebildet.

Informationen zur Mikrolage

Verkehrsanbindung		Bebauung	
Bahn fußläufig	nein	Wohngebiet	ja
Bus fußläufig	nein	Mischgebiet	nein
Ortszentrum fußläufig	nein	Gewerbegebiet	nein
Entfernung Fernstraße	5	Bebauungsdichte	dicht

Infrastruktur Fußläufigkeit			
Kindergarten	nein	Spielplatz	nein
Grundschule	nein	Sport/ Freizeit	nein
weiterf. Schule	nein	öffentliche Einrichtung	nein
Ärzte/ Krankenhaus	nein	kulturelle Einrichtungen	nein
Einkauf	nein	Naherholung	nein

Immissionen			
Lärmbelästigung	mittel	Luftverschmutzung	mittel

Abb. 5.34: Informationen zur Mikrolage

Zur Berücksichtigung des eigentumsrechtlichen Zustands des Grundstücks erfolgt ein Zuschlag, wenn für das Objekt Erbbauzinsen entrichtet werden müssen. Zwar ist bereits der Reinertrag um die Erbbauzinsen korrigiert, jedoch wird im Wertermittlungsmodell unterstellt, dass Objekte auf Erbbaugrundstücken schwerer verkäuflich sind, da der Erwerber nicht an der künftigen Bodenpreisentwicklung partizipiert. Deswegen erhalten Bewertungsobjekte auf Erbbaugrundstücken einen Zuschlag auf den Basiszinssatz von 0,1 %. Befindet sich das Bewertungsobjekt in einer Underrented-Situation,[917] so wird unterstellt, dass der Eintritt der prognostizierten Reinerträge sicherer ist als bei Bewertungsobjekten, die bereits heute die Marktmiete erreicht haben. Ein Abschlag von 0,2 % erfolgt deshalb bei allen Bewertungsobjekten, deren Sollmieten um mindestens 10 % unterhalb der Marktmiete liegen.

Das entwickelte Zu- und Abschlagsverfahren berücksichtigt die regelmäßig auftretenden wertprägenden Besonderheiten der einzelnen Bewertungsobjekte. Mangels empirischer Nachweise noch unberücksichtigt geblieben sind die wertprägenden Nachhaltigkeitsaspekte. Hierzu zählen z. B.

---

[917] Vgl. die Ausführungen unter Pkt. 5.3.1.

- die Nutzungsflexibilität,

- der effiziente Umgang mit Energie und Wasser,

- die Nutzung umweltfreundlicher und gesunder Baumaterialien und Bauteile,

- die hohe Funktionalität und der Komfort sowie die Vermeidung von Gesundheitsrisiken für die Nutzer,

- die Erfüllung gesetzlicher Vorgaben zum Umwelt- und Gesundheitsschutz,

- die reduzierte Beeinträchtigung der lokalen und globalen Umwelt.[918]

Aus heutiger Sicht sind noch belastbare empirische Nachweise und der Eingang in die Standards der Immobilienbewertung notwendig um die Zuverlässigkeit dieser Bewertungsinformation für die Bilanzierung beizulegender Zeitwerte sicher zu stellen. Hier besteht ein Erweiterungsbedarf des Modells, dem voraussichtlich ab dem Jahr 2010 durch erste empirische Forschungsergebnisse für Wohnimmobilien abgeholfen werden kann.[919]

Darüber hinaus ist es erforderlich, zusätzlich eine unsystematische Bewertereinschätzung aufzunehmen, die die verbleibenden, im entwickelten Zu- und Abschlagsverfahren bisher nicht berücksichtigten und unter Umständen durchaus vielschichtigen weiteren wertbeeinflussenden Objektmerkmale erfasst. Die Bewertereinschätzung dient damit dazu, solche Umstände und Gegebenheiten individuell zu berücksichtigen und einzuschätzen, die sich über die entwickelten Standardisierungen nur mit unverhältnismäßigem Aufwand erfassen lassen. Diese Vorgehensweise trägt dem der IFRS-Rechnungslegung innewohnenden Wirtschaftlichkeitsgedanken Rechnung[920] und entspricht der Berücksichtigung sonstiger wertbeeinflussender Umstände nach den Vorschriften der WertV.[921] Abb. 5.35 zeigt die die objektspezifischen Risiken ausdrückenden Zu- und Abschläge auf den Diskontierungszinssatz im Überblick.

---

[918] Vgl. Lorenz, D./Lützkendorf, T. (2008), S. 508.
[919] Die Auswirkungen von Nachhaltigkeitsaspekten auf die Immobilienbewertung in Deutschland sind derzeit Gegenstand des BBR-Forschungsprojekts „ImmoWert". Noch nicht empirisch belegte, gleichwohl operationalisierte Ansätze haben Lorenz/Trück/Lützkendorf entwickelt. Vgl. Lorenz, D./Trück, S./Lützkendorf, T. (2006). Auch in der Schweiz besteht mit dem ESI-Faktor der CCRS bereits ein methodischer Ansatz. Vgl. Meins, E./ Burkhard, P. (2009).
[920] Vgl. IAS 8.10. lit. b (ii).
[921] Vgl. § 19 WertV.

Diskontierungszinssatz	5,50%
Basiszinssatz	6,00%
Abschlag wegen Makrolage	-0,10%
Abschlag Ist- unter Marktmiete	-0,20%
Abschlag Objektqualität	-0,10%
Abschlag Lage	-0,10%
Zuschlag Erbpacht	0,00%
Zuschlag Größe	0,00%
Bewertereinschätzung	0,00%

Abb. 5.35: Herleitung des Diskontierungszinssatzes

5.8.2 Diskontierung und Barwertberechnung

Der Reinertrag errechnet sich wie gezeigt aus den Bewirtschaftungserlösen abzüglich der Bewirtschaftungskosten und abzüglich der Instandsetzungskosten zum Abbau des Instandhaltungsrückstands. Im DCF-Verfahren werden die sich so periodenspezifisch errechnenden einzelnen Reinerträge unter Anwendung des objektspezifisch bestimmten Diskontierungszinssatzes auf den Wertermittlungsstichtag diskontiert. Die Summe der barwertigen Reinerträge im Planungszeitraum repräsentiert den Gesamtbarwert der Bewirtschaftungsphase. Abb. 5.36 veranschaulicht diese Struktur.

	2007	2008	2009	2010	2011	2017
Bewirtschaftungserlöse TEUR p.a.	24,4	25,2	26,1	26,9	27,8	33,4
Bewirtschaftungskosten TEUR p.a.	7,2	7,3	7,5	7,7	7,8	8,9
Abbau Instandhaltungsrückstand TEUR		10,4	0,0	0,0	12,0	0,0
Reinertrag TEUR	17,2	7,5	18,6	19,3	8,0	24,5
Barwertige Reinerträge Perioden TEUR		7,1	16,7	16,4	6,5	14,4
Gesamtbarwert Bewirtschaftungsphase TEUR	112,5					

Abb. 5.36: Berechnung des Gesamtbarwerts der Bewirtschaftungsphase

5.9 Bestimmung des Restwertes

5.9.1 Umkehrung des vereinfachten Ertragswertverfahrens

Da sich das Objekt nach Ende der Betrachtungsperiode unter der Annahme der dauerhaften Bewirtschaftung noch immer im Portfolio befindet und Mieteinnahmen und Wertsteigerungen erwirtschaftet, wird für die Zeit nach Ende des Planungszeitraums unter der Annahme einer ausreichend langen Restnutzungsdauer eine ewige Rente unterstellt.[922] Diese wird entsprechend der Vorgehensweise beim vereinfachten Ertragswertverfahren nach dessen Umkehrung ermittelt.[923] Dabei wird zunächst ein Rentenbarwert berechnet. Dazu wird der Überschuss der letzten Betrachtungsperiode durch den Kapitalisierungszinssatz dividiert.

$$RBW_{undisk.} = \frac{RE_n}{i_K}$$

mit   RBW   = Rentenbarwert

     i_K = Kapitalisierungszinssatz

Gl. 5.8: Berechnung des Rentenbarwerts

Dieser undiskontierte Rentenbarwert wird in einem zweiten Schritt mit dem Diskontierungszinssatz auf das Ausgangsjahr der Betrachtung diskontiert.

$$RBW_{disk.} = \frac{RE_n}{i_K} \cdot (1 + i_D)^{-n}$$

mit i_D = Diskontierungszinssatz

Gl. 5.9: Berechnung des diskontierten Restwerts

Zur Bestimmung der objektspezifischen Kapitalisierungszinssätze wird im Folgenden ein Verfahren entwickelt.

5.9.2   Entwicklung objektspezifischer Kapitalisierungszinssätze

Der Kapitalisierungszinssatz wird durch Abzug einer Wachstumsrate aus dem Diskontierungszinssatz abgeleitet.[924] Die Höhe dieser Wachstumsrate hängt grundsätzlich von der durch den Bilanzierenden erwarteten Entwicklung der nominellen Reinerträge in der Zeit nach der zehnjährigen Planungsphase ab.[925] Im Wertermittlungsmodell werden die die nachhaltige Vermietbarkeit bestimmenden, über die Planungsphase andauernden, nachhaltigen Objektchancen und -risiken objektspezifisch ausgewertet.[926] Der Kapitalisierungszinssatz ist deshalb ein Zinssatz, der ähnlich ei-

---

[922]   Vgl. Kormaier, B. (2006), S. 382.
[923]   Vgl. die Darstellung der Umkehrung des vereinfachten Ertragswertverfahrens unter Pkt. 5.9.1.
[924]   Vgl. Kormaier, B. (2006), S. 383; Lienau, A./Zülch, H. (2006), S. 327.
[925]   Vgl. Lienau, A./Zülch, H. (2006), S. 327.
[926]   Vgl. Klann, R. J. (2008), S. 836.

nes Liegenschaftszinssatzes implizit alle Erwartungen für die auf die Detailplanungsphase folgende unendliche Restnutzungsdauer enthalten muss. Die Gefahr der Doppelberücksichtigung von Risiken einerseits in den Zahlungsmittelüberschüssen und andererseits im Diskontierungszinssatz wie in der Detailplanungsphase besteht bei der Berechnung der ewigen Rente nicht. Stattdessen wird eine normalisierte Bewirtschaftungssituation unterstellt, in der eventuell bestehende Over- oder Underrented – Situationen bereinigt worden und ein ggf. bestehender Instandhaltungsrückstand aufgeholt worden ist. Damit werden die über den Detailplanungszeitraum andauernden risiko- und wertprägenden Objekteigenschaften zu den Determinanten der Bewertung über den Kapitalisierungszinssatz.

Dazu gehören einerseits Abschläge für preisgebundene Objekte sowie für Vermarktungspotenzial und Lageentwicklung, andererseits auch Zuschläge für das Objektalter und für die Vermietungsform Generalmietverhältnis. Ein Abschlag von 0,2 % wegen Preisbindung wird auf preisgebundene Objekte vorgenommen. Der Abschlag wird erforderlich, da diese Objekte während der Mietpreisbindungsphase nicht an die Marktmiete angeglichen werden können und deshalb zukünftig, nach Ablauf der beplanten Bewirtschaftungsphase, über ihren gesamten Lebenszyklus ein größeres Mieterhöhungspotenzial haben. Es erfolgt dagegen folgerichtig kein Abschlag auf nicht preisgebundene Objekte.

Verfügt ein Objekt über ein überdurchschnittliches Standortpotenzial,[927] so wird der Kapitalisierungszinssatz um einen Abschlag auf Vermarktungspotenziale und Lageentwicklung von 0,1 % gemindert. Auf Objekte, deren Baujahr vor dem Jahr 2000 liegt, wird ein altersbedingter Zuschlag von 0,1 % vorgenommen. Bei Objekten, die sich in einem Generalmietverhältnis befinden,[928] erfolgt in den Fällen ein Zuschlag, in denen das Risiko einer eingeschränkten Drittmarktfähigkeit festgestellt wurde. Der Zuschlag wird durch den Bewerter individuell innerhalb einer Bandbreite von 0,1 % bis 0,5 % festgelegt.

Integration von Nachhaltigkeitsaspekten

Abschließend können mögliche, bisher methodisch nicht erfasste, aber aus der Sicht des Bewerters nachhaltig wertbeeinflussende Merkmale durch eine professionelle Bewertereinschätzung erfasst

---

[927] Das Standortpotenzial wird in der Standortanalyse des Portfoliomanagements aus soziodemographischen Indikatoren ermittelt. Überdurchschnittliche Werte ergeben sich dabei innerhalb einer Bandbreite von 100 bis 500 Punkten bei Werten von mehr als 300 Punkten. Vgl. dazu das Indikatorentableau der Standortportfoliomatrix in Anhang 2.
[928] Vgl. hierzu die Prüfpunkte zu Generalmietverhältnissen unter Pkt. 5.3.3.

werden. Dort können weitere Objektmerkmale wie z. B. die energetische Qualität des Gebäudes, die Marktgängigkeit des Wohnungsgemenges, die technische Nutzungsflexibilität und Wiederverwendbarkeit der eingesetzten Baustoffe,[929] aber auch besonders hohe Bodenwerte eingehen.[930] Die Integration weiterer, auch ökologischer Nachhaltigkeitsaspekte wird derzeit u. a. durch Lützkendorf untersucht.[931] Da bislang jedoch noch keine empirisch fundierten Analysen des Zusammenhangs zwischen nachhaltigkeitsbezogenen Objektmerkmalen und marktabgeleiteten Immobilienpreisen vorliegen, bleibt deren methodische Berücksichtigung im Wertermittlungsmodell zunächst auf die Bewertereinschätzung beschränkt.[932] Zukünftig bleibt zu beobachten, wie schnell sich belastbare Korrelationen herstellen lassen, entsprechende Forschungsvorhaben werden aktuell durchgeführt.[933]

Die verschiedenen Zertifikate für „Green buildings"[934] fokussieren bisher überwiegend Gewerbeimmobilien.[935] Für Wohnimmobilien haben sich in den europäischen Nachbarländern während der letzten Jahre eigene Ansätze herausgebildet. Hier sind bspw. zu nennen der „Code for sustainable homes" im System der BRE Environmental Assessment Method (BREEAM) aus England, der Baustandard „Minergie" aus der Schweiz sowie der „Total Quality Planung und Bewertung (TQ-PB) von Gebäuden" -Ansatz aus Österreich. Darüber hinaus kann sich ggf. das internationale Normprojekt ISO 26000 zur nachhaltigen Entwicklung von Unternehmen mittelbar auch auf die Regelungen zur Wertermittlung auswirken.[936]

Ableitung aus dem Diskontierungszinssatz

Wie oben entwickelt berücksichtigt der Diskontierungszinssatz die aktuell im Bewertungsobjekt erkennbaren Chancen und Risiken, welche die Unsicherheit der geplanten Reinerträge während der zehnjährigen Planungsphase ausdrücken. Die durch die Wachstumsrate beschriebenen nachhaltigen wertbeeinflussenden Merkmale des Bewertungsobjekts werden kumulativ berücksichtigt.[937] Dazu werden die Zu- und Abschläge direkt auf den Diskontierungszinssatz bezogen. Abb. 5.37 zeigt die

---

[929] Vgl. zur Wiederverwendung der Baustoffe Schultmann, F. (1998).
[930] Vgl. Volk, U. (2009), S. 334.
[931] Vgl. Lützkendorf, T. (2008), S. 37.
[932] Anderes kann in den Fällen gelten, wenn ökologisch ausgerichtete Mietspiegel bspw. ressourcenschonende Gebäude über eine höhere Miete aufwerten. Umsetzungsreife, jedoch noch nicht empirisch abgesicherte Ansätze bestehen bei Lorenz/Trück/Lützkendorf und bei Meins/Burkhard. Vgl. Lorenz, D./Trück, S./Lützkendorf, T. (2006), Meins, E./ Burkhard, P. (2009).
[933] Zu nennen ist hier das BMBVS-Projekt „ImmoWert", das die Integration von Nachhaltigkeitsaspekten in die Wertermittlung untersucht.
[934] Hellbusch, F. (2008), S. 835.
[935] Vgl. Köberle, G. (2008), S. 829.
[936] Vgl. weiterführend Bahke, T. (2008), S. 33.
[937] Vgl. Lienau, A./Zülch, H. (2006), S. 327.

Anwendung der Zu- und Abschläge auf den Diskontierungszinssatz, die im Ergebnis zum Kapitalisierungszinssatz führen.

Diskontierungszinssatz	5,50%
Abschlag Preisbindung	0,00%
Abschlag Vermarktungspotenzial Lageentw.	-0,10%
Zuschlag Alter/ Unsicherheit	0,10%
GMV Zuschlag	0,00%
Bewertereinschätzung	-0,20%
Kapitalisierungszinssatz	5,30%

Abb. 5.37: Ableitung des Kapitalisierungszinssatzes

Mit nunmehr bekanntem Kapitalisierungszinssatz kann der Rentenbarwert des Bewertungsobjekts nach Gl. 4.14 bestimmt und anschließend mit dem Diskontierungszinssatz auf den Wertermittlungsstichtag abgezinst werden.

5.10 Ermittlung des beizulegenden Zeitwerts

5.10.1 Ergebnis des Wertermittlungsmodells

Der beizulegende Zeitwert ergibt sich nach den dargestellten vorgelagerten Rechenoperationen als Gesamtbarwert, mithin als Summe des Gesamtbarwerts der Bewirtschaftungsphase und des diskontierten Rentenbarwerts. Abb. 5.38 zeigt diesen abschließenden Rechenschritt.

	2007	2008	2009	2010	2011	#	2017
Bewirtschaftungserlöse TEUR p.a.	24,4	25,2	26,1	26,9	27,8	#	33,4
Bewirtschaftungskosten TEUR p.a.	7,2	7,3	7,5	7,7	7,8	#	8,9
Abbau Instandhaltungsrückstand TEUR		10,4	0,0	0,0	12,0	#	0,0
Reinertrag TEUR	17,2	7,5	18,6	19,3	8,0	#	24,5
Barwertige Reinerträge Perioden TEUR		7,1	16,7	16,4	6,5	#	14,4
Gesamtbarwert Bewirtschaftungsphase TEUR	112,5						

Reinertrag 2017 TEUR	24,5	undisk.			
Restwert undiskontiert (Rentenbarwert) TEUR	463,08	undisk.		Kap.Zinss.	Disk.Zinss.
Restwert diskontiert TEUR	271,1	disk.		5,30%	5,50%
Gesamtbarwert TEUR	383,6	1.038,07	EUR/m²		

Abb. 5.38: Ermittlung des Gesamtbarwerts

Dabei verhält sich der Gesamtbarwert der Bewirtschaftungsphase zum diskontierten Rentenbarwert durchschnittlich in einem Verhältnis von einem Drittel zu zwei Dritteln.[938]

5.10.2 Plausibilisierungshandlungen

Es gehört zu den Aufgaben des Bewerters, den durch das gewählte Wertermittlungsverfahren ermittelten Wert auf dessen Plausibilität hin zu überprüfen.[939] Neben isolierten Zeitreihenvergleichen auf Ebene des einzelnen Bewertungsobjekts kann dies durch portfoliointerne und auch durch portfolioexterne Vergleiche erfolgen.

Portfoliointerne Vergleiche

Die portfoliointernen Vergleiche betrachten die Verteilung bestimmter einheitsbezogener Werte im Bewertungsportfolio. Diese Vergleiche ähneln den oben vorgestellten Verfahren zur pauschalierten Bewertung.[940] So bildet der beizulegende Zeitwert, bezogen auf den m² Wohnfläche, eine erste gute Vergleichsmöglichkeit, um Ausreißer oder offensichtliche Fehler zu erkennen. Außerdem werden die Diskontierungs- und Kapitalisierungszinssätze und die Mietenmultiplikatoren[941] hinsichtlich ihrer portfoliointernen Verteilung verglichen. Dabei werden Durchschnittswerte für die zu diesem Zweck nach Gebäudetypen und Baualtersklassen gegliederten Portfoliosegmente gebildet und Abweichungen analysiert. Außerdem wird für jedes Bewertungsobjekt die Veränderung zum Wert der Vorperiode ermittelt. Zeigt sich eine Abweichung von mehr als 5 %, so erfolgt eine Ursachenprüfung. Dabei können wertprägende Veränderungen etwa der Ertragsverhältnisse oder des Instandhaltungsrückstands, mithin der Reinerträge identifiziert werden, seltener auch Veränderungen der über die Diskontierungs- und Kapitalisierungszinssätze ausgedrückten Risikoeinschätzungen. Werden im internen Vergleich bisher nicht berücksichtigte bewertungsrelevante Aspekte identifiziert, können diese über die Bewertereinschätzung ins Wertermittlungsmodell einfließen.

Die portfoliointernen Vergleiche stellen also die im gleichen Wertermittlungsmodell nach den gleichen Regeln und grundsätzlichen Annahmen ermittelten Werte in eine analytische Beziehung. Sys-

---

[938] Vgl. Kleiber, W./Simon, J. (2007), S. 1525.
[939] Diese Verpflichtung entspringt der Sorgfaltspflicht, die Teil der Allgemeinen Grundsätze der Gutachtenerstattung ist. Vgl. Kleiber, W./Simon, J. (2007), S. 270.
[940] Vgl. die Ausführungen zu den pauschalierten Wertermittlungsverfahren unter Pkt. 4.3.1.
[941] Vgl. zu den Mietenmultiplikatoren Pkt. 2.5.1.

temimmanente Fehler des Wertermittlungsmodells, die zu Abweichungen von den am Markt erziel-baren Werten führen können, können durch diese Prüfungshandlungen nicht aufgedeckt werden. Hierzu sind externe Vergleichsdaten heranzuziehen.

Portfolioexterne Vergleiche

Zur Absicherung der Wertermittlung über marktabgeleitete Vergleichswerte dienen die portfolioex-ternen Vergleiche. Dazu werden die publizierten Vergleichswerte mit den im Wertermittlungsmo-dell ermittelten Werten verglichen. Auch hier ist die Nutzung einer einheitlichen Bezugsgröße grundlegende Voraussetzung. Zweckmäßig ist hier der Kaufpreis je m^2 Wohnfläche. In den Publi-kationen der Gutachterausschüsse werden vielfach Bandbreiten für die historischen Quadratmeter-preise beim Verkauf von Ein- und Zweifamilienhäusern, von Mehrfamilienhäusern und Eigen-tumswohnungen angegeben.[942] Diese sind in vielen Fällen, insbesondere an größeren Standorten, baujahrs- und lagebezogen differenziert. Liegen die Vergleichsinformationen nicht oder nicht diffe-renziert vor, kann auf die durchschnittlichen Preise für Eigentumswohnungen zurückgegriffen wer-den. Diese sind über Internetrecherchen oder die Publikationen der Maklerverbände zu gewinnen. Jedoch ist dazu zunächst die Bezugsgröße zu egalisieren, was für das bilanzierende Wohnungsun-ternehmen bedeutet, den Wert einer Eigentumswohnung zu simulieren. Letzteres geschieht durch einen Zuschlag von 150,- €/m² für die durch die Aufteilung des Mietwohngebäudes in Teileigentum entstehenden Kosten. Mit diesem angepassten Wert können die externen Vergleiche durchgeführt werden, jedoch mangels genauer Markdaten weitgehend ohne Berücksichtigung der objektspezifi-schen Qualitäts- und Lagemerkmale.

Ergeben sich durch die externen Vergleiche abweichende Erkenntnisse zu einzelnen Bewertungsob-jekten, fließen auch diese über die Bewertereinschätzung zur Korrektur der Diskontierungs- und Kapitalisierungszinssätze in das Wertermittlungsmodell ein.

Plausibilisierung über den Grad der Grundstücksausnutzung

Wie oben ausgeführt trennt das Ertragswertverfahren in der gewählten Ausprägung als DCF-Verfahren nicht mehr zwischen Gebäude- und Bodenwert.[943] Dabei wurde unterstellt, dass Merk-

---

[942] Vgl. stellvertretend für viele Gutachterausschuss Stuttgart (2005), S. 27 ff.; Gutachterausschuss Karlsruhe (2004), S. 17 ff.
[943] Vgl. die Ausführungen unter Pkt. 4.4.3.

male des Bodenwerts wie Lage und Grünflächenanteil nach der Annahme der einheitlichen Bewertung im Mietpreis enthalten sind. Eine unterdurchschnittliche Grundstücksausnutzung kann dazu führen, dass Ertragspotenziale des Grundstücks durch die aktuelle bauliche Nutzung nach Art oder Maß nicht vollständig ausgeschöpft werden. Zur Plausibilisierung der ermittelten beizulegenden Werte sind daher mögliche Nutzungsreserven im Grundstück zu identifizieren, die ein potenzieller Erwerber über Aufschläge auf den Gesamtbarwert honorieren würde.

Den Ausgangspunkt der Prüfungshandlungen bildet die Ermittlung der aktuellen Grundstücksausnutzung. Dazu werden die auf dem Bewertungsgrundstück realisierte Grundflächenzahl und Geschossflächenzahl ermittelt und in einem zweiten Schritt mit der für das Bewertungsgrundstück zulässigen Art und dem Maß der baulichen Nutzung verglichen.[944] Werden auf diese Weise Potenziale erkennbar, kann bei wesentlichen Abweichungen eine Freilegung des Grundstücks simuliert werden und der sich so ergebende Grundstückswert mit einem über das Residualwert-verfahren ermittelten maximalen Grundstückskaufpreis bei Unterstellung des Neubaus eines Mietwohngebäudes verglichen werden.[945] Führt der Vergleich zu einem höheren Grundstückskaufpreis im Residualwertverfahren als derjenige des freigelegten Grundstücks, kann der Bewerter über seine Bewertereinschätzung eine Korrektur der Zinssätze herbeiführen, die das Nutzungspotenzial im Grundstück wertmäßig erfasst. Die Nutzung des Residualwertverfahrens zur originären Ermittlung beizulegender Zeitwerte ist jedoch unzulässig, da das oben unter den Bilanzierungsgrundsätzen der IFRS beschriebene Fortführungsprinzip verletzt wird.[946]

Nach Durchführung der Plausibilisierungen und Vornahme der gebotenen Änderungen liegen bilanzierungsfähige beizulegende Zeitwerte vor, die sowohl entscheidungsnützlich als auch hinreichend zuverlässig sind und durch das standardisierte Verfahren unter Wahrung der Darstellungs- und Methodenstetigkeit zu jedem Bilanzierungsstichtag reproduzierbar sind. Damit sind die qualitativen Anforderungen des IAS 8 an die Relevanz, Zuverlässigkeit und auch die Vergleichbarkeit der ermittelten Werte erfüllt. Im Folgenden wird untersucht, wie die Systematik der Wertermittlung zum Investitionscontrolling innerhalb eines wertfokussierten Controllingansatzes genutzt werden kann.

---

[944] Die Grundflächenzahl gibt nach § 19 Abs.1 und 2 BauNVO an, welcher Teil des Grundstücks überbaut sein darf; die Geschossflächenzahl ergänzt dazu nach § 20 Abs. 2 bis 4 BauNVO die Zahl der m² Geschossfläche, die je m² Grundstücksfläche zulässig ist. Vgl. weiterführend Kleiber, W./Simon, J. (2007), S. 897 f.

[945] Vgl. zum Residualwertverfahren, dessen Prämissen und Kritik Groß, R. (1996), S. 24; Kleiber, W. (1996), S. 16 f.; Reck, H. (1995), S. 235.

[946] Vgl. IAS 1.23.

6 Entwicklung eines wertfokussierten Investitionscontrollings

6.1 Indikative Auswahl von Investitionsprüfungsobjekten

6.1.1 Identifikation durch die Portfolioanalyse

Wie bereits unter den heute angewendeten Controllingansätzen ausgeführt, kann die Portfolioanalyse Aufschluss geben über die Existenz von Potenzialobjekten in Wohnimmobilienportfolios.[947] Insbesondere die Marktattraktivität-Wettbewerbsvorteil-Portfoliomatrix kann bei angepasster Anwendung und korrekter Interpretation eine geeignete Darstellung immobilienwirtschaftlicher Zusammenhänge ermöglichen. Zur Anpassung dieser Matrix auf die Belange der strategischen Segmentierung von Wohnimmobilienportfolios kann die Marktattraktivität durch die Standortqualität ausgedrückt werden, die sowohl die aktuelle Marktattraktivität als auch das prognostizierte Marktpotenzial berücksichtigt.[948] Die Wettbewerbsvorteile des einzelnen Bewertungsobjekts können über dessen Objektqualität bemessen werden, die sich als Punktwert aus Objektausstattung und -zustand ergibt.[949]

In einem ersten Schritt soll das betrachtete Wohnimmobilienportfolio zur Komplexitätsreduktion nach dem Merkmal des wirtschaftlichen Erfolgs der einzelnen Bewertungsobjekte in ein Teilsegment mit zum Betrachtungszeitpunkt unterdurchschnittlichem Vermietungserfolg sowie ein solches mit überdurchschnittlichem Vermietungserfolg gegliedert werden.[950] Potenzialobjekte für kurzfristige investive Maßnahmen werden im Zusatzsegment der Bewertungsobjekte mit unterdurchschnittlichem Vermietungserfolg (ZS-1) erwartet, da dort über den Einsatz investiver Mittel grundsätzlich eine Verbesserung des Vermietungserfolgs erwartet werden kann. Jedoch sind diese Mittel risikoadäquat an jenen Standorten einzusetzen, die über eine zumindest überdurchschnittliche Qualität verfügen. In der nachfolgend durch Abb. 6.1 visualisierten, auf Wohnimmobilien angepassten Portfoliomatrix liegt daher das idealtypische Potenzialobjekt für eine das Objekt aufwertende Investition im Segment 1, wohingegen in den Segmenten 3 und 4 die Standortrisiken grundsätzlich gegen eine Aufwertungsinvestition sprechen. Dort sind eher Desinvestitionsstrategien opportun, die im Teilsegment 3 kurzfristig und im Teilsegment 4 mittelfristig zu prüfen sind. Im Teilsegment 2 müssen die einzelnen Bewertungsobjekte bei überdurchschnittlicher Standort- und Objektqualität statt-

---

[947] Vgl. die Ausführungen zur Marktattraktivität-Wettbewerbsvorteil-Portfoliomatrix unter Pkt. 2.4.2.

[948] Dies kann wie im Referenzunternehmen über ein Scoringmodell geschehen. Vgl. dazu das Indikatorentableau zur Standortbewertung im Anhang 2.

[949] Vgl. das Indikatorentableau zur Portfolioanalyse eines Referenzunternehmens in Anhang 4.

[950] Zu den Indikatoren des Vermietungserfolgs zählen u. a. die Objektrendite und der Leerstand. Vgl. Anhang 4.

dessen auf mögliche singuläre Vermietungshemmnisse hin überprüft werden, da die Standort- und Objektqualitäten eher auf unproblematisch zu vermietende Objekte hindeuten.

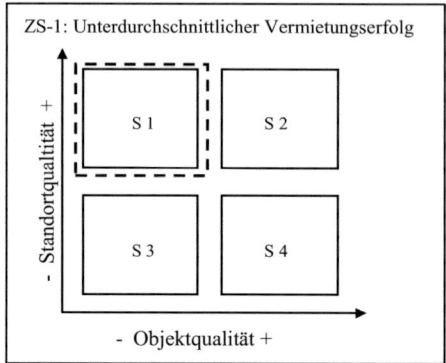

Abb. 6.1: Segmentierung unterdurchschnittlicher Vermietungserfolg

Für jedes Bewertungsobjekt aus dem Zusatzsegment der unterdurchschnittlich vermietungserfolgreichen Objekte wird über die Portfolioanalyse auf diese Weise eine erste, normative Strategieempfehlung erzeugt.

Eine ähnliche Überlegung wird in einem zweiten Schritt für die aktuell überdurchschnittlich vermietungserfolgreichen Bewertungsobjekte angestellt. Diese sind aufgrund ihres aktuell überdurchschnittlichen Erfolgsbeitrags nicht zwangsläufig Gegenstand kurzfristiger Detailprüfungen, sondern vielmehr Elemente mittelfristiger Objektstrategien. Im Teilsegment 5 der in Abb. 6.2 abgebildeten Zusatzsegmentierung 2 mit Standortpotenzial und unterdurchschnittlicher Objektqualität werden daher eher Entwicklungsobjekte als echte Problemobjekte zu finden sein. In den im Teilsegment 6 befindlichen Bewertungsobjekten besteht hingegen mittelfristig kein Handlungsbedarf. Für die Bewertungsobjekte mit unterdurchschnittlicher Standortqualität kann im Segment 8 aufgrund der unterdurchschnittlichen Standortqualität bei gegebener Quartiersmacht[951] eine Standortstrategie opportun erscheinen, andernfalls kann wegen der positiven Objekteigenschaften die Privatisierung an Mieter geprüft werden. Für im Segment 7 gelegene Bewertungsobjekte mit sowohl unterdurchschnittlicher Standort- als auch Objektqualität wird hingegen die Annahme getroffen, dass sich diese Negativmerkmale mittelfristig auf den Vermietungserfolg auswirken werden. Sie sind deshalb

---

[951] Unter Quartiersmacht soll die Fähigkeit eines Wohnungsunternehmens verstanden werden, im Fall des Besitzes zusammenhängender Wohnungsbestände das Wohnumfeld innerhalb eines Wohnquartiers nachhaltig zu prägen und ggf. zu ändern.

mittelfristig zur Desinvestition vorgesehen, jedoch wegen der Objektmängel nicht im Wege des Verkaufs der einzelnen Wohnung, sondern durch Verkauf des gesamten Gebäudes.

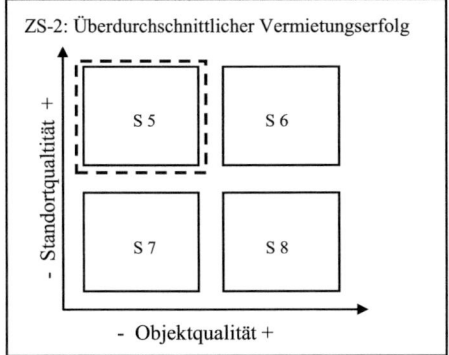

Abb. 6.2: Segmentierung überdurchschnittlicher Vermietungserfolg

Das Wohnungsunternehmen kann nun nach Durchführung der Portfoliosegmentierung die Prüfungshandlungen zur Investitionseignung eines Bewertungsobjekts mengenmäßig deutlich einschränken und so schneller zur Bearbeitung der Potenzialobjekte gelangen, die durch die im weiteren Verlauf zu entwickelnde Investitionsrechnung zu verifizieren sind.

6.1.2 Zwangsläufigkeiten aus der Erhebung des Instandhaltungsrückstands

Die turnusmäßige Aufnahme des Gebäudezustands kann ohne weitere Modifikation zur Entwicklung einer Instandhaltungsplanung genutzt werden.[952] Auf der Basis der über die Aufnahme des Instandhaltungsrückstands vorliegenden Inspektionsergebnisse ist es grundsätzlich möglich, die zeitlich priorisierten Instandhaltungsmaßnahmen in eine Mehrjahresplanung zu übernehmen.[953] Jedoch sollen grundsätzlich auch bei der Entscheidung über die Aufholung des Instandhaltungsrückstands die vorstehend dargestellten portfoliostrategischen Erwägungen einbezogen werden. Hierbei werden zunächst jene Bewertungsobjekte priorisiert, deren normative Strategie eine Objektinvestition vorsieht. Dazu wird die Information zur Segmentzuordnung nach der Portfolioanalyse

---

[952] Auf eine Darstellung der unterscheidbaren Instandhaltungsstrategien wird im Rahmen dieser Arbeit verzichtet. Dazu wird auf die Arbeiten von Klingenberger und Oswald verwiesen. Vgl. Klingenberger, J. (2007), S. 144 f.; Oswald, R (2003), S. 51.

[953] Vgl. Bruhn, R. (2006), S. 615.

mit den Informationen zu Art und Maß des Instandhaltungsrückstands verknüpft. Einen Ansatz für Auswertungen nach diesem Prinzip zeigt die folgende Abb. 6.3.

	Kennung	0815007-101	0815007-102	0815007-103
Objekt	Baujahr	1949	...	...
	Portfoliosegment	S 1	S 1	S 1
	Anzahl Einheiten	18	...	...
Informationen zum Objekt	01 - Fensterart	Kunststoff	...	...
	02 - Fenster Kommentar	0	...	...
	03 - Dachform	Satteldach	...	...
	04 - Dachform Kommentar	0	...	...
	05 - DG ausgebaut	nein	...	...
	06 - DG ausg. Bemerkung	0	...	...
	07 - Fassadenmaterial	Putz	...	...
	20 - Heizung Bj	2007	...	...
	08 - Außenwandstärke	<36	...	...
	09 - Vollwärmeschutz	nein	...	...
	10 - Kommentar Vollwärmeschutz	0	...	...
	E-Verstärkung Treppenhaus	ja	...	...
	E-Verstärkung Wohnungen	ja	...	...
	Anzahl Hauseingänge	3	...	...
	11 - Anzahl Balkone	0	...	...
	Wärmeerzeugung	Zentral	...	...
	Energie (Heizungsenergie)	Gas	...	...
	Anzahl Stellplätze	7	...	...
	12 - Anzahl Einzelgaragen	0	...	...
	48 - Spielplatz Zustand	0	...	...
	Kennung	0815007-101	0815007-102	0815007-103
Bewertung des Objektzustandes	30 - Dach(Erneuerung)	2	...	...
	31 - Dach(Ausbesserung)	0	...	...
	32 - qm	0	...	...
	29 - Holzbauteile	5	...	...
	33 - Fallrohre/Regenrinnen	2	...	...
	21 - Fenster Erneuerung	5	...	...
	22 - Fenster Anstrich	0	...	...
	36 - Roll-/ Klappläden	4	...	...
	37 - Stück	84	...	...
	38 - Roll oder Klapp	2	...	...
	26 - Fassadenanstrich	5	...	...
	27 - Fassaden: Ausbesserung	1	...	...
	28 - qm	50	...	...
	23 - Balkone(Verkleidung/ Betoninst.)	0	...	...
	24 - Balkongeländer	0	...	...
	25 - Balkonbelag	0	...	...
	35 - Eingangsbereich	4	...	...
	39 - Treppenhaus	4	...	...
	40 - Anstrich/ Podest/Stufen	4	...	...
	42 - Wohnungseingangstüren	4	...	...
	41 - Kellerräume	4	...	...
	14 - Heizung Brenner	0	...	...
	15 - Heizung Kessel	0	...	...
	16 - Heizung Leitungen	0	...	...
	17 - Heizung Boiler	0	...	...
	18 - Heizung allgemein	5	...	...
	34 - Außenanlagen	2	...	...
	43 - Garagen/CarportsDach	0	...	...
	44 - qm	0	...	...
	45 - Garagentore	0	...	...
	46 - Stück	0	...	...
	49 - Sonstige Kosten Instandhaltung	0	...	...
	50 - Begründung Sonstige	0	...	...
Kosten	Kosten InstRückstand Sofort	2.000 €	...	...
	Kosten InstRückstand >1Jahr	39.972 €	...	...
	Kosten InstRückstand >3 Jahre	0 €	...	...
	Kosten InstRückstand >5 Jahre	0 €	...	...

Abb. 6.3: Aufholung des Instandhaltungsrückstands nach Portfoliosegmenten

Dabei darf freilich nicht übersehen werden, dass die Schadensfolgekosten unterlassener Instandhaltung möglicherweise im Endergebnis deutlich höhere Gesamtkosten erzeugen können. Die Abwägung der Vorteilhaftigkeit früherer Instandhaltungszeitpunkte im Vergleich zu diesen Folgekosten soll im Rahmen dieser Arbeit nicht geleistet werden. Hierzu sei weiterführend auf die Untersuchung von Spilker/Oswald verwiesen.[954] Im IFRS-Controlling jedoch wirkt die Aufholung eines im Bewertungsobjekt bestehenden Instandhaltungsrückstands, wie bei der Beschreibung des entwickelten DCF-Modells gezeigt, unmittelbar werterhöhend, da dieser zuvor als Abzugsposition in den periodischen Reinerträgen berücksichtigt wurde. Insofern bleibt die Priorisierung der Investitionsobjekte zur Aufholung von Instandhaltungsrückstand trotz der entwickelten Systematik eine multifaktorielle Entscheidung, bei der die Beteiligung der unmittelbaren Objektverantwortlichen weiterhin hohe Bedeutung behält.

6.2 Entwicklung einer wertfokussierten Investitionsrechnung

6.2.1 Ableitung aus dem Wertermittlungsmodell

Wie oben in den Ausführungen zu den Ergebniswirkungen der jährlichen Neubewertung beschrieben ist es ein Ziel des wertfokussierten Controllings, zukünftige Wertentwicklungen planbar zu machen, um einer störenden Volatilität der Periodenergebnisse entgegenzuwirken.[955] Insofern sind in der Investitionsrechnung nicht lediglich die Eigen- und Gesamtkapitalrenditen einer investiven Maßnahme entscheidungsbildend. Vielmehr sind auch die Wirkungen der Maßnahme auf den beizulegenden Zeitwert des betrachteten Objekts zu berücksichtigen. Hierzu ist die bei Durchführung der Investition erwartete Wertentwicklung zu simulieren. Dazu ist es erforderlich, in einem konsistenten Modell zu verbleiben, das durch die Art der Wertermittlung vorgegeben ist. Zu beachten ist, dass das DCF-Verfahren zur Wertermittlung bereits eine Investitionsmaßnahme enthält, nämlich die Aufholung des Instandhaltungsrückstands, die ja erst die Verwendung der für eine normalisierte Bewirtschaftungssituation typischen Kostenansätze ermöglicht und überdies eine Heranführung der aktuellen Sollmiete an die Marktmiete erlaubt.[956] Der wie oben beschrieben ermittelte Gesamtbarwert stellt annahmegemäß den Normalfall ordnungsgemäßer Bewirtschaftung dar und enthält somit keine Aussage über die absolute Vorteilhaftigkeit der Instandhaltungsinvestition. Er dient stattdessen als Basiswert eines Referenzszenarios zum Vergleich verschiedener Investitionsszenarien. Die

---

[954] Vgl. Spilker, R./Oswald, R. (2000), S. 55 f.
[955] Vgl. Pkt. 3.5.3.
[956] Vgl. zu den Voraussetzungen zum Erreichen der Marktmiete die Ausführungen unter Pkt. 5.3.1.

verwendeten Diskontierungs- und Kapitalisierungszinssätze entsprechen den in der Wertermittlung getroffenen objektgenauen Festlegungen, da diese die Opportunitätskosten der Investition am besten widerspiegeln.[957] Zum Vergleich der unterschiedlichen Investitionsszenarien ist es jedoch erforderlich, diese Zinssätze für alle Investitionsszenarien beizubehalten, da andernfalls ein Vergleich der Wertwirkungen nur verzerrt möglich wäre.

Die Nutzbarkeit des Wertermittlungsmodells für die Investitionsrechnung ist damit über die Möglichkeit eines Barwertvergleichs grundsätzlich gegeben. Jedoch sind zur Einschätzung der Ertragswirkungen zusätzliche Informationen zur erwarteten Investitionsrendite erforderlich. Diese kann nicht - wie in Abschnitt 2 in den Ausführungen zu den heute üblichen Investitionsrechnungen dargestellt - als endwertorientierte Investitionsrechnung mit dem Entscheidungskriterium des internen Zinsfußes erfolgen, da die Investitionsobjekte im Betrachtungszeitpunkt bereits im Portfolio sind und dort dauerhaft verbleiben sollen und damit die Unterstellung einer Anfangsinvestition und eines Endwerts schwierig zu argumentieren ist.[958]

Stattdessen wird eine Nettoanfangsrendite der Investition ermittelt, bei der die Ertragswirkung der ersten auf die Investitionsperiode folgenden Periode auf die Investitionssumme bezogen wird. Die Ertragswirkung zeigt sich durch die Erhöhung des Reinertrags vor Investitionskosten. Die sich ergebende Rendite wird somit zunächst als Gesamtkapitalrendite ausgegeben.[959] Zur Transformation in eine Eigenkapitalrendite werden zusätzlich die Fremdkapitalkosten abgezogen und der ermittelte Reinertrag nach Finanzierung auf das eingesetzte Eigenkapital bezogen. Dazu wird eine durchschnittliche Finanzierungsstruktur der Investition mit 75% Fremdkapitalanteil und 6% Fremdkapitalzinssatz angenommen.[960]

6.2.2 Szenarienberechnung

Das zur Ermittlung des beizulegenden Zeitwerts unterstellte Szenario „Instandhaltung" muss sich bei detaillierter Betrachtung auf Einzelobjektebene nicht zwangsläufig als das vorteilhafteste Szenario erweisen, insbesondere wenn es sich um Objekte handelt, die nach der Portfolioanalyse mit Investitions- oder Desinvestitionsstrategien belegt wurden. Bei bestehender Verkaufsabsicht kann

---

[957] Vgl. die Ausführungen unter Pkt. 5.8.1.
[958] Vgl. die Ausführungen unter Pkt. 2.5.2.
[959] Vgl. Gesellschaft für immobilienwirtschaftliche Forschung e. V. (2007), S. 32 ff.
[960] Die gewählte Höhe des Fremdkapitalzinssatzes berücksichtigt die für Modernisierungsinvestitionen ungünstigere Besicherungssituation eines finanzierenden Kreditinstituts, jedoch noch nicht individuelle Förderungen.

eine vorherige Investition - selbst die Aufholung eines Instandhaltungsrückstands - unerwünschte Ergebniseffekte herbeiführen; im Falle einer Aufwertungsstrategie sind zusätzlich wertverbessernde Maßnahmen zu untersuchen.

Zum Vergleich der Vorteilhaftigkeit einer Investitionsmaßnahme sind nach den vorstehend skizzierten Überlegungen mindestens die drei Szenarien

- Instandhaltung,
- Modernisierung und
- Indifferenz

objektweise gegenüberzustellen, wobei „Indifferenz" den Verzicht auf die Aufholung des Instandhaltungsrückstands beschreibt. Alle drei Szenarien werden in dem aus der Wertermittlung abgeleiteten DCF-Modell berechnet. Das Szenario Instandhaltung ist mit der zuvor durchgeführten Wertermittlung identisch. Die Aufholung des Instandhaltungsrückstands erfolgt in Objekten, die nach der Portfoliosegmentierung dauerhaft im Portfolio verbleiben sollen. Das Investitionsszenario Instandhaltung ist in nachstehender Abb. 6.4 wiedergegeben.

Investitionsrechung 4711 Musterhausen, Musterstr.1	WE 0815007-101		Planvariante: Instandhaltung			
	2007	2008	2009	2010	2011	2017
Bewirtschaftungserlöse TEUR p.a.	24,4	25,2	26,1	26,9	27,8	33,5
Sollmieten TEUR p.a. Wohnen	24,4	25,2	26,1	26,9	27,8	33,5
Sollmieten TEUR p.a. (Generalmietverhältnis)						
Sollmieten TEUR p.a. Förderungen						
Sollmieten TEUR p.a. (Angleich Marktmiete)	24,4	25,2	26,1	26,9	27,8	33,5
Hilfszeile je qm	5,51	5,69	5,88	6,08	6,28	7,55
Hilfszeile Marktmiete	6,50	6,60	6,70	6,80	6,90	7,55
Hilfszeile Jahr der Mieterhöhung	2005	2008	2009	2010	2011	2017
Bewirtschaftungskosten TEUR p.a.	7,2	7,3	7,5	7,7	7,8	8,9
Erlösschmälerung %	2,5%	2,5%	2,5%	2,5%	2,5%	2,5%
Erlösschmälerung TEUR p.a.	0,6	0,6	0,7	0,7	0,7	0,8
Instandhaltung Garagen, lfd. TEUR p.a.	0,0	0,0	0,0	0,0	0,0	0,0
Instandhaltungskosten, lfd. TEUR p.a.	4,7	4,8	4,9	5,0	5,1	5,7
Verwaltungskosten TEUR p.a.	1,5	1,5	1,6	1,6	1,6	1,8
Nicht uml. BeKo TEUR p.a.	0,4	0,4	0,4	0,4	0,4	0,5
Erbbauzinsen TEUR p.a.	0,0	0,0	0,0	0,0	0,0	0,0
Reinertrag vor Investitionskosten	17,2	17,9	18,6	19,3	20,0	24,6
Abbau Instandhaltungsrückstand TEUR		10,4	0,0	0,0	12,0	0,0
Modernisierungsinvestition TEUR		0,0				
Reinertrag TEUR	17,2	7,5	18,6	19,3	8,0	24,6
Barwertige Reinerträge Perioden TEUR		7,1	16,7	16,4	6,5	14,4
Gesamtbarwert Bewirtschaftungsphase TEUR	112,4					

Reinertrag 2017 TEUR	24,6	undisk.
Restwert undiskontiert (Rentenbarwert) TEUR	463,40	undisk.
Restwert diskontiert TEUR	271,3	disk.

		Kap.Zinss.	Disk.Zinss.
		5,30%	5,50%

Gesamtbarwert TEUR	383,7	1.038 EUR/m²

GKR Modernisierungsinvest.	0,0%
EKR Modernisierungsinvest. (25% EK-Quote, 6% i_{FK})	0,0%

Abb. 6.4: Investitionsszenario Instandhaltung

In den für Modernisierungsmaßnahmen geeigneten, durch die Portfolioanalyse identifizierten Potenzialobjekten kann die Modernisierungsinvestition zusätzlich zu den Maßnahmen zur Aufholung des Instandhaltungsrückstands als Wertverbesserung durchgeführt werden. Der auf die Modernisierung entfallende Anteil wird als zusätzliche Abzugsposition vom Rohertrag lediglich in der Periode der Maßnahmendurchführung berücksichtigt. Dazu wird unterstellt, dass die Maßnahme jeweils in der ersten Planperiode erfolgt und auch innerhalb dieser Periode abgeschlossen wird, so dass die Mietwirkung der Modernisierungsmaßnahme in der zweiten Planperiode einsetzt.[961] Dazu wird in der zweiten Planperiode sowohl die Marktmiete infolge des erhöhten Wohnwerts und damit verbundener höherer Mietspiegeleinstufung[962] als auch die sich nach der Modernisierungsumlage[963] ergebende Sollmiete ermittelt und manuell eingepflegt. Die sich für das Modernisierungsszenario hiernach ergebende DCF-Rechnung ist aus Abb. 6.5 ersichtlich.

---

[961] In Abhängigkeit vom erforderlichen Detaillierungsgrad müssen bei unterjähriger Betrachtung ggf. die Ankündigungs- und Mieterhöhungsfristen nach § 559b BGB berücksichtigt werden.
[962] Vgl. zur Bestimmung der Marktmiete die Ausführungen unter Pkt. 5.3.1.
[963] Zur Berechnung der Modernisierungsumlage nach § 559 Abs. 1 BGB vgl. Buchner, F. (2006), S. 707 ff.

Investitionsrechung 4711 Musterhausen, Musterstr.1	WE 0815007-101	Planvariante: Modernisierung				
	2007	2008	2009	2010	2011	2017
Bewirtschaftungserlöse TEUR p.a.	24,4	25,2	29,9	30,9	32,0	37,5
Sollmieten TEUR p.a. Wohnen	24,4	25,2	29,9	30,9	32,0	37,5
Sollmieten TEUR p.a. (Generalmietverhältnis)						
Sollmieten TEUR p.a. Förderungen						
Sollmieten TEUR p.a. (Angleich Marktmiete)	24,4	25,2	29,9	30,9	32,0	37,5
Hilfszeile je qm	5,51	5,69	6,75	6,97	7,21	8,45
Hilfszeile Marktmiete	6,50	6,60	7,50	7,61	7,73	8,45
Hilfszeile Jahr der Mieterhöhung	2005	2008	2009	2010	2011	2017
Bewirtschaftungskosten TEUR p.a.	7,2	7,3	7,7	7,8	8,0	9,1
Erlösschmälerung %	2,5%	2,5%	2,5%	2,5%	2,5%	2,5%
Erlösschmälerung TEUR p.a.	0,6	0,6	0,7	0,8	0,8	0,9
Instandhaltung Garagen, lfd. TEUR p.a.	0,0	0,0	0,0	0,0	0,0	0,0
Instandhaltungskosten, lfd. TEUR p.a.	4,7	4,8	4,9	5,0	5,1	5,7
Verwaltungskosten TEUR p.a.	1,5	1,5	1,6	1,6	1,6	1,8
Nicht uml. BeKo TEUR p.a.	0,4	0,4	0,4	0,5	0,5	0,6
Erbbauzinsen TEUR p.a.	0,0	0,0	0,0	0,0	0,0	0,0
Reinertrag vor Investitionskosten	17,2	17,9	22,3	23,1	24,0	28,4
Abbau Instandhaltungsrückstand TEUR		10,4	0,0	0,0	12,0	0,0
Modernisierungsinvestition TEUR		70,0				
Reinertrag TEUR	17,2	-62,5	22,3	23,1	12,0	28,4
Barwertige Reinerträge Perioden TEUR		-59,3	20,0	19,7	9,7	16,6
Gesamtbarwert Bewirtschaftungsphase TEUR	72,6					
Reinertrag 2017 TEUR	28,4 undisk.					
Restwert undiskontiert (Rentenbarwert) TEUR	535,78 undisk.		Kap.Zinss.	Disk.Zinss.		
Restwert diskontiert TEUR	313,7 disk.		5,30%	5,50%		
Gesamtbarwert TEUR	386,3	1.045 EUR/m²				
GKR Modernisierungsinvest.	6,3%					
EKR Modernisierungsinvest. (25% EK-Quote, 6% i_{FK})	7,0%					

Abb. 6.5: Investitionsszenario Modernisierung

In diesem Beispiel wurden ca. 190,- €/m² Wohnfläche investiert, um Balkone anzubauen und die Bäder der Wohnungen zu sanieren. Infolge konnte die Durchschnittsmiete[964] im Bewertungsobjekt von 5,69 €/m² auf 6,75 €/m² entwickelt werden.

Bei Bewertungsobjekten, die sich infolge unterdurchschnittlicher Prognose in den Desinvestitions-segmenten befinden, kann es in Abhängigkeit von der Verkaufsstrategie[965] sinnvoll sein, selbst die Aufholung des Instandhaltungsrückstands zu unterlassen. Daher werden im Investitionsszenario Indifferenz keine Investitionsauszahlungen zur Aufholung eines Instandhaltungsrückstands oder gar zur Modernisierung angenommen. Da die laufende Instandhaltung nicht ausreicht, um den Instand-haltungsrückstand zu kompensieren, wird die Annahme getroffen, dass sich die Ertragsverhältnisse

---

[964] Die Höhe der Durchschnittsmiete wird neben den Wirkungen der Modernisierungsumlage auch durch höhere Neu-vertragsmieten bei Mieterwechseln beeinflusst.

[965] In Abhängigkeit von der Objektqualität kann der Verkauf einzelner Wohnungen oder aber ganzer Gebäude sinnvoll sein. Vgl. dazu die Ausführungen zur Portfoliostrategie unter Pkt. 2.4.2.

des Objekts durch sinkende Markt- und Sollmieten sowie durch wachsende Erlösschmälerungen stetig verschlechtern. Zur Umsetzung auf die Reinerträge des DCF-Modells greift der Planer ab der zweiten Planperiode manuell in die Entwicklung dieser Parameter ein und beplant diese nach deren wahrscheinlicher Entwicklung.

Die Abzugsposition für den Abbau des Instandhaltungsrückstands entfällt ganz; eine Modernisierungsinvestition wird ebenfalls nicht eingepflegt. Auf die Berücksichtigung höherer Verwaltungskosten, die sich durch die Bearbeitung von Mietminderungen, Beschwerden und durch verstärkte Bemühungen zur Mietergewinnung ergeben, wird mangels hinreichender Objektivierbarkeit verzichtet. Dieser Effekt kann jedoch in eine unternehmensspezifische Deckungsbeitragsrechnung eingehen.[966] Abb. 6.6 auf der Folgeseite zeigt das Investitionsszenario Indifferenz.

Investitionsrechung 4711 Musterhausen, Musterstr.1	WE 0815007-101		Planvariante: Indifferenz			
	2007	2008	2009	2010	2011	2017
Bewirtschaftungserlöse TEUR p.a.	24,4	25,2	24,8	25,7	26,2	23,5
Sollmieten TEUR p.a. Wohnen	24,4	25,2	24,8	25,7	26,2	23,5
Sollmieten TEUR p.a. (Generalmietverhältnis)						
Sollmieten TEUR p.a. Förderungen						
Sollmieten TEUR p.a. (Angleich Marktmiete)	24,4	25,2	24,8	25,7	26,2	23,5
Hilfszeile je qm	5,51	5,69	5,60	5,50	5,40	4,80
Hilfszeile Marktmiete	6,50	6,60	6,00	6,00	5,90	5,30
Hilfszeile Jahr der Mieterhöhung	2005	2008	2009	2010	2011	2017
Bewirtschaftungskosten TEUR p.a.	7,2	7,3	7,7	8,0	8,2	8,9
Erlösschmälerung %	2,5%	2,5%	3,5%	4,0%	4,0%	4,0%
Erlösschmälerung TEUR p.a.	0,6	0,6	0,9	1,0	1,0	0,9
Instandhaltung Garagen, lfd. TEUR p.a.	0,0	0,0	0,0	0,0	0,0	0,0
Instandhaltungskosten, lfd. TEUR p.a.	4,7	4,8	4,9	5,0	5,1	5,7
Verwaltungskosten TEUR p.a.	1,5	1,5	1,6	1,6	1,6	1,8
Nicht uml. BeKo TEUR p.a.	0,4	0,4	0,4	0,4	0,4	0,4
Erbbauzinsen TEUR p.a.	0,0	0,0	0,0	0,0	0,0	0,0
Reinertrag vor Investitionskosten	17,2	17,9	17,1	17,7	18,0	14,6
Abbau Instandhaltungsrückstand TEUR	0,0	0,0	0,0	0,0	0,0	0,0
Modernisierungsinvestition TEUR		0,0				
Reinertrag TEUR	17,2	17,9	17,1	17,7	18,0	14,6
Barwertige Reinerträge Perioden TEUR		17,0	15,4	15,0	14,5	8,6
Gesamtbarwert Bewirtschaftungsphase TEUR	127,0					
Reinertrag 2017 TEUR	14,6	undisk.				
Restwert undiskontiert (Rentenbarwert) TEUR	276,24	undisk.	Kap.Zinss.	Disk.Zinss.		
Restwert diskontiert TEUR	161,7	disk.	5,30%	5,50%		
Gesamtbarwert TEUR	288,7	781	EUR/m²			
GKR Modernisierungsinvest.	0,0%					
EKR Modernisierungsinvest. (25% EK-Quote, 6% i$_{FK}$)	0,0%					

Abb. 6.6: Investitionsszenario Indifferenz

---

[966] Vgl. die Ausführungen zur Deckungsbeitragsrechnung unter Pkt. 2.5.1.

6.2.3 Szenarienvergleich

Zur Beurteilung der Vorteilhaftigkeit des Investitionsszenarios Instandhaltung ist neben der Wertermittlung eine weitergehende Investitionsrechnung entbehrlich. Die Berechnung einer Investitionsrendite erfolgt bei diesen Maßnahmen nicht; ihre Realisierung erhöht jedoch den beizulegenden Zeitwert um den Betrag des Instandhaltungsrückstands, da dieser in Folgeperioden als Abzugsposition entfällt. Die Entscheidung zur Durchführung dieser werterhaltenden Maßnahmen erfolgt nach der Periodenzuordnung der sich aus den Inspektionen ergebenden Befunde und der Objektstrategie.[967]

Anderes gilt für das Investitionsszenario Modernisierung, da im Bereich der wertverbessernden Maßnahmen die Entscheidungen zur Durchführung der Investition rendite- und wertoptimal zu treffen sind. Dazu sind ggf. mehrere Modernisierungsszenarien mit unterschiedlicher Investitionssumme zu berechnen. Die Gesamtkapitalrendite der zuvor betrachteten Modernisierungsinvestition beträgt 6,3 %. Da diese oberhalb des Fremdkapitalzinssatzes liegt, ist die Eigenkapitalrendite der Investition mit 7,0 % nochmals höher. Im Vergleich zum Referenzszenario Instandhaltung hat sich der Gesamtbarwert des Investitionsobjekts von 384 Tsd. € auf 386 Tsd. € erhöht, was nach der Kapitalwertmethode für die Durchführung der Maßnahme spricht.[968] Im erhöhten Restwert i. H. v. 536 Tsd. € ist die Verbesserung der Objektqualität ablesbar, demgegenüber wird die Bewirtschaftungsphase mit der Investitionsauszahlung belastet.

Das Investitionsszenario Indifferenz belastet das Periodenergebnis nicht unmittelbar durch Investitionsauszahlungen und auch die negativen Erlösentwicklungen werden im Beispiel erst mit einer Wirkungsverzögerung von drei Perioden erkennbar, so dass dieses Szenario zunächst opportun erscheint. Die Betrachtung der Wertwirkung zeichnet jedoch ein anderes Bild, denn der Gesamtbarwert sinkt im Vergleich zum Referenzszenario um 95 Tsd. €. Dies ist ausschließlich auf den die schlechtere Objektqualität und die dadurch induzierte schlechtere Ertragssituation zum Ende der Planungsphase repräsentierenden, gegenüber dem Referenzszenario um 187 Tsd. € gesunkenen Restwert zurückzuführen. Umgekehrt sind die Periodenergebnisse der durch Investitionen unbelasteten Bewirtschaftungsphase höher. Dies ist erkennbar im Gesamtbarwert der Bewirtschaftungsphase, der im Vergleich zum Referenzszenario trotz ungünstigerer Erlösentwicklung deutlich höher ist. Ein Wohnungsunternehmen, welches die Zielsetzung konstanter hoher Periodenergebnisse und

---

[967] Vgl. die Ausführungen unter Pkt. 6.1.
[968] Vgl. die Ausführungen unter Pkt. 2.5.2.

gleichzeitig eine nachhaltige Wertentwicklung verfolgt, wird ungeachtet weiterer Einflussfaktoren zum Investitionsszenario Modernisierung 1 neigen. Abb. 6.7 zeigt ein Beispiel des für die Investitionsentscheidung aufzubereitenden Szenarienvergleichs.

Investitionsrechung 4711 Musterhausen, Musterstr.1	WE 0815007-101		Szenarienvergleich		
	Indifferenz	Instandh.	Modernis. 1	...	Modernis. n
Gesamtbarwert TEUR	288,7	383,7	386,3	..	372,2
Restwert undiskontiert TEUR	276,0	463,0	536,0		525,0
Gesamtbarwert Bewirtschaftungsphase TEUR	127,0	112,4	72,6		81,8
Wertwirkung aus Abbau Instandh.rückstand TEUR	0,0	53,2	53,2		53,2
GKR der Modernisierungsinvestition	-	-	6,3%	..	6,0%
EKR der Modernisierungsinvestition	-	-	7,0%	..	6,2%

Abb. 6.7: Szenarienvergleich

Ein die beiden Ziele der einerseits hohen konstanten Periodenergebnisse und andererseits nachhaltigen Wertentwicklung des Wohnimmobilienportfolios verfolgendes Wohnungsunternehmen würde nach dem beispielhaften Szenarienvergleich und einer vorgelagerten Potenzialprüfung das Investitionsszenario Modernisierung 1 wählen, da dieses sowohl wert- als auch ergebniserhöhend wirkt und überdies nachhaltig die Substanz des Portfolios sichert. Das IFRS-Periodenergebnis wird damit hinsichtlich seiner Wertveränderungs- und seiner Liquiditätskomponente plan- und steuerbar.

7 Implementierung und erste Anwendungserfahrungen

7.1 Praktische Erprobung im Unternehmen

Die Einführung des entwickelten Controllingansatzes erfolgte durch den Autor im Referenzunternehmen. Zur Bearbeitung der entwickelten Fragestellungen war zunächst eine hinreichende Datenbasis herzustellen. Diese kann zur Bedienung der entwickelten unterschiedenen Controlling-Dimensionen[969] nicht vollständig aus den datenliefernden Primärsystemen des Wohnungsunternehmens entnommen werden. Die Primärsysteme der Wohnungsunternehmen verfügen zumeist lediglich über Daten der Finanz- und Objektbuchhaltung sowie Angaben zu technischen Stammdaten der einzelnen Liegenschaften.[970] Zur zutreffenden Abbildung der Chance-/Risiko-Position eines Controllingobjekts sind darüber hinaus wie gezeigt noch Informationen zu Standort, Ausstattung und Erhaltungszustand erforderlich. Diese weiteren Objektdaten sind über andere Quellen zu erheben. Standortinformationen auf Makroebene lassen sich zuverlässig und reproduzierbar über die statistischen Landesämter beziehen. Für die Bewertung der Mikrolage ist hingegen eine standardisierte Begehung und Einwertung durchzuführen. Die Erhebung eines möglichen Instandhaltungsrückstands erfolgt ebenfalls manuell. Die Gebäudeinformationen wie bspw. Geschosszahl können vielfach dem Primärsystem entnommen werden. Es hat sich in der Praxis jedoch gezeigt, dass Informationen dieser Art insbesondere bei migrierten Datenbeständen einer Plausibilitätsprüfung bedürfen.

Sind nun diese weiteren Objektdaten erhoben stellt sich die Frage nach ihrer datentechnischen Behandlung. Grundsätzlich denkbar wäre die Einrichtung einer differenzierten Ablagelogik im Primärsystem des Wohnungsunternehmens. Allerdings scheitern Versuche dieser Art häufig daran, dass die erhobenen Informationen nicht in Zeitreihen gespeichert werden können. Zur Lösung dieses allgemeinen technischen Controlling-Problems bieten unterschiedliche Anbieter Management-Informationssysteme (MIS) an, die auf das Primärsystem zurückgreifen, aber über eigene Ablage- und Auswertungslogiken verfügen. Es hat sich deshalb als sinnvoll erwiesen, ein Management-Informationssystem einzusetzen, dass frei gestaltbare Auswertungsmöglichkeiten zulässt und die für das Controlling von Wohnungsunternehmen erforderlichen, nicht aus der Finanzbuchhaltung zu entnehmenden Controllinginformationen integriert. Letztere sind wie oben ausgeführt die strategischen Controllinginstrumente Standort-Matrix und Objektportfolio-Matrix sowie die operativen Controllinginstrumente Wertermittlung, Investitionsrechnung und die Kennzahlenberichte. Die Datenhaltung in einer gesonderten MIS, hier Objekt-Datenbank genannt, deren Auswertemasken ge-

---

[969] Vgl. die Ausführungen unter Pkt. 2.2.
[970] Im Referenzunternehmen wird das Primärsystem SAP Real Estate genutzt.

staltbar sind, erfüllt die genannten Anforderungen. Ein Beispiel für die grundlegende Struktur eines solchen Datenmanagements zeigt die folgende Abb. 7.1.[971]

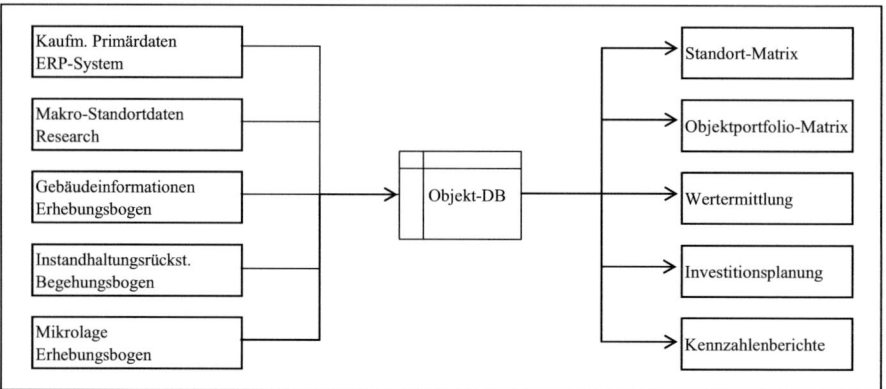

Abb. 7.1: Objekt-Datenbank als Management-Informationssystem

Nach Klärung der Berichtserfordernisse besteht die gedankliche Vorarbeit im Vorfeld der Datengewinnung in der Erstellung eines Datenkonzepts. Dabei sind zwingend erforderliche von eher wünschenswerten Datenpositionen zu trennen. Dies ist einerseits erforderlich, um die Objekt-Datenbank nicht mit selten genutzten Daten zu überlasten, andererseits kann eine zu hohe Informationsbreite den Prozess der Datengewinnung deutlich verzögern. Deshalb ist es sinnvoll, den Prozess der Datengewinnung zunächst auf die zur Erfüllung der Kernberichtsfunktionen notwendigen Datenpositionen zu fokussieren, ohne damit jedoch denkbare Erweiterungen methodisch zu verhindern.[972]

Zur praktischen Umsetzung waren nach Erarbeitung des Datenkonzepts die Ausgangsdaten hinsichtlich ihrer Datenherkunft und –verfügbarkeit festzulegen. In dieser Phase ist es empfehlenswert, die den IFRS-Abschluss testierenden Wirtschaftsprüfer zu beteiligen, um der Anforderung der Zuverlässigkeit über die Herstellung einer größtmöglichen Transparenz weitestgehend Rechnung zu tragen. Mit diesen kann die Bewertungssystematik diskutiert und abgestimmt werden, so dass alle noch zu erhebenden Parameter am Ende dieses Teilschrittes festliegen. In der darauf folgenden Da-

---

[971] Die technologische Umsetzung des beschriebenen MIS ist im Referenzunternehmen über das Datenbank- und Auswertungssystem innosys® erfolgt.

[972] Im Referenzunternehmen wird die Objekt-Datenbank derzeit um Nachhaltigkeitsaspekte erweitert. Diese sind methodisch und technisch danach auch für die Objektportfolio-Matrix und die Wertermittlung nutzbar.

tengewinnungsphase werden die für das entwickelte Wertermittlungsmodell benötigten Informationen erhoben.

Die Marktmiete kann für den Teil des Bewertungsportfolios, dessen Standorte durch Mietspiegel abgedeckt sind, direkt aus den Mietspiegeln abgelesen werden. Die entsprechenden Ausstattungsmerkmale der Wohnungen sind häufig bereits in den wohnungswirtschaftlichen Primärsystemen verfügbar. Diese Marktmieten können wegen ihres nahezu amtlichen Charakters und ihrer öffentlichen Verfügbarkeit ähnlich wie die Liegenschaftszinssätze grundsätzlich als zuverlässige Rechnungslegungsinformation eingestuft werden. An anderen Standorten kann eine Marktmiete über Vergleichswohnungen, über die Auskünfte von Maklern oder anderen Wohnungsunternehmen sowie über Internetrecherche oder über Marktforschungsinstitute erfolgen.

Die Vorgehensweise zur Erhebung des Instandhaltungsrückstands beteiligt im großen Umfang die eigene Bewirtschaftungsorganisation. Nach der Strukturierung der Anforderungen und der Ausarbeitung eines Begehungsbogens erfolgt eine eingehende Information und Schulung der Mitarbeiter, um ein möglichst homogenes Einschätzungsverhalten zu erreichen. Die anschließende Bestandsbegehung kann unter Begleitung der internen Revision erfolgen, um die Bedeutung der Erhebung zu unterstreichen und die Einhaltung der geschulten Standards sicher zu stellen.

Den spezialisierten Mitarbeitern der Asset-Management-Funktionen vorbehalten bleibt die Bewertung der Parameter für Objekte in Generalmietverhältnissen. Sie bewerten anhand der Vertragsgestaltungen die Parameter für Instandhaltung, Mietausfallrisiko und Mietindexierung sowie das risikoprägende Kriterium der Drittverwendungsfähigkeit. Ebenfalls relevant für diese Gruppe ist die Gewinnung von Grundbuchinformationen wie Grundstücksgrößen und Bodenrichtwerte, die zur Plausibilisierung des beizulegenden Zeitwerts benötigt werden. Auch Erbbaurechte werden hinsichtlich Laufzeit, Indexierung und erwartbarem Erhöhungsverhalten des Erbbaurechtsgebers von dieser Gruppe bewertet. Gleiches gilt für Förderungen, die nach Förderweg, -dauer und –geber sowie nach der Art der Belegungsbindung, des Zins- und Tilgungssatzes und der Aufwendungszuschüsse bewertet werden.

Nach vollständiger Erhebung und Datenübertragung in die Objekt-Datenbank sollte eine Plausibilisierung erfolgen. Danach können erste Auswertungen zu den Controllinginstrumenten erfolgen und – für die Wertermittlung in Abstimmung mit den Wirtschaftsprüfern – erforderlichenfalls Einstellungen justiert werden. Zur Erfüllung der Transparenzanforderungen der IFRS ist zwangsläufig eine detaillierte Dokumentation der genutzten Quellen und der Rechenwege durchzuführen. Darüber hinaus ist ein die Nutzung der Objekt-Datenbank regelndes Berechtigungskonzept zu erstellen, das im Rahmen einer IT-Prüfung durch den Wirtschaftsprüfer bewertet wird. Zur Validierung der ermittelten beizulegenden Zeitwerte muss zwangsläufig eine Stichprobenprüfung über isolierte Einzelbewertungsverfahren erfolgen. Dabei können sowohl das DCF-Verfahren als auch alternativ das umfassende Ertragswertverfahren verwendet werden. Nach Abschluss des Einführungsprojekts ist der Controllingansatz organisatorisch zu verstetigen. Dazu sind einerseits die Aktualisierungszyklen der Eingangsdaten und andererseits die Bereitstellungszeitpunkte der Berichte festzulegen. Damit einhergehend sind die datenliefernden und datenverarbeitenden Funktionen zu definieren.

Die eher strategisch ausgerichteten Controlling-Instrumente Standort- und Objektportfolio-Matrix werden jährlich aktualisiert. Dabei wird eine zumindest kurzfristige Konstanz der eingehenden Daten unterstellt. So sind bspw. die Standortdaten auf Makroebene lediglich in jährlichen Aktualisierungen verfügbar. Anderes gilt grundsätzlich bei den Eingangsdaten zum Vermietungserfolg und den Objekteigenschaften. Hier können sich durchaus auch unterjährig Veränderungen ergeben durch Veränderungen der Miethöhe und des Leerstands, aber auch durch die Veränderung von Objektausstattung und Erhaltungszustand. Die genannten Veränderungen sind jedoch in der Regel planbar und durch das Wohnungsunternehmen gestaltbar, so dass die jährliche Betrachtungsweise als ausreichend erachtet werden kann.

Anders verhält es sich bei den eher operativ ausgerichteten Controlling-Instrumenten Wertermittlung, Investitionsplanung und den Kennzahlenberichten. Hier richtet sich der Aktualisierungszyklus nach den Planungs- und Kontrollzeitpunkten. Die Investitionsplanung gliedert sich in die Detailplanung der Folgeperiode und einen Fünfjahresplan, der jährlich aktualisiert wird. Die Planungsgrundlage bilden neben der Objektportfolio-Matrix die Auswertungen zum Instandhaltungsrückstand.[973] Letzterer wird im Zweijahresturnus über Begehungen erhoben und in der Zwischenzeit anhand der durchgeführten Modernisierungs- und Instandhaltungsmaßnahmen fortgeschrieben. Der Aktualisierungszyklus der Wertermittlung richtet sich nach den Bilanzstichtagen des Wohnungsunternehmens. Wird quartalsweise ein IFRS-Abschluss erstellt, so sind in diesem auch quartalsweise die Wertveränderungen darzustellen. Praktisch sind dabei im entwickelten Modell unterjährig lediglich die Entwicklung der durchschnittlichen Sollmiete sowie die Fortschreibung des Instandhaltungsrückstands nach Durchführung technischer Maßnahmen zu berücksichtigen. Zusätzlich können be-

---

[973] Vgl. zur Investitionsplanung die Ausführungen unter Pkt. 6.1.

sondere Umstände, von denen der Bewerter unterjährig Kenntnis erlangt hat, über die Bewertereinschätzung berücksichtigt werden.

Die Erstellung der Kennzahlenberichte schließlich ist eine monatliche Regelleistung der Controller. Die Berichte umfassen die oben vorgestellten Kennzahlen und sind auf Portfolio-, Teilportfolio- und Standortebene auswertbar.[974] Sind an das Erreichen bestimmter Kennzahlen variable Vergütungsbestandteile geknüpft, so sind zusätzlich zumindest quartalsweise Berichte für die einzelnen Teams oder auch Mitarbeiter zu erstellen. Nachfolgende Abb. 7.2 zeigt die Aktualisierungsrhythmen im Überblick auf.

Controlling-Instrument	Aktualisierungszyklus
Strategisch	
Standort-Matrix	jährlich
Objekt-Portfoliomatrix	jährlich
Operativ	
Investitionsplanung	jährlich
Wertermittlung	quartalsweise
Kennzahlenberichte	monatlich

Abb. 7.2: Aktualisierungszyklen der Controlling-Instrumente

Zur organisatorischen Verortung der Controlling-Aufgaben im Wohnungsunternehmen ist dieses nach der Einführungserfahrung und unabhängig von den Verhältnissen im Referenzunternehmen idealerweise zunächst zu gliedern in dispositive und ausführende Funktionen. Zu den erstgenannten zählen neben den Zentralbereichen die Tätigkeiten im Asset Management. Asset Management soll hier verstanden werden als planende und steuernde Funktion, die die wirtschaftlichen Interessen des Eigentümers vertritt. Demgegenüber stehen als ausführende Funktionen die Bewirtschaftung und Treuhandverwaltung, die hier als „Property Management" bezeichnet werden sollen, sowie die Servicefunktionen im infrastrukturellen und technischen Bereich. Letztere können in Abhängigkeit von der strategisch gewünschten eigenen Leistungstiefe teilweise auch von externen Dienstleistern zugekauft werden.

---

[974] Vgl. zu den verwendeten Kennzahlen die Ausführungen unter Pkt. 2.5.1.

Innerhalb des Asset Managements werden die dargestellten Controlling-Aktivitäten über eine operative Controllinggruppe, hier als „Portfoliomanagement/ Immobiliencontrolling" bezeichnet, durchgeführt. Dort werden die Portfolio- und Standortanalysen erstellt, Entscheidungen über An- und Verkäufe getroffen sowie die Investitionsplanungen vorbereitet. Auf der Basis der mittelfristigen Planung werden Zielvorgaben für die Kollegen in den ausführenden Funktionen erstellt und unterjährig überwacht. Dabei hat sich gezeigt, dass spätestens auf der zweiten Hierarchieebene eine Trennung der Verantwortung für dispositive und ausführende Funktionen sinnvoll sein kann. In der Regel sind nämlich die aus wohnungswirtschaftlicher Sicht sinnvollen Maßnahmen wie Mieterhöhung oder Modernisierung für die ausführenden Funktionen mit einer höheren Arbeitsbelastung verbunden, die über die Zielvereinbarung honoriert werden kann. So kann das Wohnungsunternehmen eine nachhaltige Portfolioentwicklung betreiben und gleichzeitig die Mitarbeitermotivation verbessern. Eine positive Ausstrahlung auf die Kundenbeziehungen ist eine bereits heute erkennbare Folgewirkung. Die nachstehende Abb. 7.3 zeigt eine typische Organisationsstruktur bestandshaltender Wohnungsunternehmen. Die wohnungsnahen Dienstleistungen sind dabei im Bereich Bewirtschaftung angesiedelt.

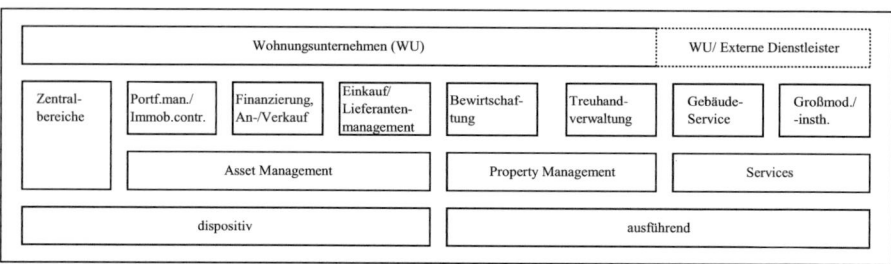

Abb. 7.3: Typische Organisationsstruktur bestandshaltender Wohnungsunternehmen

7.2 Integration der Wertveränderungen in Planung und Berichtswesen

Das handelsrechtliche Periodenergebnis ist in den nach IFRS bilanzierenden Wohnungsunternehmen als Indikator für die Unternehmensleistung abgelöst worden. Das nunmehr berichtete IFRS-Periodenergebnis enthält wie gezeigt keine Abschreibungen mehr und bietet nicht mehr die Möglichkeit, Modernisierungsmaßnahmen zu aktivieren. Stattdessen kommt mit der Wertveränderung ein wesentliches ergebnisprägendes Element hinzu. Weiterhin ist zu berücksichtigen, dass die dargestellten Kennzahlen nunmehr auf Verkehrswerte bezogen werden, anders als zuvor auf handelsrechtliche, auf fortgeführten Anschaffungs- und Herstellungskosten beruhende Buchwerte. Insofern ist die Planung der Wertveränderungen eine wesentliche neue Aufgabe für das Controlling in Wohnungsunternehmen. Ähnlich wie bei der Betrachtung von Finanzanlagen kann unter IFRS nun neben der Netto-Cash Flow-Rendite[975] auch die Wertveränderung über eine Renditekennzahl abgebildet werden, die Wertänderungsrendite. Übergeordnet wird eine die beiden genannten Renditekennzahlen zusammenfassende Kennzahl gebildet, der sog. Total Return.[976]

Die Betrachtung der Komponenten dieser Kennzahl macht die Planungs- und Steuerungsmöglichkeiten der Wertveränderungen transparent. Die Komponenten des Total Returns sind in folgender Abb. 7.4 überblickartig zusammengefasst.

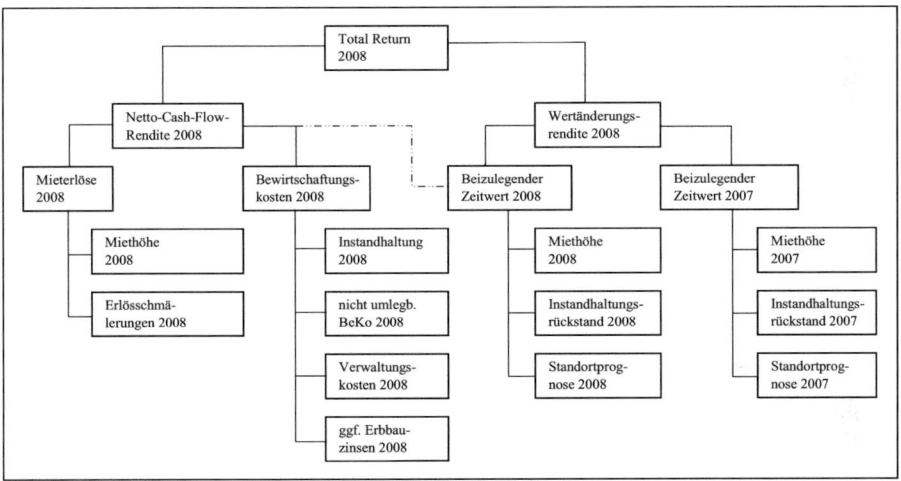

Abb. 7.4: Komponenten des Total Return

Unter den Erlöskomponenten wird schnell erkennbar, dass die Miethöhe im Objekt und die Erlösschmälerungen die Mieterlöse der Berichtsperiode prägen. Damit werden die Kennzahlen zur durchschnittlichen Miethöhe, zu Leerstand und Mietminderung zu einem wesentlichen Teil der Kennzahlenberichte. Auf der Ausgabenseite fallen insbesondere die Instandhaltungsaufwendungen und die nicht umlegbaren Betriebskosten ins Gewicht, wohingegen die Verwaltungskosten und Erbbauzinsen i. d. R. betragsmäßig nachrangig und überdies nur eingeschränkt gestaltbar sind. Die Instandhaltungsplanung muss daher neben laufender Instandhaltung auch eine mögliche Aufholung

---

[975] Die Netto-Cash-Flow-Rendite bezieht den Zahlungsmittelüberschuss einer Periode auf den Verkehrswert des Objekts. Vgl. Gesellschaft für immobilienwirtschaftliche Forschung e. V. (2007), S. 32.
[976] Vgl. zur Definition des Total Return Wellner, K. (2003), S. 83.

des Instandhaltungsrückstands sowie einen Anteil für wertverbessernde Maßnahmen vorsehen. Die nicht umlegbaren Betriebskosten werden hingegen zum Teilinhalt der Kennzahlenberichte.

Die Wertveränderung ist im entwickelten Modell wie gezeigt im Wesentlichen abhängig von der erzielten durchschnittlichen Miethöhe, von der Höhe eines ggf. bestehenden Instandhaltungsrückstands sowie von der Veränderung der Standortinformationen auf Makroebene. Planbare Größen sind davon die Entwicklung des Instandhaltungsrückstands sowie die Entwicklung der durchschnittlichen Miethöhe. Zu planen sind für die Mietentwicklung die turnusmäßigen Vergleichsmieterhöhungen und auch die Mieterhöhungen aus Modernisierungsumlagen. Mieterhöhungen bei Fluktuation werden vernachlässigt, da die Fluktuation selbst nur schwer planbar und bestenfalls empirisch abschätzbar ist; hier bleibt ggf. noch ein Puffer.

Der Instandhaltungsrückstand lässt sich hinsichtlich seines Abbaus planen, für seine Neuentstehung müssen jedoch Erfahrungswerte herangezogen werden. Planerisch verdeutlicht werden muss dabei, dass die Instandhaltungsplanung einerseits bestehenden, andererseits aber auch einen durch die Alterung des Portfolios sich ggf. entwickelnden Instandhaltungsrückstand berücksichtigen muss. Der Instandhaltungsrückstand sinkt demzufolge nur dann, wenn das Planbudget für Instandhaltung sowohl Maßnahmen zur Aufholung des Instandhaltungsrückstands abdeckt als auch den in der Periode ggf. zusätzlich entstehenden Instandhaltungsaufwand abdeckt und außerdem die kleine und große Instandhaltung mit berücksichtigt. Auch die Instandhaltung bei Mieterwechsel oder die zur Erfüllung behördlicher Auflagen wie bspw. Brandschutz erforderlichen Instandhaltungsaufwendungen sind im Budgetansatz zu erfassen. Auf der Basis der Portfoliostrategie werden in Abhängigkeit vom Mietpotenzial und der Standortprognose neben den beschriebenen werterhaltenden Maßnahmen auch wertverbessernde Maßnahmen in Form von Modernisierungen einzelner Objekte und Wohnungen in Ansatz gebracht. Abb. 7.5. zeigt die beschriebenen zu beplanenden Maßnahmenkategorien und deren Wertwirkung im Überblick.

Maßnahmenkategorie	Budgetansatz	Wertwirkung			
		Aufholung Instandh.rst.		Barwerterhöhung	
	T€*	%	T€*	%	T€*
Werterhalt					
Kleininstandhaltung	1.000	0%	0	0%	0
Instandhaltung im Zuge Fluktuation	500	0%	0	0%	0
Behördliche Auflagen	500	0%	0	0%	0
Aufholung Instandhaltungsrückstand	2.000	100%	2.000	0%	0
Große Instandhaltung	1.000	0%	0	0%	0
Wertverbesserung					0
Einzelmodernisierungen Wohnungen	1.000	0%	0	50%	500
Voll-/Teilmodernisierung von Objekten	2.000	0%	0	50%	1.000
	8.000		2.000		1.500

* Beispielwerte

Abb. 7.5: Maßnahmenkategorien der Instandhaltungsplanung

Dabei wird erkennbar, dass die zum Abbau des Instandhaltungsrückstands geplanten Maßnahmen den beizulegenden Zeitwert zu 100% erhöhen, das sich in gleicher Höhe die in den periodischen Cash Flows enthaltenen Aufwendungen zum Abbau des Instandhaltungsrückstands verringern. Für die übrigen werterhaltenden Instandhaltungspositionen wird keine Wertwirkung geplant, da diese nicht dazu beitragen, den bestehenden Instandhaltungsrückstand abzubauen, sondern dazu dienen die Entstehung weiteren Instandhaltungsrückstands zu vermeiden. Die Wertwirkung der wertverbessernden Modernisierungsmaßnahmen ergibt sich stattdessen als Barwerterhöhung über eine durch die Modernisierungsumlage erhöhte Miete. Hier haben sich bei bisher realisierten Projekten Barwerterhöhungen zwischen 40% und 70% der Investitionssumme ergeben. Für erste überschlägige Planungen werden 50% Wertwirkung angenommen, exakte Werte ergeben sich dann bei der Detailbetrachtung der Maßnahmen über die Investitionsrechnung.

7.3 Externe Akzeptanz des Wertermittlungsverfahrens

Für die bilanzielle Verwendung der ermittelten beizulegenden Zeitwerte ist deren Zuverlässigkeit eine grundsätzliche Voraussetzung. Wie gezeigt sind jedoch der Objektivierbarkeit der in das Bewertungsmodell eingehenden Daten Grenzen gesetzt. Beispielhaft seien nochmals genannt die einzuschätzenden Marktmieten, die Instandhaltungskosten und die ggf. auftretenden Instandhaltungsrückstände. Bis auf die Bewerteinschätzung ist hingegen das entwickelte Verfahren zur Bemessung der Diskontierungszinssätze hinreichend transparent und damit intersubjektiv nachprüfbar. Unverzichtbar ist es deswegen, die Rechenwege des Bewertungsmodells, die verwendeten Parameter und deren Gewichtung sowie die Herkunft der Eingangsdaten ausführlich zu dokumentieren, um so den interessierten Dritten, hier insbesondere den Wirtschaftsprüfern, Gesellschaftern und den finanzierenden Banken, eine Bewertung des Verfahrens zu ermöglichen. Dazu gehört auch die Prüfung der Objekt-Datenbank und ihrer Auswertungsmasken aus informationstechnischer Sicht.

Nach Abschluss dieser Dokumentationen und Prüfungshandlungen durch den Wirtschaftsprüfer stehen die Verwendbarkeit des Bewertungsmodells und dessen informationstechnische Umsetzung nicht mehr in Frage. Um jedoch testierfähige Ergebnisse zu erhalten sind zusätzliche externe Bestätigungen und Plausibilisierungen zu empfehlen. Dazu erfolgt jährlich eine Überprüfung des wesentlichen wertprägenden Elements, der eingeschätzten Marktmieten, durch die gutachterliche Stellungnahme eines Maklers. Überdies wird anhand realisierter Verkäufe der beizulegende Zeitwert bestätigt. In Einzelfällen werden die beizulegenden Zeitwerte über Verkehrswertgutachten überprüft. Da die subjektive Bewerteinschätzung modellimmanent ist und zur Erlangung derselben jedes Bewertungsobjekt von einem neutralen internen Sachkundigen final überprüft wird sind bei den externen Plausibilisierungs- und Bestätigungshandlungen bisher keine wesentlichen Abweichungen festgestellt worden.

8 Zusammenfassung und Ausblick

Für Unternehmen, die ihre externe Rechnungslegung nach den Vorschriften der IFRS erstellen, ist es zum Zweck der Plan- und Steuerbarkeit der Jahresergebnisse erforderlich, die externe mit der internen Rechnungslegung zu harmonisieren. Für Immobilienunternehmen, insbesondere für die Untergruppe der bestandshaltenden Wohnungsunternehmen, bedeutet dies wegen der Marktwertfokussierung der IFRS die kontinuierliche Ermittlung, Planung und Überwachung der Immobilienwerte.

Ziel der Arbeit war es deswegen, einen wertfokussierten IFRS-Controllingansatz für bestandshaltende Wohnungsunternehmen zu entwickeln. Als Ausgangspunkt war hierzu zunächst der Entwicklungsstand des Controllings in diesen Unternehmen zu ermitteln. Dabei konnte aufgezeigt werden, dass die Bewertungsmaßstäbe des Handelsrechts zu stillen Reserven im Immobilienvermögen führen, die die Vergleichbarkeit der buchwertbezogenen Unternehmenskennzahlen bei Fokussierung auf das handelsrechtliche Periodenergebnis erschweren. Ebenso wurde deutlich gemacht, dass auf der Betrachtungsebene des Immobilienportfolios die bestehenden Ansätze zum Portfoliomanagement bereits weitgehend immobilienwirtschaftlich operationalisiert sind und damit zur Identifikation von Potenzialobjekten für die Investitionsplanung durchaus geeignet sind. Auf der Betrachtungsebene des Einzelobjekts wurden für bestandshaltende Wohnungsunternehmen die Lebenszyklusphasen Nutzung und Modernisierung als relevant erachtet. Die dort eingesetzten bestehenden Controllinginstrumente - die Deckungsbeitragsrechnung, die Steuerung über Leistungskennzahlen sowie die Portfoliomanagementansätze und Investitionsrechnungsverfahren - geben jedoch lediglich unzureichende Anhaltspunkte für wertorientierte Steuerungsinformationen.

In der Darstellung der erweiterten Controlling-Anforderungen der IFRS-Rechnungslegung wurden die Rahmenbedingungen für einen wertfokussierten Controllingansatz sowie die an diesen gestellten Anforderungen herausgearbeitet. Dabei wurde verdeutlicht, dass die Immobilienbewertung für Bilanzierungszwecke im Spannungsfeld der Entscheidungsnützlichkeit, d. h. der Relevanz der enthaltenen Information sowie deren Zuverlässigkeit im Sinne einer Objektivierbarkeit stattfindet.

Unter diesen Prämissen wurde ein IFRS-konformes Wertermittlungsmodell entwickelt. Dazu wurde zunächst der Lösungsraum definiert. Zur Berücksichtigung des Mengenproblems bei Wohnimmobilienportfolios waren zunächst die Konzept zur Massenbewertung zu untersuchen. Die bestehenden pauschalierten Verfahren wurden verworfen, da sie weder relevante noch zuverlässige Informationen vermitteln. Die strukturierten Stichprobenverfahren sind bei korrekter Anwendung in der Lage, einen den Anforderungen an Verkehrswerte entsprechenden Wertansatz zu ermitteln. Allerdings kann dies lediglich für den Wert des Gesamtportfolios gelten. Ein beizulegender Zeitwert auf Ebene des Einzelobjekts kann auf diese Weise nicht ermittelt werden, da er sich immer als Durchschnittswert eines bewertungshomogenen Teilportfolios definieren würde und damit gegen den Einzelbewertungsgrundsatz verstößt. Stattdessen konnte nachgewiesen werden, dass das Wertermittlungskonzept der strukturierten Einzelbewertung sowohl den Anforderungen der IFRS an beizulegende Zeitwerte entspricht als auch ein Lösungsansatz zum Umgang mit dem Mengenproblem ist.

Bei der Auswahl des nach IFRS zulässigen Wertermittlungsverfahrens wurde festgestellt, dass die Ableitung unmittelbarer und auch mittelbarer Vergleichswerte für Immobilien in Deutschland nicht möglich ist. Stattdessen wurden die auf diskontierten Cash Flow-Prognosen beruhenden Verfahren näher untersucht. Dabei wurde festgestellt, dass die international wie national üblichen Verfahren einen gemeinsamen Kern aufweisen und letztlich alle den Ertragswertverfahren zuzuordnen sind. Lediglich in Form der getrennten Bewertung von Boden und Gebäude unterscheidet sich das deutsche umfassende Ertragswertverfahren von den international gebräuchlichen Verfahren. Letztere finden jedoch auch in Deutschland im Rahmen der Wertermittlung nach WertV Anwendung. Die Kategorisierung der Wertermittlungsverfahren in nationale und internationale Verfahren konnte damit als nicht zielführend abgelehnt werden. Die Ertragswertverfahren wurden eingehender untersucht und stattdessen in solche mit impliziten und expliziten Wachstumsannahmen untergliedert. Unter Abwägung der beiden Beurteilungsmaximen Relevanz und Zuverlässigkeit wurde das auf expliziten Wachstumsannahmen beruhende prognoseorientierte Ertragswertverfahren ausgewählt, das inhaltlich deckungsgleich und gleichbedeutend mit dem DCF-Verfahren ist.

Aus den im Lösungsraum untersuchten Konzepten und Verfahren wurde ein IFRS-konformes Wertermittlungsmodell strukturiert, das sich in die drei Komponenten des Barwerts der zukünftigen Reinerträge, des Abzugs eines ggf. bestehenden Instandhaltungsrückstands und eines Endwerts bei Ende der Planungsphase gliedert. Zur Planung der zukünftigen Reinerträge wurden Objektivierungsansätze zur Planung der Mieterlöse und Bewirtschaftungskosten entwickelt und umgesetzt. Bei der Abschätzung des Instandhaltungsrückstands war ein standardisiertes Verfahren zu entwickeln, dass einerseits verfahrensökonomisch ist, aber gleichzeitig auch zuverlässige Schätzungen ermöglicht. Hierzu wurde ein Begehungsbogen zur Objekteinschätzung konzipiert. Anschließend konnten zur Auswertung des Begehungsbogens unter Heranziehung empirischer Werte aus dem

Instandhaltungscontrolling eines Referenzunternehmens standardisierte Kostenansätze zur Aufholung des festgestellten Instandhaltungsrückstands entwickelt werden.

Zur Diskontierung der periodenspezifischen Reinerträge wurde ein Ansatz zur Bestimmung des objektspezifischen Diskontierungszinssatzes entwickelt. Durch die Ergänzung desselben um Nachhaltigkeitsaspekte konnte dieser zu einem Ansatz zur Ermittlung objektspezifischer Kapitalisierungszinssätze erweitert werden. Damit waren die modellseitigen Voraussetzungen zur Ermittlung eines Gesamtbarwerts geschaffen. Vor Übernahme der errechneten Werte als Bilanzansätze waren zusätzlich noch Plausibilisierungsansätze zu finden. Diese wurden in Form portfoliointerner und – externer Vergleiche sowie über den Grad der Grundstücksausnutzung entwickelt. Zur Entwicklung eines wertbasierten Investitionscontrollings schließlich wurde das Wertermittlungsmodell zu einer barwertorientierten Investitionsrechnung ausgebaut. Damit wurde ein konsistentes Wertermittlungs- und –planungsmodell geschaffen, das sich bereits heute in einem Referenzunternehmen im Einsatz befindet. Das aufgezeigte Problem der Ermittlung beizulegender Zeitwerte, die Abwägung zwischen Relevanz und Zuverlässigkeit der ermittelten Werte, konnte jedoch nicht vollständig aufgelöst werden. Zur Ermittlung bilanzierungsfähiger Werte kann auf die abschließende Einschätzung eines sachverständigen Bewerters nicht verzichtet werden. In den vorgelagerten Bewertungsschritten sind jedoch die entwickelten Objektivierungen zur Erreichung einer hinreichenden Zuverlässigkeit möglich und sinnvoll.

In die Zukunft gewandt sind sowohl im deutschen Bilanz- als auch im Wertermittlungsrecht Änderungen zu erwarten. So wird zum einen das Bilanzrechtsmodernisierungsgesetz[977] zu einer partiellen Annäherung an die Rechnungslegungsstandards der IFRS führen, womit die beschriebenen Anforderungen auch für die heute nicht kapitalmarktorientierten Unternehmen Wirkung entfalten. Zum anderen ist derzeit ein Sachverständigengremium mit der Überarbeitung der WertV befasst. Ein entsprechender Entwurf sieht unter anderem die Abkehr von der getrennten Bewertung von Boden und Gebäude vor und generalisiert das vereinfachte Ertragswertverfahren; das DCF-Verfahren soll in die WertV eingehen.[978]

Gleichwohl fehlen nach wie vor konkrete Anhaltspunkte zur Ausgestaltung und Anwendung der Verfahren sowie zu den zu verwendenden Eingangsdaten. Ein erstes, umsetzungsorientiertes Modell kann in dieser Arbeit gesehen werden. Für die Weiterentwicklung der Wertermittlungsverfahren entscheidend sein wird jedoch die weitere Integration von Nachhaltigkeitsaspekten. Bereits heu-

---

[977]   Vgl. Bilanzrechtsmodernisierungsgesetz i. d. F. vom 26.03.2009.
[978]   Vgl. BMVBS (2008), S. 47 f.

te sind operationalisierte Ansätze im benachbarten Ausland vorhanden[979] und auch in Deutschland wird wie gezeigt aktuell in diesem Bereich geforscht. Erst wenn Konventionen zur Integration von Nachhaltigkeitsaspekten in die Wertermittlung abgestimmt und von den Marktteilnehmern akzeptiert worden sind, erfahren unter Nachhaltigkeitsaspekten erstellte Gebäude eine zutreffende Werteinschätzung. Zukünftig bleibt hier ein Feld wissenschaftlicher Betätigung, aber auch eine Verpflichtung für den Verordnungsgeber, die Standardsetter und die Kommentatoren.

---

[979] Vgl. Meins, E./ Burkhard, P. (2009).

Literaturverzeichnis

Bücher und Beiträge in Zeitschriften

ADS (1995), Rechnungslegung und Prüfung der Unternehmen, Kommentar zum HGB, AktG, GmbHG, PublG nach den Vorschriften des Bilanzrichtlinien-Gesetzes, bearb. von Forster, K.-H. et al., 6. Aufl. Stuttgart 1995 ff.

Altmeppen, H. (2006), Ein alternativer Weg wird gangbar - das standardisierte DCF-Verfahren, in: Immobilien & Finanzierung 2006, S. 499-501

Antoni, M./Riekhof, H.-C. (1994), Die Portfolio-Analyse als Instrument der Strategieentwicklung, in: Riekhof, H.-C. (Hrsg.), Praxis der Strategieentwicklung, 2. Aufl., Stuttgart 1994, S. 109-128

Appraisal Institute (Hrsg.), (2001), The Appraisal of Real Estate, 12. Aufl., Chicago 2001

Bach, H./Sailer, E. (2006), Controlling, in: Murfeld, E. (Hrsg.), Spezielle Betriebswirtschaftslehre der Immobilienwirtschaft, 5. Aufl., München 2006, S. 261-298

Bachmann, S (2002), Die Bewertung eines Mietwohnhauses (sozialer Wohnungsbau), in: GuG 2002, S. 237-241

Baetge, J./Kirsch, H. J./Thiele, S. (2007), Bilanzen, 9. Aufl., Düsseldorf 2003

Baetge, J./Zülch, H./Matena, S. (2002a), Fair Value-Accouting (Teil A), in: StuB 2002, S. 365-372

Baetge, J./Zülch, H./Matena, S. (2002b), Fair Value-Accouting (Teil B), in: StuB 2002, S. 417-422

Baetge, J./Zülch, H. (2001), Fair-Value-Accounting, in: BFuP 2001, S. 543-562

Baetge, J. (1999), Die Neubewertung des Sachanlagevermögens nach International Accounting Standards (IAS), in: StuB 1999, S. 341-348

Baetge, J. (1970), Möglichkeiten zur Objektivierung des Jahreserfolgs, Düsseldorf 1970

Baukmann, D./Mandler, U. (1998), International Accounting Standards: IAS und HGB im Konzernabschluss, 2. Aufl., München/Wien 1998

Baumunk, H. (2004), Immobilienbewertung und internationale Standards, in: GuG 2004, S. 268-269

Baumunk, H./Böckem, H./Schurbohm-Ebneth, A. (2002), Die Bilanzierung von Immobilien nach International Accounting Standards, in: GuG 2002, S. 354-361

Beck, M. (2005a), Grundlagen der Bilanzierung von Immobilien nach IFRS, in: BDO Deutsche Warentreuhand AG (Hrsg.), Praxishandbuch Real Estate Management, Stuttgart 2005, S. 143-172

Beck, M. (2005b), Sonderthemen zur Bilanzierung von Immobilien im IFRS-Abschluss, in: BDO Deutsche Warentreuhand AG (Hrsg.), Praxishandbuch Real Estate Management, Stuttgart 2005, S. 173-192

Beck, M. (2005c), Grundsätze der Bewertung von Immobilien nach der Wertermittlungsverordnung, in: BDO Deutsche Warentreuhand AG (Hrsg.), Praxishandbuch Real Estate Management, Stuttgart 2005, S. 217-233

Beine, F./Nardmann, H. (2006), Segmentberichterstattung, in: Ballwieser, W. et al. (Hrsg.), Wiley-Kommentar zur internationalen Rechnungslegung nach IFRS, 2. Aufl., Berlin 2006, S. 861-888

BIIS (2006): Marktwertkonformes DCF-Verfahren, Plausibilisierung von Marktwerten, Konzeptpapier vom 3.3.2006, Frankfurt 2006

Birkner, M./Bornemann, L.-D. (2006), Rechnungswesen in der Immobilienwirtschaft, 5. Aufl., Berlin/Bochum 2006

Blohm, H./Lüder, K. (2006), Investition: Schwachstellen im Investitionsbereich des Industriebetriebs und Wege zu ihrer Beseitigung, 9. Aufl., München 2006

BMF (2000), Schreiben des BMF vom 25.2.2000, in: BStBl I 2000, S. 372 f.

BMVBS (2008), Bericht des Sachverständigengremiums zur Überprüfung des Wertermittlungsrechts, Bonn 2008

BMVBS (2001), Normalherstellungskosten 2000 (NHK 2000), Anlage 7 zur WertR 2006

Bone-Winkel, S. (2000), Immobilien-Portfoliomanagement, in: Schulte, K.-W. (Hrsg.), Immobilienökonomie, Band 1, Betriebswirtschaftliche Grundlagen, 2. Aufl., München 2000, S. 765-811

Brand, E. (2000), Verfahrenskritik zum Discounted-Cash-Flow-Verfahren in der Grundstücksbewertung, in: GuG 2000, S. 210-213

Brauer, K.-U. (1999), Grundlagen der Immobilienwirtschaft, 1. Aufl., Wiesbaden 1999

Bruhn, R. (2006), Immobilienbestandsmanagement, in: Brauer, K.-U. (Hrsg.), Grundlagen der Immobilienwirtschaft, 5. Aufl., Wiesbaden 2006, S. 535-622

Buchholz, R. (2005), Grundzüge des Jahresabschlusses nach HGB und IFRS, München 2005

Buchner, F. (2006), Immobilienmanagement, in: Murfeld, E. (Hrsg.), Spezielle Betriebswirtschaftslehre der Immobilienwirtschaft, 5. Aufl., München 2006, S. 691-744

Busch, H. (2009), Due Diligence: Nachhaltigkeit ist der Blick aufs Ganze, in: Immobilien & Finanzierung 2009, S. 332-333

Busse von Colbe, W./Coenenberg, A. G., (1992), Unternehmensakquisition und Unternehmensbewertung, Stuttgart 1992

Coenenberg, A. G. (2005), Jahresabschluss und Jahresabschlussanalyse, 20. Aufl., Stuttgart 2005

Coenenberg, A. G. (1992), Unternehmensbewertung aus der Sicht der Hochschule, in: Busse von Colbe, W./Coenenberg, A. G. (Hrsg.), Unternehmensakquisition und Unternehmensbewertung, Stuttgart 1992, S. 89-107

Cremers, H. (1999), Mathematik und Stochastik für Banker, 2. Aufl., Frankfurt 1999

Deloitte & Touche (2004), Abkehr vom HGB – Erfahrungen aus der Umstellung der Rechnungslegung auf IAS/IFRS oder US GAAP, München 2004

Diederichs, C. (2006), Immobilienmanagement im Lebenszyklus, 2. Aufl., Berlin/Heidelberg 2006

Dietrich, A. (2000), Investitionscontrolling, 3. Aufl., München 2000

Dietz, E. (1999), Denkmalgeschützte Gebäude, Historisch-technische Wertmaßstäbe, Renningen-Malmsheim 1999

Dobberstein, M. (2000), Scoringmodelle als Analyseinstrument des Immobilienportfoliomanagements, in: GuG 2000, S. 8-16

Dressel, K./ Meister, D. (2008), Bewertung von Wohnimmobilien - interne oder externe Lösung?, in: Immobilien & Finanzierung 2008, S. 646-647

Drukarczyk, J. (1995), DCF-Methoden und Ertragswertmethode – einige klärende Anmerkungen, in: WPg 1995, S. 329-334

Dunst, K.-H. (1983), Portfolio-Management: Konzeption für die strategische Unternehmensplanung, 2. Aufl., Berlin/New York 1983

Eekhoff, J. (1987), Wohnungs- und Bodenmarkt, Tübingen 1987

Engel, R. (2003), Ertragswertverfahren und DCF-Verfahren im Überblick, in: GuG 2003, S. 350-355

Engelbrecht, B. (1998), Grundsätze und Technik ordnungsmäßiger Immobilienbewertung, Heidelberg 1998

Espahbodi, R. (1991), Second opinion, opinion shopping and independence, in: The CPA Journal, 3/1991, S. 3-10

Esser, I./ Gebhardt, C. (2008), Anforderungen der Wohnungswirtschaft an eine Novellierung des Wertermittlungsrechts, in: GuG 2008, S. 263-265

Eube, S./Pörschke, A. (2005), Gruppenbewertung von Immobilien bei der Zeitwertbestimmung von Immobilien nach IFRS und HGB, in: BDO Deutsche Warentreuhand AG (Hrsg.), Praxishandbuch Real Estate Management, Stuttgart 2005, S. 271-280

Falk, B. (2004), Lexikon der Immobilienwirtschaft, 3. Aufl., Köln 2004

Fourie, D./Velthuysen, O. (2001), Bilanzierung von Grundbesitz nach IAS: Cost model oder Fair value model?, in: Versicherungswirtschaft 2001, S. 648-650

Frank, T. (2007), Die Bilanzierung von Anlageimmobilien im internationalen Vergleich, Bremen/Hamburg 2007

Franke, R./Weber, H. (1989), Wirtschaftlichkeitsrechnung, München, 1989

Friedrichs, J.-C. (2001), Zinssätze in der Wertermittlung. Neue Entwicklungen und deren praktische Umsetzung, St. Augustin 2001

Frieß, R./Kormaier, B. (2004), Fair-Value-Ermittlung von Investment Properties mit Hilfe des Ertragswertverfahrens nach WertV?, in: DStR 2004, S. 2024-2028

Gälweiler, A. (1990), Strategische Unternehmensführung, 2. Aufl., Frankfurt/New York 1990

Garz, H./Günther, S./Moriabadi, C. (1997), Portfolio-Management. Theorie und Anwendung, Frankfurt 1997

GdW (2007), Wohnungswirtschaftliche Daten und Trends 2007/2008, 1. Aufl., Berlin 2007

Georgi, A. (2002), Immobilienmarkt-Research. Analyse einer neuen Bankdienstleistung, Wiesbaden 2002

Goethe, J. W. v., Vier Jahreszeiten, Herbst, Vers 52, Stuttgart und Tübingen 1827

Götze, U./Bloech, J. (2004), Investitionsrechnung: Modelle und Analyse von Investitionsvorhaben, 4. Aufl., Heidelberg 2004

Grob, H.-L. (2006), Einführung in die Investitionsrechnung, 5. Aufl., München 2006

Grob, H.-L. (1989), Investitionsrechnung mit vollständigen Finanzplänen, München 1989

Groß, A./Florentz, X. (1992), Investition: Planung und Rechnung, 8. Aufl., München 1992

Groß, R. (1996), Das Residualverfahren, in: GuG 1996, S. 24-25

Hain, M. (2008), Die Performance von öffentlichen Unternehmen am Beispiel von Wohnungsunternehmen in Deutschland, Wiesbaden 2008

Hayn, S., (2006), Ertragsrealisierung, in: Ballwieser, W. et al. (Hrsg.), Wiley-Kommentar zur internationalen Rechnungslegung nach IFRS, 2. Aufl., Berlin 2006, S. 233-272

Hayn, S./Waldersee, G. (2000), IAS/US-GAAP/HGB im Vergleich. Synoptische Darstellung für den Einzel- und Konzernabschluss, 2. Aufl., Stuttgart 2000

Heintges, S. (2003), Best Practice bei der Umstellung auf internationale Rechnungslegung, in: DB 2003, S. 621-627

Hellbusch, F. (2008), Green Building als Wertfaktor, in: Immobilien & Finanzierung 2008, S. 835

Helmschrott, H. (2001), Die Anwendung von IAS 40 (investment property) auf Immobilien-Leasingobjekte, in: DB 2001, S. 2457-2459

Heno, R. (2002), Jahresabschluss nach Handelsrecht, Steuerrecht und internationalen Standards (IAS/IFRS), 3. Aufl., Heidelberg 2002

Hens, M. (1998), Der immobilienspezifische Einsatz des Shareholder Value-Konzeptes, in: Hens, M./Haub, C./Meyer, J., Shareholder Value und Immobilien: Konzepte wertsteigernder Strategien, Köln 1998

Herzberg, A. (2007), Vor- und Nachteile der Rechnungslegung nach den IFRS-Standards, in: DW 2007, S. 42-43

Heuer, J./Nordalm, V. (2001), Die Wohnungsmärkte im gesamtwirtschaftlichen Gefüge, in: Jenkis, H. (Hrsg.), Kompendium der Wohnungswirtschaft, 4. Aufl., München 2001, S. 23-41

Hielscher, U. (1999), Investmentanalyse, 3. Aufl., München 1999

Hinrichs, K./Schultz, E. (2003), Das Discounted Cash Flow-Verfahren in der Praxis, in: GuG 2003, S. 265-272

Hinterhuber, H. (2004), Strategische Unternehmensführung, Bd. I, Strategisches Denken, 7. Aufl., Berlin 2004

Hitz, J.-M. (2005), Fair Value in der IFRS-Rechnungslegung – Konzeption, Inhalt und Zweckmäßigkeit, in: WPg 2005, S. 1013

Hoffmann, W.-D./Lüdenbach, N. (2003), Praxisprobleme der Neubewertungskonzeption nach IAS, in: DStR 2003, S. 565-570

Homann, K. (1998), Immobiliencontrolling, Freiburg 1998

Horváth, P. (2007), IFRS: Segen oder Fluch für die Controller?, in: Weißenberger, B., IFRS für Controller, München 2007, S. 46-49

Horváth, P. (2006), Controlling, 10. Aufl., München 2006

Huber, R. (2006), Mietrecht, in: Brauer, K.-U. (Hrsg.), Grundlagen der Immobilienwirtschaft, 5. Aufl., Wiesbaden 2006, S. 219-272

Huschke, C. (2007), Immobilienbewertung im Kontext der IFRS, Berlin 2007

IVSC (2007), International Valuation Standards 2007, 8. Aufl., London 2007

IVSC (2003), International Valuation Standards 2003, 6. Aufl. London 2003

Jaletzky, H. (2009), Aktuelle Nachbewertungen – muss ein Abschlag wirklich sein?, in: Immobilien & Finanzierung 2009, S. 329-331

Jandura, I./Rehkugler, H. (2001), Anwendung der MPT auf Immobilienportfolios – Amerikanischer Standard und die Zukunft in Deutschland?, in: GuG 2001, S. 129-142

Janssen, O. (2002), Monte-Carlo-Simulationen verbessern die Bewertungsqualität von Immobilien, in: GuG 2002, S. 37-43

Kälberer, W. (2009), Internationale Herausforderungen in der Immobilienbewertung, in: Immobilien & Finanzierung 2009, S. 326-328

Kajuth, F. (2009), Preisindizes für Wohnimmobilien: Konzeption und Ergebnisse, in: Immobilien & Finanzierung 2009, S. 85-87

Katte, H. et al. (2001), Bewertungssysteme für große Immobilienbestände, in GuG 2001, S. 1-11

Kammann, E. (1988), Stichtagsprinzip und zukunftsorientierte Bilanzierung, Köln 1988

Kern, W. (1976), Grundzüge der Investitionsrechnung, Stuttgart 1976

Kilger, W./Pampel, J./Vikas, K. (2002), Flexible Plankostenrechnung und Deckungsbeitragsrechnung, 12. Aufl., Schrattenthal/Seevetal 2007

Klann, R. J. (2008), Nachhaltigkeitsstrategien bei Immobilienaktiengesellschaften, in: Immobilien & Finanzierung 2008, S. 836-837

Kleiber, W. (2008), Preiswert, in GuG aktuell 2008, S. 9-10

Kleiber, W./Simon, J. (2007), Verkehrswertermittlung von Grundstücken, 5. Aufl., Köln 2007

Kleiber, W. (2006a), Wertermittlungsrichtlinien 2006, Köln 2006

Kleiber, W. (2006b), Nachhaltige Einnahmen und Ausgaben, in: GuG 2006, S. 25-32

Kleiber, W. (2005), Immobilienbewertung in der Bundesrepublik Deutschland, in: Francke, H.-H./Rehkugler, H. (Hrsg.), Immobilienmärkte und Immobilienbewertung, München 2005, S. 173-207

Kleiber, W. (2004), Was sind eigentlich die sog. internationalen Bewertungsverfahren?, in: GuG 2004, S. 193-207

Kleiber, W. (2000), Die "europäischen Bewertungsstandards" des Blauen Buchs, in: GuG 2000, S. 321-329

Kleiber, W. (1996), Residualpreis versus Residualwert, in: GuG 1996, S. 16-23

Klein, A. (2008), Monitoring von Immobiliensicherheiten, in: Immobilien & Finanzierung 2008, S. 865-867

Kley, K.-L. (2001), Die Fair-Value-Bilanzierung in der Rechnungslegung nach den International Accounting Standards (IAS), in: DB 2001, S. 2257-2262

Klingenberger, J. (2007), Ein Beitrag zur systematischen Instandhaltung von Gebäuden, Darmstadt 2007

Klinger, F./Müller, M./Schrader, N. (2008), Fair Value-quo vadis?, in: Immobilien & Finanzierung 2008, S. 644-645

Klinger, F./Müller, M. (2004), IAS/IFRS & Immobilien, Berlin 2004

Knepel, H. (2008), Mangelhafte Transparenz bei Immobilien-Aktiengesellschaften, in: Immobilien & Finanzierung 2008, S. 650-651

Köberle, G. (2008), Erfolgskriterien nachhaltiger Immobilien, in: Immobilien & Finanzierung 2008, S. 828-829

Königstein, M. (2005), Internationale Methoden der Immobilienbewertung, in: BDO Deutsche Warentreuhand AG (Hrsg.), Praxishandbuch Real Estate Management, Stuttgart 2005, S. 281-291

Kofner, S. (2008a), Investitionsrechnung für Immobilien, 2. Aufl., Hamburg 2008

Kofner, S. (2008b), Wohnimmobilien-Aktiengesellschaften, in: Wohnungswirtschaft und Mietrecht 2008, S. 68-72

Kofner, S. (2006), Private Equity, in: Wohnungswirtschaft und Mietrecht 2006, S. 133-137

Kook, H./Sydow, M. (2003), Strategisches Portfoliomanagement in der Immobilienwirtschaft. Ein Leitfaden für Theorie und Praxis, Hamburg 2003

Kook, H./Sydow, M. (2003a), Die Portfolioanalyse als antizipierendes Risikoszenario (2) – Strategisches Portfoliomanagement, in: DW 2003, S. 62-63

Kormaier, B. (2006), Eignung des Income Capitalization Model zur Fair Value-Ermittlung von Investment Properties nach IAS 40, in: GuG 2006, S. 378-385

Kraus, C. (2008), Immobilienbewertung nach IFRS, Spannungsfeld von Entscheidungsrelevanz und Objektivierung, Regensburg 2008-

Krawitz, N. (2002), Going Concern, in: Ballwieser, W./Coenenberg, A. G./Wysocki, K. v., (Hrsg.), Handwörterbuch der Rechnungslegung und Prüfung, 3. Aufl., Stuttgart 2002, Sp. 1007 f.

Kreilkamp, E. (1987), Strategisches Management und Marketing: Markt- und Wettbewerbsanalyse, strategische Frühaufklärung, Portfolio-Management, Berlin/New York 1987

Kruschwitz, L. (2003), Investitionsrechnung, 9. Aufl., München 2003

Kühne-Büning, L. (1994), Besonderheiten des Wirtschaftsgutes Wohnung und seiner Nutzungsleistungen, in: Kühne-Büning, L./Heuer, J. (Hrsg.), Grundlagen der Wohnungs- und Immobilienwirtschaft, 3. Aufl., Frankfurt 1994, S. 6-17

Kutz, O. (2000), Strategische Geschäftsfeld- und Branchenanalyse, in: Zerres, M. (Hrsg.), Handbuch Marketing-Controlling, 2. Aufl., Berlin 2000, S. 41-74

Ladewig, H. (1994), Expertensysteme für die Wertermittlung von Immobilien, in: GuG 1994, S. 211-217

Leffson, U. (1987), Die Grundsätze ordnungsmäßiger Buchführung, 7. Aufl., Düsseldorf 1987

Leopoldsberger, G. (2006), Immobilienbewertung, in: Wernecke, M./Rottke, N. (Hrsg.), Immobilienzyklen, Köln 2006, S. 177-198

Leopoldsberger, G. (2000), Besonderheiten der Bewertung von Immobilienportfolios, in: Der langfristige Kredit 2000, S. 790-799

Leopoldsberger, G. (1998), Neuronale Netze - Zukunft der Immobilienbewertung?, in: immoebs Newsletter, 3/1998, S. 1-4.

Leopoldsberger, G. (1996), Pauschale Bewertungsverfahren für Immobilienmassenbestände, in: GuG 1996, S. 88-91

Lienau, A./Zülch, H. (2006), Die Ermittlung des value in use nach IFRS, in: KoR 2006, S. 319-329

Lindner, I. (2008), Effiziente Portfoliobewertung mit aktiver Einbindung von Geodaten, in: GuG 2008, S. 329-334

Lorenz, D./Lützkendorf, T. (2008), Sustainability in property valuation: theory and practice, in: Journal of Property Investment & Finance 2008, Vol. 26, No. 5, S. 482-521

Lorenz, D./Trück, S./Lützkendorf, T. (2006), Addressing Risk and Uncertainty in Property Valuations – A viewpoint form Germany, in: Journal of Property Investment & Finance 2006, Vol. 24, No. 5, S. 400-433

Lüdecke, H. (2002), Portfoliobetrachtungen in der Bestandsverwaltung, Leipziger Wohnungs- und Baugesellschaft mbH (2), in: DW 2002, S. 21-22

Lüdenbach, N./Hoffmann, W.-D. (2003a), Vergleichende Darstellung von Bilanzierungsproblemen des Sach- und immateriellen Anlagevermögens nach IAS und HGB, in: StuB 2003, S. 145-152

Lüdenbach, N./Hoffmann, W.-D. (2003b), Überlegungen zur Prüfung von beizulegenden Zeitwerten, in: WPg 2003, S. 1037-1051

Lützkendorf, T. (2008), Schwarze Zahlen mit „green buildings", in: Karlsruher Transfer 2008, S. 34-38, Internetquelle: http://www.fuks.org/fileadmin/download/transfer/kt36/KT_36_ greenbuildings. pdf, Abrufdatum 11.06.2008

Lützkendorf, T./Lorenz, D. (2007), Integrating sustainability into property risk assesments for market transformation, in: Building Research & Information 2007, Vol. 35, No. 6, S. 644-661

Lützkendorf, T./Lorenz, D./Thöne, C. (2006), Socially Responsible Investment im Immobiliensektor – Wo bleiben nachhaltige Investmentprodukte? in: Jahrbuch geschlossene Fonds 2005/2006, hrsg. von Scopegroup, Berlin 2006, S. 198-208

Lützkendorf/ T./Lorenz, D./Kertes, J. (2006), Kostengünstige Finanzierung durch positives Objektrating, Kurzbericht zum BBR-Projekt „Gestaltung und Nutzung des Basel-II konformen Objekt-Rating für eine kostengünstige Finanzierung qualitativ hochwertiger und ökologisch vorteilhafter Neubau- und Sanierungsprojekte im Wohnungsbau", Karlsruhe 2006

Lützkendorf, T./Lorenz, D. (2005), Sustainable Property Investment: Valuing sustainable buildings through property performance assessment, in: Building Research & Information, Vol. 33, No. 3, S. 212-234

Maier, K. M. (2007), Risikomanagement im Immobilien- und Finanzwesen, Frankfurt 2007

Markowitz, H. (1959), Portfolio Selection: Efficient Diversification of Investments, New York 1959

Markowitz, H. (1952), Portfolio Selection, in: The Journal of Finance, Volume 7, 3/1952, S. 77-91

Meins, E./ Burkhard, P. (2009), ESI Immobilienbewertung - Nachhaltigkeit inklusive, Studie des CCRS, Zürich 2009

Meffert, H. (2007), Marketing, Grundlagen marktorientierter Unternehmensführung. Konzepte-Instrumente-Praxisbeispiele, 10. Aufl., Wiesbaden 2007

Moxter, A. (1999), Bilanzrechtsprechung, 5. Aufl., Tübingen 1999

Müller-Stewens, G. (1995), Portfolio-Analysen, in: Tietz, B. (Hrsg.): Handwörterbuch des Marketing, 2. Aufl., Stuttgart 1995, S. 2042-2055

Münchehofe, M./Springer, U. (2008), Eignet sich die Netto-Anfangsrendite als Diskontierungszinssatz?, in: GuG 2008, S. 164-166

Münchehofe, M./Springer, U. (2006), Bewerten von Paketverkäufen, in: GuG 2006, S. 144-150

Münchehofe, M./Springer, U. (2004a), Der risikobezogene Ansatz der Immobilienbewertung, in: GuG 2004, S. 257-263

Münchehofe, M./Springer, U. (2004b), Verkehrswertermittlung ohne Gutachterausschuss, in: GuG 2004, S. 208-212

Murfeld, E. et al. (2006), Immobilienmanagement, in: Murfeld, E. (Hrsg.), Spezielle Betriebswirtschaftslehre der Immobilienwirtschaft, 5. Aufl., München 2006, S. 617-862

Nitzsch, R. (1997), Investitionsrechnung: Grundlagen, Modelle und Kalküle, 2. Aufl., Aachen 1997

Olbrich, M. (2003), Zur Bilanzierung der als Finanzinvestition gehaltenen Immobilien nach IAS 40, in: BFuP 2003, S. 346-357

Oppitz, V. (2000), Nutzwertanalyse von Immobilien, in: GuG 2000, S. 82-88

Oswald, R. (2003), Systematische Instandsetzung und Modernisierung im Wohnungsbestand, Stuttgart 2003

Palandt/Weidenkaff, W. (2005), Titel 5. Mietvertrag, Pachtvertrag, in: Palandt, Bürgerliches Gesetzbuch, bearb. von Bassenge, P. et al., 64. Aufl., München 2005

Peemöller, V. (2006a), Vorräte, in: Ballwieser, W. et al. (Hrsg.), Wiley-Kommentar zur internationalen Rechnungslegung nach IFRS, 2. Aufl., Berlin 2006, S. 203-232

Peemöller, V. (2006b), Sachanlagevermögen, in: Ballwieser, W. et al. (Hrsg.), Wiley-Kommentar zur internationalen Rechnungslegung nach IFRS, 2. Aufl., Berlin 2006, S. 273-323

Peemöller, V. (2005), Controlling - Grundlagen und Einsatzgebiete, 3. Aufl., Herne, Berlin 2005

Petersen, H. (2006), DCF - Prognoseverfahren oder Verkehrswertermittlungsmethode ?, in: GuG 2006, S. 142-144

Pfnür, A. (2000), Institutionalisierung des betrieblichen Immobilienmanagements, in: zfbf 2000, S. 571-591

Pfnür, A./Armonat, S. (2001), Immobilienkapitalanlage institutioneller Investoren, Darmstadt 2001

Piontek, J. (2005), Controlling, 3. Aufl., München/Wien 2005

Preißner, A. (1999), Marketing-Controlling, 2. Aufl., München 1999

Pulletz, W. (2006), Unternehmensbewertung, Unternehmenskontrolle, Unternehmensfinanzierung, in: Murfeld, E. (Hrsg.), Spezielle Betriebswirtschaftslehre der Immobilienwirtschaft, 5. Aufl., München 2006, S. 171-226

Ranker, D. (2006), Immobilienbewertung nach HGB und IFRS, Berlin 2006

Raupach, A. (1994), Das Steuerrecht als unerwünschte Rechtsquelle der Handelsbilanz, in: Bilanzrecht und Kapitalmarkt, Festschrift zum 65. Geburtstag von Prof. Dr. Dr. h.c. Dr. h.c. Adolf Moxter, hrsg. von Ballwieser, W. et al., Düsseldorf 1994, S. 101-124

Rautenberg, H.-G. (1993), Finanzierung und Investition, 4. Aufl., Düsseldorf 1993

Reck, H. (1995), Residualwertverfahren, in: GuG 1995, S. 234-235

Rehkugler, H. (2005), Die Bewertung von Immobiliengesellschaften, in: Francke, H.-H./Rehkugler, H. (Hrsg.), Immobilienmärkte und Immobilienbewertung, München 2005, S. 303-330

Rehkugler, H. (2003), Die Immobilien-AG: Bewertung und Marktattraktivität, München 2003

Renner, M. (2007), Investitions- und Bestandscontrolling für die Wohnungswirtschaft, Hamburg 2007

RICS (2003), RICS Appraisal and Valuation Manual - Red Book, 5. Aufl., London 2003

Riebel, V. (1997), Asset-Management und Portfoliopolitik in Wohnungsunternehmen – eine Einführung, in: Der langfristige Kredit 3/1997, S. 24-27

Rösel, W. (1994), Baumanagement: Grundlagen, Technik, Praxis, 3. Aufl., Berlin 1994

Ropeter-Ahlers, S./Vaaßen, N. (2004), Wirtschaftlichkeitsanalyse im Rahmen der Immobilienbereitstellung, in: Schulte, K.-W./Schäfers, W. (Hrsg.), Handbuch Corporate Real Estate Management, 2. Aufl., Köln 2004, S. 169-192

Ruhnke, K./Schmidt, M. (2003), Überlegungen zur Prüfung von beizulegenden Zeitwerten, in: WPg 2003, S. 1037-1051

Sailer, E./Bach, H. (2006), Unternehmen und Märkte der Immobilienwirtschaft, in: Murfeld, E. (Hrsg.), Spezielle Betriebswirtschaftslehre der Immobilienwirtschaft, 5. Aufl. Hamburg 2006, S. 5-130

Schäfer, H. (2008), Derivative Finanzinstrumente im Jahresabschluss nach HGB und IFRS, Düsseldorf 2008

Schierenbeck, H. (2005), Bilanzierung von Immobilien im Spannungsfeld kontinentaleuropäischer und internationaler Rechnungslegungsvorschriften, in: Francke, H.-H./Rehkugler, H. (Hrsg.): Immobilienmärkte und Immobilienbewertung, München 2005, S. 331-350

Schierenbeck, H. (2003), Grundzüge der Betriebswirtschaftslehre, 16. Aufl., München 2003

Schierenbeck, H./Lister, M. (2002), Value Controlling, 2. Aufl., München 2002

Schmidt, M. (1998), Die Folgebewertung des Sachanlagevermögens nach den International Accounting Standards, in: WPg 1998, S. 808-817

Schmitz, H./Krings, E./Dahlhaus, U./Meisel, U. (2006), Baukosten 2006, 18. Aufl., Essen 2006

Schneider, D. (1992), Investition, Finanzierung und Besteuerung, 7. Aufl., Wiesbaden 1992

Schütz, B. (1995), Kennziffernmodell zur Beurteilung von Immobilieninvestitionen, 2. Aufl., Zürich 1995

Schulte, K.-W. et al. (2005), Handbuch Immobilieninvestition, Wiesbaden 2005

Schulte, K.-W./Lee, A./Paul. E. (2005a), Wörterbuch Immobilienwirtschaft, Wiesbaden 2005

Schulte, K.-W. (2000), Immobilienökonomie, Band 1, Betriebswirtschaftliche Grundlagen, 2. Aufl., München 2000

Schulte, K.-W./Ropeter, S.-E. (1998), Quantitative Analyse von Immobilieninvestitionen – moderne Methoden der Investitionsanalyse, in: Schulte, K.-W./Bone-Winkel, S./Thomas, M. (Hrsg.): Handbuch Immobilien-Investition, Köln 1998, S. 125-170

Schulte, K.-W./Ropeter, S.-E. (1996), Rentabilitätsanalyse für Immobilienprojekte, in: Schulte, K.-W., Handbuch Immobilien-Projektentwicklung, Köln 1996, S. 165-222

Schultmann, F. (1998), Kreislaufführung von Baustoffen, Berlin 1998

Schruff, L./Paarz, M. (2006), Zuwendungen der öffentlichen Hand, in: Ballwieser, W. et al. (Hrsg.), Wiley-Kommentar zur internationalen Rechnungslegung nach IFRS, 2. Aufl., Berlin 2006, S. 1117-1136

Seicht, G. (2001), Investition und Finanzierung, 10. Aufl., Wien 2001

Sieben, G. (1998), Rechnungslegungspolitik als Instrument der Unternehmensführung - Ein Überblick über die Grundlagen, Ziele und Instrumente handelsrechtlicher Rechnungslegungspolitik, in: Freidank, C.-C. (Hrsg.), Rechnungslegungspolitik, Berlin 1998

Simon, J. (2000), Europäische Standards für die Immobilienbewertung, in: GuG 2000, S. 134-141

Simon, J. (1999), Verkehrswertermittlung offener Immobilienfonds, in: GuG 1999, S. 129-143

Simon, T. (2004), Verbessert die Monte-Carlo-Simulation die Grundstückswertermittlung?, in: GuG 2004, S. 93-101

Sommer, G./Hausmann, A. (2006), Liegenschaftszinssätze aus einer empirischen Analyse, in: GuG 2006, S. 139-141

Sommer, G./Kröll, R. (1995), Anzuwendende Liegenschaftszinssätze aus einer empirischen Untersuchung, in: GuG 1995, S. 290-292

Sommer, H. R. (1998), Projektmanagement im Hochbau, 2. Aufl., Berlin/Heidelberg 1998

Spars, G. (2003), Institutionenökonomische Untersuchungsbeispiele der Wohnungswirtschaft in Berlin/Brandenburg, in: Fürst, F. et al. (Hrsg.): Märkte ohne Perspektiven ? Herausforderungen für den Immobilienstandort Berlin, Berlin 2003, S. 51-68

Spielberger, M. (1983), Investitionskontrolle: Grundprobleme und Lösungsansätze, Würzburg/ Wien 1983

Spilker, R./Oswald, R. (2000), Konzepte für die praxisorientierte Instandhaltungsplanung im Wohnungsbau, Stuttgart 2000

Streich, J.-W. (2003), Die ortsübliche Vergleichsmiete, in: GuG 2003, S. 1-7

Szyperski, N./Winand, U. (1978), Strategisches Portfoliomanagement: Konzept und Instrumentarium, in: zfbf 1978, S. 123-132

Tacke-Unterberg, H. (2002), Marketing in der Grundstücks- und Wohnungswirtschaft, in: Murfeld, E. (Hrsg.), Spezielle Betriebswirtschaftslehre der Immobilienwirtschaft, 4. Aufl., Hamburg 2002, S. 529-554

TEGoVA (2003), Europäische Bewertungsstandards, 2. Aufl., Bonn 2004

ter Horst, K. (2001), Investition, Stuttgart 2001

Thöne, C./ Lützkendorf, T./Lorenz, D. (2005), Energie- und umweltrelevante Gebäudemerkmale – Chancen, Risiken und Informationspflichten, in: Jahrbuch Geschlossene Fonds 2004/2005, hrsg. von Scopegroup, Berlin 2005, S. 84-92

Thomas, M./Wellner, K. (2007a), Diversifikation nach Nutzungsarten und Regionen, in: Schulte, K.-W./Thomas, M. (Hrsg.), Handbuch Immobilien-Portfoliomanagement, S. 83-106

Thomas, M./Wellner, K. (2007b), Portfoliomanagement mit Hilfe quantitativer Modelle, in: Schulte, K.-W./Thomas, M. (Hrsg.), Handbuch Immobilien-Portfoliomanagement, S. 107-120

Thomas, M./Holzmann, C. (2006), Portfoliomanagement, in: Wernecke, M./Rottke, N. (Hrsg.), Immobilienzyklen, Köln 2006, S. 257-285

Thomas, M./Leopoldsberger, G./Waldbröhl, V. (2000), Immobilienbewertung, in: Schulte, K.-W. (Hrsg.), Immobilienökonomie, Bd. 1, Betriebswirtschaftliche Grundlagen, 2. Aufl., München 2000, S. 381-448

Thomas, M. (1995a), Income Approach versus Ertragswertverfahren (1. Teil), in: GuG 1995, S. 35-38

Thomas, M. (1995b), Income Approach versus Ertragswertverfahren (2. Teil), in: GuG 1995, S. 82-90

Trappmann, H./Ranker, D. (2009a), Fair Value von Immobilien in der Finanzkrise, in: GuG 2009, S. 193-194

Trappmann, H./Ranker, D. (2009b), Erwerb eines Immobilienportfolios und Abbildung im IFRS-Abschluss, in: Immobilien & Finanzierung 2009, S. 92-93

Trappmann, H./Ranker, D. (2008), Einfluss der Finanzmärkte: Bewertung von Immobilienportfolios, in: GuG 2008, S. 65-75

Trotz, R. (2005), Internationale Harmonisierung der Immobilienbewertungsstandards, in: BDO Deutsche Warentreuhand AG (Hrsg.), Praxishandbuch Real Estate Management, Stuttgart 2005, S. 293-297

Vogel, R. (2000), Angelsächsische Investitionsverfahren und marktorientierte Verkehrswertermittlung in Deutschland, in: GuG 2000, S. 202-209

Vater, Hendrik (2002), Bilanzierung von Immobilien nach IAS 40 „Immobilienanlagen", in: BW 2002, S. 535-539

Vogels, M. (2005), Investitions-/Verkehrswertanalysen (1. Teil), in: GuG 2005, S. 27-32

Vogels, M. (2004), Staffelmieten und Instandhaltungsrückstellungen, in: GuG 2004, S. 157-164

Voigtländer, M. (2006), Mietwohnungsmarkt und Wohneigentum: Zwei Seiten einer Medaille, Gutachten für den Verband deutscher Pfandbriefbanken, Köln 2006

Volk, U. (2009), In die Tiefe und in die Breite – Technische Due Diligence, in: Immobilien & Finanzierung 2009, S. 334-335

Vollmer, T. (1983), Kritische Analyse und Weiterentwicklung ausgewählter Portfolio-Konzepte im Rahmen der strategischen Planung, Frankfurt/Bern/New York 1983

Weber, E./ Baumunk, H./Pelz, J. (2009), IFRS Immobilien, 2. Aufl., Köln 2009

Weber, C.-P. (2006), Finanzanlagen, in: Ballwieser, W. et al. (Hrsg.), Wiley-Kommentar zur internationalen Rechnungslegung nach IFRS, 2. Aufl., Berlin 2006, S. 359-488

Weber, J. (2004), Einführung in das Controlling, 10. Auflage, Stuttgart 2004

Weißenberger, B. (2007), IFRS für Controller, München 2007

Wellner, K. (2003), Entwicklung eines Immobilien-Portfolio-Management-Systems zur Optimierung von Rendite-Risiko-Profilen diversifizierter Immobilien-Portfolios, Norderstedt 2003

Werner, T./Padberg, T./Kriete, T. (2005), IFRS-Bilanzanalyse, Stuttgart 2005

Westrup, L. (1997), Portfolio Management. Operatives Geschäft, in: Immobilien Manager 10/1997, S. 34-41

White, D./Turner, J./Jenyon, B./Lincoln, N. (2003), Internationale Bewertungsverfahren für das Investment in Immobilien, 3. Aufl., Wiesbaden 2003

Willeke, U. (1997), Zur Anwendung von Expertensystemen in der Grundstückswertermittlung, Hannover 1997

Wöhe, G. (1997), Bilanzierung und Bilanzpolitik, 9. Aufl., Saarbrücken/Lüneburg 1997

Wöhle, C. (2005), Moderne Immobilienbewertung mit Hilfe der DCF-Verfahren, in: Francke, H.-H./Rehkugler, H. (Hrsg.), Immobilienmärkte und Immobilienbewertung, München 2005, S. 209-246

Wüstemann, J./Kierzek, S. (2005), Ertragsvereinnahmung im neuen Referenzrahmen von IASB und FASB – internationaler Abschied vom Realisationsprinzip, in: BB 2005, S. 427-434

Zülch, H./Lienau, A. (2006), Bilanzierung von Investment Properties unter Berücksichtigung latenter Steuern, in: KoR 2006, S. 698-703

Zülch, H. (2005), Die Rechnungslegungsnormen des IASB, in: PiR 1/2005, S. 1-7

Zülch, H. (2003), Die Bilanzierung von Investment Properties nach IAS 40, Düsseldorf 2003

Zülch, H./Willms, J. (2005a), Anwendung des Fair Value Model nach IAS 40 im Sanierungsfall: Praktische Probleme und Lösungsansätze, in: BB 2005, S. 372-376

Gesetze, nationale Verordnungen und Richtlinien

BauGB   Baugesetzbuch i. d. F. vom 23.09.2004, zuletzt geändert 21.12.2006

BauNVO   Baunutzungsverordnung i. d. F. der Bekanntmachung vom 23. Januar 1990, zuletzt geändert am 22. April 1993

BelWertV   Beleihungswertermittlungsverordnung i. d. F. vom 12. Mai 2006

BetrKV   Betriebskostenverordnung i. d. F. vom 25. November 2003

BGB   Bürgerliches Gesetzbuch i. d. F. vom 2.1.2002, zuletzt geändert am 26.3.2008

BilMOG   Gesetz zur Modernisierung des Bilanzrechts (Bilanzrechtmodernisierungsgesetz) i. d. F. vom 26.03.2009

ErbbauRG   Erbbaurechtsgesetz i. d. F. vom 23.11.2007

EStG   Einkommensteuergesetz i. d. F. vom 19.10.2003, zuletzt geändert am 8.04.2008

HGB   Handelsgesetzbuch i. d. F. vom 10.5.1897, zuletzt geändert am 21.12.2007

HOAI   Honorarordnung für Architekten und Ingenieure i. d. F. der Bekanntmachung vom 4. März 1991 (BGBl. I S. 533), zuletzt geändert am 10.11.2001

InvG   Investmentgesetz i. d. F. vom 15.12.2003, zuletzt geändert am 21.12.2007

KapAEG   Kapitalaufnahmeerleichterungsgesetz i. d. F. vom 20.4.1998, aufgehoben am 4.1.2004

LWoFG   Landeswohnraumförderungsgesetz Baden-Württemberg i. d. F. vom 11.12.2007

WertV   Wertermittlungsverordnung i. d. F. vom 6.12.1988, zuletzt geändert am 18.8.1997

WoBindG   Wohnungsbindungsgesetz i. d. F. der Bekanntmachung vom 13.9.2001, zuletzt geändert am 31. Oktober 2006

WoFG   Wohnraumförderungsgesetz i. d. F. vom 13.9.2001, zuletzt geändert am 5.12.2006

II. BV   Zweite Berechnungsverordnung i. d. F. der Bekanntmachung vom 12.10.1990, zuletzt geändert am 23.11.2007

Supranationale Verordnungen

Verordnung (EG) 1606/2002, Verordnung des europäischen Parlaments und des Rates vom 19.7.2002 betreffend die Anwendung internationaler Rechnungslegungsstandards, in: ABl. EU Nr. L 243 vom 11.9.2002, S. 1-4

Verordnung (EG) 2236/2004, Verordnung der europäischen Kommission vom 29.12.2004 betreffend die Übernahme bestimmter internationaler Rechnungslegungsstandards in Übereinstimmung mit der Verordnung (EG) 1606/2002 des europäischen Parlaments und des Rates, betreffend „International Financial Reporting Standards" (IFRS) Nr. 1, 3-5, „International Accounting Standards" (IAS), Nr. 1, 10, 12, 14, 16-19, 22, 27, 28, 31-41 und die Interpretationen des „Standard Interpretation Committee" (SIC) Nr. 9, 22, 28 und 32, in: ABl. EU Nr. L 392/1 vom 31.12.2004

Verordnung (EG) 2238/2004, Verordnung der europäischen Kommission vom 29.12.2004 betreffend die Übernahme bestimmter internationaler Rechnungslegungsstandards in Übereinstimmung mit der Verordnung (EG) 1606/2002 des europäischen Parlaments und des Rates, betreffend IFRS 1 und IAS Nr. 1-10, 12-17, 19-24, 27-38, 40 und 41 und SIC Nr. 1-7, 11-14, 18 -27 und 30-33, in: ABl. EU Nr. L 394/1 vom 31.12.2004

Sonstige Quellen

Bahke, T. (2008), Normen und Nachhaltigkeit, in: Karlsruher Transfer 2008, S. 30-33. Internetquelle: http://www.fuks.org/fileadmin/download/transfer/kt36/KT_36_DIN.pdf,   Abrufdatum 11.06.2008

BAnz (1961), Bundesanzeiger Nr. 161 v. 12.8.1961

Deloitte & Touche (2007), Veränderung der Baualtersstruktur großer Portfolios: Herausforderung für Planung und Bewertung, Wohnungswirtschaftliche Fachtagung, Wiesbaden 2007

Deutsche Wohnen Geschäftsbericht 2006 (2007), abrufbar unter: URL: http://www.deutsche-wohnen.de/download-center/geschaeftsbericht_2006.pdf, Abrufdatum 15.03.2008

Deutsches Institut für Normung e. V. (2008), Kosten im Bauwesen, Teil 1: Hochbau, DIN 276-1:2008-12

Deutsches Institut für Normung e. V. (2006), Grundlagen der Instandhaltung, DIN 31051:2003-06

Framework (2003), beigefügt den Kommentaren zu bestimmten Artikeln der Verordnung (EG) Nr. 1606/2002 des Europäischen Parlaments und des Rates vom 19. Juli 2002 betreffend die Anwendung internationaler Rechnungslegungsstandards und zur Vierten Richtlinie 78/660/EWG des Rates vom 25. Juli 1978 sowie zur Siebenten Richtlinie 83/349/EWG des Rates vom 13. Juni 1983 über Rechnungslegung, Brüssel, November 2003

German Facility Management Association (2006), Lebenszykluskostenrechnung im FM, Richtlinie 220-1

German Facility Management Association (2001), Betrieb – Instandhaltung – Unterhalt von Gebäuden und gebäudetechnischen Anlagen; Begriffserläuterungen, Arbeitspapier 108-1, zurückgezogen

Gesellschaft für immobilienwirtschaftliche Forschung e. V. (2008), Qualitätssicherung bei der Ermittlung von Bodenrichtwerten, Wiesbaden 2008

Gesellschaft für immobilienwirtschaftliche Forschung e. V. (2007), Richtlinie Rendite-Definitionen Real Estate Investment Management, Wiesbaden 2007

Gesellschaft für immobilienwirtschaftliche Forschung e. V. (2006), Hinweise für die Qualitätssicherung bei der Ermittlung von Marktwerten, Wiesbaden 2006

Gutachterausschuss Karlsruhe (2005), Grundstücksmarktbericht 2004, Karlsruhe 2005

Gutachterausschuss München (2005), Grundstücksmarktbericht 2004, München 2005

Gutachterausschuss Pforzheim (2007), Grundstücksmarktbericht 2006, Pforzheim 2005

Gutachterausschuss Stuttgart (2005), Grundstücksmarktbericht 2005, Stuttgart 2005

Anhang

Anhang 1: Beispielhafte Portfoliomatrix Standortportfolio

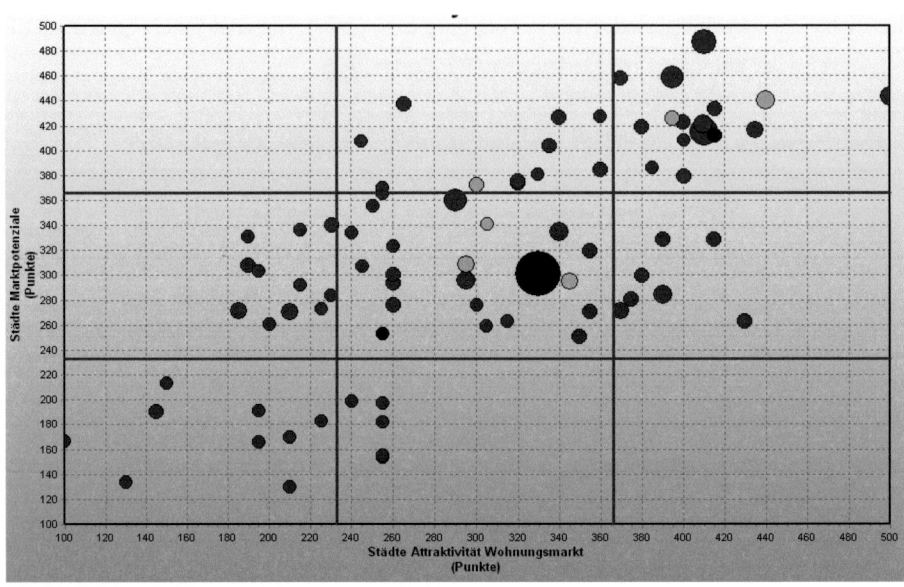

erstellt mit innosys[®]

Anhang 2: Beispielhaftes Indikatorentableau Standortportfolio

Beispielhaftes Indikatorentableau Standortportfolio	*Gewichtung in %*		
Marktattraktivität	**... %**		... %
Infrastruktur		... %	
Einwohner je Arzt 2005			... %
Erholungsflächenanteil 2004			... %
Prognos Standortstärke		... %	
Sozialstruktur		... %	
Anteil Haushalte mit sehr hohem Einkommen 2002			... %
Anteil Sozialhilfeempfänger 2004			... %
Anteil Studenten an der Bevölkerung 2006			... %
Beschäftigtenniveau			... %
Anteil SV-pflichtig Beschäftigte mit Hochschulabschluss 2004			... %
Anteil SV-pflichtig Beschäftigte gesamt 2006			... %
Anteil SV-pflichtig Beschäftigte mit Berufsausbildung 2004			... %
Arbeitslosenentwicklung 2003-2006			... %
Beschäftigtenentwicklung 2003-2006			... %
Entwicklung Anteil SV-pflichtig Beschäftigte mit Berufsausbildung 2001-2004			... %
Entwicklung Anteil SV-pflichtig Beschäftigte mit Hochschulabschluss 2001-2004			... %
Wanderung		... %	
Wanderungssaldo über Kreisgrenze relativ 2004			... %
Wohnungsmarkt		... %	
Anteil Mehr-Familienhäuser (ab 3 Whg) 2006			... %
Durchschnittspreise für baureifes Land 2005			... %
IVD Preisspiegel Eigentumswohnungen 2006			... %
IVD Preisspiegel Nettokaltmieten 2006			... %
Marktpotenzial	**... %**		
Bevölkerungsentwicklung		... %	
Altersstruktur			... %
Anteil 18 bis 64-Jährige an Gesamtbevölkerung 2025			... %
Anteil junge Bevölkerung (unter 18 Jahre) 2006			... %
Bevölkerungsentwicklung			... %
Bevölkerungsentwicklung 2003-2006			... %
Bevölkerungsentwicklung 2006-2015			... %
Bevölkerungsentwicklung 2006-2025			... %
Kaufkraft		... %	
Kaufkraftkennziffer 2007			... %
Prognos Zukunftschancen 2007		... %	
Prosperität Wohnungsmarkt		... %	
Entwicklung Wohnungsbestand 2003-2006			... %
Prognose Wohnungsbedarf 2006-2025			... %
Universitätszuschlag Marktpotenzial WS 2006/07		... %	

Anhang 3: Beispielhafte Portfoliomatrix Objektportfolio

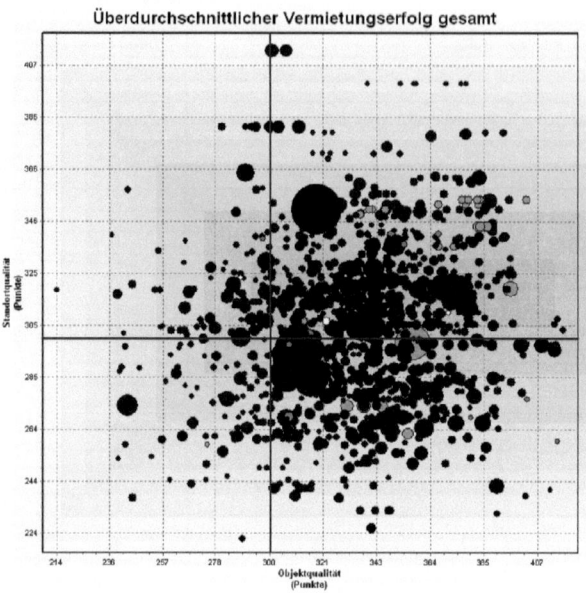

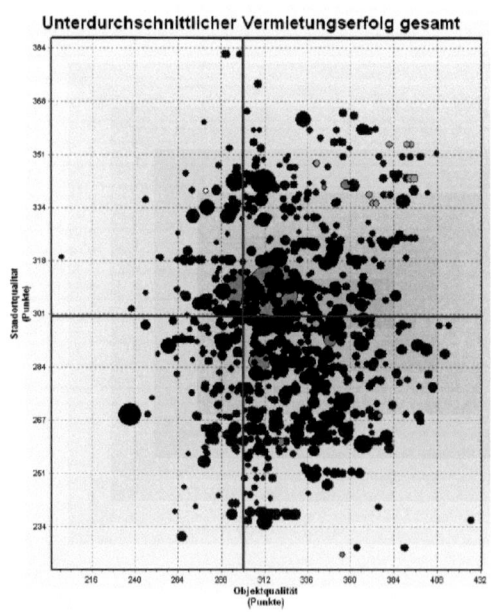

erstellt mit innosys[®]

Anhang 4: Beispielhaftes Indikatorentableau Objektportfolio

Beispielhaftes Indikatorenmodell Portfolioanalyse	*Gewichtung in %*		
Vermietungserfolg	...%		
Abstand zur Marktmiete	...%		
Fluktuation	...%		
Leerstand	...%		
Mahnquote	...%		
Objektrendite	...%		
Objektqualität	...%		
Anteil Balkone	...%		
Aufzug vorhanden und notwendig?	...%		
Balkone Zustand	...%		
Eingangsbereich Zustand	...%		
E-Verstärkung Treppenhaus	...%		
E-Verstärkung Wohnung	...%		
Fassade Zustand (Anstrich)	...%		
Fenster Zustand	...%		
Fensterart	...%		
Heizungsart	...%		
Instandhaltungsrückstand €/qm	...%		
Treppenhaus Zustand	...%		
Standortqualität	...%		
Makrolage		...%	
Marktattraktivität aus Standortportfolio			...%
Marktpotenzial aus Standortportfolio			...%
Mikrolage		...%	
Verkehrsanbindung			...%
Bahn fußläufig			...%
Bus fußläufig			...%
Ortszentrum fußläufig			...%
Entfernung Fernstraße in km			...%
Infrastruktur			...%
Kindergarten			...%
Grundschule			...%
weiterführende Schule			...%
Ärzte/Krankenhaus			...%
Einkauf			...%
Spielplatz			...%
Sport/Freizeit			...%
öfentl. Einrichtung			...%
kulturelle Einrichtung			...%
Naherholung			...%
Immision			...%
Lärmbelästigung			...%
Luftverschmutzung			...%
Bebauung			...%
Wohngebiet			...%
Mischgebiet			...%
Gewerbegebiet			...%
Bebauungsdichte			...%

Anhang 5: Beispielhafte Bezeichnungen der Portfoliosegmente

Portfoliosegmente

Nr.	Bezeichnung	Charakteristik	Normstrategie	Handlungsfolge
1.	Kein Handlungsbedarf	Ausentwickelte Objekte an stabilen Standorten	Haltebestand, kein aktueller Handlungsbedarf	normales Controlling: Leerstand, Miethöhe, Rückstand
2.	Investitionszeitpunkt beobachten	Standortvorteile überkompensieren technische Defizite	Haltebestand, Investitionszeitpunkt beobachten, latenter Handlungsbedarf	normales Controlling; zusätzlich: Kostenschätzung vorbereiten
3.	Operativ optimieren	Technisch entwickelte Objekte an stabilen Standorten mit Renditepotenzial	Operativ optimieren, bei Förderobjekten: Haltebestand	normales Controlling; zusätzlich: Mieterhöhung, Vermietungsstand und Belegung prüfen
4.	Investitionen prüfen	Objekte an stabilen Standorten mit technischen Defiziten und Renditepotenzial	Technisch entwickeln: Investition in Objekqualität prüfen	normales Controlling; zusätzlich: Kostenschätzung und Investrg. Durchführen
5.	Kleinteiliger Verkauf	Ausentwickelte Objekte an Risikostandorten	Kleinteiligen Verkauf prüfen, preisoptimal und mittelfristig	normales Controlling; zusätzlich: Einzelprivatisierungspotenzial prüfen, mittelfristig Vertriebsvorbereitung
6.	Optimierter EXIT	Kaufmännisch entwickelte Objekte an Risikostandorten mit technischen Defiziten	Globalverkauf prüfen, preisoptimal und mittelfristig	normales Controlling, zusätzlich: Globalverkaufspreis ermitteln, Vertriebsweg festlegen (Käufergruppe, Vertriebspartner)
7.	Kleinteiligen Verkauf prüfen	Technisch entwickelte Objekte an Risikostandorten ohne Renditepotenzial	Kleinteiligen Verkauf kurzfristig prüfen	normales Controlling; zusätzlich: Einzelprivatisierungspotenzial prüfen, kurzfristig Vertriebsvorbereitung
8.	Kapitalbindung kurzfristig reduzieren	Objekte mit technischen Defiziten an Risikostandorten ohne Renditepotenzial	Globalverkauf kurzfristig prüfen	normales Controlling; zusätzlich: Globalverkaufspreis ermitteln, Vertriebsweg festlegen (Käufergruppe, Vertriebspartner)

Anhang 6: Beispielhafter Begehungsbogen zur Erhebung des Instandhaltungsrückstands

Übergeordnete Objektdaten

BL0815-101 - Musterstr. 1		Straße	Musterstr. 1
per Hauspost bitte zurück an		Ort	Karlsruhe
Gebäudenummer	101	Baujahr	1957
Region	6	Gesellschaft	1010	Wohnfläche	369,50

Informationen zum Objekt

Fensterart:	Holz	1	Sonstiges:	auch Kunststoff
Dachform:	Satteldach	2	Sonstiges:	0
DG ausgebaut?	nein	2	Bemerkung:	0
Fassadenmaterial:	Putz	1	Baujahr Heizung:	0
Außenwandstärke:	<36 cm	2	Aufzug:	nein
Vollwärmeschutz:	nein	2	Sonstiges:	0

Zusatzangaben: Balkone - Parkierung - Spielplatz

E-Verstärkung Treppenhaus	ja	Anz. Balkone:	8	Anzahl Stellplätze	0
E-Verstärkung Wohnungen	nein	Wärmeerz.:	Etage + Einz	Anzahl Einzelgaragen	0
Anzahl Hauseingänge	1	Energie:	Gas	Zustand Spielplatz	0

Einschätzung des Objektzustands

BAUTEIL	sofort	Ersatz notwendig in …… Jahren					entfällt
		mehr als einem Jahr	mehr als drei Jahren	mehr als 5 Jahre	mehr als 10 Jahren		
Dach (Erneuerung)							
Dach (Ausbesserung)(0 __ qm)							
Holzbauteile: Dachstuhl							
Fallrohre/ Regenrinnen							
Fenster (Erneuerung)							
Fenster (Anstrich)							
Roll-/ Klappläden(___ Stück)							
Fassadenanstrich							
Fassade: Ausbesserung __ qm							
Balkone: Verkleidungen/ Betoninstandsetzungen							
Balkongeländer							
Balkonbelag							
Eingangsbereich							
Treppenhaus (Anstrich, Podeste, Stufen)							
Wohnungseingangstüren							
Kellerräume (Anstrich, Verschläge, Boden,							
Heizung (Brenner, Kessel, Leitungen, Boiler)							
Außenanlagen							
Garagendach _____ qm							
Garagentore _____ Stück